『十四五』安徽省重点出版物规划项目

当代徽学名家学术文库

王世华◎主编

商才士魂
徽商与文化研究

王世华◎著

安徽师范大学出版社

·芜湖·

图书在版编目（CIP）数据

商才士魂：徽商与文化研究 / 王世华著.—芜湖：安徽师范大学出版社，2024.6
（当代徽学名家学术文库 / 王世华主编）
ISBN 978-7-5676-5967-4

Ⅰ.①商… Ⅱ.①王… Ⅲ.①徽商—文化研究 Ⅳ.①F729

中国版本图书馆CIP数据核字（2022）第241868号

安徽省高校"徽学研究创新团队"项目（编号：2022AH010016）

商才士魂：徽商与文化研究

王世华◎著

SHANG CAI SHI HUN HUISHANG YU WENHUA YANJIU

总 策 划：戴兆国

责任编辑：翟自成　　　　　　责任校对：何章艳　李慧芳
装帧设计：张　玲　姚　远　　责任印制：桑国磊
出版发行：安徽师范大学出版社
　　　　　芜湖市北京中路2号安徽师范大学赭山校区　　邮政编码：241000
网　　　址：http://www.ahnupress.com/
发 行 部：0553-3883578　　5910327　　5910310（传真）
印　　　刷：江苏凤凰数码印务有限公司
版　　　次：2024年6月第1版
印　　　次：2024年6月第1次印刷
规　　　格：700 mm×1000 mm　　1/16
印　　　张：30.75　　插页：1
字　　　数：476千字
书　　　号：ISBN 978-7-5676-5967-4
定　　　价：246.00元

总　序

　　任何一门学科的诞生和发展都是不寻常的，无不充满了坎坷和曲折。徽学也是一样，可谓走过了百年艰辛之路。尽管徽州历史文化的研究从清末就开始了，但徽学作为一门学科，却迟迟没有被"正名"，就好像婴儿已出世，却上不了户口一样。在徽学成长的过程中，总伴随着人们的怀疑和否定，甚至在20世纪末，还有专家发出"徽学能成为一门学科吗"的疑问。其实，这并不奇怪。因为新事物总有这样那样的缺陷和不完善之处，但新事物的生命力是顽强的，任何力量也难以阻挡。难能可贵的是，前贤们前赴后继，义无反顾，孜孜不倦地研究，奉献出一批又一批的研究成果，不断刷新人们对徽学的认识。

　　"到得前头山脚尽，堂堂溪水出前村。"1999年，教育部拟在全国有关高校设立一批人文社会科学重点研究基地，促进有关学科的发展。安徽大学在安徽师范大学的支持、参与下，申报成立"徽学研究中心"，经过专家的评审、鉴定，获得教育部的批准。这标志着"徽学"作为一门学科，迈入一个全新阶段。

　　新世纪的徽学研究呈现出崭新的面貌：老一辈学者壮心不已，不用扬鞭自奋蹄；中年学者焚膏继晷，勤奋耕耘；一大批后起之秀茁壮成长，新竹万竿，昭示着徽学研究后继有人；大量徽学稀见新资料相继公之于世，丰富了研究的新资源；一大批论著相继问世，在徽学的园地里，犹如百花盛开，令人神摇目夺，应接不暇，呈现出一派勃勃生机。2015年11月29

日，由光明日报社、中国社会科学院历史研究所、中共安徽省委宣传部、中共江西省委宣传部联合举办的"徽商文化与当代价值"学术座谈会在安徽省歙县召开。2019年6月18日，由中共安徽省委宣传部、光明日报社指导，安徽大学主办的首届徽学学术大会在合肥市召开。2021年10月19日，由中共安徽省委宣传部、光明日报社联合主办，中国历史研究院学术指导，中共黄山市委、黄山市人民政府、安徽大学、安徽省社会科学界联合会承办的第二届徽学学术大会在黄山市召开。国内很多高校的学者都参加了大会。更令人欣喜的是，日本、韩国、美国、法国等很多外国学者对徽学研究也表现出越来越浓厚的兴趣，新时代的徽学正阔步走向世界。可以说，这是百年来徽学迎来的最好的发展时期。这一切都昭示：徽学的春天来了。

在这徽学的春天里，安徽师范大学出版社和我们共同策划了这套"当代徽学名家学术文库"。我们约请了长期从事徽学研究的著名学者，请他们将此前研究徽学的成果选编结集出版。我们推出这套文库，是出于以下几点考虑：

首先是感恩。徽学研究能有今天这样的大好形势，我们不能忘记徽学前辈们的筚路蓝缕之功。这些学者中有的已归道山，如我们素所景仰的傅衣凌先生、张海鹏先生、周绍泉先生、王廷元先生，但他们对徽学的开创奠基之功，将永远铭记在我们心中。这套文库就是对他们最好的纪念。文库还收录了年近耄耋的耆宿叶显恩先生、栾成显先生的研究文集，两位我们敬仰的先生，老骥伏枥，壮心不已，继续为徽学做贡献。这套文库中的作者大多是年富力强的中坚，虽然他们的年龄还不大，但他们从事徽学研究却有数十年的时间，可以说人生最宝贵的年华都贡献给了徽学，堪称资深徽学研究者。正是上述这些前辈们在非常困难的条件下，骈手胝足，荷锄带露，披荆斩棘，辛苦耕耘，才开创了这片徽学园地。对于他们的拓荒之劳、奠基之功，我们能不感恩吗？我们正是通过这套文库，向徽学研究的先驱们表达崇高的敬意！

其次是学习。这套文库基本囊括了目前国内专门从事徽学研究的大家的论著，展卷把读，我们可以从中受到很多启迪，学到前辈们的很多治学方法。他们或以世界的视野研究徽学，高屋建瓴，从而得出更新的认识；或迈进"历史现场"，走村串户，收集到很多资料，凭借这些资料探究了很多历史问题；或利用新发现的珍稀资料，在徽学研究中提出不少新见；或进行跨区域比较研究，得出的结论深化了我们对徽州历史文化的认识；或采用跨学科的方法研究问题，使我们大开眼界；或看人人可以看到的材料，说人人未说过的话。总之，只要认真阅读这些文章，我们就能感受到这些学者勤奋的治学精神、扎实的学术根柢、开阔的学术视野、严谨的治学态度、灵活的治学方法，可谓德识才学兼备，文史哲经皆通。我们为徽学有这样一批学者而庆幸，而自豪，而骄傲。这套文库，为我们后学提供了一个样板，细细品读这些文章，在选题、论证、写作、资料等方面确实能得到很多有益的启示。

最后是总结。这套文库是四十年来徽学研究主要成果的大展示、大总结。通过这套文库我们可以知道，几十年来，学者们的研究领域非常广泛，涵盖社会、村落、土地、风俗、宗族、家庭、经济、徽商、艺术、人物等等，涉及徽州的政治、经济、文化、社会等各个方面，既有宏观的鸟瞰综览，又有中观的探赜索隐，也有微观的专题研究。通过这套文库，我们能基本了解徽学研究的历史和现状、已经涉及的领域、研究的深度和广度，从而明确今后发力的方向。

总结过去，是为了把握现在，创造未来。这就是我们推出这套文库的初心。徽州历史文化是个无尽宝库，徽学有着光明的未来。如何使徽文化实现创造性转化、创新性发展，如何更生动地阐释徽学的理论价值，更深入地发掘徽学的时代价值，更充分地利用徽学的文化价值，更精彩地展示徽学的世界价值，通过文化引领，促进经济与社会发展，服务中华民族复兴伟业，这是我们每一位徽学研究者的光荣使命。"路漫漫其修远兮，吾将上下而求索。"但愿这套文库能成为新征程的起点，助推大家抒写徽学研究的新篇章。

另外要特别声明的是，由于各种原因，国内还有一些卓有建树的徽学研究名家名作没有包括进来，但这套文库是开放的，我们乐于看到更多的学者将自己的成果汇入这套文库之中。我相信，在众多"园丁"的耕耘、浇灌下，我们的徽学园地一定会更加绚丽灿烂。

王世华

二〇二三年六月

自　序

说来真惭愧，我竟然是被"逼"着走上徽学研究之路的。

20世纪80年代初，我由党史教研室转入中国古代史教研室，决定跟随先师张海鹏研习明史。工农兵学员出身的我，自然学无根柢，因此暗下决心，咬定青山，从读基本史料做起，并逐渐培养起对明史的兴趣。谁知不久，先师决定开展徽商研究，并组织王廷元、唐力行和我成立了明清史研究室。先师极其重视收集资料，于是我们利用寒暑假下徽州、上北京、到合肥、赴上海查找资料。在当时非常艰苦的条件下，我们克服了种种困难，收集了一批资料，并于1985年出版了《明清徽商资料选编》，在学界产生了重要影响。

按说，此时研究条件已经不错了，只要努力，完全可以出成果的，可是我却"身在曹营心在汉"。那时我正钟情于明代政治制度史的研究，沉溺在明代监察制度的研究里，对徽商研究毫无兴趣。先师虽也常常布置研究任务给我，但我常常敷衍塞责，往往引起先师的不快。只有在先师逼急了，才放下我的爱好，很不情愿地搞起徽商研究，《论徽商的抗倭斗争》《"左儒右贾"辨——明清徽州社会风尚的考察》等文章就是这样逼出来的。交差后我又搞起我的明代政治制度史研究来。

我资质中下，没有"双枪老太婆"左右开弓的本事，更没有"目送千里雁，手弹七弦琴"的能耐，两条战线作战，肯定捉襟见肘、狼狈不堪，自己累得要死，还事倍功半。成果出不来，先师也时时紧逼，我陷入痛苦的煎熬中。就这样，五六年过去了。经过激烈的思想斗争，我想，这种状态不能再继续下去了，既然我生活在这个集体，就应服从集体的需要，于是我忍痛割爱，断然放弃明代政治制度史的研究，投入徽商研究中来。徘徊让我耽误了很多时间，加上当时家庭重担、教学负担也压得我够呛，即使被"逼"转向，也少有余力，故也没贡献出什么像样的成果。

紧接着，从1995年开始，我担任了学校的一些行政职务。由于工作任务重，大多数晚上九点后才能到家，只有这时候才能坐下来看书写作，在此期间我的所有文章都是这样写成的。其间的酸甜苦辣，真是难以为人所道。

2012年，我终于退休，这下才算彻底"解放"了。"羁鸟恋旧林，池鱼思故渊。"清静下来，看看自己"草盛豆苗稀"的学术园地，猛然感到，十多年已积下多少应读未读的书啊，无论如何是无法弥补，只能仰天长太息了。原计划是退下来好好读点书，不想一个国家社科重大项目以及纷至沓来的各种事情又占据了我的大部分时间，徒叹奈何！

今天我只能怀着惴惴之心，将此不像样的书奉献给大家。书中的文章也是这些年来我思考的结果，我之所以将它命名为《商才士魂：徽商与文化研究》，就是越来越感觉到，徽商之所以能崛起，文化确实起到了最重要的作用。观念的解放促使徽州人走出深山，踏上商途；文化又使徽商能够汲取历史上的商业伦理、经营之道，创建了商业制度，使他们成为历史上最成功的商帮；对文化的热爱使他们成为"贾而好儒"的商帮，彰显了徽商的最大特色，同时又使他们自愿倾以最大热情支持各种文化事业的发展，培育了大批文化精英，文化精英又创造了大量精英文化。徽商以空前的热情举办公益事业，赈灾济贫、修桥铺路等，又何尝不是受到文化的熏陶？徽商的一切都可以从文化上找到根源，甚至连徽商的衰落，也能归结到传统文化束缚的影响。文化可谓徽商之魂。这种文化即传统儒家文化，从某种意义上说，也可以说是士文化。"画眉深浅入时无？"只有留待众人评判了。

书中的文章毕竟是在三四十年期间写就的，文中的观点肯定有的显得陈旧，为了尊重史实，一概保持原貌，不做改动。这一期间又是学界变化很大的时期，改革开放早期，由于还没有与国际接轨，学术规范上存在一些问题。本次结集时，早期的一些文章，除了在注释上进一步规范外，研究史回顾就无法弥补了，还望读者能够谅解。

特别要声明的是，本丛书命名"当代徽学名家学术文库"，我无论如何难当"名家"之衔的，本不应滥竽充数，后在一些师友的劝说下，认为这是一个难得的机会，把自己的成果亮出来，也好争取同仁们的指教。古人云："良工不示人以朴。"我虽不是"良工"，但要想获得他人的批评和帮助，何妨"示人以朴"？于是自贾余勇，不揣谫陋，编成此集，只能算是续貂吧。

目　录

徽商研究：回眸与前瞻

一、徽商研究回眸

明清时期，徽商称雄商界数百年，其从商人数之多、活动范围之广、商业资本之大、延续时间之长，可谓首屈一指，对社会产生了广泛深远的影响。但这个如此重要的商帮，长时期内没有引起史学家的注意。我国学者最早开始研究徽商的当推傅衣凌先生。1947年，傅先生最先发表了《明代徽商考——中国商业资本集团史初稿之一》[①]一文，第一次提出了"徽商"的概念，论证了徽商所从事的各个行业。该文后收入1956年傅先生推出的《明清时代商人及商业资本》[②]一书中。傅先生堪称研究徽商的第一人，也是徽商研究的奠基者。国外学者首先系统研究徽商的是日本学者藤井宏先生。1953年，藤井宏先生发表了《新安商人的研究》，这篇长文后被傅衣凌、黄焕宗两先生译成中文分三期先后发表在《安徽历史学报》1958年第2期和《安徽史学通讯》1959年第1期、第2期上。该文以汪道昆《太函集》为主要资料，第一次深入系统地研究了新安（即徽州）商人产生的背景，活动范围与经营项目，新安商人资本积累的过程与其经营形

[①] 傅衣凌：《明代徽商考——中国商业资本集团史初稿之一》，《福建省研究院研究汇报》1947年第2期。

[②] 傅衣凌：《明清时代商人及商业资本》，人民出版社1956年版。

态，新安商人与生产者、消费者、国家和官僚的种种关系。即使我们今天重读该文也会深深感受到它厚重的学术价值。然而，此文问世后很多年，在国内学术界几成绝响。国内只有陈野（陈学文）的《论徽州商业资本的形成及其特色——试以徽州一地为例来论证明清时代商业资本的作用问题》①一文对徽商商业资本的形成、特色及其作用进行了论述。学术园地已"草盛豆苗稀"，徽商几乎被人遗忘了。

后来我们才知道，早在20世纪60年代前期，中山大学的叶显恩先生就对徽州历史产生了兴趣，开始了对徽州农村社会与佃仆制的研究。虽然在"文化大革命"期间研究一度中断，但只要一有条件，就又继续研究。他不仅检阅了大量的徽州文献资料，而且先后两次到徽州实地调查。这是难能可贵的。

斗转星移，到20世纪80年代，史学研究同其他学科一样，迎来了"科学的春天"。1983年，经过十七八年断断续续的研究，叶显恩先生出版了他的大作《明清徽州农村社会与佃仆制》②。该著不仅研究了徽州农村的土地制度、乡绅阶层、宗族制度、佃仆制度，还辟有专章研究徽州的商业资本和封建文化。该著可以说为徽学研究奠定了第一块基石。

几乎就在此书出版的同时，安徽师范大学的张海鹏先生以敏锐的学术眼光，做出重要决策：成立明清史研究室，组织学术团队开展徽商研究。王廷元、唐力行、王世华是这个团队的最初成员，后来周晓光、李琳琦也加入进来。这是当时成立最早的研究徽商的团队。经过两年的艰苦努力，张海鹏、王廷元主编出版了近40万言的《明清徽商资料选编》③，在国内外学术界产生了重要影响，受到了一致好评。可以说，此书为徽商研究竖立了第一座里程碑。

徽商资料非常分散，凭借个人之力难以搜集，有了《明清徽商资料选

---

① 陈野：《论徽州商业资本的形成及其特色——试以徽州一地为例来论证明清时代商业资本的作用问题》，《安徽史学通讯》1958年第5期。

② 叶显恩：《明清徽州农村社会与佃仆制》，安徽人民出版社1983年版。

③ 张海鹏、王廷元主编：《明清徽商资料选编》，黄山书社1985年版。

编》作为基础，徽商研究迅速升温。"忽如一夜春风来，千树万树梨花开。"研究队伍不断壮大，研究成果不断涌现，研究视野不断扩大，如今的徽商研究园地可谓"百花争艳，万紫千红"了。

研究队伍不断壮大。如果说20年前研究徽商的学者还是寥若晨星的话，那么如今徽商研究队伍可谓"群星灿烂"了。据不完全统计，国内研究徽商的已有100余人。日本、韩国、美国、荷兰也有学者研究徽商。研究机构和学术团队也逐渐增多，除安徽师范大学皖南历史文化研究中心（前身为明清史研究室）外，还有安徽大学徽学研究中心、安徽省徽学学会、杭州徽州学研究会、黄山学院徽州文化研究所等。上述这些研究机构和学术团队虽以"徽学"或"徽州学"冠名，但徽商无疑是他们的主要研究对象。

研究成果不断涌现。20年来，已出版的研究徽商的著作有20多部，如《明清徽商资料选编》[①]《徽商史话》[②]《徽州朝奉》[③]《徽商研究》[④]《明清徽商与淮扬社会变迁》[⑤]《富甲一方的徽商》[⑥]《徽商与经营文化》[⑦]《明代徽州方氏亲友手札七百通考释》[⑧]《左儒右贾——安徽帮》[⑨]《徽商与明清徽州教育》[⑩]《徽商与徽学》[⑪]等。其中值得一提的是《徽商研究》，该书54万余言，"系统地论述了徽商的兴衰历史"，"准确地揭示了徽商的发展特征"，"精心挖掘了大量第一手资料，深入探讨了有关问题"，因此被认为"既是徽商研究的集大成之作，也是迄今为止国内传统商人研究篇

---

① 张海鹏、王廷元主编：《明清徽商资料选编》，黄山书社1985年版。
② 朱世良等主编：《徽商史话》，黄山书社1992年版。
③ 王磊：《徽州朝奉》，福建人民出版社1997年版。
④ 张海鹏、王廷元主编：《徽商研究》，安徽人民出版社1995年版。
⑤ 王振忠：《明清徽商与淮扬社会变迁》，生活·读书·新知三联书店1996年版。
⑥ 王世华：《富甲一方的徽商》，浙江人民出版社1997年版。
⑦ 周晓光、李琳琦：《徽商与经营文化》，上海世界图书出版公司1998年版。
⑧ 陈智超：《明代徽州方氏亲友手札七百通考释》，安徽大学出版社2001年版。
⑨ 丁言模编著：《左儒右贾——安徽帮》，广东经济出版社2001年版。
⑩ 李琳琦：《徽商与明清徽州教育》，湖北教育出版社2003年版。
⑪ 陈学文：《徽商与徽学》，方志出版社2003年版。

幅最为宏大之作"。①正因如此，该书1998年获安徽省第四届社会科学优秀成果一等奖，同年又获教育部普通高等学校第二届人文社会科学研究成果三等奖，1999年更获首届国家社会科学基金项目优秀成果三等奖。除了上述专论徽商的著作外，还有《明清徽州农村社会与佃仆制》②《明清徽州社会经济资料丛编》（第一集）③《中国十大商帮》④《商人与中国近世社会》⑤《明清江南商业的发展》⑥《明清以来徽州区域社会经济研究》⑦《两驿集》⑧等著作也有相当的篇幅论述了徽商。至于论文，数量更多。据初步统计，国内从20世纪80年代以来，研究徽商的论文已有500余篇，确实说明了徽商研究硕果累累。

研究视野不断扩大。众多的论著不仅深入探讨了徽商兴起、发展、衰落的历史，而且还具体研究了徽商所从事的各个行业，除盐、典、茶、木、粮食、绸布等主要行业外，还涉及墨业、旅馆业、瓷器业、刻书业、药业等；不仅研究了徽商的主要活动范围，如长江流域、江南一带、运河沿线和京城北京，还涉及广东、福建、东北等地，甚至日本、朝鲜以及南洋地区；不仅研究了徽商作为一个商帮的整体特色、性质，而且具体剖析了一些典型的徽州商人个体；不仅研究了商业本身的诸多内容，而且研究了徽商的经营理念、商业道德、商业文化和心理特征；不仅研究了徽商的商业发展的历史，而且还探讨了徽商与土地、徽商与宗族、徽商与资本主义生产关系萌芽的关系，尤其是探讨了徽商与徽州艺术文化的关系……总之，这些成果反映学者们的研究视野在不断扩大。

---

① 范金民：《老树春深更著花》，《中国社会科学》1997年第2期。

② 叶显恩：《明清徽州农村社会与佃仆制》，安徽人民出版社1983年版。

③ 安徽省博物馆编：《明清徽州社会经济资料丛编》（第一集），中国社会科学出版社1988年版。

④ 张海鹏、张海瀛主编：《中国十大商帮》，黄山书社1993年版。

⑤ 唐力行：《商人与中国近世社会》，浙江人民出版社1993年版。

⑥ 范金民：《明清江南商业的发展》，南京大学出版社1998年版。

⑦ 唐力行：《明清以来徽州区域社会经济研究》，安徽大学出版社1999年版。

⑧ 赵华富：《两驿集》，黄山书社1999年版。

二、关于徽商的若干问题

1.徽商起源于何时

关于这个问题，学术界有数种不同观点：（1）东晋说。叶显恩认为，魏晋南北朝时期，为了逃避战乱和种族压迫，北方士族纷纷渡江南徙，地势险阻的徽州成为他们的避难所。这些具有经商传统的世家大族迁来后，因当地山多田少，不可能兼并大量的土地，所以仍兼营商业，故早在东晋，徽商就兴起了①。李则纲②、汪绍铨③也持同样观点。（2）南宋说。刘和惠认为，徽商这一实体肇始于南宋后期，发展于元末明初，形成于明代中期，盛于明嘉靖以后至清康雍时期④。（3）明中叶说。王廷元认为，徽人经商的历史可以追溯到很早的年代，但徽商的历史则应该是从明中叶开始。徽商，是指以乡族关系为纽带所结成的徽州商人群体，它与晋商、陕商、闽商、粤商一样，是个商帮的称号。所以徽商始于何时的问题，就是徽州商帮何时形成的问题。徽州商帮的形成必须有两个条件：其一是一大批手握巨资的徽州富商构成商帮的中坚力量；其二是商业竞争日趋剧烈，徽州商人为了战胜竞争对手，有结成商帮的必要。而这两个条件只有到明中叶才能具备。⑤

2.徽商资本是如何积累起来的

作为在全国商界执牛耳的大商帮，其资本是如何积累起来的，这是学者们颇感兴趣的一个问题。目前，有几种观点。藤井宏认为，徽商原始资

---

① 叶显恩：《试论徽州商人资本的形成与发展》，《中国史研究》1980年第3期。

② 李则纲：《徽商述略》，《江淮论坛》1982年第1期。

③ 汪绍铨：《徽商在中国商业史上的地位和作用》，《商业经济与管理》1985年第2期。

④ 刘和惠：《徽商始于何时》，《江淮论坛》1982年第4期。

⑤ 王廷元：《论徽州商帮的形成与发展》，《中国史研究》1995年第3期。

本是通过7种形式形成的：（1）共同资本。即若干人共同出资，合伙经营的形态。（2）委托资本。即由拥有资本者授予资金给商人，直接委托经商。（3）婚姻资本。即借婚姻关系由妻家直接提供资本和以妻的嫁妆转化为商业资本。（4）援助资本。即依靠亲戚、同乡、同族等富裕者的援助或贷予资金而形成的资本。（5）遗产资本（继承资本）。即由父祖的遗产而变成的资本。（6）官僚资本。即官僚（包括宦官）所提供的资本。（7）劳动资本。即白手起家，专恃自己劳动所得，积累而成的资本。①叶显恩认为，徽商形成和发展的原因是复杂的，其中一个重要原因是根植于佃仆制的基础之上。身兼地主的徽商将从佃仆身上榨取来的杉木、茶、漆等土特产，以及用以承担商品运输的劳役租直接转化为原始型的商业资本，并使用佃仆营商或充当行商的保镖，这对徽商资本的形成和发展是起了重要作用的。他还指出，以封建政治势力作后盾，是徽州商人资本得到迅速发展的根本原因。②王廷元则不认同这种观点，他认为徽州大贾出自缙绅之门者并不罕见。这种商人当然可以把他们的封建剥削收入转化为商业资本，并在商业活动中使用佃仆劳动。但如果把徽商资本形成与发展的主要原因归结于此，那就未必符合实际了。据考察，徽商中出自地主缙绅之门者只是少数人，而出身于贫下之家者则占绝大多数。后者都是迫于生计而不得不出外经商的小商小贩，他们虽然资本无多，却能以小本起家，在商业活动中逐渐发财致富。徽州的豪商巨贾往往出自他们之中。就这些商人而论，他们资本的来源和积累都是与剥削佃仆的制度没有关系的。③

3.徽商兴起的原因

关于这个问题，不少学者认为是综合因素决定的：（1）徽州山多田少，耕获三不赡一，民人不得不远徙他乡，求食四方；（2）徽州境内水路

---

① ［日］藤井宏著，傅衣凌、黄焕宗译：《新安商人的研究》，《江淮论坛》编辑部编：《徽商研究论文集》，安徽人民出版社1985年版。

② 叶显恩：《试论徽州商人资本的形成与发展》，《中国史研究》1980年第3期。

③ 王廷元：《徽州商人的小本起家》，赵华富编：《首届国际徽学学术讨论会文集》，黄山书社1996年版。

交通发达，方便经商；（3）徽州地处经济发达地区附近，尤其是宋室南迁杭州后，政治经济中心南移，为徽商兴起创造了条件；（4）徽州自然资源（竹、木等）丰富，为徽商互通有无提供了物质基础；（5）徽商"贾而好儒"，官商结合等。王珍在赞同上述观点的基础上，又补充几点。一是徽民素称勤劳，不辞山高路远。二是经商方式多样：走贩（长途贩运）；团积（囤积居奇，贱买贵卖）；开张（广设典肆，开展竞争）；质剂（经营典铺）；回易（以所多易所鲜）。三是经营项目广泛，除盐、典、茶、木外，还有布匹、丝绸、粮油、陶瓷、漆器、药材、茶馆、钱庄，以及南北杂货、京广百货等。四是资本筹措和运用灵活。五是徽人宗族、同乡观念重，结成徽帮，有利竞争。[1]唐力行认为，宗族势力在徽商形成和兴起过程中的作用不可低估，因为徽人经商的原始资本大多与宗族有关，徽商所雇佣的伙计，大多为族人。由于宗族势力在资金与人力上的支持，徽人经商的势力经久不衰。徽商的兴起得力于宗族势力，徽商在商业竞争中的进一步发展，更离不开宗族势力的支持，他们借助宗族势力，建立商业垄断，展开商业竞争，控制从商伙计，投靠封建政权，建立徽商会馆。[2]葛剑雄指出，考察徽商兴盛的原因离不开当时的地理环境。他认为，经商的成功与否，固然与商人的能力和素质有关，但市场和商品无疑是更重要的因素，甚至是决定性的。对徽商来说，最幸运的是，在离徽州不远处就是全国经济和文化最发达、人口最稠密的一个大市场——长江三角洲。在当时的条件下，水运是最便利的运输手段，从徽州出发的路线非常方便，便于将徽州的土产如竹、木、石料、药材、纸、茶叶等外运，回程则可运输丝绸、百货等相对价高质轻的商品。有了这样一个稳定的大市场，徽商的生存和发展就不再受到徽州本土的制约，以后逐渐发展到以"两头在外"的商业为主，即从外地采购商品，在外地销售。在这些商品中，对徽商来说，最重要的莫过于食盐，徽商依靠已积累起来的财富和敏锐的商业眼光，在盐业经销上抢占先机，获得垄断地位。当然，其中也离不开政治权

---

① 王珍：《关于徽商兴起与衰落的原因》，《徽州社会科学》1986年第3期。

② 唐力行：《论徽商与封建宗族势力》，《历史研究》1986年第2期。

力的庇护和合作。①

4. 徽商的特色

张海鹏、唐力行认为，明清时期的徽州，是一个"以贾代耕"、商人足迹"几遍宇内"的经济活跃之区，又是一个人才辈出，"虽十家村落，亦有讽诵之声"的文风昌盛之地。因之，徽州商帮的一个重要特色是"贾而好儒"，其具体表现就是徽商之家多延师课子；不少徽商从贾之前就曾知晓诗书，粗通翰墨，从贾之后，还是好学不倦，"俨然有儒者气象"；富商之家，在"富而教不可缓"的同时，又毫不吝惜地捐资助学，振兴文教；等等②。但张明富不赞同这种观点，他列举了一些事例，说明在同时期的江浙、山西、广东等地的地域商人中，"贾而好儒"的习性也甚为流传，事实表明"贾而好儒"并非徽商的特色，而是较为普遍地存在于明清时期的一般商人群体中。③王世华不赞同张明富的观点，认为社会上的事物都是很复杂的，不是纯而又纯的。当我们说某个事物具备或不具备某种特征时，只是就其基本趋势、基本倾向而言的。因此，认为"贾而好儒"不是江浙、山西、广东等商帮的特色，是就其整个商帮的基本倾向、基本特征而言的，并非在这些商帮中就找不到"贾而好儒"的例子，但这并不代表这些商帮的基本特征。同样地，认为"贾而好儒"是徽商的特色，是说它反映了徽商整体的基本特征、基本倾向。而且这种基本特征、基本倾向也是得到同时代人认同的，如明人谢肇淛认为"新安人近雅"，明人汪道昆认为徽人贾与儒"迭相为用""转毂相巡"，清人戴震认为徽商"虽为贾者，咸近士风"。上述都是对徽商的整体印象。而对其他商帮，就难以

---

① 葛剑雄：《从历史地理看徽商的兴衰》，《安徽史学》2004 年第 5 期。

② 张海鹏、唐力行：《论徽商"贾而好儒"的特色》，《中国史研究》1984 年第 4 期。

③ 张明富：《"贾而好儒"并非徽商特色——以明清江浙、山西、广东商人为中心的考察》，《中国社会经济史研究》2002 年第 4 期。

找到这样整体性的评价。①

5.徽商的性质

叶显恩指出，徽商不仅身兼地主、官僚，形成三位一体，具有封建的特征，而且，总的说来，他们是服务于封建制度的。其利润的封建化就可说明这一点。徽商赚取的巨额利润，既没有多少向产业资本转化，又缺乏更广泛的活动舞台，即缺乏更多的供其贩卖的商品与更大的市场，因而很大部分被封建王朝在捐输报效的名目下囊括而去，从而加强了封建国家的财政经济；或则耗费在"无妄费"上；或则用于"肥家润身"，尽情享乐。更值得注意的是，徽商的巨量利润投入捐纳、捐输、建祠堂、修坟墓、建会馆、建义庄、置祠产、置族田、叙族谱、订家法宗规，开办学堂、书院、义学、试馆等。一方面，他们力求跻身于缙绅的行列；另一方面，他们力倡程朱理学，强固封建宗法制，培养封建人才，扩大其封建政治势力。徽商投入这方面的资金愈多，封建理学对人们思想的禁锢、祠堂族长的淫威就愈发加甚，封建宗法制的经济基础祠产族田就更为膨胀，商人与地主、官僚结成三位一体也就更为牢固。一言以蔽之，封建主义的政治、经济和文化方面的势力就愈加雄厚。这对坚持落后的生产关系起了恶劣的作用。因此，徽商在历史上虽起了一定的积极作用，但基本上扮演了一个保守的角色。②杨明明认为，通过对徽商经营方式、特点、资本出路等多角度的考察，徽商这支受封建政权荫庇的商帮，虽在一定范围内搞活了经济，但究其实质，搞活的是封建经济，他们丝毫没有西方早期资产阶级对封建制度无情的批判性，也没有不妥协的斗争性，更缺乏系统而完整的经济思想，他们是典型的东方封建商贾。③

---

① 王世华：《也谈"贾而好儒"是徽商的特色——与张明富先生商榷》，《安徽史学》2004年第1期。

② 叶显恩：《徽商的衰落及其历史作用》，《江淮论坛》1982年第3期。

③ 杨明明：《徽商是典型的东方封建商贾》，《徽州社会科学》1986年第3期。

6.徽商的经营行业

徽商经营的行业，可以说是"无货不居"。就其主要方面而言，有盐、典、茶、木等。

盐业。盐商是徽商的中坚，故论述徽州盐商的文章最多。刘淼探讨了徽州盐商的经营特点，认为明末实行纲运制以后，以徽州盐商为主体的明代内商，完全成为受封建朝廷庇护的盐商垄断集团；在清代，徽州盐商已成为专营盐货的盐业资本集团，其内部的专业分工及其组织机构较之明代更加细密；在两淮总商中，徽人所占比例最大，势力亦最强，从而淮盐产销方面的各个环节，亦为徽商所把持。①张海鹏的系列论文首先分析了徽州盐商进入两淮的几个阶段，认为从元末明初开始，徽商便陆续到达两淮经营盐业。明清时代，徽商联袂而来两淮有两次。第一次是明中叶，即叶淇变盐法和李汝华、袁世振实行纲运制以后。到了明末清初，由于矿监、税使以及战争动乱，两淮盐业经历了一段前所未有的衰败时期，盐商纷纷"撤业"。到了康乾时期，由于清政府实行一系列的"恤商裕课"政策，徽商第二次云集两淮。他还分析了徽商两批涌入两淮的缘由。②张海鹏指出，徽州盐商在明清三百多年中，之所以能在两淮扎根，而且同最早进入两淮的西商相比后来居上，就在于地缘优势、文化优势、政治优势和宗族优势。③范金民认为，徽州盐商之所以能够称雄两淮，基本原因当难以归之于实行并不长久的弘治叶淇变法，也很难归之于万历四十五年（1617）袁世振突然实行的纲运法，而很可能应归之于明代中后期两淮盐业的运作实态和徽商的所作所为。叶淇和袁世振的变法只是为各地域商人发展实力提供了契机，而迎接这种契机做好准备则凭借长期的运作。明代开中法由正

① 刘淼：《徽州盐商的经营特点》，《徽学》1986年第1期。

② 张海鹏：《徽商进入两淮的几个阶段——"明清徽商与两淮盐业"研究之一》，中国商业史学会编：《货殖：商业与市场研究》第2辑，中国财政经济出版社1996年版。

③ 张海鹏：《徽商在两淮盐业经营中的优势——"明清徽商与两淮盐业"研究之二》，赵华富编：《首届国际徽学学术讨论会文集》，黄山书社1996年版。

常到败坏，救偏补弊而维持，终未废止，有利于作为内商和内之有力者囤户的徽州盐商的活动，而不利于作为边商的山陕盐商的活动。清代行纲盐法，徽商一枝独秀，也充分说明了这一点。①扬州淮安河下曾是明清时期徽州盐商的聚居地，过去，对这里的徽商研究尚属空白，王振忠利用收集到的一批未刊乡土文献，揭示了河下镇徽州盐商的迁徙、占籍、定居以及生活状况。②于海根从文化侧面研究了徽州盐商具有独特的文化人格现象，这就是"贾而好儒、商而兼士"的好儒人格，"以道经商，以义行事"的文化人格，"崇尚宗法、思想封建"的悲剧人格。③韩国学者曹永宪探讨了明代徽州盐商的商籍问题，他从盐政制度、地缘关系、行业范围、家族制度等方面来解释明代徽商向盐运司的移居，认为商籍的设立是各地商人积极努力，力量消长的结果。④

典业。王世华分析了徽州典商的特点：一是从商人数众，其中治典大多为休宁人，并且出现不少典业世家；二是典铺分布广，"几遍郡国"；三是典业规模大；四是典商兼业多，一般是兼营盐业、茶业、绸布业乃至存款业务。他还指出，徽州典商迅速发展乃因为一是有雄厚的资本作后盾；二是世代相传，专业易精；三是讲求商业道德。⑤王廷元从另一角度分析了徽州典商发展的原因：明清时期，随着商品经济的发展，贵金属白银已成为社会上通用的货币。明清时期南方各省盛行的押租制也扩大了白银的支付手段功能。由于商品经济的发展，广大农民、小生产者所必需的生产资料、生活资料更加依赖市场，用钱的机会越来越多，而农民的日益贫困使他们对货币的需求日益迫切，从而使他们越来越多地依赖典铺以解燃眉之急，而拥有大量财富的徽商，也需要新的牟利渠道，典业是最适合商人

---

① 范金民：《明代徽州盐商盛于两淮的时间与原因》，《安徽史学》2004年第3期。

② 王振忠：《明清淮安河下徽州盐商研究》，《江淮论坛》1994年第5期。

③ 于海根：《试析明清徽州盐商独特的文化人格现象》，《学术月刊》1994年第5期。

④ ［韩］曹永宪：《明代徽州盐商的移居与商籍》，《中国社会经济史研究》2002年第1期。

⑤ 王世华：《明清徽州典商的盛衰》，《清史研究》1999年第2期。

放债的一种经营方式。因此，徽州典业迅速发展起来。[1]

茶业。吴仁安、唐力行分析了徽州茶商的活动地区除本府辖区外，还有苏州、湖北、湖南、四川、上海、江西、北京、福建、浙江、广东等地区，甚至来往于日本和东南亚各国。茶商之所以能在竞争中取胜，主要在于读书明理，精于筹算；以义为利，财源不竭；审时度势，灵活经商；富而张儒，仕而护贾。[2]周晓光具体论述了清代徽州茶商的情况，指出清代徽州茶商的贸易活动经历了兴盛、低谷、中兴和衰落四个阶段，并形成了经营方式一体化、经营活动季节性、兼营现象普遍、资本组合多样性等突出特点。光绪中叶以后，因入侵的外国资本主义势力的打击，国际上洋茶的冲击，以及徽商本身在非经营性消费方面投入过多等因素，徽州茶叶贸易最终走向衰落。清代徽州茶商的兴衰历程，正是传统的中国封建商人在近代社会中的缩影。他在另一篇文章中详细分析了近代外国资本侵入中国后，如何利用多种手段压价，并自往产茶地办货，独操利柄，使得一度中兴的徽州茶商在与外国资本主义势力的竞争中败下阵来的情况。[3]王国键具体分析了五口通商后徽州"洋庄"茶贸易重心从广州到上海的战略转移情况。[4]

木业。王珍认为，徽州木商可分为两大体系：一是取材于本地，地产外销；二是贩卖于外地，外购外销。木商采购木材的方式，一是收购零星木材，二是买青山，雇工砍伐。木材主要销往杭、嘉、湖、沪、苏、常一带。各地来买货的称水客，徽州木商称山客，山、水客通过中间人（木行）联系洽谈生意。徽帮在杭州开设的木行，最盛时有百余家。[5]唐力行具体分析了徽州木商经营的三个环节：采伐、运输和销售。木商在经营中

① 王廷元：《徽州典商述论》，《安徽史学》1986年第1期。

② 吴仁安、唐力行：《明清徽州茶商述论》，《安徽史学》1985年第3期。

③ 周晓光：《清代徽商与茶叶贸易》，《安徽师范大学学报》（人文社会科学版）2000年第3期；周晓光、周语玲：《近代外国资本主义势力的入侵与徽州茶商之兴衰》，《江海学刊》1998年第6期。

④ 王国键：《论五口通商后徽州茶商贸易重心转移》，《安徽史学》1998年第3期。

⑤ 王珍：《徽州木商述略》，《徽州社会科学》1991年第2期。

必须面对统治者加重商税的政策，面对工人的怠工和运输途中的种种纠葛，面对其他商帮的竞争和内部的矛盾。会馆公所在处理这些问题时，发挥了巨大的作用。木商在经营中积累了相当的货币资本，这些货币资本主要用来买田置地，支持宗族，因而起着加固明清社会经济结构的作用。①张海鹏、王廷元认为，将西南、福建、江西、徽宁的木材运往江南地区是徽州木商贸易的重点，因而江南地区各个重要城镇就成了徽州木商的据点及其木材的集散地，木商的经营方式有合资和独资两种形式，大多能取得丰厚的利润。②

粮业。李琳琦认为，徽州粮商的贸易重点是在长江区域的四川、江西、苏浙和湖广地区，并形成了自己的经营特色：一是粮食经营与食盐经营相结合，二是粮食经营与棉布经营相结合。徽州粮商的活动，促进了手工业的发展、农业区域分工的扩大和商品经济的繁荣，为江南地区资本主义萌芽的出现创造了条件。③王世华指出，粮业是徽商经营最久的行业之一，早在盐商、典商还未兴起之时，徽州粮商就已活跃四方了。徽州粮商的发展经过两个阶段。第一阶段：外采内销，即从邻近州县采买粮食，在境内销售。第二阶段：外采外销，即把四川、湖广、江西、安徽之粮通过长江运往江浙销售。由于徽州粮商从业早、行情熟，加上资金充足，所以在"西粮东运"中具有举足轻重的地位。④

棉布业。王廷元论述了徽商在江南棉布贸易中的重要地位，指出江南许多盛产棉布的城镇都是徽商最活跃的地方；徽商在江南棉布的收购、染色、运销等环节中都发挥了重要作用，既是最活跃的棉布收购商，也是江南棉布染踹业的主要经营者，更是最活跃的棉布贩运商；徽商在棉布贸易中的活动，促进了江南棉织业中商品生产的发展，也促进了江南棉织业技

---

① 唐力行：《明清徽州木商考》，《学术界》1991年第2期。
② 张海鹏、王廷元主编：《徽商研究》，安徽人民出版社1995年版，第5章。
③ 李琳琦：《明清徽州粮商述论》，《江淮论坛》1993年第4期。
④ 王世华：《富甲一方的徽商》，浙江人民出版社1997年版，第135—142页。

术的提高，而且徽商投资于棉布染踹业，有助于资本主义萌芽的滋长。[①]

海外贸易。关于徽商的海外贸易，既研究不足，又有较大分歧。聂德宁认为，明代嘉靖年间，徽州海商往来于东西二洋，称雄东南沿海，先后出现过许栋、王直（即汪直）、徐海等名噪一时的巨商大驵。他们亦步亦趋中外经济交流发展的时代步伐，从导夷入贡的贸易活动演变而成纠番诱倭的私市贸易活动，并形成了以"徽王"王直为中心的徽浙海外贸易集团，从而把徽州海商的海外贸易活动推进到一个前所未有的鼎盛阶段，猛烈冲击了明朝的海禁政策，加速了明代中日官方贸易向民间贸易的转变，无疑有其进步意义。[②]唐力行认为，徽州海商的经营活动并不限于海上，而是包含三个层次：其核心层次是指直接雄居于海上的徽商，以汪直为代表；其外围层次则是由广泛分布于江南市镇的徽州坐贾和手工作坊主构成；居于这两个层次之间的中介层次是徽州行商。这三个层次共同构成一个海外贸易的整体，其经营方式是合资经营或集团经营，他们组成武装集团占据海岛或自行到大陆采购货物。[③]郑力民认为，以汪直为首的一股徽商武装走私集团首先发难，一手制造了嘉靖海乱，这是徽商在其自身发展中由于资本的急剧膨胀而不甘忍受海禁政策的束缚才挑起的。这在客观上有进步性，但这种进步性十分有限。因为徽商具有浓厚的封建意识，汪直一伙与统治阶级内部的海禁取消派沆瀣一气，同流合污，丝毫也不包含任何为促使资本主义萌芽生长而要求建立海外市场的积极因素。另外，海乱使东南沿海一带包括内陆广大地区的社会生产力遭到巨大危害，实际上也给当时的资本主义萌芽带来了毁灭性打击。所以，徽商的封建性与战争的破坏力结合在一起，没有起到推动中国历史前进的作用。同时，他们勾倭

---

① 王廷元：《明清徽商与江南棉织业》，《安徽师大学报》（哲学社会科学版）1991年第1期。

② 聂德宁：《试论明代中叶徽州海商的兴衰》，《安徽史学》1989年第3期。

③ 唐力行：《论明代徽州海商与中国资本主义萌芽》，《中国经济史研究》1990年第3期。

乱华，引狼入室，也是应受到谴责的。[1]王世华认为，在嘉靖倭寇侵扰之际，徽商不但没有通倭，反而采取各种形式参加到抗倭斗争的行列：一是捐资筑城，募勇抗倭；二是出谋划策，领导抗倭；三是弃贾从戎，杀敌疆场。嘉靖倭寇不是在搞海外贸易，更不是促进资本主义萌芽的成长。首先，倭寇大量掠夺社会财富，严重破坏商品生产。其次，倭寇也掠夺包括徽商在内的商人，破坏商品流通。因此，倭寇恰恰阻碍与摧残了资本主义萌芽。同时，至今还未发现一条材料证明倭寇把掠夺到的财富转化为产业资本，或把掳掠到的人口变为雇佣劳动者。因此，嘉靖倭寇的活动与资本原始积累是风马牛不相及的。[2]

其他行业。徽商除了经营上述几个主要行业外，还从事其他行业经营，陈希[3]、曹国庆[4]、范金民[5]、邵之惠[6]、郑清土[7]、徐学林[8]、童光东、刘惠玲[9]等学者分别论述了徽商所从事的墨业、瓷器业、染色业、徽馆业、刻书业、药业等行业的经营情况，使我们对徽商所经营的行业有了更全面的认识。

7.徽商的经营范围

徽商足迹"几遍宇内"，还有到海外经商的，众多学者分别研究了徽

① 郑力民：《徽商与嘉靖海乱——兼与戴裔煊先生商榷嘉靖海乱性质》，《徽州社会科学》1990年第4期。

② 王世华：《论徽商的抗倭斗争》，《安徽师大学报》（哲学社会科学版）1986年第1期。

③ 陈希的《胡开文墨业史略》分上、中、下分别发表在《徽州社会科学》1986年第1、2、3期。

④ 曹国庆：《明清时期景德镇的徽州瓷商》，《江淮论坛》1987年第2期。

⑤ 范金民：《明代徽商染店的一个实例》，《安徽史学》2001年第3期。

⑥ 邵之惠：《绩溪旅外徽馆业简介》，《徽州社会科学》1985年第2期。

⑦ 郑清土：《鲍廷博和〈知不足斋丛书〉》，《安徽史学》1985年第4期。

⑧ 徐学林：《明清时期的徽州刻书业》，《安徽师大学报》（哲学社会科学版）1992年第2期。

⑨ 童光东、刘惠玲：《明清时期新安药店及其医药学作用》，《中华医史杂志》1995年第1期。

商在各地的经营活动。王廷元论述了徽商与吴楚贸易的情况，指出明清时期徽商在吴楚贸易中最为活跃，其中又以盐商实力最为雄厚，控制了淮盐在湖广行销的专利权，而且吴楚之间的粮食贸易也大部分操纵在徽商之手。湖广、四川出产的木材，多由长江水运至江宁，再转销苏州、扬州以及北方各地，而在这里拥巨资、操利权的又是徽商。徽商的活动有利于长江中下游商品流通的扩大和商品经济的发展，也促进了城市经济的发展，对沿江一带市镇的兴起与繁荣更起着重要作用。[1]朱宗宙[2]、刘淼[3]、刘文智[4]分别论述了清代前期徽商在扬州的经营情况及其对城市经济发展的贡献。不少学者还分别研究了上海、南京、武汉、苏州、杭州、芜湖、江西、景德镇、江南市镇、浙北杭嘉湖市镇、山东运河区域、西南民族地区等徽商的经营情况，以及给当地经济、文化带来的影响。[5]

8.徽商经营之道

徽州商人，除小商小贩单凭个人及其家属之力从事商业活动之外，其经营规模较大者，一般都要使用大批人手为其从事商品的收购、管理、运

---

[1] 王廷元：《略论徽州商人与吴楚贸易》，《中国社会经济史研究》1987年第4期。

[2] 朱宗宙：《徽商与扬州》，《扬州师院学报》（社会科学版）1991年第2期。

[3] 刘淼：《清代前期徽州盐商和扬州城市经济的发展》，《安徽史学》1987年第3期。

[4] 刘文智：《清代前期的扬州徽商》，《江淮论坛》1982年第5期。

[5] 吴仁安：《论明清时期上海地区的徽商》，《徽学》1990年第2期；王振忠、赵力：《明清时代南京的徽商及其经营文化》，《浙江社会科学》2002年第4期；张健：《徽商在武汉》，张海鹏、王廷元主编《徽商研究》，安徽人民出版社1995年版；范金民：《明清时期活跃于苏州的外地商人》，《中国社会经济史研究》1989年第4期；陈学文：《明清徽商在杭州的活动》，《江淮论坛》1990年第1期；王廷元：《论明清时期的徽商与芜湖》，《安徽史学》1984年第4期；曹国庆：《明清时期江西的徽商》，《江西师范大学学报》（哲学社会科学版）1988年第1期；曹国庆：《明清时期景德镇的徽州瓷商》，《江淮论坛》1987年第2期；陈忠平：《明清徽商在江南市镇的活动》，《江淮论坛》1985年第5期；陈剑峰、陈国灿：《明清时期浙北杭嘉湖市镇的徽商》，《安徽师范大学学报》（人文社会科学版）2003年第2期；王云：《明清时期山东运河区域的徽商》，《安徽史学》2004年第3期；张雪慧：《论明清徽商与西南民族地区社会经济关系》，《徽州社会科学》1991年第3期。

输和销售。这些从业人员是怎样组合起来的？他们的职责如何？身份地位如何？与业主关系如何？对于这些问题的考察，应是探索徽商经营方式的不容忽视的一个方面。王廷元对此做了研究，认为徽商的从业人员大多是同族或同乡，这些从业人员或为伙计，或为雇工，或为学徒，他们的身份地位、职责和待遇虽然各不相同，但都有可能在自己的位置上求得发展的机会，这对徽州商业的巩固与发展具有积极意义。他还指出，徽人中虽有驱奴经商的现象，但并不十分普遍。入清以后，徽州的主仆名分制度日渐松动，役使奴仆经商的做法已难于维持。①张明富认为，徽商的经营之道表现在选贤用能；惟勤惟俭；预测市场，抓住时机；缘义取利；诚信无欺；保证质量，信誉至上等方面，这是徽商在继承传统经营艺术的基础上，融合儒家思想的结果。②陈学文则将徽商的经营之道概括为"趋时观变"，具体表现在：重视商业信息，根据市场来选择经营行业和地域；慎选伙伴，合伙经营；艰苦勤劳的创业精神；注重人际关系，热心公益事业，营造良好和谐的经商氛围；"贾而好儒"，关心子弟的培养；广告宣传和名牌意识。③李琳琦专就"儒术"对徽商商业发展的工具性作用进行了剖析，认为"儒术"并非仅指"儒家的道德"，而是主要指儒学中治人、治事以至治国的道理和知识，"儒术"对徽商"贾事"的工具性作用主要表现在："儒术"为徽商提供了致富的经验和进行商业决策的方法论，"儒术"为徽商提供了选人、用人、待人之道，"儒术"成为徽商与官府结合的"粘合剂"。④王世华认为，徽商在经营中表现了杰出的公关艺术，主要是讲求商业道德、广结良缘（无论是朝廷官员、文人士子，还是三教九流、布衣百姓，徽商都倾心交纳）、善于用人、热心公益事业等，这些有

---

① 王廷元：《徽商从业人员的组合方式》，《江海学刊》2002年第1期。

② 张明富：《明清徽州商人的经商之道》，《西南师范大学学报》（哲学社会科学版）1995年第2期。

③ 陈学文：《明清徽州商人之成功——明清徽商经营之道与商业道德》，《浙江学刊》2001年第6期。

④ 李琳琦：《"儒术"与"贾事"的会通——"儒术"对徽商商业发展的工具性作用剖析》，《学术月刊》2001年第6期。

助于徽商开拓市场，增强竞争力，提高美誉度，并为商务发展扫除障碍。①

9.徽商的商业道德

关于徽商的商业道德，陈学文认为体现在五个方面：一是以义为先，重义轻利；二是重承诺，崇信誉；三是诚实经商，童叟无欺；四是货真价实，讲求质量；五是团结互济。②王世华认为，徽商的商业道德主要表现在以诚待人，以信服人；薄利竞争，甘为廉贾；宁可失利，不可失义；注重质量，提高信誉。他还分析了徽商之所以形成这种商业道德是得益于他们的"贾而好儒"。"贾而好儒"使徽商有较高的文化素质，比其他商帮更善于从历史中汲取经验，包括商业伦理道德的思想资料；"贾而好儒"又使徽商受到传统文化的熏陶，自觉地用儒道经商。③王廷元指出，徽商的经营之道和商业道德，无不受到儒家义利观的支配，徽商崇尚儒家义利观，主要表现在经商是为了义，而不是为了利；注重商业道德，主张义中取利，因义而用财。这种义利观，提高了徽商的信誉，有利于竞争；巩固了商帮的团结，有利于发展；促进了徽商与封建政治势力的结合。但这种义利观不利于徽商的资本积累及其向产业投资，使得商业利润封建化；同时也使得徽商始终处于封建政治势力的附庸地位，而不能演变为独立的政治力量。④

10.徽商的经营文化

由于徽商的文化知识和思想素质的底蕴较为深厚，因此这一群体在商业经营中文化品位也较高。张海鹏系统地论述了徽商的经营文化，主要表

① 王世华：《明清时期徽商的公关艺术》，《文史知识》1994年第12期。
② 陈学文：《明清徽州商人之成功——明清徽商经营之道与商业道德》，《浙江学刊》2001年第6期。
③ 王世华：《论徽商的商业道德》，《光明日报》1998年2月13日。
④ 王廷元：《略论徽州商人的义利观》，周绍泉、赵华富主编：《'98国际徽学学术讨论会论文集》，安徽大学出版社2000年版。

现在：一、"儒商"风度和"徽骆驼"精神。二、经营观念与道德观念。经营观念是指效益观念（地缘效益、行业效益、集约效益）、质量观念、名牌观念、信誉观念、法律观念、途程观念等，徽商在这些方面都有突出表现。三、社交文化与店堂文化。徽商社交文化的特点，既是"立体"的，又是"全方位"的。所谓"立体"的，是因为徽州的一些富商巨贾，上自达官显贵、当朝天子，下至野叟村夫、贫困赢弱，他们都能与之相交往。所谓"全方位"的，是指徽商与士农工贾都相与结交，尤以与文士交往为乐事。徽商营造店堂文化也独具匠心，如在店肆命名、店堂装饰、厅内陈设等方面颇为讲究，对外是对顾客的宣传，对内又是对店员的告诫与期望。而且，徽商营造店堂文化的独特之处，还在于他们善于发挥名人效应。①周晓光专门论述了徽商"儒道"的经营理念问题，认为这种理念，首先是"以诚待人，崇尚信义"的经营原则，其次是"以义为利，义中取利"的经营之道，再次是"广置田地，睦族敬宗"的价值取向，最后是"活生为先，泽润亲友"的经营目的。②此外，李琳琦对徽商的店堂文化、柜台艺术和广告促销活动进行了深入的剖析③，卞利④、胡宪民⑤分别探讨了徽商的法制观念，吴晓萍、李琳琦对徽商的途程观念进行了论述⑥。

11. 徽商精神

什么是徽商精神？它的内涵是什么？不少学者对此进行了探讨，有的认为是"徽骆驼"精神，有的认为是"绩溪牛"精神，王世华将徽商精神

---

① 张海鹏：《论徽商经营文化》，《安徽师范大学学报》（人文社会科学版）1999年第3期。

② 周晓光：《略论明清徽商的"儒道"经营理念》，《孔孟月刊》2004年第5期。

③ 李琳琦：《徽商的店堂文化、柜台艺术与广告促销活动》，《孔孟月刊》1998年第9期。

④ 卞利：《论明清时期徽商的法制观念》，《安徽大学学报》（哲学社会科学版）1999年第4期。

⑤ 胡宪民：《徽商法律观念之探讨》，周绍泉、赵华富主编：《'98国际徽学学术讨论会论文集》，安徽大学出版社2000年版。

⑥ 吴晓萍、李琳琦：《徽商的途程观念》，《历史档案》1997年第2期。

概括为五个方面：（1）赴国急难、民族自立的爱国精神；（2）不畏艰难、百折不挠的进取精神；（3）审时度势、出奇制胜的竞争精神；（4）同舟共济、以众帮众的和协精神；（5）不辞劳苦、虽富犹朴的勤俭精神。①刘伯山将徽商精神的内涵诠释为四个方面：（1）不甘穷困，矢志千里，勇于开拓的精神；（2）不怕挫折，执着追求，锐意进取的精神；（3）不辞劳苦，克勤克俭，艰苦奋斗的精神；（4）不作内耗，整体一致，团结协作的精神。②

12. 徽商与文化

张民服认为，徽商的一个重要特点是从事与文化相关的商业活动，如经营文房四宝和刻书业。徽商致富后，又将相当一部分财力、精力转向文化教育和学术方面，如捐资助学，兴建书院；教子业儒，参加科举；贾而好儒，亦贾亦儒。这说明徽商不是一个单纯以经商营利为目的商业性集团，而是与文化有着密切的关系，形成了这个商业集团的独特风格③。张海鹏则提出了一个著名论点，即徽商是酿造徽州文化的"酵母"。如徽商为新安理学的发展作出了积极贡献：一是出巨资兴修书院，购置书籍，为理学家研讨理学提供场所和方便；二是商人慷慨解囊，组织理学家编纂理学书籍，传播理学知识，对新安理学"历元明而其传弥广"发挥了重要作用；三是经济上的支持使新安学者得以安心向学，接受并研究儒家学说，其中一部分人成为有所建树的新安理学家。徽商对新安医派繁荣的贡献，主要体现为经济上的扶持，尤其是对新安医学著作的大力赞助付梓。至于徽商助人学医，更是史不绝书。徽商对徽州教育的兴盛，其功甚伟，如投资兴修书院、资助徽人讲学等。徽派建筑的形成也离不开徽商，因为商人们在"资大丰裕"后，或为了享受，或为了旌功，或为了留名，或为了光

---

① 王世华：《富甲一方的徽商》，浙江人民出版社1997年版，第6章。

② 刘伯山：《徽商精神的内涵》，《安徽日报》1999年5月13日。

③ 张民服：《徽商与明清文化》，《郑州大学学报》（哲学社会科学版）1991年第5期。

宗耀祖，不惜拿出巨资，在建造的各种建筑物中，雕梁画栋，穷极技巧，以期气派恢宏，形式新颖。相因既久，遂成风格。由于徽商收藏字画热的出现，又刺激了新安画派的蓬勃发展。徽州文化的各个领域都不同程度地吸收了外地文化的结晶，是对外地文化兼容并蓄的结果。这同样也离不开徽商的功劳。商人远游四方，见多识广，况且他们大多有文化知识，所到之处，对那里各式各样的文化现象，具有一定的鉴赏、评判、吸收的能力，他们取人之长，充实和提高徽州的古老文化。徽剧就是这样发展起来的。总之，徽州文化的形成和发展，因素很多，而徽商的"酵母"作用，则是十分重要和基本的因素。①黄成林则从徽商的经济实力、意识形态和经商活动三个方面，论述了徽商对徽州文化的影响，认为徽商雄厚的经济实力是徽州文化形成和发展的重要经济基础；徽商强烈的"入儒崇仕"意识促使徽州教育勃兴，文化昌盛，流派纷呈；徽商在经商活动中完善和传播着徽州文化。②秦效成指出，必须在徽商、徽州文化、明中叶后的全国商品经济与华夏大文明四者之间作互相联系、彼此交织的全面审视，才能准确认清徽商推动徽州文化全方位拓展的真正客观根源。首先，徽商及其子孙后代，在"好儒"的自我发展上世世相继，连绵不断，是徽州文化建设中一支十分庞大而卓异的队伍。其次，各地徽商的豪华宅第、书楼画室、园林别墅，是本籍和外籍学者文士进行学术交流的最佳媒介。最后，遍布全国的徽商网点及他们创建的义学、书院、会馆，又为徽人提供从师进修、观览风物、考察山川等方便。以上是徽商为本土文化发展效力的一个重要方面。徽州文化的全面推进归根到底还是源自以徽商为首的商品经济带头的文化市场的扩展和变化。文化市场的扩大和繁荣刺激着文化商品的增多和改进。因此，徽商对徽州文化的最大贡献，是在其带头开拓的商品市场特别是文化市场中实现的。此外，徽商回归故里后，还和本乡官宦、儒者联手，共同投身于一些重大的文化实践，如修书院，办义学；修

---

① 张海鹏：《徽商——酿造徽州文化的"酵母"》，《东方讯报》1994年3月22日。
② 黄成林：《试论徽商对徽州文化的影响》，《人文地理》1995年第4期。

宗谱，撰方志；刻书藏书，购置文物；结社订盟，推动讲学。①王世华论述了徽商与长江文化的关系，认为徽商在长江流域的活动，必然给长江文化带来深刻的影响，首先是引发了长江文化价值取向的变化，促进了重商思潮的出现，从而带来了士商关系的变化。徽商创造的商业文化，如商业道德、商书涌现，丰富了长江商业文化的内容，但徽州盐商的需求，刺激了扬州青楼文化的繁荣，一些盐商的奢侈又带动了消费文化的畸形发展，这也给社会经济文化造成了负面影响。在徽商的推动下，徽派建筑和园林文化有了较大发展，为长江文化增添了绚丽的篇章。而徽商的重教兴学为长江文化精英的成长提供了物质保证，也为长江精英文化的繁荣创造了良好的条件。②此外，王成论述了徽商对扬州文化的贡献③，周晓光具体分析了徽商建筑文化的特色④，桑良之阐述了徽商与藏书文化的关系⑤。

13. 徽商与教育

"贾而好儒"的徽商对教育非常重视，因而与教育结下了不解之缘。李琳琦、王世华探讨了明清徽商与儒学教育的关系。他们指出，高度重视儒学教育是徽商区别于其他商帮的一个重要特点。徽商凭借财力优势，殚思极虑，采取延名师课子侄、广设义塾义学、资助府学县学、大力倡建书院、收藏刊刻儒家典籍等方式，多方位、多层次地资助和发展儒学教育。徽商之所以对儒学教育情有独钟，有其社会的、历史的和心理的多方面的原因：一是受中国封建社会官本位思想的影响，二是中国封建社会价值观念的作用，三是与徽州社会深厚的儒学渊源有关，四是出于强宗固族的需要。徽商"振兴文教"，收到了人才辈出之效，不仅产生了一大批进士、

① 秦效成：《徽商与徽州文化》，《中国文化研究》1996年第4期。

② 王世华：《徽商与长江文化》，《安徽师范大学学报》（人文社会科学版）2003年第1期。

③ 王成：《明清时期徽商对扬州文化发展的贡献》，《安庆师范学院学报》（社会科学版）1999年第5期。

④ 周晓光：《明清徽商建筑文化的特色》，《中国典籍与文化》2000年第1期。

⑤ 桑良之：《十大商帮与藏书文化》，《黄山高等专科学校学报》2001年第1期。

举人和官僚，更重要的是提高了徽州人的整体文化素质，并形成了别具一格的"徽州文化"。同时，这对徽商商业本身的发展也是有益的，首先是培养出来的一大批徽州仕宦，成了徽商的代言人和保护伞；其次，受过儒学教育的徽州学子，因种种原因未能中举而进入商界，这些有文化的商人，成为徽商的中坚力量。①此外，李琳琦有专文论述了徽州的商业教育、蒙养教育、教育特色等②，宗韵对清代徽商的家庭教育进行了个案研究③。

14.徽商与公益事业

徽商在致富后，曾在家乡和经商地从事大量公益事业，不少学者在论及徽商的发展和资本流向以及徽商的商业道德时，都兼及徽商的公益事业。范金民以江南为中心专门考察了清代徽州商帮的慈善设施，指出徽商在江南的慈善设施最基本的是殡舍（丙舍）和义冢。在清代，徽商的慈善设施遍布江南城乡各地，其数量之多，没有其他商帮可比。从接受教育、延病就医到身后的妥善安置，徽商都有相应的保障性设施。发扬徽商以众帮众、互帮互持的精神，实践逐利思义、化利为义的伦理追求，从而增强凝聚力、向心力和商业竞争力，应是徽商创建或不断扩建慈善设施的最基本的动机和最直接的出发点。这些慈善设施的资金来源，全部或大部分是江南当地和外地徽商承担，体现了不同区域间徽商横向之间频繁的联系。慈善设施的管理运作一概依照订立的规条章程进行，条理清楚，职责明确，制度严密规范，因此，运作比较成功。④方利山分析了在灾害面前徽

① 李琳琦、王世华：《明清徽商与儒学教育》，《华东师范大学学报》（教育科学版）1997年第3期。

② 李琳琦：《从谱牒和商业书看明清徽州的商业教育》，《中国文化研究》1998年第3期；李琳琦：《明清徽州的蒙养教育述论》，《安徽师范大学学报》（人文社会科学版）2000年第3期；李琳琦：《明清徽州商业社会中的教育特色》，《华东师范大学学报》（教育科学版）2003年第1期。

③ 宗韵：《清代徽商家庭教育个案研究——以〈先府君行述〉为考察的中心》，《安徽师范大学学报》（人文社会科学版）2003年第5期。

④ 范金民：《清代徽州商帮的慈善设施——以江南为中心》，《中国史研究》1999年第4期。

商的"义行""义举"：竭诚捐赈，拯民于水火；出谋划策，苏民之所困；以义为利，不发国难财；积德行善，不赚黑心钱。这些"义行""义举"体现了一种仁者爱人的生命关怀。[①]卞利也有专文论述了徽商对灾荒的捐助与赈济。[②]

15.徽商衰落的原因

清代中叶以后，徽商无可挽回地衰落下去，其间究竟是什么原因造成的，不少学者对此进行了探讨。叶显恩指出，徽商是在封建政权的庇护下得到发展的，但在享受许多优惠的经营条件和特权的同时，又受到封建王朝的勒索榨取，各种各样的捐输、报效，成为徽商的一项沉重负担。这是导致徽商衰落的一个重要原因。道光年间，清政府先后在两淮将纲运制改为票盐法，原来官商一体的包销制被打破，盐商难逃厄运。继盐商败落之后，典当业因"左宗棠增质铺"而"几败"，茶商也一连"亏耗不可胜数"，因曾国藩于太平天国运动期间，在徽州纵兵大掠，而全部窖藏一空。至此，徽商已奄奄一息了。加上嘉庆以后，徽州的缙绅势力趋向式微，使徽商失去了政治靠山。由于上述因素，徽商在晚清衰落了。[③]周晓光认为，徽州商帮的衰落，是多种因素的综合结果，其中19世纪50年代至60年代发生的中国社会战乱即清朝封建政府和太平天国农民政权之间的战争，乃是加速徽州商帮衰落的重要因素之一。因为其一，包括鄂、赣、皖、苏、浙在内的长江中下游地区，是这一时期中国社会战乱最严重的地区，也正是徽州商帮商业经营活动最主要的区域，这就使得徽商传统的"吴楚贸易"几近中止，徽商在江南市镇中的商业活动陷于瘫痪，也严重打击了盐、典、茶、木等徽商支柱行业。其二，这一时期的战乱对徽州本土也造成严重冲击。首先，徽州财货及徽商资本遭受巨大损失；其次，徽州士民

---

① 方利山：《仁心济世 德厚风高——在灾害面前的徽商》，《黄山学院学报》2003年第3期。

② 卞利：《明清时期徽商对灾荒的捐助与赈济》，《光明日报》1998年10月23日。

③ 叶显恩：《徽商的衰落及其历史作用》，《江淮论坛》1982年第3期。

及徽商人员遭受重大伤亡；最后，徽商家园遭到毁灭性的破坏。其三，战乱对徽州商人及其商业资本也造成了直接的打击，主要表现为清政府大幅度增加茶叶税和开征厘金；徽商被迫赈饷和捐助团练；商人颠沛流离，无心经商。徽商从此一蹶不振。[①]葛剑雄从历史地理的角度，指出徽商衰落的原因，离不开当时的地理环境，集中反映在市场和商品这两个方面。他认为，徽商因长江三角洲而兴盛，最终也因长江三角洲而衰落。1843年上海开埠后，资本主义工商业迅速发展，使上海成为新兴的工商业中心和进出口基地，并且辐射整个长江三角洲和周围地区。但与此同时，周围的传统工商业城市相形衰落，大批官僚、富商和名流从这些城市和附近乡村迁往上海，带去了大量资金，也带走了市场。还有大批人才和劳动力从这些地区迁往上海，使当地的市场进一步萎缩。外贸大幅度增长，传统的内贸相形见绌，生丝出口已由江浙移到上海，并由浙江丝商捷足先登，迟到的徽商又没有分到什么份额。机器生产的商品或进口商品取代了手工业生产的传统商品，在新的商店、经营方式和商业网络的进逼下，粤、江、浙商人迅速崛起，徽商节节败退，在长江三角洲这个最大的市场中终于失去优势。他还指出，长期的单一经营，过分地依靠政治权力，使他们已经丧失了早期徽商的开拓性和适应性，在新的竞争中处于劣势。海运轮船从西方传入后，运河运输的艰难和弊病更加突出。津浦铁路的通车最终导致了运河漕运的废弃，铁路沿线迅速繁荣，而沿运河城镇则一派萧条，聚居在那里的徽商从此一蹶不振，即使有勇气转移到上海等地，留给他们的机会和空间已相当有限了。[②]王世华认为，徽商之所以衰落，既有客观原因，又有主观原因。客观原因是清政府盐业政策的调整，由纲法改为票法，徽商主体一败涂地。咸丰年间的战乱又给了徽商沉重的打击，徽商多年积累起来的资本被掠夺一空，甚至身家性命也受到伤害，徽商元气大伤。从主观原因来看，主要是未能跟上时代的步伐。近代以后，外国资本来到中国，

---

① 周晓光：《19世纪50年代至60年代中国社会的战乱与徽州商帮的衰落》，赵华富编：《首届国际徽学学术讨论会文集》，黄山书社1996年版。

② 葛剑雄：《从历史地理看徽商的兴衰》，《安徽史学》2004年第5期。

传统社会开始转型，这是中国的一大变局。面对这场亘古未有的大变局，有的商帮能够紧跟时代的步伐，及时调整原来的经营行业，开拓新的行业。如宁波商帮在近代欧美轮船业进入我国以后，一叶知秋，停止传统的沙船贩运业，转而经营轮船运输业，甚至组成航运集团。一些经营钱庄业的商人，也改营银行业，还有的从事进出口贸易，甚至大批到海外发展。洞庭商人在近代也能适时进入买办业、金融业，并兴办丝绸、棉纱等实业。他们都能开辟一片新天地。而徽商却昧于大势，未能与时俱进，仍然在传统行业中抱残守缺，苟延残喘，最后只能被历史所淘汰。这种深刻的历史教训是值得我们今天认真记取的。①

16. 徽商的历史作用

叶显恩认为，徽商财雄势大，在明清商界所享有的崇高地位是毋庸置疑的，其所起的作用是巨大的：一是徽州商人造成大量货币资本在个人手里积聚，从而为资本主义生产关系的萌芽创造了历史前提，有的徽商已开始把部分资本投入手工业生产。二是徽商所进行的远距离的商品贩运，对商品经济的发展和各地之间经济联系的加强起了促进作用。三是徽商对各地区城市的兴起和繁荣起了积极作用。②张海鹏从一个行业、两块地域着手，探索徽商的作用。他列举大量事实说明徽商对扬州、徽州的贡献。明清时期的扬州，无论是盐业生产的发展，城市面貌的改观，还是文化的繁荣，都与徽商于其中投入财力、人力、智力是分不开的，而这些"投入"是有积极意义的。徽商一部分利润又流归故里，对桑梓的繁荣起了重大作用：一是促使了徽州地区不少市镇的兴起；二是徽州的园林、民居、牌坊、亭榭、街坊、桥梁、寺观、祠宇都别具一格，其本身就是经济富有的一种反映，这无疑还是徽商雄厚的财力所造成的；三是徽州文化独树一帜，自成派别，诸如新安理学、新安医学、新安画派以及徽州朴学（皖派经学）、徽州篆刻、徽州刻书、徽派版画，还有徽剧、徽雕、徽菜等，文

---

① 王世华：《徽商精神与现代经济》，《安徽日报》2003年4月11日。
② 叶显恩：《徽商的衰落及其历史作用》，《江淮论坛》1982年第3期。

化的基础是经济，而酿出"徽州文化"的"酵母"则是徽商。①卞孝萱以《扬州画舫录》为线索，参考有关文献，具体分析了徽商对扬州文化的贡献。清代前期，安徽马氏、鲍氏、郑氏、黄氏、吴氏、徐氏等业萃于扬州，他们致富后，爱好风雅，建筑园亭，收藏古董，延聘文士，组织诗社，刻印典籍，提倡书画戏曲，资助书院膏火，等等，推动了扬州文化事业的兴盛。②韩大成以徽商编写的《士商必要》《士商类要》《士商要览》三部书为基础论述了徽商在交通与商业史方面的贡献。他指出，这三部书比较全面而系统地记述了当时两京十三省交通干线以及与此有关的诸问题，如路线里程，盗、棍、险、疫，特产名胜。这些内容在我国交通史上是一大突破，同时，对后人外出经商有重要参考作用，对客商们的游览与求神祈福也是非常必要的。三部书的另一主要内容，就是比较全面地总结了外出经商必须注意的有关事项，其中不少内容是出于作者的创造性劳动，如路引、行期、车船、脚夫、投税、投牙等。总之，这三部书积累了无数商人的智慧和实践经验，不仅在我国古代交通史与商业史上占有重要地位，而且对普及交通地理知识，指导广大商人外出经商都有重要的历史意义。③

三、徽商研究前瞻

毋庸置疑，迄今为止，徽商研究取得了令人瞩目的成绩。同样地，徽商研究还要深入，还要发展，永无止境，这也是毋庸置疑的。如何深入，如何发展，这里仅提几点不成熟的意见，供大家参考。

---

① 张海鹏：《从扬州到徽州的繁荣看明清徽商的历史作用》，陈怀仁主编：《第六届中国明史国际学术讨论会论文集》，黄山书社1997年版。

② 卞孝萱：《从〈扬州画舫录〉看清代徽商对文化事业的贡献》，《徽学》2000年卷。

③ 韩大成：《明代徽商在交通与商业史上的重要贡献》，《史学月刊》1988年第4期。

1.竭泽而渔,大力发掘新资料

徽商资料的特点是多、广、散。所谓多,是指数量多。徽商持续数百年时间,从商人数又那么多,必然留下了数量庞大的资料。目前我们所使用的恐怕只是其中的一小部分,更多的资料有待我们去发掘。所谓广,是指徽商资料分布广。徽商足迹"几遍宇内",那么徽商资料当然也分布在全国各地。而且,不少徽商还在外国经营,因此,外国的文献中也必然会有徽商的资料。所谓散,是指徽商资料的载体散。徽商资料既存在于方志、文集、史著、宗谱、小说、杂著等各种文献资料中,也存在于各种文书、碑刻、信函、账簿中,还存在于耄耋老人的口碑传说中。固然对于文献资料,我们还要大力发掘,但我觉得更重要的是抓紧"抢救"文书资料和口碑资料。文书资料已经引起人们的重视,不少正在得到保护和整理,但仍有不少散落在民间,由于各种原因,正在一天天消失,需要我们给予高度的重视。至于口碑资料的"抢救",还没有引起人们的重视,承载这些口碑资料的耄耋老人,他们或者本人就是徽商,或者父祖曾是徽商,他们知道很多徽商的情况,可以说是一座座宝库。但他们已是风烛残年,来日无多了,再不"抢救",这些资料就将永远失去了,这更应引起我们的高度重视。绩溪县的邵之惠先生多年来致力于走访有关老人,"抢救"了不少徽商资料,连续推出《绩溪徽商》《绩溪徽商(续)》,这种精神是值得我们学习的。只有发掘了大量的新资料,徽商研究才能如鱼得水,深入发展。否则,徽商研究难免成为无米之炊。

2.联手合作,积极开展多学科研究

徽商研究要取得新进展,必须开展多学科研究。徽商研究涉及方方面面,单靠历史学的方法已不能适应需要,还应运用社会学、文献学、经济学、心理学、建筑学、美学等学科的研究方法才能深入,这就要求我们的学者必须大力开展多学科合作研究。

多学科合作要扩大研究视野。从时间上说,过去研究徽商偏重于其兴起

和鼎盛时期，而对徽商的衰落时期研究较少。尤其是徽商整体衰落后，没有销声匿迹，仍在惨淡经营，甚至延续到民国时期。而对这一时期的徽商情况学界研究得不够。从范围上说，徽商足迹"几遍宇内"，但学术界研究的重点集中在江南、运河沿线、长江沿线，这是对的。但不能忽视徽商在其他地方的活动，如北京、东北、广东，甚至是海外，目前关于徽商的海外贸易以及徽商在海外的活动的研究尤显薄弱，资料发掘也很有限，亟待加强。从研究对象来说，从宏观上研究徽商整体的文章较多，从微观上研究徽商个案的文章较少。另外，对一些徽商望族的个案研究也很不够。

3.端正学风，努力进行原创研究

徽商研究要深入、要发展，必须进一步端正学风。目前在徽商研究领域也存在学风不正的现象：一是有的同志不愿花大力气开展田野调查，去努力搜集、发掘第一手资料，而是抱着一些老资料去做文章，虽然也能出一些成果，但难以有重大突破。我们应该大力提倡调查研究之风，要向叶显恩、张海鹏、陈智超、王振忠等学者学习。叶先生当初为了研究徽州，在20世纪六七十年代曾克服重重困难，不远数千里两次从广东来到徽州，深入民间开展调查，一待就是几十天，搜集了大量宝贵的资料，终于出版了《明清徽州农村社会与佃仆制》一书。张海鹏先生当初也是率领课题组成员数度奔赴徽州、北京、上海、南京、合肥等地，搜集资料，终于编成了第一部资料集《明清徽商资料选编》。陈智超先生不顾年迈，甘坐冷板凳，在哈佛大学图书馆，对700余通明人手札潜心研究两年，克服重重困难，整理、释读这些信札，著成《明代徽州方氏亲友手札七百通考释》这一巨著，使长期尘封的这一宝贵的徽商资料重见天日。王振忠先生为了进行徽学研究，数十次从上海来到徽州，走访寻常百姓家，通过艰苦的努力，搜集了一万多份文书资料，并以此为基础，写出了《徽州社会文化史探微：新发现的16—20世纪民间档案文书研究》一书。在学术园地，有几分耕耘，就有几分收获，不付出艰苦的劳动，就不会取得重要成果。二是学术规范缺失。在徽商研究领域，不乏学术研究失范的现象。由于一些学者不愿花力气去搜集新资料，因此只能大量地引用别人文章中的资料，而且不加注明。还有低水平重复研究的，也不乏其人，其结果只能是制造学术泡沫。因此，我们应大力提倡遵守学术规范，大力开展原创性研究，这就需要我们有理论创新的勇气，为社会提供更多的创新性成果。

4.整合力量,组织重大课题攻关

国内徽商研究的队伍已有100余人，徽商研究的学术团队也有好几个，这是相当可观的力量。遗憾的是此前合作得不够，基本上处于各自为战的状态，不可避免地会出现一些重复研究的现象。要想推动徽商研究向纵深发展，必须整合徽商研究的力量。第一步，可先整合省内的力量，希望有关方面能通过一些重大项目的招标，组织力量联合攻关，或许能取得突破性成果。

5.走向社会,主动服务经济建设

社会科学研究不应该是"躲进小楼成一统"的纯学术研究，它应该紧密联系社会实际，服务社会，服务经济。徽商研究更应该如此。因为研究徽商兴起、发展、衰落的历史，可以为我们今天重振徽商雄风提供宝贵的经验和教训，具有重要的现实意义。但目前的状况是徽商研究基本上还停留在书斋阶段，与经济发展仍然是"两张皮"。今后要使两张皮合起来，学术应和企业联姻，使徽商研究的成果成为企业家的精神财富，为经济建设提供历史借鉴和智力支持。要做到这一点，就要更新旧的观念，建立一种有效的机制，这是需要政府部门、学者和企业家共同努力的。

今年（2004），中共中央颁布了《关于进一步繁荣发展哲学社会科学的意见》，省委、省政府也颁布了具体的实施意见。最近，省委、省政府又召开了全省哲学社会科学大会，这不啻给社会科学研究园地带来了灿烂的阳光和丰润的雨露。我相信，在省委、省政府的关心下，通过学者们的共同努力，徽商研究一定能开创一个新局面，取得更加丰硕的成果，并在促进社会经济的发展中发挥更大的作用。

论徽商的抗倭斗争

　　明代的抗倭斗争是一场波澜壮阔的反海盗斗争。徽商是明代中期崛起的重要商帮。在以往的研究中，人们已开始注意到徽商与这场斗争的关系，但一般认为徽商通倭。这是值得商榷的。大量事实表明，徽商非但不通倭，还积极抗倭。为什么会出现这种现象？它说明了什么？深入探讨这些问题，对于我们进一步认识徽商的性质、特点，是有重要意义的。

一

　　徽商是否通倭？这是首先要辩明的问题，因为在这个问题上曾引起很大的误解。

　　茅坤《条上李汲泉中丞海寇事宜》记载，他家乡有一男子，自昆山为海寇所掳，五十天后得间逃归，他在谈到自己亲眼所见的倭寇活动情况时说："其诸酋长及从，并闽及吾温、台、宁波人，间亦有徽人，而闽所当者什之六七。"[①]这说明有些徽州人通倭后并担任了"酋长"。

　　究竟有哪些人通倭，史籍语焉不详。但徽人通倭的代表是许栋和汪直（一称王直、王五峰），则是人所共知的事实。关于许栋的籍贯，文献记载颇不一致，一说是饶平黄冈人，一说是徽州歙县人，后说较为可信。因为

---

① 陈子龙：《明经世文编》卷256。

其一，胡宗宪《筹海图编》卷5说："许栋，歙人许二也。"胡宗宪是绩溪人，与歙县同属徽州府，他如果没有充分根据是不会轻易将一个海盗巨魁说成自己的同乡的。其二，许姓为歙县著姓，明代许姓外出经商者极多，足迹"几遍宇内"，随之而来的并非经商而是离家远走者也所在多有。许栋长期浪迹江湖，他为歙人极有可能。许栋成为海上巨寇以后，汪直前来投奔，许二命其"管柜"。汪直是歙县人，如果不是凭借自己和许栋的乡谊之情，他不会轻易归之麾下，更难受到如此宠遇。

许栋最先在海上称强，汪直继而长期逞雄海上，他们都联络倭寇，并成为倭寇中的巨魁。因此，有的史志就把他们作为徽商通倭的典型。这是不准确的。

许栋的身份是"寇"还是"商"？事实是很清楚的。史载他以罪系福建狱，后来越狱逃跑入海，"住双屿，号海寇，最强"[1]。负责御倭的福建巡抚朱纨说："贼首许二等纠集党类甚众，连年盘踞双屿，以为巢穴。每岁秋高风老之时，南来之寇，悉皆解散，惟此中贼党不散，用哨马为游兵，胁居民为响导，体知某处单弱、某家殷富，或冒夜窃发，或乘间突至，肆行劫掳，略无忌惮。彼进有必获之利，退有可依之险，正门庭之寇也。"[2]从上述记载来看，显然他是"寇"而不是"商"。

那么汪直是不是徽商呢？明代史籍或称其"海商""奸商"，或称其"奸民""海贼"，记载颇不一致。汪直在嘉靖三十六年（1557）给朝廷的奏疏中也自称："觅利商海，卖货浙、福，与人同利，为国捍边。"[3]俨然以一个爱国商人自诩，今人论著中亦有称其为"巨商"的。[4]但实际情况并非如此。

汪直是徽州歙县人，自少落魄任侠，后来成为著名的倭寇首领，他为何走上这条海盗道路？他曾有一段绝妙的自白。他在入海前曾对他的同伙

---

① 傅继鳞：《明书·汪直传》。

② 朱纨：《双屿填港工完事疏》，见陈子龙：《明经世文编》卷205。

③ 采九德：《倭变事略》。

④ 见傅衣凌：《明清时代商人及商业资本》，人民出版社1956年版。

说："中国法度森严，吾辈动犯禁网。孰与至海外逍遥哉？"①原来他去海外，并非为了经商，从事海外贸易，而是要寻找一个天高皇帝远的地方，图个无法无天、逍遥自在的生活。尤其当他得知母亲生他之夕，"梦弧矢星入怀，已而大雪，草木皆冰"的所谓"异兆"时，更是喜出望外地说："天星入怀，非凡胎；草木冰者，兵象也。天将命我以武胜乎？"②海盗生活，既以"武胜"，又能"逍遥"，汪直自然心向神往。而当时确也存在这样的条件。因为嘉靖中期以来，"海禁渐弛，贪利之徒，勾引番船，纷然往来，而海上寇盗也纷然矣"③。故以"天命"自居的汪直终于选择了入海为盗的道路。

顾炎武曾说过："徽歙奸民王直（即王五峰）、徐惟学（即徐碧溪）先以盐商折阅，投入贼伙。"④我们如何看待这条资料呢？固然，我们不能因为与汪直同时代的人的大量著作中没有说过汪直曾经经营过盐业，就以孤证难信为理由轻易否定这条资料，但即便此说可信，汪直在以盐商折阅后，显然已放弃了经商，此时他并非以一个徽商的资格入海贸易，而是以一个无业游民的身份投入贼伙的。

汪直入海后并未经商，而是首先投奔许栋。如前所述，许栋此时是横行海上的巨寇，汪直投奔他，并为其"管柜"，自然也是寇而不是商。

嘉靖二十七年（1548），朱纨派遣都司卢镗领兵进攻双屿，明军破其巢穴，焚其舟舰，并筑截双屿港，许栋因此遁去。余党遂推汪直为首，改驻沥港。从此汪直取代许栋，成为一股海盗势力的渠首。之后，他又吞并陈思盼，"余党悉归直"。⑤汪直一跃而为海盗巨魁，"虽有一二新发番船，俱请五峰旗号，方敢海上行驶"⑥。史载："五峰之势于此益张，海上遂无

① 见严从简：《殊域周咨录》。傅继鳞《明书·汪直传》记载文字与此略有不同。
② 佚名：《汪直传》，借月山房汇钞本。
③ 万表：《海寇议》。
④ 顾炎武：《天下郡国利病书》卷119。
⑤ 傅继鳞：《明书·汪直传》。
⑥ 万表：《海寇议》。

二贼矣。"①

汪直逞雄海上后，又纠集亡命，四散海上，劫掠番舶，抢劫对外贸易商船。同时纠集倭寇，频入内地侵盗，"而三十六岛之夷，皆其指使，时时遣夷汉兵十余道流劫滨海郡县，延袤数千里，咸遭荼毒"，②成了当时势力最强、危害最大的倭寇首领。在这期间，他也装载硝黄、丝绵等违禁物品前往日本、暹罗及西洋诸国互市。这是不足为怪的。本来，海盗抢劫来的货物，总是要卖出去的。抢是为了卖，卖了以后再抢。寇而商，商而寇，一身二任，但这并不改变其海盗的本质。对汪直也应作如是观。更何况至今我们尚未发现一条资料，证明在汪直通倭后，徽商与汪直有联系，或借助汪直的势力来发展海外贸易。从大量资料来看，明中期崛起的徽商还没有发展到强烈要求海外贸易，因而需用武力冲破明朝海禁的程度。

综上所述，通倭的巨魁许栋和汪直都不是徽商，而是海盗。汪直的其他徽人同党，其身份虽史无明载，但从他们的活动来看，和汪直是别无二致的。所以我们可以认为通倭的徽人不是徽商。

通倭的徽人，一般来说都是些无业游民和不逞之徒。因为"徽州介万山之中，地狭人稠，耕获三不赡一"③，所以徽人中从儒和业贾的人极多。但是也有一些既无力从儒，也无能业贾的徽人，他们或则不屑"耕获"，或则失去"耕获"的条件，因而当其生活没有着落的时候，只好沦为无业游民或不逞之徒，浪迹湖海。在沿海奸民通倭盛行的情况下，这些人就很容易铤而走险，与倭寇为伍。正如郑晓所说："缘此辈皆粗豪勇悍之徒，本无致身之阶，又乏资身之策，苟无恒心，岂甘啄息，欲求快意，必至鸥张，是以忍弃故乡，番从异类。"④郑晓的话比较深刻地揭示了一部分人通倭的原因，有的徽人也是如此。

① 万表：《海寇议》。
② 佚名：《汪直传》，借月山房汇钞本。
③ 康熙《休宁县志》卷7《汪伟奏疏》。
④ 陈子龙：《明经世文编》卷217。

二

徽商通倭者无之，徽商抗倭者却大有人在。我们从徽州大量家谱中发现，在明代的抗倭斗争中，也有徽商的一份功劳。在倭患当头之际，很多徽商都在力所能及的范围内，采取各种方式参加到当时抗倭斗争的行列。

第一，捐资筑城，募勇抗倭。明初定制，附郭不城，以后相沿未改。加上明中叶海防废弛，军队腐败，以致在倭寇的突然袭击之下，既乏守备之人，又无守备之具，所以造成巨大的损失。例如，王忬在浙时，曾令两浙诸县皆筑城自固，唯独慈溪士人持不可，终未建城。结果，嘉靖三十五年（1556），倭寇突至，"杀掠焚毁，千有余年之积，一旦荡然，县治皆为焦土"①。直到此时，"始追悔不城为失计"。②鉴于此种教训，很多地方为御倭抗倭，纷纷筑城。在明中叶国家财政发生危机的时代，筑城之费，一般都由地方自筹，有着雄厚资本的徽商在这方面就起了很大作用。例如，休宁故无城，县大夫委托巨商程锁筹备修城事宜，程锁慨然应允。除了他自己捐资外，又"区别诸室受工，莫不唯唯"。宗人程甲家贫，难以筹款，县大夫询及程锁，程锁曰："某贫，宜不胜任，锁幸有余力，毋以一夫烦君侯，请代之。"立捐五百缗而告成事。③休宁商汪福光，嘉靖年间，"海寇四逸，林侯议筑城为御，金谓非君不就，乃延以为倡，君毅然曰：'侯为吾民，民可自为乎！'即日鸠工伐石，首建城洞一所，寻造城楼及城若干丈，计费凡数千金"④。歙商吴烈夫也是如此："倭奴窃发，邑侯史君以旧城狭隘，乃营新城以广之，公欣然赴义。"⑤汪忠浩也是歙商，当嘉靖乙卯（1555）倭患孔棘之时，"有司募民出粟筑城郭，以备不虞，翁即应募

---

① 陈子龙：《明经世文编》卷280。

② 佚名：《嘉靖东南平倭通录》。

③ 汪道昆：《太函集》卷61《明处士休宁程长公墓表》，明万历刊本。

④ 《休宁西门汪氏宗谱》卷6《益府典膳福光公暨配金孺人墓志铭》，清顺治十年刊本。

⑤ 吴吉祐：《丰南志》第5册《存节公状》，民国稿本。

不辞"①。

徽商不仅在捐资助修自己家乡县城时,能"欣然赴义""应募不辞",就是旅居外籍的徽商在本地筑城时,也能"慨然分任",助一臂之力。前述程锁,在溧水经商时,恰逢该地筑城,他当即慷慨捐资五百缗。休宁商邵鸾,贾于云间(松江),"尝以岛夷发难,同诸父老白当路筑邑城,愿输财筑城若干丈"②。休宁程瓘商游吴越,"郡有倭寇侵扰,邑侯营城,部分版筑,求免者众,翁慨然分任,竟亦卒事"③。

明中叶以后,政治黑暗,军队尤其腐败。谭纶曾十分感慨地说:"比来法令废弛,行伍空虚。各该卫所官兵大都桀骜不驯,顽钝无耻。驱之戎行,则恍然自失;责之城守,则恬若罔闻。"④官军既不足恃,于是当倭寇侵犯时,少数地方官以及文吏、儒生、商人、百姓便自发组织起来,担负起御倭的责任。在这方面徽商的表现也很突出,他们或捐资募勇守城,或输财助饷抗倭,谱牒上不乏这类记载:

歙商凌珊,曾经商瓜洲,"嘉靖庚戌(1550),倭寇猖獗,掠江南北诸郡,公在瓜洲围城之中,城旦夕破,守者计无所出,公奋然曰:'是非重赏无以得死力者以保危城。'即解千金装,散诸少年以为倡,从而解者各有差。诸少年踊跃登埤。倭奴疑有备,宵遁。"⑤很显然,凌珊的慷慨解囊,对于保住瓜洲城,起了关键性的作用。

嘉靖年间曾贾于嘉定的休宁商程元定,"值倭围嘉城,捐金募勇士,为诸室先。受甲登埤,城卒能保"⑥。

汪新,休宁商,曾挟重资游吴楚间,而多居货于豫章。"公捐金数百助军饷御倭难。"⑦为表彰他的功劳,朝廷以恩例拜南昌卫指挥金事。

① 《汪氏统宗谱》卷31《行状》,明刊本。
② 徐卓:《休宁碎事》卷12《大鄣山人集》。
③ 《休宁率东程氏家谱》卷4《明故处士公辅程公行状》,明万历元年刊本。
④ 谭纶:《谭襄敏公奏议》卷1。
⑤ 凌应秋:《沙溪集略》卷4《义行》,清抄本。
⑥ 邵棠:《徽志补遗》。
⑦ 《休宁西门汪氏大公房挥金公支谱》卷4《挥金新公荣归序》,清乾隆四年刻本。

嘉靖三十五年（1556），俘寇徐海、陈东、叶麻遣兵围巡抚阮鹗于桐乡县（今桐乡市），攻之甚力，当时徽商程次公正贾于桐乡，"倭围之数重，城中粮绝，旦暮且破，次公首输千金，以佐军实，为士民先，卒保桐乡。城完，次公力也"①。桐乡解围，主要是胡宗宪设计重贿徐海，使其罢兵，陈东势孤，遂与叶麻一道退兵。说"城完，次公力也"虽然不完全准确，但次公在保卫桐乡过程中的作用也是不能抹杀的。

祁门商人徐正，嘉靖年间商于淮泗，"时东南倭寇未靖，兵役往来，淮当冲要，正捐金八百以佐徭费"②。

第二，出谋划策，领导抗倭。徽商大多贾而好儒，文化素养较好，有一定的见识和组织能力，从而在地方抗倭斗争中发挥了重要作用。

嘉靖年间，当各地纷纷筑城御倭时，歙县起初毫无所备。鉴于此，商人许谷上十三策，拜谒守令，提出应急三策。一、筑歙城。"顷岛夷入浙，列邑悉城，歙虽岩居，其东略相唇齿……即有不虞，非城不守。"故"请亟城歙"。二、置监司。"歙连六郡，矜保界以壮金汤，惟中丞指岁周巡郡县，画地而治，虽在甸服，请置监司分部之。"三、练材官。"岁久承平，尺籍皆不为，赖徒饷丁夫，以代受甲，率不教而弃之。请置材官，训一旅以备缓急。"③这三条建议确是抗倭寇、保家乡的当务之急，然而"守令心壮之，格不达"。嘉靖三十四年（1555），倭寇潜入界，守令惊慌失措，竟然下令"亟夷版屋，毋延火攻"。许谷先是坚决反对："未拒守而先毁夷，脱有漏言，示弱已甚。"继而他自告奋勇，组织群众拒守东门。适逢县令奉老母至城下，许谷闭门不纳："今日之事，军事也，即有君命有所不受，何有令君？"县令无可奈何，望门顿足说："君以吾不令也者而弃之，吾无憾，有母且老死，则何事？"许谷质问他："自列邑以首鼠败谋，寇至而不知所备，彼其所虔刘者、系缧者，夫非尽人之母耶？藉第令城成，太母有安宅矣。"直到县令答应筑城后，许谷才开门让其进来。在守歙期间，许

① 汪道昆：《太函集》卷17《寿草市程次公六十序》，明万历刊本。
② 同治《祁门县志》卷30《人物志·义行补遗》。
③ 《重修古歙东门许氏宗谱》卷9《许本善传》，清乾隆二年刊本。

谷也充分发挥了自己的才能："盛军容，昼旌旗，夜火鼓，践更者以期至，失期有诛。"倭寇知道有备，"闻先声而退二舍"。倭寇退后，县令全权委托许谷主持筑城，在他的运筹指挥下，终告成事。所以人们说："城议兴，始谷策，终谷功也。"①

在嘉靖时期政治腐败的情况下，地方官大多昏庸无能，倭寇一来，或则束手待毙，或则弃城而逃。相反地，倒有不少徽商在关键时刻挺身而出，亲自组织群众，领导抗倭斗争。嘉靖三十五年（1556），倭寇从浙江窜到徽州，且薄芜湖。芜湖无城可守，县官们束手无策，歙商阮弼却毅然负起守土之责。他倡议捐资招募强壮少年，合土著壮丁数千人，刑牲而誓。阮弼还做了战前动员：

> 寇邪？虎邪？虎而蝎，手可搏；虎而翼，矢可加。如其寇也，则业已穷。虽张，吾侪直醢之，以谢天子。②

数千人同仇敌忾，誓与倭寇决一死战。寇侦有备，终于宵遁，芜湖避免了一场浩劫。事后，有司上报御寇之功，群推阮弼为首，且下章服，阮弼力辞："贾竖子，何敢以此钩奇？有如异日者寇至，亦将倚办诸贾人，则吾为之俑也。"③后来，人们为了纪念阮弼，把芜湖西门称为"弼赋门"。

徽商中有的人熟读兵书，通晓兵法，在抗倭斗争中起到了一般商人起不到的作用。当嘉靖倭患波及徽州时，由于休宁故无守军，人们纷纷襁负入山。休宁巨商程锁对大家说："吾以岩郡阻上游，寇未必至，至则境内皆倭也，何避焉？"于是他亲自组织里中少年，召集三老豪杰，分据形胜，列五营。程锁亲自领导中军，中立一强干为之长。由于他曾攻读《孙武子》，略知孙子兵法，于是按照孙子治兵的方法训练里中少年。他军纪严明，毫不迁就，"既酦，法不用命者一人，乃归伍；明日再至，法失伍者

---

① 《重修古歙东门许氏宗谱》卷9《许本善传》，清乾隆二年刊本。
② 汪道昆：《太函集》卷35《明赐级阮长公传》，明万历刊本。
③ 汪道昆：《太函集》卷35《明赐级阮长公传》，明万历刊本。

一人，乃归伍；又明日三至，法哗者一人，乃归伍"。接连处罚三人，产生了极大影响。"由是悉遵约束，人人幸自坚。"[1]虽然后来"寇略郡东，寻遁出境"，但可以预料，万一倭寇突至，这样训练的民兵是有相当强的战斗力的。作为一个商人，竟有如此治兵才能，确是不多见的。

第三，弃贾从戎，杀敌疆场。更有徽商在国难当头之际，毅然弃贾从戎，跃马横戈于抗倭战场，做出了杰出的贡献，休宁商程良锡就是一个典型。他本是个商人，曾"挈重资，贾浯溪，昼则与市人昂毕货殖，夜则焚膏缉书弗倦"。后来又"尽读阴符黄石公诸书暨孙吴兵法，日与诸豪士试剑校射。群英咸集，乃跃马三试之，皆中鹄贯革，海宁诸武胤咸吐舌推毂"。于是他三次应武试，皆因故弗售，乃慨然叹曰："丈夫贵立功名垂竹帛耳，岂必科目显哉？"正是怀着"立功名，垂竹帛"的抱负，他毅然弃贾从戎，例授宣州卫指挥佥事。在任上，他"既佩分符，乃严纪律，勤训练，赫然有长城之寄"。当时正是倭寇猖獗之时，巡抚陈公将他调至前线防御苏松，刚至莳门，与倭猝然相遇，程良锡毫不畏惧，"抽矢先登"，并指挥壮士以强弩射倭，立毙倭寇十七人。倭寇仍未退却，"君乃奋剑贾勇，驱壮士馘斩剧贼六人，城危遂解"。由于他临危不惧，指挥有方，上级迭行嘉奖。

嘉靖三十五年（1556），程良锡受命防守胜敦，"倭见旗鼓一新，不敢窥伺"。总督胡宗宪深为器重，又调他移守太仓，令其邀击倭寇归路，在此后的日子里他屡立战功。五月，倭寇于三江口焚劫，他率家丁迎击，"倭遂溃裂，一方得安"。六月，他同总兵俞大猷出海追贼至茶山，手斩悍黠剧贼三人，"身被重伤，尚奋勇力战"，以后又一直转战浙江、福建沿海一带，大有斩获，以致"倭畏君威，闻风无不披靡"。每战他必奋勇当先，而且善抚士卒，故人们称赞他有"古名将风"。[2]

大量事实表明，在徽商中无论"上贾""中贾""下贾"，也无论盐商、典商、茶商、木商或其他商人，更无论在家乡或外地，他们都能够积极主

① 汪道昆：《太函集》卷61《明处士休宁程长公墓表》，明万历刊本。
② 《休宁率东程氏家谱》卷11《明威将军程天宠甫小传》，明万历元年刊本。

动、尽其所能地参加抗倭斗争，可以说这是一个比较普遍的现象。

赵炳然在论及明军腐败的情形时曾说："今之军，皆食民者也。然寇变之来，不惟不能卫民，每借民以为城守之助。是养军者民也，保军者又民也，御贼者民也，保民者又民也。"①徽商的抗倭事迹从一个侧面印证了赵炳然所指出的情况。

三

徽商之所以能与军民一道抗倭，这绝不是偶然的，而是有它深刻的原因。

首先，这是由徽商的经济利益决定的。有明一代，东南沿海数省是全国经济最发达的地区，明朝初年全国有三十几个手工业和商业比较发达的城市，其中南方就占了二十几个。到了明中叶，东南沿海的都市在原有的基础上更加发达繁荣。特别是苏、松、杭、嘉、湖五府地区成为最繁华的区域，而且在这五府之内及其附近又兴起了很多手工业及商业城镇，如江苏的清江浦，"千舳丛聚，侩埠膻集两岸，沿堤居民数万户，为水陆之康庄，冠盖之孔道，阛阓之沃区"。很多徽商视其为利之渊薮，趋之若鹜，从事各种商业活动。万历《歙志·货殖》载：

> 今之所谓都会者，则大之而为两京，江、浙、闽、广诸省；次之而苏、松、淮、扬诸府；临清、济宁诸州；仪真、芜湖诸县；瓜洲、景德诸镇……故（歙）邑之贾，岂惟如上所称大都会皆有之，即山陬海埃、孤村僻墟，亦不无吾邑之人，但云大贾则必据都会耳。

这不仅是歙县的情况，休宁也是一样："休宁巨族大姓，今多挈家存匿各省，如（江苏）上元、淮安、维扬、松江，浙江杭州、绍兴，江西饶州、浒湾等处。"胡适在谈到纂修《绩溪县志》时也说过："县志不可但见

---

① 陈子龙：《明经世文编》卷252。

小绩溪，而看不见那更重要的'大绩溪'。"这里所谓的"大绩溪"，就是指绩溪商人的经营活动范围。他指出："如金华、兰溪为一路，孝丰、湖州为一路，杭州为一路，上海为一路，自绩溪至长江为一路。"①很显然，绩溪商也主要在东南沿海数省活动。其他几个县也大致如此。总之，尽管说"钻天洞庭（商）遍地徽（商）"，徽商足迹"几遍宇内"，但东南沿海数省却是徽商的主要驻足地，是他们的利益之所在。

徽商不仅聚集于这一带的大都会，甚至这一带新兴的城镇也遍布徽商的足迹。据万历《嘉定县志》载，该县的南翔镇"往多徽商侨寓，百货填集，甲于诸镇"。罗店镇也是"徽商凑集，贸易之盛，几埒南翔矣"。②杭州府的塘栖镇在明中叶更是"徽杭大贾，视为利之渊薮，开典、囤米、贸丝、开车者，骈臻辐辏。"③翻开《明清徽商资料选编》④，明中叶贾于沿海数省的徽商比比皆是，不胜枚举。

东南沿海数省的富庶，既吸引了徽商的纷至沓来，又引起了倭寇的垂涎三尺。明中叶，倭寇恰恰就重点劫掠这一带。张时彻指出："东南为财赋具区，而留都乃根本重地，数年以来吴浙之间横被倭患，所在伤残。"⑤沈一贯也说："自嘉靖壬子（1552）来，（倭寇）蹂躏我浙、直、山东，以至福建、广东，沿海万里，直入腹里淮、扬、徽、太、杭、嘉、金、衢之间，至窥南京，裂国家幅员之半而焚掠之，所在为墟。"而且倭寇每到一处，"毁民居，劫库藏"，"所历地必掠，所掠地必焚，相望若举燧然"。⑥在这种空前的浩劫之下，沿海士绅百姓蒙受巨大灾难，徽商自然也在劫难逃。例如，前述曾上十三策的歙商许谷，早年"贩缯航海而贾岛中，赢得百倍，舟薄浯屿，群盗悉掠之"⑦。浯屿正是倭寇经常出没之处，所谓

---

① 《绩溪县志馆第一次报告书·胡适之先生致胡编纂函》。

② 万历《嘉定县志》卷1《市镇·罗店镇》。

③ 光绪《塘栖志》卷18。

④ 张海鹏、王廷元主编：《明清徽商资料选编》，黄山书社1985年版。

⑤ 陈子龙：《明经世文编》卷243。

⑥ 陈子龙：《明经世文编》卷435。

⑦ 《重修古歙东门许氏宗谱》卷9《许本善传》，清乾隆二年刊本。

"群盗"当指倭寇无疑。休宁商邵鸾嘉靖间贾于云间，后来，"岛夷入海宁、云间，诸子亡其财，家人愤忧"①。正因为他亲罹倭难，无比"愤忧"，所以他才主动建议地方当局筑邑城，并慷慨解囊，输财相助。

倭寇在劫掠过程中，常"借华人为耳目"②，因而"下之间阎贫富，彼无不知；上之府库虚实，彼无不悉"③。由于徽商大多富有，所谓"富室之称雄者，江南则推新安"④，故在倭寇的劫掠中，徽商首当其冲，深受其害。例如，休宁商程埏，于平湖开质库，"擅雄资"，嘉靖年间，倭寇一来，其质库也就遭了殃。史载当时他恰"与诸客饮，或报倭奴焚质库且尽，一座惊愕。公从容问伤人否？恬不为动，人服其量"⑤。所谓"恬不为动"，实在是不得已在客人面前做做样子，借以表现自己所谓"临大难而不惧"的超人度量而已。其实，自己多年积蓄的家产，顷刻荡然无存，心中能不"为动"吗？

同时，倭寇在东南沿海数省的肆虐，往往造成一些地方焚掠殆尽，不仅使这一地区的经济受到极大破坏，而且打乱了这一地区的封建秩序，这也严重妨碍了徽商正常的商业活动。

正是由于徽商的利益在倭患中蒙受严重损失，所以他们憎倭恨倭，甚至不惜自己的身家性命抵抗倭寇，这也就不奇怪了。

其次，这也是由徽商的性质决定的。徽商是一个封建商帮，它主要是借助封建政府赋予他们的某些特权而崛起称雄于商界的。例如，盐业一直是明朝政府控制较严的一种贸易，但徽商由于得到官府的支持，几乎垄断了盐业的贸易，盐商也成了徽商的中坚，有的甚至"藏镪百万"，资本极大。再如，对番商贸易，明政府又使徽商插足其间。据万历《广东通志》卷70载："洪武初，令番商止集舶所，不许入城，通番者有厉禁。正德中，始有夷人私筑室于湾澳者，以便交易。每房一间，更替价至数百金，嘉靖

---

① 徐卓：《休宁碎事》卷12《大鄣山人集》。
② 陈子龙：《明经世文编》卷217。
③ 谢杰：《虔台倭纂》上卷《倭原二》。
④ 谢肇淛：《五杂组》卷4《地部二》。
⑤ 《休宁率东程氏家谱》卷11《谷兰程公行状》，明万历元年刊本。

三十五年（1556），海道副使汪柏乃立客纲、客纪，以广人及徽、泉等商为之。"凡此种种，不一而足，徽商正是凭借这种封建特权，再加上他们牢固的宗族势力和亦贾亦儒、以贾求儒、以儒通官的优势，在广阔的国内市场上纵横驰骋，并保持他们的称雄地位。徽商和封建政权在经济利益上的息息相关，决定了他们政治上的休戚与共。正因如此，所以当倭寇的骚扰给封建政权带来威胁时，他们就会毫不犹豫地举起抗倭的旗帜。

有的同志认为，倭寇是在发展海外贸易，他们的活动有利于资本主义萌芽的成长，徽商的抗倭斗争恰恰说明了倭寇的活动并不反映商人发展海外贸易的要求，明代中期的徽商还没有发展到非要到国外寻求市场的程度。虽然当时徽商从事海外贸易者也不是绝无仅有，但这并不是徽商的主要出路，更不是徽商的唯一出路，一旦此路不通，他们就转入国内市场。例如，嘉靖中歙商许谷，伯兄予以千金，于是贩缯航海，而贾岛中。后在浯屿，货物被倭寇一抢而空。伯兄再予千金，他从此再也不搞海外贸易，而是"就近市贾"。后又因赈灾，资本告罄。伯兄三予千金，他"乃择地而贾，贾就李之皂林"①。如果他不是因为暴饮而死，很大可能是会致富的。当徽商在国内市场上能够致富的时候，他们又何必非要冲破明王朝的海禁，去从事海外贸易呢？

而倭寇也不是在搞正常的海外贸易，更不是在促进资本主义萌芽的成长。首先，倭寇大量掠夺社会财富，严重破坏了商品生产。当时日本有很多东西需要从我国进口，"彼中百货取资于我最多者无若丝，次则瓷，最急者无如药"②。因此倭寇重点掠夺丝和瓷器。"贼所宝在丝绵"③，他们每到一地，见丝就抢，嘉靖三十四年（1555）正月初九，倭寇攻陷崇德，"入叶序班家，见丝绵库广，踊跳而喜"④，满库的丝绵自然成了他们的囊中之物了。倭寇对丝成品大肆抢掠，对丝的原料——蚕茧也不放过。"所

① 《重修古歙东门许氏宗谱》卷9《许本善传》，清乾隆二年刊本。
② 徐光启：《海防迂说》，见陈子老：《明经世文编》卷491。
③ 采九德：《倭变事略》。
④ 采九德：《倭变事略》。

掠蚕茧令妇女在寺缫丝。"①前述杭州塘栖镇在明中叶"贸丝、开车者，骈臻辐辏"，可见丝织业非常发达，但在倭寇大肆掠夺丝茧的情况下，丝织业必然受到严重摧残。倭寇对制瓷业的劫掠破坏所造成的恶果，我们可以从浙江瓷业的盛衰看得清清楚楚。宋元时期，浙江制瓷业迅速发展，据日本学者小村俊夫统计，宋代全国瓷窑有名可考者共二十八个，浙江一省就占八个。②其尤以处州瓷业最盛，诸如龙泉窑、丽水窑、哥窑、景宁窑都驰名中外。从处州到温州，瓷窑林立，但这样兴盛的制瓷业到明代中叶以后都衰落下去，其中固然有其他原因，但根本原因还是倭寇严重骚扰所造成的。除了丝、瓷以外，其他社会财富，倭寇也是焚掠一空，从而给东南沿海经济带来了极大的破坏。其次，倭寇掠夺商人，破坏商品流通。倭寇对商人的掠夺，从徽商的遭遇中可见一斑。掠夺商人必然使得商人或则破产，或则裹足不来，这就使得商品流通不能正常进行。马克思在《资本论》中说："商品流通是资本的起点。商品生产和发达的商品流通，即贸易，是资本产生的历史前提。"倭寇的活动，恰恰破坏了"资本产生的历史前提"。

至于倭寇的活动与资本原始积累，更是风马牛不相及的事。因为至今没有一条资料证明倭寇把掠夺的财富转变成产业资本，也没有一条资料证明他们把掳掠的人口转变成雇佣劳动者。中西比较研究的方法是值得提倡的，但如果说16世纪的西方有一个资本原始积累时期，就断言16世纪的中国特别是东南沿海地区也进入了同样的历史时代，这样生搬硬套，难免要犯削足适履的错误。

---

① 采九德：《倭变事略》。
② 转引自李剑农：《宋元明经济史稿》。

"左儒右贾"辨
——明清徽州社会风尚的考察

明清时代的徽州，可谓地灵人杰。这里，既以朱子阙里而被誉为"东南邹鲁"，又以商贾之乡而闻名全国。业儒和服贾成了徽人所从事的两项主要职业："其俗不儒则贾，相代若践更。"①论贾，则有藏镪百万、足迹"几遍宇内"的徽州商帮；论儒，则有读书登第的达官显贵、名贤才士。但儒与贾究竟孰轻孰重？孰高孰下？明代徽人汪道昆在谈到这一问题时说："古者右儒而左贾，吾郡或右贾而左儒。"②"吾乡左儒右贾，喜厚利而薄名高。"③汪道昆的话是否反映了徽州社会的实际情况，这关系到我们对明清时期徽州社会风尚能否全面正确的了解，也涉及对徽商性质的研究，故不能不作一辨。

一

"左儒右贾"的含义似不须用那么多篇幅来辨析。因为"左儒右贾"的左、右，与历代官制尚左尚右并无必然联系。封建王朝的官制，时而尚左，时而尚右，这是事实。但上述两字的字义并不因官制尚左尚右的变化

---

① 汪道昆：《太函集》卷55《诰赠奉直大夫户部员外郎程公暨赠宜人闵氏合葬墓志铭》，明万历刊本。

② 汪道昆：《太函集》卷54《明故处士溪阳吴长公墓志铭》，明万历刊本。

③ 汪道昆：《太函集》卷18《蒲江黄公七十序》，明万历刊本。

而有所变化。"右"，古训为大、崇尚或高，如《史记·孝文本纪》载："右贤左戚"，裴骃引韦昭注云："右犹高，左犹下也。"①再如宋代官制尚左，但《宋史·选举志》载："国家恢儒右文"，"恢"和"右"都是重视或崇尚的意思，并不因其时官制尚左而写为"左文"。"右武"也是重视武的意思。古代，国家有事则"右武"，承平之际则"右文"。汪道昆所云"右贾左儒"只需用重商轻儒或崇商卑儒来解释即可。

那么，明清时期的徽州是不是"左儒右贾"？这是要根据事实进行深入分析的。

徽州"右贾"，至少从现象上看确是如此。明清时期徽州的商人远远超过他邑。这里，"人庶仰贾而食"②。故在诗人笔下有这样的描述："丈夫志四方，不辞万里游。新安多游子，尽是逐蝇头。风气渐成习，持筹遍九州。"③

这里不少人从小就开始经商："徽州俗例，人到十六就要出门做生意。"④实际上有的人不到十六岁就踏上了经商之途。如黟人孙遴"年未成童（15岁）贾于苏浙江湖间，所如操胜算"⑤，明代歙人许烻"年十四与（父）添荣公挟囊东游，商于太平郡"⑥，舒遵刚"精权算，善权衡，年未十三即能创业"⑦。也有刚完婚的新郎即离家别妻而去服贾。《初刻拍案惊奇》卷2就记载了这样一个故事：屯溪潘甲娶滴珠为妻，只因提前两月成亲，潘父就斥责儿子道："如此你贪我爱，夫妻相对，白白过世不成？如何不想去做生意。"潘甲无奈与滴珠说了，两人哭诉了一夜。次日潘父就逼儿子外出去了。这虽是小说家言，但反映的情况却是真实的。民国《歙县志》卷1载："邑俗重商……新婚之别，习为故常。"

---

① 司马迁：《史记》卷10。
② 唐顺之：《唐荆川文集》卷15。
③ 嘉庆《黟县志》卷16。
④ 艾衲居士：《豆棚闲话》第3则。
⑤ 同治《黟县三志》卷6。
⑥ 《歙县许氏世谱》第5册，明隆庆抄本。
⑦ 同治《黟县三志》卷7。

徽民经商，人数之多，国内也罕有其匹。"大抵徽俗，人十三在邑，十七在天下。"①汪道昆也说："新都业贾者十七八。"②还有的说："徽人十九为商。"③就是缙绅之家，经商服贾的也是代不乏人。

徽州不仅经商人数多，而且经商范围广。所谓"钻天洞庭遍地徽（商）"的俗谚正形象地反映了徽商足迹之广。即便"诡而海岛，罕而沙漠"也有徽商的身影。不惮风涛之险，"入海而贸夷者"大有人在。休宁汪镗"去海上业贾，息钱恒倍"④。歙商鲍文玉也出洋贸易，而且"货委于地，人皆争取，无积滞"⑤。

因为经商人数多，经营的行业也就多。"徽郡商业，盐、茶、木、质铺四者为大。"除此而外，布商、米商、丝商、瓷器商无不有之。举凡一切有关衣食住行用的商品，只要市场需要，有利可图，都有徽商插足其间，"相机而行，随我活变"。而且徽人经商大多有一种执着的精神："徽之俗，一贾不利再贾，再贾不利三贾，三贾不利犹未厌焉。"⑥这种百折不挠的顽强追求，使得不少徽商在失利中吸取教训，总结经验，终成巨富。

综上所述，"右贾"确实成了徽州的一种风尚。在这种风尚的影响下，徽州业贾者越来越多，资本也越来越厚。"新安大贾，鱼盐为业，藏镪有至百万者，其他二三十万，则中贾耳"⑦，以至形成一个巨大的商帮，称雄于商界。

二

徽人"右贾"，是否就"左儒"呢？如果我们进行全面深入细致的考

---

① 王世贞：《弇州山人四部稿》卷61《赠程君五十叙》，明万历刊本。

② 汪道昆：《太函集》卷17《阜成篇》，明万历刊本。

③ 《歙县潭渡杂记》，抄本。

④ 《休宁西门汪氏宗谱》卷6，清顺治十年刊本。

⑤ 《歙县棠樾鲍氏宣忠堂支谱》卷21，清嘉庆十年刊本。

⑥ 光绪《祁门倪氏族谱》卷下。

⑦ 谢肇淛：《五杂组》卷4。

察，就会发现"右贾"只反映了徽俗一个侧面的情况，另一个侧面呈现的却是"右儒"、崇儒。

徽州"右儒"的表现之一，反映在徽人的儒贾观上。"贾为厚利，儒为名高"，但徽州商人绝不是像汪道昆所说的"喜厚利而薄名高"。黟县西递村古民居中有一副楹联，值得玩味："读书好，营商好，效好便好；创业难，守成难，知难不难。"从中就绝看不出"左儒右贾"的倾向。而且徽州商人在一定情况下还将"读书"看得重于"营商"。兹举几例，以见一斑。清初婺源木商洪庭梅致富后，慨然曰："今庶几惟所欲为，奚仆仆风尘坐以商贾自秽。"[1]没有业儒，就是富到"惟所欲为"的程度也自惭形秽，正反映了他的儒贵贾贱的价值观。休宁商金赦事贾大起后，其妻戴氏对他说："乃今所不足者，非刀布也。二子能受儒矣，幸毕君志而归儒。"[2]于是遣二子入太学。盐商汪才生甚至告诫儿子奋发业儒，"毋效贾竖子为也"。一个商人竟然在儿子面前自贬为"贾竖子"，可见其儒贵贾贱的思想倾向何等强烈。他们之所以崇儒，乃是认为儒能"大门""亢宗"，致远大之业，贾则不能。在徽商看来，"非儒术无以亢吾宗"[3]"非诗书不能显亲"[4]，即便富埒王侯，也不能荣宗显祖，光耀门楣，只有业儒入仕才有可能。明代歙商汪海已是上贾，但他在命儿子汪体义治经术时说："其从叔父入太学，庶几异日大吾门。"[5]吴佩虽以服贾起家，却常对妻子说："吾家仲季守明经，他日必大我宗事，顾我方事锥刀之末，何以亢宗？"[6]歙商许积庆勉励他的儿子说："苟弗事远者、大者斯已矣，苟欲事焉，非力学蔑以为也。"[7]只有力学才能成就大事业。因此，他们便认为业

① 《婺源敦煌洪氏通宗谱》卷58《清华雪斋公传》，清嘉庆刊本。

② 汪道昆：《太函集》卷52《海阳处士金仲翁配戴氏合葬墓志铭》，明万历刊本。

③ 汪道昆：《太函集》卷67《明赠承德郎南京兵部车驾司署员外郎事主事江公暨安人郑氏合葬墓碑》，明万历刊本。

④ 吴吉祐：《丰南志》第5册《从父敬仲公状》，民国稿本。

⑤ 汪道昆：《太函集》卷55《明处士兖山汪长公配孙孺人合葬墓志铭》，明万历刊本。

⑥ 汪道昆：《太函集》卷71《溪南吴氏祠堂记》，明万历刊本。

⑦ 《歙县许氏世谱》第5册，明隆庆抄本。

儒为上，服贾为次。休宁汪良举出身盐商世家，还是认为服贾低于业儒："父母生予八尺躯，上之不能乘时取甲第以树勋朝家，次弗克窃三秉之粟以奉母欢，曷称为子？"①李大祈也认为："丈夫志四方……即不能拾朱紫以显父母，创业立家亦足以垂裕后昆。"②将力儒致身朱紫看得高于服贾创业立家。盐商江登云把贾贬得更低："丈夫志功名为国家作梁栋材，否亦宜效毫末用，宁郁郁侪偶中相征逐以终老耶？"③还有"进而为儒""退而为贾"等说法也无不带有儒胜于贾的色彩。

徽商由于把业儒看得高于服贾，因此有些人将不能业儒引为终身憾事。明万历时婺源人李大祈年轻时继承父业服贾，后来"业骎骎百倍于前，垺素封矣"。但他晚年却对儿子们说："予身犹服贾人服，不获缴一命以显先德，予终天不能无遗憾。"④休宁汪昂，明弘嘉间治盐业，垂老之时也因自己"弗终儒业"而懊悔不已。⑤明中叶歙人江珮，年轻时业儒，因母亲去世，遵父命弃儒从贾，两个弟弟业儒。后来大弟未中县学，父亲又令其业贾。江珮对弟弟说："夫农之望岁，固也，奈何以一岁不登而辍耕乎！且吾业已悔之，汝复蹈吾悔耶？"⑥这些商人对未能服儒的遗憾和悔恨正隐含着他们对儒业的追求与向慕。

徽商在业贾致富后，总是让儿孙们读诗书，"就儒业"。汪道昆就曾回忆道："（歙）临河程次公昇、槐塘程次公僳与先司马并以盐策贾浙东西，命诸子姓悉归儒。"⑦休宁商程封因早年父死家贫，弃儒经商，历尽艰辛，终于致富。弥留之际，他留遗言告诫三子："吾故业中废，碌碌无所成名，生平慕王烈、陶潜为人，今已矣。尔向仁（长子）、向学（二子）业已受

① 《休宁西门汪氏宗谱》卷6，清顺治十年刊本。
② 《婺源三田李氏统宗谱》卷4《环田明处士松峰李公行状》，清道光七年刻本。
③ 《歙县济阳江氏族谱》卷9，清道光十八年刊本。
④ 《婺源三田李氏统宗谱》卷4《环田明处士松峰李公行状》，清道光七年刻本。
⑤ 《休宁汪氏统宗谱·昂号云峰配王合纪传》。
⑥ 《歙县溪南江氏族谱·撰述》，明隆庆刊本。
⑦ 汪道昆：《太函集》卷55《诰赠奉直大夫户部员外郎程公暨赠宜人闵氏合葬墓志铭》，明万历刊本。

经，即向策（三子）幼冲，他日必使之就学。凡吾所汲汲者，第欲尔曹明经修行庶几古人……"①正是出于这种"汲汲"于子弟业儒的强烈愿望，故延师课子成为徽州的普遍现象。明休宁人汪文璧，少有大志，多闻强记，经商的父亲特地为他"延名士为师"②。歙商许晴川也是"五子咸延名师以训"③。盐商鲍橐不惜重金延揽名师，购买书籍，教育子弟，并且说："富而教不可缓也，徒积资财何益乎？"④

为了让更多的子弟习儒就学，徽商积极捐资，广建书院。据道光《徽州府志》载，明清时期，"天下书院最盛者，无过东林、江右、关中、徽州"。在清初，徽州书院多达54所，大半为徽商所建。在外籍徽商比较集中的地方，他们也捐资建书院，为子弟习儒提供方便。有的家族明确规定，对族中聪颖好学的子弟，无力从师者，必须给予资助，并将此列入家典，世世遵行。⑤

徽商对子弟业儒无不寄予厚望，期待甚殷。有的干脆晚年弃去贾业，专意课督诸子。商人凌珊不仅为诸子延请名师，而且自己"起必侵晨，眠必丙夜，时亲自督课之。每日外来，闻咿唔声则喜，否则嗔，其训子侄之严如此"⑥。盐商吴钖"谆谆以陶侃惜分阴之义相警"，见诸子"所业进，则加一饭；所业退，则减一饭。每呈阅课艺，必为捃摭利病，期当于应科法程"⑦。这种情况显然是与"喜厚利而薄名高"的心态大异其趣的。

在科举时代，习儒正是为了入仕，徽商向儒说白了就是向官。歙商许莲塘经商致富后，宁可自处粗粝，不惜重金延揽名儒教育诸弟。有人对此大惑不解："子之诸弟容容与与，息游儒林，子胡自若犯晨夜、冒霜雪，

---

① 汪道昆：《太函集》卷61《明处士休宁程长公墓表》，明万历刊本。
② 李维桢：《大泌山房集》卷65《汪代州家传》，明万历三十九年刻本。
③ 《歙县许氏世谱》卷6《贺晴川许公六十寿序》，明隆庆抄本。
④ 《歙县新馆鲍氏著存堂宗谱》卷2《柏庭鲍公传》，清刊本。
⑤ 雍正《休宁茗洲吴氏家典》卷1。
⑥ 凌应秋：《沙溪集略》卷4《文行》，清抄本。
⑦ 吴吉祐：《丰南志》第5册《皇清附贡生诰授资政大夫候选道加四级恩加顶带一级又恩加一级议叙加六级显考嵩堂府君行述》，民国稿本。

焦神极能耶?"他回答说:"噫!客乌知大体哉!昔汉得一良相陈平者,是谁之力欤?乃由平之兄陈伯也。《陈平传》载:陈伯纵弟平游学,而陈伯肩家事,肆陈平学成相业也,吾独不能如陈伯乎?"①原来他含辛茹苦、呕心沥血供养诸弟读书,是希望诸弟能像陈平那样,"学成相业",一举成名。许莲塘的这种思想具有普遍性,商人之所以怀着"富而教不可缓"的急切心情,让子弟习儒,正是希望他们能早日撷取功名,博得高官。

对儒业的崇慕,形成巨大的动力,再加上父兄的全力支持,使得徽州业儒的学子在科场中大显身手。据统计,明代徽州有进士392名、举人298名,生员则更多。②清代单是歙县一县(包括寄籍)取得科第者,计大学士4人、尚书7人、侍郎21人、都察院都御史7人、内阁学士15人、状元5人、榜眼2人、武榜眼1人、探花8人、传胪5人、会元3人、解元13人、进士296人、举人近千人③。整个徽州就更可观了。如此众多的人拼搏科场,若是没有一种浓厚的右儒、崇儒的风气,是绝不可能形成这种局面的。

徽州"右儒"的表现之二,就是不少商人致富后,或弃贾业儒,或弃贾就仕。江登云,清康乾时人,十六岁随兄外出经商,虽大获成功,却殊不自得,决心要"为国家作梁栋材"。终于弃贾业,入武库,"连第进士,膺殿廷选,侍直禁卫",官至南赣都督。④康熙年间休宁商人汪淳涉足商界已十余年,后"复习举子业",一举登第,授中书舍人。⑤歙县许蘧园,虽"拥多财",却"壮岁通籍部曹",官至大观察(道员)。⑥清代程晋芳最为典型,他业盐于淮,但惓惓好儒,购书五万卷。后弃贾服儒,屡试不售。他年过四十,心犹不死,终于举为进士,改吏部文选司主事。四库全书馆

① 《歙县许氏世谱》卷5《明故处士莲塘许君行状》,明隆庆抄本。

② 参见叶显恩:《明清徽州农村社会与佃仆制》,黄山书社1983年版,第91页。

③ 许承尧:《歙事闲谭》第11册,民国稿本。

④ 《歙县济阳江氏族谱》卷9《清覃恩累晋武功大夫袁临时将署南赣总兵官登云公原传》,清道光十八年刊本。

⑤ 康熙《休宁县志》卷6。

⑥ 《重修古歙东门许氏宗谱》卷10《蘧园许君六十寿序》,清乾隆二年刊本。

开，议叙改翰林院编修，晋芳大喜过望。袁枚赠诗曰："束发惜惜便苦吟，白头方许入词林。"①这反映了程晋芳对儒业功名的不倦追求。

诚然，明清时期的徽州，弃儒服贾者也不乏其人。这是否意味着他们"左儒"了呢？不是。商人弃儒服贾的原因主要有以下三种情况：一是家遭变故，无以为生。如前述汪镗，"性颖悟，过目终身不忘，年十七随父雅会游楚，为高汇旃先生首拔"，显然是个业儒的好材料，不幸"以父卒，家中落，弃儒服贾走四方"。②歙人江羲龄也是自幼习儒，后"以亲老家贫，弃儒服贾，以为供养"③。二是家少兄弟，代父服贾。黄长寿，"少业儒，以独子当户，父老，去之贾"④。金起凤，"少习举业，通经史，以父奔走四方，欲代其劳，遂弃儒服贾"⑤。三是屡踬科场，仕途无望。明休宁人程祖德，"连举未第，退事于商"⑥。歙人吴钠年轻时业儒，为不"以家口贻亲忧"，乃弃儒服贾，但仍向往儒业，"昼筹盐策，夜究简编"，只因"棘闱屡踬"，"始绝意名场"。⑦休宁商汪可训，起先业儒"终不得志……遂辍帖括"，而去经商。⑧因此可以说徽人弃儒服贾，绝大多数是迫不得已而非为所愿。可见，上述弃儒并非"左儒""卑儒"。

相反地，那些弃贾服儒的人，却大多已是富商大贾而转向科场的。但在科举时代，凭考试及第又非易事。因此，不少徽商选择了一条捐资买官的道路。《二刻拍案惊奇》卷15写道："徽州人有个僻性，是乌纱帽、红绣鞋，一生只这两件不争银子。"这里的徽州人主要指的是徽商。尽管这是出自小说家之口，却颇符合徽州的情况。歙人吴自宽以贾起家，正德中即

---

① 许承尧：《歙事闲谭》第3册，民国稿本。

② 康熙《休宁县志》卷6《人物志·宦业》。

③ 《歙县济阳江氏族谱》卷9《清故处士羲龄公传》，清道光十八年刊本。

④ 《歙县潭渡黄氏族谱》卷9《望云翁传》，清雍正九年刊本。

⑤ 《婺源县采辑·义行》，民国抄本。

⑥ 《休宁率东程氏家谱》，明万历元年刊本。

⑦ 吴吉祜：《丰南志》第5册《皇清附贡生诰授资政大夫候选道加四级恩加顶带一级又恩加一级议叙加六级显考嵩堂府君行述》，民国稿本。

⑧ 《休宁西门汪氏宗谱》卷6《太学可训公传》，清顺治十年刊本。

"以资赐爵一级"①。黟商余逢盛也是以资"捐叙营千总加戴卫千总,遇缺即补,人因称为飞骑君云"②。盐商吴永亨连续几次捐资,"初捐州同,封父母。加捐通判,以子树卓布政司理问,加二级。又塘工议叙随带加二级,赠朝议大夫"③。举监生员虽不是官,但由于属绅衿行列,并有出仕的可能,故商人也乐于捐资以抬高声望。清代章绪毓经商起家,人到中年,"以资为国子监生"④。章健德兄弟三人经商致富,"相继以资为国子监生"⑤。有人指出,徽商"捐监授职,计费匪轻"⑥,当非虚语。

徽商"右儒"的表现之三,就是投靠官府,广交官僚。徽商无论行商抑或坐贾,无论在本地抑或外籍,无论大贾、中贾抑或小贾,大多攀援官僚士大夫。如明万历时婺源商李古溪经商吴越荆襄间,"晋纳于贤士大夫,每以名显"⑦。休宁商汪浩,"所至吴越,即交欢吴越缙绅士,转在楚蒲圻,楚人士争交欢者复如吴越"⑧。这类例子,不胜枚举。徽商交结的官员,上自首辅、尚书,下至一般官僚。如正德中歙商吴自宽就与南京兵部尚书乔宇"为布衣交欢甚"。⑨徽商罗龙文也与权相严嵩打得火热。有的徽商甚至能结交上皇帝。如清代盐商江春竟"以布衣上交天子"⑩,传为一时佳话。

徽商何以能够结交官僚士大夫?

其一,以学识相交。这是一种比较高雅的手段。既然儒与官通,贾而好儒又恰是徽商的一大特色,于是,儒学就成了商与官之间的粘合剂。如

① 汪道昆:《太函集》卷47《明故处士吴克仁配鲍氏合葬墓志铭》,明万历刊本。
② 《黟县环山余氏宗谱》卷21《飞骑唐珊余君传》,民国六年刊本。
③ 嘉庆《休宁县志》卷15《人物志·乡善》。
④ 《绩溪西关章氏族谱》卷26,清宣统刊本。
⑤ 《绩溪西关章氏族谱》卷26,清宣统刊本。
⑥ 徽州《阄书契底》,转引自叶显恩:《明清徽州农村社会与佃仆制》,黄山书社1983年版,第136页。
⑦ 《婺源三田李氏统宗谱·万椿古溪李公六旬叙》,明万历刊本。
⑧ 《休宁西门汪氏宗谱》卷6《处士浩公传》,清顺治十年刊本。
⑨ 汪道昆:《太函集》卷47《明故处士吴克仁配鲍氏合葬墓志铭》,明万历刊本。
⑩ 民国《歙县志》卷9。

明代休宁人汪新是扬州盐商，"既雄于资，又以文雅游扬缙绅间，芝城姜公、金公辈名儒巨卿皆与公交欢"①。汪可训曾就学于南京国子监，博学多才，名噪南都，一时名士缙绅各得与语为快。后弃儒服贾于芜湖，周旋于士大夫之间，与前来摄芜湖榷关事的西蜀雷公以及继任者潘二岳结成莫逆之交。"余如罗柱史、张铨部、程观察诸大老曲席折节，指不胜屈。……往来造访无间日，或漏泻二十刻，犹稠迭庭中，太学（可训）不厌也。"②官与商形成这种亲密无间的关系，正是"儒"的媒介作用。

其二，以联姻为戚。在封建社会，婚姻往往是一种政治行为。徽商每每通过联姻来交结士大夫。明代"（休宁）海阳为新都上邑，故多贤豪，悬簿击钟，户相望也"。海阳商人程次公，"其（子女）婚姻皆郡中名公卿"③。有些商人为了达到与官僚联姻的目的，是不惜代价的。《二刻拍案惊奇》描写了明代扬州一个徽州盐商的义女江爱娘嫁给朝廷韩侍郎做偏房的故事。文中写道：

> 韩府也叫人看过，看得十分中意。徽商认做自己女儿，不争财物，反赔嫁装，只贪个纱帽往来，便自心满意足。韩府仕宦人家，做事不小，又见徽商行径冠冕，不说身价，反轻易不得了，连钗环首饰、段匹银两也下了三四百金礼物。徽商受了，增添嫁事，自己穿了大服，大吹大擂，将爱娘送下官船上来。

后来，"那徽商认做干爹，兀自往来不绝"。这段文字将这个徽商"贪个纱帽往来"的心态淋漓尽致地描写出来。

徽商对与官员联姻固然求之不得，即便是应试入学的儒士，只要将来有及第的可能，徽商也巴不得将其揽为乘龙快婿。《坚瓠九集》记载了这么一件事：

---

① 《休宁西门汪氏宗谱》卷6《挥金新公墓志铭》，清顺治十年刊本。
② 《休宁西门汪氏宗谱》卷6《太学可训公传》，清顺治十年刊本。
③ 汪道昆：《太函集》卷16《海阳程次公七十寿序》，明万历刊本。

浙省城南班巷，徽商吴某寓焉。商只一女，女及笄，择配，未偕所愿。万历乙酉（十三年，即1585年）仲秋望后，梦龙戏爪水中。次日，姚江徐应登以儒士应试毕，偕友过商门。友谓徐曰："此家资财巨万，有女求配，意得佳士，不计贫富也，兄纵未第，应试入学，非佳士乎？我素识其人，请为作伐，兄少俟。"遂入言于商。商虽口诺而意未允。其友曰："此兄在外，试一观之。"遂及门。徐适濯手水瓮中。商以符所梦，欣然许之，遂请友玉成。反语徐，徐欲俟归，具礼聘之。商乃出金使质焉。及放榜，果中式十一名。辛丑（二十九年，即1601年）成进士。

商人从"口诺而意未允"到"欣然许之"，再到"出金使质"，这种前倨后恭的变化意味深长。促使发生这种戏剧性变化的主要原因，就是徐生"濯手水瓮"这一极平常、极偶然的举动恰与蛟龙"戏爪水中"的梦境相符，预示着徐应登必将大富大贵。这就反映了徽商右儒崇官的心态。

其三，以报效相结。这是徽商结交官府的又一种手段。最突出的莫过于扬州盐商。"两淮盐策运课所入甲于天下，凡转饷、捐赈、兴工，动关国计，鹾运大吏量入计出，有补于公而本不告匮，必资业鹾数大家才堪任事者，商榷赢绌综厥事。"[1]如歙商汪廷璋"谨慎坦白，无所矫激，赞襄举措，悉中肯綮"[2]，深受官府器重。江春也是大盐商，由于"练达多能，熟悉盐法，司鹾政者咸引重，俾综商务……殚心筹策，靡不指顾集事"，连皇帝都认为他能"尽心国事"，特加褒奖[3]。有的是为官府排忧解难。明代中期，"比年国家兴作，鸠工征材，费用不足"，盐商吴光禄率诸兄弟捐银十万两，"天子旌之"[4]。再如婺源木商黄世权，经商江右。康熙十三年（1674），"额附石大将军建营房千间于京口，当事仓皇无措。大将军知权

---

[1] 《歙县汪氏谱乘·奉宸苑卿汪君事实》，清乾隆抄本。
[2] 《歙县汪氏谱乘·奉宸苑卿汪君事实》，清乾隆抄本。
[3] 《橙阳散志》卷3，清嘉庆刊本。
[4] 吴吉祜：《丰南志》第4册《光禄兄六十序》，民国稿本。

名，召见之，悉以委权，未匝月而工告竣"①。有的是为官府捐赠银两。据嘉庆《两淮盐法志》载：从康熙十年（1671）至嘉庆九年（1804）的一百多年里，扬州盐商为军需、河工、城工、灾赈、备工等向朝廷捐输银两三千九百余万两、米二万余石、谷近三十三万石。这大部分是徽商捐输的，其中固然有一些商人出于不得已，但也有不少人是为了报效官府而自愿输纳的。在封建社会，官儒一体，徽商投靠官府，广交官僚的行动曲折地反映了他们"右儒"、崇儒的倾向。

综上所述，明清时期的徽州并非像汪道昆所说的是"左儒右贾"，而是右贾不左儒，甚至是右贾更右儒。既如此，徽州业贾之人又何以众多呢？首先，这是"治生"的需要。"徽州介万山之中，地狭人稠，耕获三不赡一。即丰年亦仰食江楚，十居六七，勿论岁饥也。天下寄命于农，徽民寄命于商。"②当农业"三不赡一"，手工业也不能容纳众多劳力的时候，人们自然会趋向商业，"以贾代耕"。其次，这也是业儒的需要。徽州实际是右儒崇儒，但正如汪道昆所指出的那样："夫养者非贾不饶，学者非饶不给。"③清人沈垚说过："仕者既与小民争利，未仕者又必先有农桑之业，方得给朝夕，以专事进取。于是货殖之事益急，商贾之事益重，非兄老先营事业于前，子弟即无由读书，以致身通显。是故古者四民分，后世四民不分。古者士之子恒为士，后世商之子方能为士。此宋元明以来变迁之大较也。"④这就非常明确地点出了服贾对业儒的经济保障作用。所以徽州出现了这样的普遍现象：或则父兄服贾在先，子弟业儒在后；或则兄弟数人，亦贾亦儒；有的经商，以"给朝夕"；有的读书，"专事进取"。如休宁人汪心如经商在外，其弟汪尧俞业儒，心如曰："仲（尧俞）读书，冀光承父志，某愿以羡私佐夜膏。"⑤徽商吴次公服贾一生，临终前给四个儿子留下遗言："而翁从此西矣，大继（长子）当室，大纯（次子）佐之，

① 光绪《婺源县志》卷31。
② 康熙《休宁县志》卷7。
③ 汪道昆：《太函集》卷42《明故程母汪孺人行状》，明万历刊本。
④ 沈垚：《落帆楼文集》卷24，民国刊本。
⑤ 《休宁西门汪氏宗谱》卷6《候选郡幕心如六秩寿序》，清顺治十年刊本。

大缙（三子）业已游成均，治经术，大绅（四子）从之。四人者左提右挈，以亢而宗，而翁暝矣。"①由此可知贾取厚利，为业儒创造经济条件；儒博名高，为服贾提供政治后盾。业儒和服贾，"左提右挈"，相互依赖。因此，徽州服贾人数众多，也就不奇怪了。

三

"以贾代耕"的商贾之乡，为什么会产生这种"右儒"的倾向呢？

第一，这是中国封建社会官本位的影响。官本位是一种按官职大小确定地位高低的官僚制度。它是一种特权制度，对人们有着极大的诱惑力。一旦跻身官僚士大夫行列，说不尽的好处就会纷至沓来。首先，可以优免徭役。明代徭役很重，但明代建立伊始就制定了优免官员徭役的政策，在编派徭役时，"历来止编民户，不及官甲"②。就是举监生员之类也享有这类特权。其次，可以躲避赋税。有田纳粮，应是理所应当。但明清官僚士大夫总是凭借自己的身份和地位，千方百计地逃避赋税，甚至生员也是如此："贫生无力完粮，奏销豁免。诸生中不安分者，每月朔望赴县恳准词十张，名曰乞恩。又揽富户钱粮，立于自名下隐吞，故生员有坐一百走三百之语。"③明末有人这样总结业儒的好处："常见青衿子，朝不谋夕，一叨乡荐便无穷举人，及登甲科，遂钟鸣鼎食，肥马轻裘，非数百万则数十万，诚思胡为乎来哉？……彼且身无赋、产无徭、田无粮、纳无税，且庇护奸民之赋、徭、粮、税，其入之正未艾也。"④除此之外，还可享受其他种种特权。

商人的境况又如何呢？尽管他们中的很多人"以末致富"，但其中艰辛备至。明清时期对盐、茶及一些金属矿物的禁榷制度很严，商人涉足其

---

① 汪道昆：《太函集》卷56《吴田义庄吴次公墓志铭》，明万历刊本。
② 《皇明制书》下卷。
③ 顾公燮：《消夏闲记摘抄》卷中。
④ 计六奇：《明季北略》卷12。

间者如临深渊、如履薄冰。还有到处设立的关卡，征收过往商税。他们"往往以增课为能事，常法之外，巧立名色……以致客商惧征求，卖船弃业"①。万历年间，钞关数量更多。清代规定各钞关所必须完成的税额，"关税短缺令现任官赔交"②。这就更助长了钞关人员对商人的横征暴敛，致使商人视钞关为"大小法场"。市税也是不断增加。明代商税有增无已，清代税吏更是"倚势作奸，垄断取利，鱼肉商民"。在上述情况下，商人只能在夹缝中求生存、图发展，其艰难状况可想而知。业儒与服贾两者境遇上的巨大反差正是封建社会官本位的反映。徽人之所以弃贾服儒、弃贾就仕或令子弟业儒，正是为了跻身官僚或准官僚阶层，攫取商人得不到的利益或者保障商人的既得利益。徽商黄蛟峰的一段话很能说明问题。黄蛟峰经商在外，有一次回家，"值里胥催租，辞色凌厉。先生曰：'予岂不能为士以免役哉！'即下帷数月，诵制举义……明年补邑弟子员"③。黄蛟峰弃贾服儒正是为了享受免役的特权，不受里胥凌辱。

第二，封建政府推行的轻商、贱商政策也是徽州"右儒"的原因。轻商、贱商是封建社会的传统观念，至明清时期也无明显改变。"（洪武）十四年（1381），上加意重本抑末，下令农民之家，许穿绸纱绢布；商贾之家，止许穿布。农民之家，但有一人为商贾者，亦不许穿绸纱。"④虽然这一规定后来有所突破，但抑商政策仍在继续。这从一个案例中也可看出。商人某匿税被捕，法官在判语中将"遂肆欺公之计，不从抑末之行"列为其罪状之一，可知"抑末之行"是法律规定的⑤。清代也是如此。雍正就明确说过："四民以士为长，农次之，工商其下。"⑥《大清会典》也明载："崇本抑末，载诸会典，著为常经，由来已久。"⑦试想，天子的诏

---

① 龙文彬：《明会要》卷57。

② 《钦定户部则例》。

③ 《歙县潭渡黄氏族谱》卷9《蛟峰先生传》，清雍正九年刊本。

④ 徐光启：《农政全书》卷3。

⑤ 王世茂：《仕途悬镜》。

⑥ 《东华录》（雍正朝）卷5。

⑦ 《大清会典》（光绪）卷237。

谕、朝廷的法典如此贱商，商和农工的平等地位尚不可得，和高踞于四民之"长"的士相比更有天壤之别了。随着商品经济的发展和资本主义萌芽的出现，这种传统的重本抑末思想已受到冲击，张居正、黄宗羲、李贽等都提出了"重商"的思想，因此有人认为明清之际出现了一股重商思潮，这不无道理。但这股思潮只能是封建主义坚冰之下的一股奔腾的暖流，虽然其社会意义不能低估，但在当时的社会影响实在有限。另外，我们还要看到这种思潮，其主旨在为商贾的"末业"地位鸣不平，其所达到的最高境界莫过于认为"工商皆本"，但在士商观上并没有突破封建思想的传统藩篱。连激进思想家何心隐也只是提出"商贾大于农工，士大于商贾，圣贤大于士"①的观点，认为商还是居于士之下的。在这种氛围里，商贾尽管腰缠万贯、富埒王侯，也要自惭形秽的。不然的话，何以盐商汪才生在儿子面前自称"贾竖子"。透过商人这种自卑的话语，我们可以强烈地感受到令人窒息的传统观念的重压和当时包括徽商在内的商人难以诉说的悲哀。

第三，徽州"右儒"也与徽州业儒的历史传统有关。徽州地处万山之中，兵革不到，故东晋南朝的一些士族在社会动荡时为避乱纷纷来此定居。隋末、唐末不少世族地主为了躲避农民起义的冲击也举宗合族迁居徽州。他们的到来对徽州风俗影响很大。据宋淳熙《新安志》卷1《风俗》载："其（新安）人自昔特多以材力保捍乡土为称，其后寝有文士。黄巢之乱，中原衣冠避地保于此，后或去或留，俗益向文雅。"宋兴以后，这些留居的世族地主凭借他们的政治地位以及家学渊源，通过科举入仕又在各级封建政权中取得一席之地，以至"名臣辈出"。朱熹以后，这里又成了"文公道学"之邦，"彬彬多文学之士，其风埒于邹鲁"②。在理学之风的熏陶下，形成了一种业儒的历史传统。元明以来，这种传统更有发扬。名门望族，必有业儒入仕而为朝廷显官者。他们又汇拔联翩，云蒸龙变，这样一代提携一代，终于形成"十家之村，不废诵读""家弦户诵，寅缘

① 何心隐：《何心隐集》卷3。
② 乾隆《绩溪县志》卷3。

进取"的局面。

徽州的"右贾"使这里成为"商贾之乡",而"右儒"又使这里成为"东南邹鲁"。这两者又是相互结合、相互作用的。而对徽商来说,"右儒"却给自己注射了封建性的强化剂,从而加强了其对封建政治的依附性,使自己深深扎根于封建主义的土壤之中,始终不能走上独立发展的道路,终于随着封建社会步入穷途末路,自己也跟着一起枯萎衰败下去。这也正是徽商的悲剧所在。

论徽商与封建政治势力的关系

　　在封建社会里，商人与封建政治势力的关系，说到底就是钱与势的关系。一般来说，钱不敌势，因此钱总是依附于势。但随着商品经济的发展，钱与势的关系又远非如此简单，而是呈现出比较复杂的情况。明清时期，徽商与封建政治势力的关系，正是这种钱与势关系的缩影。探讨这种关系，有助于我们了解封建社会晚期商人的地位、性质及其命运。

一

　　徽商是明清时期驰骋商界的大商帮。由于封建专制主义的一统天下，封建政治势力的触角伸向社会的各个角落，所以徽商足迹所至，势必与封建政治势力发生各种各样的关系。依附、逢迎与仰攀是徽商对封建政治势力所持的基本态度。

　　各级封建官员是封建政治势力在中央和地方的代表，具有相当的政治地位和政治权力，故首先成为徽商千方百计巴结逢迎的对象。

　　手段之一是交友联谊。徽商足迹遍天下，他们每到一处，总是广交朋友。交友，在他们心目中已不是纯粹的商业行为，而是被涂上浓厚的政治色彩。所以，在很多商人那里，谈笑有名流，往来多缙绅。如歙商梅仲和，"弃儒服贾，贸易吴门……重交游，乐与贤大夫款洽，姑苏为冠盖往

· 61 ·

来地，慕公名者恒造庐以访"①。歙商凌和贵，在三衢（武汉）经商，"自达官绅士以及氓庶无不以礼相接，与地方长吏过从款洽"②。清歙商江禹治，"总司汉嵯"，"当路巨公迄四方才智士愿与缔纳"。③这类例子，不胜枚举。徽商之所以能与各级官员结朋交友，官员又之所以愿意折节纳交，原因在于，一来徽商富有，又能慷慨解囊，这是徽商交结官员的先决条件。二来徽商"贾而好儒"，他们或则先已攻读举业，后因种种原因弃儒服贾；或则亦贾亦儒，经商之暇，手不释卷。这样，他们与缙绅士大夫就比较容易找到共同的语言，彼此都能消除一些心理上的障碍。如休宁商汪新贾于淮扬，"既雄于资，又以文雅游扬缙绅间，芝城姜公、金公辈名儒巨卿皆与公交欢"④。黄存芳"虽为贾人，而言论风旨雅有士人标格，故缙绅辈乐与之交"⑤。可见，"好儒"已成为徽商与官员的粘合剂。

徽商对一些暂时失势的官员也往往不吝解囊，表现出少有的慷慨。歙商方佺，"尝贾楚汉间……观察某违误，将入京，贫不能办装，佺厚赠资斧，后复原任"⑥。何永昌贾于湖北广济县时，"广济县令陈某失上官意，将以亏帑劾"，他"弛囊金六千助之，事乃解"。⑦高尚的行为往往掩藏着世俗的动机。他们这样做，与其说是见义勇为，毋宁说是在下政治赌注。因为他们一旦帮助这些官员逢凶化吉，保住乌纱，今后无疑可以背靠大树好乘凉了。

徽商不仅与在任官员倾心过从，就是对一些士子也不放过交结的机会，反映出他们在政治上的远见。如歙商黄锜在淮阴经商，"淮阴当南北日冲之地，士大夫毂击之区，君延纳馆餐，投辖馈遗。而尤注意计偕（指

---

① 《歙县济阳江氏族谱》卷9，清道光十八年刊本。
② 凌应秋：《沙溪集略》卷4《文行》，清抄本。
③ 《橙阳散志》卷3，清嘉庆刊本。
④ 《休宁西门汪氏宗谱》卷6，清顺治十年刊本。
⑤ 《歙县竦塘黄氏宗谱》卷5，明嘉靖四十一年刊本。
⑥ 民国《歙县志》卷9《人物志·义行》。
⑦ 民国《歙县志》卷9《人物志·义行》。

举子），寒素者赖君踊跃穷途，飞翼天衢"①。对那些应试的寒素举子，黄锜慷慨资助，不为别的，就因为他们一旦中试，就是皇朝命官了。资助一名举子，就是结交一位官员，来日即使不能期望其涌泉相报，起码也能沾其余润。

手段之二是联姻攀附。徽州之俗，"婚配论门第"②，深受徽俗浸染的商人也是如此。在他们的家谱中我们发现，徽商中尤其是一些大商人总是和封建官员有姻亲关系。如休宁程次公"席故饶用贾起富"，"其婚姻皆郡中名公卿"③，与封建政治势力结成了盘根错节的关系。一些在外地的徽州商人，也总是千方百计与封建官员联姻。《二刻拍案惊奇》中对此有生动的描述：扬州一徽州盐商有一义女江爱娘，被视为奇货可居，"等待寻个好姻缘配着，图个往来"。恰巧朝廷韩侍郎带领家眷上任，舟过扬州，因夫人有病，打算娶个偏房，可能有意于爱娘。那徽商听说此事，"先自软瘫了半边"，立即派媒人说合，把江爱娘"认做自己女儿，不争财物，反赔嫁装，只贪个纱帽往来，便自心满意足"。后来，韩夫人去世，江爱娘被立为继房，并获夫人封诰，"那徽商认做干爹，兀自往来不绝"。④从徽商当初"等待寻个好姻缘"，继而听说韩侍郎要娶偏房，"先自软瘫了半边"，再到后来"兀自往来不绝"，这一层层描述把这个徽商逢迎、攀附封建政治势力的心态淋漓尽致地暴露出来。这虽是小说家言，但作者选取徽商作为描写对象，无疑是现实生活的典型化。

与现任官员联姻，"图个往来"，自然求之不得，但如果没有这样的机会，即使能与未来的官员攀亲，徽商也是心甘情愿。明代万历年间，杭州某徽商有一个女儿，一心想嫁给一个佳士，故许多求婚者均被拒绝。乙酉（1585）仲秋望后，商人梦龙戏爪水中。次日，姚江徐应登，以儒士应试毕，偕友过商门。友竭力作伐，入言于商。这位徽商听说只是个儒生，

① 《歙县竦塘黄氏宗谱》卷5。

② 康熙《徽州府志》卷2。

③ 汪道昆：《太函集》卷16《海阳程次公七十寿序》，明万历刊本。

④ 凌濛初：《二刻拍案惊奇》卷15。

"虽口诺而意未允"。朋友一再请商人出门看看再说，谁知商人送友及门，看到徐应登正"濯手水瓮中"，这恰与其昨晚"龙戏爪水中"之梦境相符，商人认为这是一大佳兆，不仅"欣而许之"，而且"请友玉成"。①徽商这种前倨后恭的态度也反映了商人对封建政治势力倾心攀附的心理。

手段之三是行媚巴结。徽商的优势是雄于资财，他们往往不惜重资行媚权势。时人指出："徽多高资贾人，而勇于私斗，不胜不止，又善行媚权势。"②对此，大可不必从品德、道义上谴责徽商，因为这实际上是由时势使然，且待后论。行媚巴结的一个重要表现就是贿赂权贵。这一点，只要看一看哪一任盐运使离任之日不是腰缠万贯就清楚了。

徽商行媚权势的另一个重要表现是将权势贪赃之款代为营运，让他们坐取厚利。如乾隆时的河道总督白钟山在任期间，巧宦欺公，暗饱私囊，将贪赃银两分别交给淮北商人程致中二万两、程之女婿典当商汪绍衣四万两生息，另交商人程容德二万两、程迁益二万两等。这些程姓、汪姓商人都是徽商。乾隆在诏谕中说道："白钟山身任总河，乃与盐商交结往来，以货财托其营运，甚属无耻。"③此已查出，可以肯定，没有查出的类似案件还有不少。

手段之四是跻身仕林。依附封建政治势力总不如自己成为封建政治势力中的一员，这可以说是所有商人梦寐以求的事。商人以富求贵、跻身仕林最便捷的办法就是捐资买官。一部小说中写道："徽州人有个僻性，是乌纱帽、红绣鞋，一生只这两件不争银子。"④这里所谓的"徽州人"自然指的是徽商，他们在经商致富后不惜巨资捐官买爵，这类例子在徽州宗谱、族谱中屡见不鲜。比商人自己捐官更为普遍的是让子弟攻习儒业，博取功名，他们以"富而教不可缓"的迫切心情延师课子，盼望他们将来能够蟾宫折桂，一举成名，成为封建仕林中的一员。这方面的资料特别多，

① 褚人获：《坚瓠九集》卷2。
② 李维桢：《大泌山房集》卷66《何中丞家传》，明万历三十九年刻本。
③ 《清高宗实录》卷270。
④ 凌濛初：《二刻拍案惊奇》卷15。

建政府一边。他们采取各种方式为封建政府效劳，有的弃贾从戎，亲自参战。如明末徽商张梦玺在洛阳经商，由于对天下形势深悉洞明，受到福王器重，当李自成起义军跃过黄河，势不可挡时，福王授梦玺以参将，遂"与州守史记言共为防御。公（张梦玺）登陴射之，三殪渠魁，乘胜蹑其后，斩获过当"。后来，开封城陷，"公反兵巷战，射杀数贼，身被重创，遂遇害"。①可见，张梦玺完全成了镇压农民起义的刽子手。清咸丰年间，太平军转战皖南，婺源商朱有升策划并参与了对太平军的围追堵截，他"购捷足，昼夜轮探，逆至则沿村驰报，使老弱预避，集壮丁截堵，多赖保全。丁巳（1857）八月，民用围逆于茶坑株木岭等处，擒斩逆首十余颗"②。有的出谋划策。崇祯十五年（1642），张献忠起义军攻陷庐州、六安、无为、巢湖、庐江、含山诸州县，南京震惊，贫苦百姓欢欣鼓舞，而徽商章韬却"特往金陵陈方略，出家资助饷。事闻，朝廷嘉之。以将材召用逾年"③。明末清初，在李自成起义军的鼓舞下，徽州以杨继云为首的奴仆举行暴动，官军屡捕不得。"一日忽至，众怖甚。君（歙商方时翔）乃帅乡之有力者密谋之，先藏器械诱之至，突起击之仆地，村众继至，共杀之，余党皆骇散。"④奴仆暴动终于被镇压下去。大多数徽商则采取捐资助饷的方式为官府效劳。婺源商查大亨，当清初地方小股农民起来反抗时，"捐厚资为守御计"⑤。太平军兴起后，清政府在皖南筹饷，婺源商黄文"迭捐巨资"⑥。查时茂也"捐巨资为倡"，同治初年，左宗棠率军驻皖南防剿太平军，他又"踊跃输助"⑦。当太平军围攻金陵时，清军橄木横江，屯兵安炮，堵截上游，正在金陵的徽州木商程开绶"输木作筏，约费数千金。后官军克复镇江，两次采木，制云梯，造浮桥，绶皆捐助"。江

---

① 《新安张氏续修宗谱》卷29，清顺治十六年刻本。
② 光绪《婺源县志》卷35。
③ 《绩溪西关章氏族谱》卷4，清宣统刊本。
④ 《歙淳方氏会宗统谱》卷19，清乾隆十八年刻本。
⑤ 光绪《婺源县志》卷31。
⑥ 光绪《婺源县志》卷35。
⑦ 光绪《婺源县志》卷34。

苏巡抚以"储材报国"匾额赠之①。为了对付太平军，各地纷纷组织团练，徽商则慷慨捐资助饷，以最实际的行动鲜明地表露了自己的阶级立场。

封建皇帝是封建政治势力的最高代表，能够仰攀上皇帝自然是商人的无上荣耀。然而，"天高皇帝远"，真正能够以布衣结交上"九五之尊"的也只能是商人中极少数财大气粗的幸运者。令人惊奇的是，这样的幸运者又恰恰大多是徽商。康熙、乾隆两位皇帝多次南巡，浙江为游幸所至，而扬州则为翠华莅止之地。每次南巡，两淮盐商都实心报效，捐出百万以上巨款，承办南巡差务，至于临时供应及所捐之数更不可胜计。徽州盐商还为皇室的其他大典捐资尽力。例如，乾隆几次为其生母举办大规模祝寿庆典，两淮盐商和其他盐商届时都来京华捐资装饰街道景点，耗银数十万两。乾隆本人八十大寿，特许捐出巨资的盐商赴京祝寿。由此可知徽州盐商中的巨子与皇帝关系之密切了。

徽商逢迎、依附、仰攀封建政治势力，使其和封建政治势力结成十分密切的关系。可以说在封建社会，能像徽商这样与封建政治势力的关系达到如此程度的商帮还是少有的。因而，当我们研究商人与封建政治势力的关系时，徽商也就更具典型意义。

<h2 style="text-align:center">二</h2>

追逐"重利"是商人的本质反映，徽商不惜耗费巨资去攀附封建政治势力，是什么原因造成他们的这种心态，又促使他们去身体力行呢？

其一，为保全之计，寻找政治保护伞。

徽商主要从事长途贩运贸易，长途跋涉之劳、风餐露宿之苦、惊涛骇浪之险是难免的，然而这些都是可以克服的，最令人头痛的是各种恶势力的侵犯：贪官污吏的勒索、地痞流氓的敲诈、土匪盗贼的掠夺等往往使商人倾家荡产。弘治十二年（1499），吏部尚书倪岳曾上疏曰："近年以来，

---

① 光绪《婺源县志》卷34。

改委户部官员出理课钞，其间贤否不齐，往往以增课为能事，以严铲为风力，筹算至骨，不遗锱铢，常法之外，又行巧立名色，肆意诛求，船只往返过期者，指为罪状，辄加科罚。客商资本稍多者，称为殷富，又行劝借。有本课该银十两，科罚劝借至二十两者。少有不从，轻则痛行笞责，重则坐以他事，连船拆毁，客商号哭水次，见者兴怜。"①到了万历年间，随着商品经济的发展，贪官污吏更是欲壑难填，正如给事中萧彦所说："他姑无论，即如河西务大小货船，船户有船料矣，商人又有船银，进店有商税矣，出店又有正税。张家湾发买货物，河西务有四外正条船矣，到湾又有商税，百里之内，辖者三官，一货之来，榷者数税。"②在这种情况下，经商之难可想而知。明代小说《石点头》中描写一个徽商被贪官污吏敲诈事，读来令人感慨。一汪姓徽商在苏杭收买了几千金绫罗绸缎前往川中发卖，来到荆州，如例纳税。那班民壮，见货物盛多，企图狠狠敲诈一下，要汪商发单银十两。汪商以其他各税司从无此例为由拒绝交付。不想激怒了士兵，劈脸就打，接着又是拳击。然后汪商被拖入衙门去见监税提举吾爱陶，士兵竟然恶人先告状："汪商船中货物甚多，所报尚有隐匿，且又指称老爷新例苛刻，百般詈骂。"吾爱陶闻言，拍案大怒，下令查验货物。货物抬到堂上，逐一看验，不想果然少报了两箱。吾爱陶不仅下令将汪商打五十毛板，而且说道："漏税，例该一半入官，教左右取出剪子来分取。""吾爱陶新例，不论绫罗绸缎布匹绒褐，每匹半分，半匹入官，半匹归商。可惜几千金货物，尽都剪破，总然织锦回文，也只当做半片残霞。汪商扶痛而出。"③小说作者特地以徽商为故事主人公，可见现实中徽商的类似遭遇屡见不鲜。清代也是如此，关吏们为饱私囊，私设关卡，私置非法衡器，不一而足。徽商无疑也饱受盘剥之苦。切肤之痛，使徽商感到商人的可悲、可叹，财产生命缺乏保障。因此，只有依附封建政治势力，才是保全身家之计。万历年间，歙商汪士明面临矿监税使的恣意诛

---

① 陈子龙：《明经世文编》卷78。

② 《清朝续文献通考》卷18《征榷一》。

③ 天然痴叟：《石点头》第8回《贪婪汉六院卖风流》。

求，十分感慨地说："吾辈守钱虏，不能为官家共缓急，故掾也鱼肉之。与其以是填掾之壑，孰若为太仓增粒米乎!"①在钱与势的抉择面前，他终于大彻大悟了，认识到无权无势，要想充当"守钱虏"是行不通的，与其让那些贪官污吏"鱼肉"，不如报效政府，还能援例授官，保全自己。应该说，汪士明的话反映了大多数徽商共同的心态。果然，汪士明"应诏输粟实边过当，授中书舍人，直武英殿"，社会地位陡然大增，贪官污吏也不敢任意"鱼肉"，"而家难寝抒矣"②。前述商人吴时佐输金佐国，结果，"天子旌之，一日而五中书之命下"，他也"富而益之贵"。看起来，损失数十万金，是"不利"，但换来了"天子之命"，岂止地位大增，而且光宗耀祖，这又是"大利"。故时人认为这样做是"移家为国，庶几以不利为利乎!"③

"移家为国"，报效政府，是为了以不利求利；而倾心交官，趋炎附势，也是为了寻求保护伞。有一件事就很典型，"弘治间，江阴汤沐知石门时，徽人至邑货殖，倍取民息，捕之皆散去……徽人所谓货殖者，典铺也"④。可见，没有政治势力的庇护，商人连立足都十分困难，更遑论发展了。因此，徽商的"善行媚权势"，实在不是生性如此，而是形势使然。

徽商要同各种各样的人物打交道，买卖交易之际难免被骗、被盗、被敲诈，甚至被诬陷，这类事情，非经衙门不得解决。而一涉官司，那么与官府有没有交往，其结果也就迥然有别了。徽商为了避免败诉，交结官吏，以为奥援，就必不可少了。正如两淮盐差李煦在向康熙帝上的条奏中所说："商家原属懦弱，平居安保无事，设遇家庭交际之间偶有小嫌，一经衙门，必致借端勒诈，不得不预为之计，以勉应其求也。"⑤话虽说得比较含蓄，但把商人交结官员的苦衷和盘托出了。事实也是如此。有了官员的帮助，确能免除不少意外的劫难。如歙商鲍绍翔在浙江江山县（今江山

① 李维桢：《大泌山房集》卷69《汪内史家传》，明万历三十九年刻本。
② 李维桢：《大泌山房集》卷69《汪内史家传》，明万历三十九年刻本。
③ 吴吉祐：《丰南志》第4册《光禄兄六十序》，民国稿本。
④ 焦袁熹：《此木轩杂著》卷8，清道光刊本。
⑤ 《李煦奏折》。

市）经营盐业，家渐富裕，"顾人多忌之，辄借端欺凌，争讼不休者凡数家"，官司甚至打到巡抚那儿，但由于鲍绍翔平时与官员过从甚密，故能得到他们的援助，以至官司"先后历十余年而志未尝稍挫焉"。晚年鲍绍翔每每忆及此事，感慨系之，谆谆告诫后人："余每逢强敌，必有相与成之者，天下事知非可以一手一足自持也，汝曹当深念之。"①在诉讼中，能够"相与成之"的人当然非官莫属。清康熙间，芜湖"榷关孙主事苛责诸商，多额外征，莫敢谁何"，徽商吴宗圣"毅然入控登闻。得旨：差官按实拿问"。②记载虽然简略，但我们完全可以想见，一个普通商人，能够"入控登闻"，何其难矣，还能"得旨"，这就更难了。如果没有官员为之指引、相助，打通各个关节，那简直是难以想象的。

其二，为了获取垄断经营的特权。

商人一般都是逐"什一之利"，但垄断商业的垄断利润就非"什一之利"可比，而是能获取几倍、十几倍的高额利润，因此，攫取垄断商品的经营特权就成了众多商人追逐的最高目标。在封建社会能够称得上垄断商品的，除了一些违禁品以外，就是盐和外贸商品了，而其中盐又是千家万户不可或缺的商品。封建社会中绝大多数时期盐业都是官营，高额垄断利润由官府独占，盐税也成为国家财政的重要收入。明清实行官督商销榷盐制度，商人只要具有"盐窝"，就可获得"盐引"，到指定的产盐区向灶户买盐，再运到指定地点销售。"盐窝"实际上就是垄断经营权。在全国各大盐场中，两淮盐场无论是产量之多还是行盐地区之广都居首位，两淮盐商因而获取了极为丰厚的垄断利润。时人谓："凡商贾贸易，贱买贵卖，无过盐斤。"③据记载，清代前期，淮盐在产地的价格是每斤约制钱二三文，运销江西等地，竟高达六七十文，价格抬高了二三十倍，扣除运费和课税，其利润也令人瞠目。淮盐之所以令徽商趋之若鹜，其原因正在这里。这种垄断经营权当然受惠于政府。饮水思源，盐商对政府、对皇帝感

① 鲍友恪编：《鲍氏诵先录》，民国二十五年铅印本。
② 道光《徽州府志》卷12。
③ 《皇朝经世文编》卷50。

兹不赘引。

封建政府是封建政治势力的象征，对封建政府的态度是我们考察徽商与封建政治势力关系的一个重要方面。大量事实表明，尽管孜孜逐利的徽商很少过问政治，但他们的所作所为已证明他们是依附于封建政府，站在封建政府一边的。

首先，也是最突出的就是徽商大量捐资报效政府，以解国家之急。明休宁商汪新，挟资游淮扬，应诏输粟，被授予南昌卫指挥佥事[①]。万历年间，因国家兴作，鸠工征材，赍用不足，歙商吴时佐捐资三十万报国[②]。如果说，明代商人报效政府尚不普遍的话，入清以后，商人尤其是盐商报效则已成了通例。"乾隆嘉庆间，王师征大小金川，荡平台湾，勘定川楚教匪，淮商踊跃输将，称为极盛。"[③]徽商为两淮、两浙盐商之中坚，故淮商报效大多出自徽商。"嗣乾隆中金川两次用兵，西域荡平，伊犁屯田，平定台匪，后藏用兵，及嘉庆初川、楚之乱，淮、浙、芦、东各商所捐，自数十万、百万以至八百万，通计不下三千万。其因他事捐输，迄于光绪、宣统间，不可胜举。"[④]其中，淮商、浙商自乾隆至嘉庆，单军需一项，共捐输银两2640万两[⑤]，可见徽州盐商对政府报效之巨。而徽州其他商人在这方面也是不遗余力。康熙十三年（1674），"额附石大将军建营房千间于京口，当事仓皇无措"，后全部委于婺源木商黄世权，他竭尽全力，"未匝月而工告竣，将军嘉其才义，锡之袍帽，待以礼"。[⑥]

其次，明清时期的阶级斗争始终没有停止过，尤其是明末农民起义和清后期的太平天国运动，是两次规模最大的农民起义，震动了全国。在明末农民起义的影响下，徽州的佃仆也纷纷揭竿而起，展开反奴役的斗争。在这些大规模的阶级斗争面前，徽商的态度非常明朗，始终坚定地站在封

---

① 《休宁西门汪氏大公房挥金公支谱》卷4，清乾隆四年刻本。
② 吴吉祜：《丰南志》第4册《光禄兄六十序》，民国稿本。
③ 光绪《两淮盐法志》卷4。
④ 赵尔巽：《清史稿》卷123《食货四》。
⑤ 左步青：《清代盐商的盛衰述略》，《故宫博物院院刊》1986年第1期。
⑥ 光绪《婺源县志》卷31。

恩戴德也就在情理之中了。

政府视盐商为摇钱树，盐商也目政府为保护神。一旦他们的经营特权受到侵犯时，封建政府甚至皇帝就会出面加以维护。例如，清代榷盐制度规定，各盐场所产之盐都有指定的行销地区，不得进入其他地点销售。如淮盐行销区包括今江苏、安徽、江西、湖北、湖南五省和河南省的一部分，但由于两淮盐场距离江西较远，加上盐商的抬价，故淮盐运到江西后，价格猛涨，这自然令广大消费者不堪忍受。而江西与福建毗邻，故闽盐运至江西，售价较低，必然销路大畅。尽管江西不是闽盐行销地，但闽盐常常阑入江西，从而极大地影响了淮盐的销售，使淮商垄断利益受到侵犯。据记载："乾隆末年，福建盐阑入江西，其势蜂拥不可止。淮商颇困，而事体重大，莫能撄者。"歙商鲍肯园时任两淮总商，"身任其事，支拄两载，其患始平"。①这里虽没有讲出平患的具体细节，但从其"事体重大，莫能撄者"来看，此事非常棘手。可以想见，如果没有朝廷与地方政府的出面干涉，闽盐"蜂拥不可止"的势头是很难遏止的。在关键时刻，政府维护了盐商的垄断特权。

其三，为了扩大影响，提高声望，有利竞争。

明清时期，商品经济已发展到一个新的高度，全国涌现出十余个大商帮，他们活跃在各地市场上。徽商作为一个大商帮，无论在同行之间或商帮之间，势必产生激烈的竞争。为了在竞争中立于不败之地，必须设法扩大影响，提高声望。而要达到这一目的，除了自身的信誉以外，加强与封建政治势力的关系，当然是十分有效的办法。同时，商人对自己的社会地位也有自知之明。"大贾倾十万，一名终不书。"②熟读唐诗的徽商何尝品味不出诗中所饱含的辛酸。当腰缠万贯以后，他们迫切希望提高自己的声望和地位。明陈继儒说："新安故多大贾，贾啖名，喜从贤豪长者游。"③

---

① 《歙县棠樾鲍氏宣忠堂支谱》卷21，清嘉庆十年刊本。
② 《全唐诗补遗》卷10《寓言》。
③ 陈继儒：《晚香堂小品》卷13。

徽人汪道昆也说，徽商"游大人而为名高"①。"游大人"一来可以抬高自己的身份，二来可以通过"大人"为自己广为延誉、褒扬，所以能够"名高"。明休宁商许守一，商游于楚，因思母亲而作《望云思亲卷》，楚王朱慎庵欣然为之作序，可见两人交谊之厚②。歙商方勉柔服贾大梁，"虽贵倨如周藩及诸戚畹，亦且折节下交，争相引重"③。很显然，像许商、方商这样的人连皇亲国戚都折节下交，其他人更不必说了。

除皇亲国戚外，更多的是大量的官员为徽商延誉。歙商凌仲礼经商金陵，"公一以结客四方，名大噪江湖间"④。婺源商李古溪，服贾江湖，也是"晋纳于贤士大夫，每以名显"⑤。他们都因倾心交结达官贵人、文人士子而声名远播。我们在明清不少著名文人士子的诗文集中每每看到徽商的传记、寿序和墓志铭，就是明证。"一名终不书"的现象终于改变了。这些都大大增强了徽商在市场上的知名度和美誉度，扩大了徽商的影响，自然也就大大增强了徽商在市场上的竞争力，使其商务不断发展。如徽商方迁曦"商于吴梁间，所至交纳豪杰，为江湖望，家业益以丕振"⑥。

徽州盐商对政府、对皇帝的巨额报效，换来了巨大的荣耀。"盐商时邀眷顾，或召对或赐宴，赏赉渥厚，拟于大僚。"⑦如大盐商江春、吴锅屡蒙乾隆赐秩、赐物、赐宴，被视为"异数"。其他一些徽州盐商也获加级晋衔的奖励。有了此等殊荣，自然身价百倍。不用说普通人油然而生敬慕之情，就连官员也要青眼相看了。

其四，少数徽商交结官员是为了借势行私。

他们往往出于卑鄙的目的，趁机非法牟取私利。如明万历年间，徽州木商王天俊一干数十人闻知宫中将大兴土木，乃"极力钻求，内倚东厂，

① 汪道昆：《太函集》卷44《先叔考罗山府君状》，明万历刊本。
② 《许氏统宗世谱》，明嘉靖刊本。
③ 《歙淳方氏会宗统谱》卷19，清乾隆十八年刻本。
④ 凌应秋：《沙溪集略》卷4《文行》，清抄本。
⑤ 《婺源三田李氏统宗谱》，明万历刊本。
⑥ 《歙淳方氏会宗统谱》卷19，清乾隆十八年刻本。
⑦ 《婺源三田李氏统宗谱》，明万历刊本。

外倚政府"，广挟金钱，依托势要，钻求札付，终于买通官吏，求得代购皇木十六万根的特旨。有了这道特旨，不仅可以夹带私木数千根，仅此十六万根皇木，就可逃税三万二千余根，亏国课五六万两[①]。此事后被工部侍郎贺凤山察觉制止。像这类例子肯定不止一起。

至于商人买通官吏偷税漏税更是在所难免。《金瓶梅词话》中记载了西门庆勾结关税官偷税事：西门庆派韩道国和胡秀在杭州置了一万两银子缎绢货物，抵达临清钞关，即将过关交税，西门庆教陈经济"后边讨五十两银子来，令书童写一封书，使了印色，差一名节级，明日早起身，一同去下与你钞关上钱老爷，教他过税之时青目一二"。待货运回来后，西门庆因问："钱老爷书下了，也见些分上不曾？"韩道国道："全是钱老爷这封书，十车货，少使了许多税钱，小人把缎箱两箱并一箱，三停只报了两停，都当茶叶马牙香，柜上税过来了，通共十大车货，只纳了三十五钱钞银子，老爷接了报单，也没差巡拦下来查点，就把车喝过来了。"西门庆听言，满心欢喜，因说道："明日少不得重重买一份礼谢那钱老爷。"[②]说来令人难以置信，一万两银子的货物只交了三十五钱钞银子！徽商是否也像这样偷税，尽管历史上没有留下记载，但谅不可免，只是程度有所不同，因为徽商中确有一些被人斥为"徽狗"的奸商，他们当然不会放过任何一个与官员勾结、牟取私利的机会。即如捐资纳官，除了想抬高声望、提高地位外，还有一些人隐藏着卑鄙的动机，认为捐官后能够"视簿领如左券，纳苞苴如子钱"[③]，可以坐享其成了。

三

徽商与封建政治势力之间形成的上述关系，对自身、对社会都产生了深刻的影响。

---

① 项梦原：《冬官纪事》。
② 兰陵笑笑生：《金瓶梅词话》第59回。
③ 汪道昆：《太函集》卷18《蒲江黄公七十序》，明万历刊本。

第一，为了仰攀、逢迎、依附封建政治势力，徽商耗去大量资本，难以向产业发展。在这方面以徽州盐商最为典型。盐商为了保住自己的垄断经营权，不得不经常对政府、对皇帝尽忠报效。就军需报效银而言，仅在乾嘉两朝，淮商七次共捐银2100万两，浙商共捐银540万两。①这庞大的开支自然绝大部分由徽商付出。如果加上赈灾、河工、庆典等报效银两及其他各朝所捐的各种银两，其数目之巨是十分惊人的。这势必使徽州盐商耗去大量的资本，从而严重影响徽商的资本积累。

这里要特别提到的是所谓"借帑营运"。据《清史稿》载：盐商"或有缓急，内府亦尝贷出数百万以资周转"。大盐商江春因乾隆南巡迎驾有功，皇帝特准借帑银三十万两以资营运，这看起来是一种无上的荣耀，殊不知这对盐商来说，好比雪上加霜，因为"帑本外更取息银，谓之帑利，年或百数十万、数十万、十数万不等"。②这种帑银实际上是皇室贷给盐商的高利贷，由于帑息很重、条件苛刻，而且不得轻易延缓还期，往往成为盐商的沉重负担。到道光九年（1829）时，两淮盐商已欠帑至四千万两之多③。这就是盐商资本所谓"内不足而借资以济运，所得不偿其所失，则资竭于外矣"④。结果，"商力因之疲乏，两淮、河东尤甚"⑤。这成为徽州盐商衰落的重要原因之一。

至于徽州其他商人交结封建政治势力，也主要凭借银钱作媒介。在两淮盐政巴宁阿与盐商汪肇泰交结联宗一案中，乾隆帝曾说："试思汪肇泰系微末商人，巴宁阿若非图其馈遗谢仪，何肯与俯就联宗，即使巴宁阿未经明言，该商希图往来交结，岂有不馈送赆见之理！纵使巴宁阿在任未久，不暇向伊需索，但既与该商认作本家，且自称长辈，安知不望报于异

---

① 左步青：《清代盐商的盛衰述略》，《故宫博物院院刊》1986年第1期。

② 赵尔巽：《清史稿》卷123《食货四》。

③ 王赠芳奏：《为谨陈盐务经久之法以除枭害而使民生仰祈叔鉴事》，清道光九年九月八日。

④ 李澄：《淮鹾备要》卷7。

⑤ 赵尔巽：《清史稿》卷123《食货四》。

日？巴宁阿进京后，该商人逢遇年节，或寄送礼物，俱属事之所有。"①应该说乾隆把双方的心理分析得十分透彻，而且这种心态很具有普遍性。在官商交往中，双方各有所图，官员是"图其馈遗谢仪"，商人则"希图往来交结"，不惜重金铺路。逢年过节，致送礼物，自然在所难免；投辖馈遗，延纳馆餐，更属司空见惯。官员上任有贽见之礼，官员离任又有程仪致送，如巴宁阿离任，徽州盐商就致送程仪三万两。所有这些，都要耗费徽商可观的资本，从而给徽商资本的积累带来严重的影响。我们常常看到，在与官员的交往中，一些徽商往往表现出少有的慷慨、大方，其实这是以一掷千金的豪举掩盖自己的自卑心理。如明婺源商李贤由于"一日而挥千金无吝容，且乐与贤大夫亲，故随所在吴士大夫咸愿与之游"②。可想而知，这样的商人就难以积聚巨量的资本，更难以向产业发展。

即使是正义之举，在那黑暗的官场中，没有大量金钱开道，也是处处碰壁。歙商江南能因九江关蠹吏李光宇多方勒索，毅然叩阙控告，尽管最终使奸蠹伏诛，但"公缘此案，费用不资，家业亦渐中落，乃退守田园，琴书自适，优游以终"③。一个"致资累万"，很有发展前途的商人就这样退出商场，从此销声匿迹。像这类商人恐怕还不在少数。

第二，徽商与封建政治势力的结合，加强了对生产者和消费者的剥削。由于徽商与封建政治势力结成非常密切的关系，成为封建性的商帮，所以一旦徽商的利益与消费者和生产者的利益发生冲突时，封建政治势力总是站在徽商一边，维护徽商的利益。如前述闽盐阑入江西，使两淮盐商（主要是徽商）的高额垄断利润受到侵害时，封建统治者宁可让江西的广大消费者忍受昂贵的淮盐价格，也不让他们舍远求近，徙贵就贱，从而加强了对消费者的剥削。又如清代徽商在苏州开设了不少布商字号，他们收购大量棉布经染踹加工后运销各地，在当地雇有很多踹匠，而徽商给予他

---

① 中国第一历史档案馆：《乾隆五十九年查办巴宁阿与盐商交结联宗案》，《历史档案》1994年第1期。

② 《婺源三田李氏统宗谱》，明万历刊本。

③ 《歙县济阳江氏族谱》卷9，清道光十八年刊本。

们的工银是很少的。康熙九年（1670）六月，由于年荒米贵，雇工窦桂甫串联踹匠罢工，要求增加工银。徽商与地方绅士联合向官府控告，官府为了维护徽商的利益，将窦桂甫从宽决杖，驱逐出境，并为此饬谕徽商布店、踹匠等人知悉："嗣后一切踹工人等，应听作头稽查，作头应听商家约束，倘有来历不明之徒及恃强生事者，即行摈斥。至于踹布工价，照旧例每匹纹银一分一厘，两不相亏，店家无容短少，工匠不许多勒。"[1]看似官府不偏不倚，实际上是维护了徽商的利益，镇压了踹布工匠的反抗斗争。正因这道饬谕对徽商有利，故徽商程益高等21家棉布字号联合将此饬谕刻石勒碑，以为自己的护身符。

任何一种社会现象总反映一定的本质，徽商依附、逢迎、仰攀封建政治势力的行迹，既不是孤立的，也不是偶然的。它是封建社会晚期钱与势关系的缩影，只不过更典型罢了，它实质上反映了明清时期商人阶层社会地位的低下。

社会地位的低下，往往产生两种不同的结果，或激成反抗的精神，或养成懦弱的品格，体现在商人阶层正是后者，所以李煦说"商家原属懦弱"，这实在是通过长期观察得出的结论。社会地位的低下，也使商人的经济地位极不稳定，恰如"一团茅草乱蓬蓬，蓦地烧天蓦地空"，其兴也速，其败也速。明代官员顾起元说："每见贸易之家，发迹未几，倾覆随之，指房屋以偿逋，挈妻孥而远逃者，比比是也。"[2]发迹之家，转眼败落，绝不是因为折阅亏本，主要的恐怕还是由于政治的变故，或遇官司，或遭诬陷使然。

低下的社会地位，动摇的经济地位，懦弱的政治品格，使商人难以形成一支独立的政治力量，更难以把握自己的命运。他们只有逢迎、依附、仰攀封建政治势力，才能在忍气吞声中求得发展。徽商之所以成为封建性商帮，这绝不是偶然的。作为拥有巨额商业资本，在全国商界首屈一指的

---

① 苏州博物馆等合编：《明清苏州工商业碑刻集》，江苏人民出版社1981年版，第53—54页。

② 顾起元：《客座赘语》卷2《民利》。

徽州商帮，本来最有希望像西欧16—17世纪的商人那样，在反封建的舞台上演出一场威武雄壮的话剧，但最后却走向反面，成为巩固封建统治的力量，并且随着封建制度的衰落而衰落，从而葬送了自己的远大前程，这是徽商的悲剧。它告诉我们，商人只有彻底地摆脱封建势力的控制，改变对封建势力的依附，光明的前途才属于自己。

明清时期徽商的公关艺术

　　尽管公共关系作为一门新型的管理科学，一种全新的思想和新型的职业，迄今只有近百年的时间，但是，公共关系作为一种客观存在的社会关系和社会现象，却是伴随着人类社会的出现应运而生。随着时间的推移和人类实践的深入，公关艺术不断发展，它渗透到政治、经济、军事、文化等各种活动中。明清时期，徽州商帮之所以能在全国商界独领风骚数百年，固然由多种因素使然，但他们在商务活动中所运用的杰出的公关艺术，无疑也是重要原因之一。

一

　　徽商的公关艺术，主要表现在以下方面：

　　首先，讲求商业道德。公共关系的一个基本目的，就是要使主体与广大公众建立起互相信赖的良好关系。商业组织面临的最重要的公众就是顾客，顾客的信赖是商业兴旺发达的源泉，而良好的商业道德正是使这一源泉永不枯竭的保证。回眸徽商发展的轨迹，我们可以看到，坚持商业道德是徽商在商务活动中普遍遵循的原则。

　　崇尚信义，诚信服人。明嘉靖间歙商许文才自始至终讲求信义，"贸迁货集，市不二价"①。鲍雯在商务中，"一切治生家智巧机利悉屏不用，惟以至诚待人，人亦不君欺"②。商业场中，有人以"诈"生财，有人以"信"致富，在"信"与"诈"之间，吴南坡态度十分明朗："人宁贸诈，吾宁贸信，终不以五尺童子而饰价为欺。"③潘元达经商吴楚间"以信义著"，吴天衢在广东"以信义交易"，张元涣"与人交尚信义"，等等，像这类例子在徽州族谱、方志中比比皆是。

薄利竞争，甘当廉贾。这也是徽商（除盐商外）成功的秘诀之一。江次公有段话很有代表性，他教导从商的儿子说："余闻本富为上，末富次之，谓贾不若耕也。吾郡在山谷，即富者无可耕之田，不贾何待？且耕者什一，贾之廉者亦什一，贾何负于耕？古人病不廉，非病贾也。若第为廉贾。"④在他看来，农耕能获什一之利，经商若亦取什一之利，就不会受到人们的诟骂，自己的心理也得到了平衡。廉贾就是靠薄利竞争。明休宁商程锁在溧水经商，这里的惯例是春天贷钱给下户，秋天倍收利息，但程锁贷钱，只取什一之利，因此，"细民称便，争赴长公（程锁）"。某年丰收，米谷登场，其他商人乘机压价，程锁却仍按平价收购贮积。第二年饥荒，谷价踊贵，程锁本可以大赚一笔，但他却"出谷市诸下户，价如往年平"。由于他始终低息便民，薄利竞争，终于树立起自己的"廉贾"形象，"境内德长公，莫不多其长者"⑤。

从公关的角度看，商家与顾客的关系，绝不是一方盘剥另一方的关系，而是互惠互利，相互依存。只取不予，一味敲诈顾客，虽然能给自己带来暂时的利益，却抽掉了双方长期合作的基石。大多数徽商正是看到了这一点，所以才自觉地薄利经营。鲍直润有一段话说得很好："利者人所同欲，必使彼无利可图，虽招之不来矣。缓急无所恃，所失滋多，非善贾

---

① 《新安歙北许氏东支世谱》卷8《逸庵许公行状》，明嘉靖六年稿本。

② 《歙县新馆鲍氏著存堂宗谱》卷2《鲍解占先生墓志铭》，清刊本。

③ 《古歙岩镇镇东碛头吴氏族谱·吴南坡公行状》，清抄本。

④ 汪道昆：《太函集》卷45《明处士江次公墓志铭》，明万历刊本。

⑤ 汪道昆：《太函集》卷61《明处士休宁程长公墓表》，明万历刊本。

之道也。"①这可谓是徽商的共识。

宁可失利，不愿失义。义和利，是经商中时刻遇到的问题。商场中见利忘义的现象屡见不鲜。徽商也讲利，但他们的信条是："职虽为利，非义不可取也。"②婺源商朱文炽贩茶去珠江，抵达后却错过了大批交易的时机，新茶也就不新了。于是他出售时，自书"陈茶"两字，以示不欺。这当然影响茶价，故牙侩劝其去掉"陈茶"两字，但朱文炽坚执不允③。不少人在义利不可得兼的情况下，见义勇为，舍利取义。汪平山经营粮食生意，明正德年间某地大灾，粮价猛涨，而他正蓄积了大批谷粟，如按时价出售，可多获利几倍，但他不愿乘人之危，牟取暴利，而是将谷粟"悉贷诸贫，不责其息"，帮助众人渡过难关④。吴鹏翔有一年从四川运米数万石至汉阳，也正值闹饥荒，他没有见利忘义，而是"减值平粜，民赖以安"⑤。又有一次，他购进胡椒八百斛，发现有毒，卖主愿意收回，但他仍照价买下，然后付之一炬。他这样做，是担心若将胡椒退给卖主，卖主很可能又转售而害更多的人。有一年某地缺米，徽商詹元甲受地方官委托携带20余万两银子去外地采办米粮。既至，旅店老板告诉他："此地买米，例有抽息（即回扣），自数百两至千万两，息之数视金之数。今君挟巨资可得数千金，此故例，无伤廉。"在数千两银子的巨大诱惑面前，詹元甲不为所动，而是说："今饥鸿载途，嗷嗷待哺，予取一钱，彼即少一勺，瘠人肥己，吾不忍为。"⑥像这类舍利取义的例子，在徽商中是很多的。

注重质量，提高信誉。徽商对于自己经营的商品，十分注重质量，以提高自己的信誉度。如清代后期崛起的休宁制墨商号胡开文就以质量上乘而闻名遐迩。据载，胡开文第二代传人胡余德曾研制了一种墨，在水中久浸不散，因而声誉鹊起。一位顾客慕名购得此墨一袋，谁知返回时墨袋掉

① 《歙县新馆鲍氏著存堂宗谱》卷2《中议大夫大父凤占公行状》，清刊本。
② 《汪氏统宗谱》卷3《行状》，明刊本。
③ 光绪《婺源县志》卷33《人物志·义行》。
④ 《休宁方塘汪氏宗谱·墓志铭》，清康熙抄本。
⑤ 嘉庆《休宁县志》卷15《人物志·乡善》。
⑥ 光绪《婺源县志》卷34《人物志·义行》。

入河中，捞起后发现黑墨已开始溶化，他立即去找胡余德。经证实后，胡余德一面道歉，一面以一袋名墨相赠。同时通知各场各店立即停制停售此墨，并高价收回业已售出的劣质墨锭，全部毁掉，从而使自己的商业信誉蒸蒸日上。

良好的商业信誉是靠长期的艰苦努力建立起来的，它本身就是商品价值的一部分，所以不少商人极力维护这种信誉。胡荣命在江西吴城经商五十余年，"临财不苟取"，从而他的商肆"名重吴城"。晚年他退归故乡，别人欲以重金购买其肆名，遭到拒绝。他说："彼果诚实，何借吾名？欲借吾名，彼先不诚，终必累吾名也。"①应该说，徽商的发迹，与努力提高和积极维护自己的信誉是分不开的。

其次，广结良缘。商业活动必须在一定的空间进行，环境是制约商业活动的重要因素之一。从公关角度说，商业主体要求得生存与发展，必须努力营造一个良好的外部环境。外部环境主要是由形形色色的人组成。因此，广结良缘就成了徽商公关活动的重点。无论是朝廷官员、文人士夫，还是三教九流、布衣百姓，徽商都倾心交纳，这也是徽商不同于其他商帮的重要特征之一。

在徽商的座上宾中，最多的是官员士大夫。歙商梅仲和"贸易吴门，乐与贤大夫款洽。姑苏为冠盖往来地，慕公名者恒造庐以访"②。黄长寿经商扬州，"所交皆海内名公"③。还有结交藩王的，如休宁商许守一与楚王过从甚密，楚王还为其诗集援笔作序④。更有甚者，有的徽商还有"通天"之交。乾隆六次南巡，徽商江春"扫除宿戒，懋著劳绩"，乾隆曾亲自赏借公帑30万两让其营运。"圣眷"优渥，恩数异常。这种以"布衣上交天子"，被时人视为奇观⑤。

徽商还倾心交纳大批文人，这又是封建社会后期出现的奇特现象。如

① 同治《黟县三志》卷7《人物志·尚义》。
② 《歙县济阳江氏族谱》卷9《清候选州司马梅公传》，清道光十八年刊本。
③ 《歙县潭渡黄氏族谱》卷9《望云翁传》，清雍正九年刊本。
④ 《许氏统宗世谱》，明嘉靖刊本。
⑤ 民国《歙县志》卷9《人物志·义行》。

歙商黄明芳"好接斯文士，一时人望如沈石田、王太宰、唐子畏、文征明、祝允明辈皆纳交无间"[①]。这些著名文人竟将一商人视为知己，这在其他商帮中是很少看到的。黄文茂"商游清源……喜为文士游，清源名流，屈己纳交，暇日琅琅，讽诵经史"[②]。郑月川"虽以贾行，所至遇文人魁士往往纳交，多为诗文以赠之"[③]。与文人交游，在徽商中可谓蔚然成风。

徽商与文人相交，不仅是与他们诗歌唱和或纵论今古，进行思想上的交流，而且在物质上对他们给以资助。如歙商黄锜"好贤礼士，挥金不靳，有柳开客大名之风。君客淮阴日，淮阴当南北日冲之地、士大夫毂击之区，君延纳馆餐，投辖馈遗，而尤注意计偕，寒素者赖君踊跃穷途，飞翼天衢，儒绅翕然称节斋（黄锜字）"[④]。这是一种感情投资。可想而知，那些"踊跃穷途"、赴京会试的穷举子，在他的资助下，一旦"飞翼天衢"，自然会对他涌泉相报的。

最后，善于用人。徽商小本经营时，大多是独立从商；当资本逐渐扩大后，往往选择若干人助己经商。这样，处理好内部关系就十分重要了。徽商在这方面也表现出较高的公关艺术。

处理内部关系，最重要的是善于用人，徽商一般都深谙此道。程事心"课僮奴数十人行贾四方，指画意授，各尽其材"[⑤]。典商孙从理在致富后又"慎择掌计若干曹，分部而治"，由于用得其人，典业大有发展，于是"析数岁之赢，增置一部"[⑥]。歙县有一盐商江氏，看准了族人江明生，委以盐务，果然，江明生"诚笃谙练，握算庭户管钥之间，业兴海滨千里之

---

① 《歙县竦塘黄氏宗谱》卷5《双泉黄君行状》，明嘉靖四十一年刊本。

② 《歙县竦塘黄氏宗谱》卷5《黄公文茂传》，明嘉靖四十一年刊本。

③ 《歙县郑氏族谱》，明嘉靖抄本。

④ 《歙县竦塘黄氏宗谱》卷5《节斋黄君行状》，明嘉靖四十一年刊本。

⑤ 缪昌期：《从野堂存稿》卷3《故光禄丞敬一程翁墓表》，见潘锡恩辑：《乾坤正气集》卷316。

⑥ 汪道昆：《太函集》卷52《南石孙处士墓志铭》，明万历刊本。

外"。结果，"主宾倚重，相与有成"。①大量材料表明，徽商善于择人，因材而用，而且对他们推心置腹，体恤周到，故能形成合力，推动商业发展。

热心公益事业也是徽商公关艺术的一个体现。徽商在致富后，十分热心公益事业，利用一切机会制造轰动效应，树立自己良好的形象，这也反映出他们较高的公关艺术。

徽商在家乡兴办公益事业，这类材料在方志中俯拾皆是。大致有以下几类：（1）置族田、义田，救济本族或家乡穷人。如胡天禄在祁门"输田三百亩为义田……蒸尝无缺，塾教有赖，学成有资。族之婚者、嫁者、丧者、葬者、婺妇无依者、穷民无告者，一一赈给"②。（2）赞助家乡建设。如休宁本无城，商人汪福光在地方官的号召下，"即日鸠工伐石，首建城洞一所，寻建城楼及城若干丈，计费凡数千金"③。又如黔商苏源，曾"于邑之西武岭建如心亭，修亭至花桥路三十里"④。再如商人孙仕铨居屋近溪，原来的木桥毁坏，"人以舟济多覆溺，捐四千缗独成石梁"⑤。另一商人佘文义"捐四千金，造石桥于岩镇水口，以利行人，人谓之'佘公桥'"⑥。此外，还有一些兴水利、修书院等公益事业，也是在徽商全力资助下完成的。

徽商对其经商所在地的公益事业也倾注了极大热情。这类事业主要有：（1）建桥、修路。如徐正商于淮泗，"独建广惠桥，以便行旅"⑦。（2）筑堤、浚河。如清康熙初徽商郑永成预借盐课一万一千余两，雇工挑浚安丰五仓沙河，"每遇旱暵，安丰独蒙其利"⑧。再如乐星、德兴二州界

---

① 《歙县济阳江氏族谱》卷9《清候选州司明生公原传》，清道光十八年刊本。

② 康熙《徽州府志》卷15《人物志·尚义》。

③ 《休宁西门汪氏宗谱》卷6《益府典膳福光公暨配金孺人墓志铭》，清顺治十年刊本。

④ 嘉庆《黟县志》卷7《人物志·尚义》。

⑤ 《岩镇志草·义行传》，稿本

⑥ 许承尧：《歙事闲谭》第14册《佘公桥》，民国稿本。

⑦ 同治《祁门县志》卷30《人物志·义行·补遗》。

⑧ 光绪《两淮盐法志·转运门·疏浚》。

有堤长数十里，明代倾圮，居民迭遭水患，后在婺源商俞俊锦的奔走、呼吁、资助下，长堤重新筑成，名曰"永丰堤"①。（3）救灾赈荒。每当灾荒年份，饥民嗷嗷待哺，而官府往往无能为力，这时徽商则慷慨解囊，担负起救灾赈荒的责任，这方面的事迹既多又感人。明崇祯年间，吴午庆载麦千石去云间贸易，正值青黄不接，百姓鸠形鹄面，他乃尽以舟麦散与饥民，每人一斗，得延旬日，接上新麦，此举救活了不少人②。清雍正十年（1732）、十一年，江湖泛滥，扬州百姓遭灾，盐商汪应庚"先出囊金安定之，随运米数千石往给。时疫疠继作，更设药局疗治。（雍正）十二年复运谷数万石使得哺以待麦稔，是举存活九万余人。又于邻邑之丹徒、兴化并输粟以济……"③除此之外，徽商还兴办其他公益事业，如置义冢，掩埋旅人暴骨；置义地，施茶汤，以便行旅；置救生船以拯溺；等等。徽商于经商之地，本无寸土之责，但他们却对当地的公益事业不遗余力，从而赢得了当地官民的普遍赞扬，徽商的美誉也传遍遐迩。

二

良好的公共关系是推动商业发展的助推器和润滑剂。徽商的公关活动，确实对自己事业的发展起了很大作用。

一是为徽商开拓了市场，并使其得以在竞争中立于不败之地。在激烈的商品竞争中，要开拓一个市场，并非易事，尤其对一个外地商帮而言，更是艰难备至。但徽商凭借他们卓有成效的公关活动，却能在新市场中很快站稳脚跟，迅速打开局面。前述歙商许文才在淮泗讲求信义，"市不二价"，很快出现奇特的效果："人之适市有不愿之他而愿之公者。"④吴南坡的信义，使其商务别开生面："四方争趣坡公，每入市，视封记为坡公氏

① 光绪《婺源县志》卷34《人物志·义行》。
② 《古歙岩镇镇东礵头吴氏族谱》，清抄本。
③ 许承尧：《歙事闲谭》第13册《汪上章事略》，民国稿本。
④ 《新安歙北许氏东支世谱》卷8《逸庵许公行状》，明嘉靖六年稿本。

字，辄持之，不视精恶长短。"①显然，他们已牢固地占领了当地市场。徽商鲍建旌由于成功的公关活动，他每到一地，就立足一地，生意兴旺："客豫章、客楚、客浙、客姑苏，晚而久客京口，四方之士大夫骚人韵侣服其直谅，绝不以贾人遇之。"②这样，他在市场上自然就左右逢源，如鱼得水了。

薄利经营的"廉贾"形象和较高的美誉度，又使徽商在市场竞争中稳操胜券。如明代在金陵有典商五百家，大多是徽商和闽商开办。闽人用高利经营，利息在三分四分，而徽商则"取利仅一分二分三分，均之有益于贫民"，终于赢得了公众。前述程锁在溧水，一是低息贷钱，二是谷贱时平价收购，三是谷贵时平价出售，这三次成功的公关活动争取了大批顾客，人们"争赴长公"，他终于站稳了溧水市场。后来他还"部署门下客，分地而居息吴越间"，又开辟了新的市场③。

二是为徽商的商务发展扫除了障碍。商场风云，变幻莫测，商务活动难免要遇到各种各样的麻烦和曲折，这些都给商业发展带来障碍。但徽商的公关艺术所创造的良好的外部环境及和谐的内部环境，使他们不但在变幻莫测的商海中免遭沉没，反而往往能够逢凶化吉，遇难呈祥。例如汪绮的父亲在淮南经营盐业，"以通醝利忤豪滑"，双方酿成一场官司，告到盐运使和巡按御史那儿，汪绮平时与官员交往甚密，结果，"台司皆直君，卒置豪滑法"。④试想，如果没有官员的帮助，汪绮的父亲很可能在这场官司中破产亡家。又如明末"九江官吏李光宇等恣意诈奸，盐船报税多方模索，停泊羁留，屡遭覆溺，无敢上诉"，这时歙商江南能"毅然叩阙，奸党悉伏，商民称便"⑤。江南能乃一介商人，他能"通天"叩阙控告，并获成功，如果没有官场中一大批得力朋友鼎力相助，那是不可想象的。清嘉道间，鲍绍翔经营盐业致富，"顾人多忌之，辄借端欺凌、争讼不休者

① 《古歙岩镇镇东礁头吴氏族谱·吴南坡公行状》，清抄本。
② 鲍友恪编：《鲍氏诵先录》，民国二十五年铅印本。
③ 汪道昆：《太函集》卷61《明处士休宁程长公墓表》，明万历刊本。
④ 《歙县竦塘黄氏宗谱》卷5《节斋黄君行状》，明嘉靖四十一年刊本。
⑤ 民国《歙县志》卷9。

凡数家"，从而导致了一场旷日持久的诉讼，而且"敌势甚张"。可是鲍家世代与官场有广泛的联系，朋友甚多，在他们的帮助下，"先后历十余年而志未尝稍挫焉"，最后终于胜诉①。

三

是什么原因造就了徽商的公关艺术才能呢？《鲍氏诵先录》上有段话很发人深省。清代歙商鲍建旃从小本起家，终成巨贾，后辈在总结他一生的成就时曾说他："自少至壮，以孑身综练百务，意度深谨，得之书史者半，得之游历者半。"这虽说的是鲍建旃一人的情况，却回答了一个带有共性的问题，徽商的公关艺术才能主要来自两个方面：一是历史经验，二是实践经验。

我们知道，"贾而好儒"是徽商的一大特色，这对徽商产生了两方面影响。一是徽商由于"好儒"，从而整体文化素质较高，他们很善于从历史中汲取经验。尤其是历史上一些著名商人，如范蠡、计然、猗顿、子贡，以及白圭、卓氏、巴寡妇清等都成了他们着意效法的楷模。范蠡致富后，"再分散与贫交疏昆弟，此所谓富好行其德者也"②。徽商热心公益事业，不能说不受这种"富好行其德"观念的影响。徽商汪拱乾一日焚毁别人告贷之券数千张，其指导思想就是"昔陶朱公能积能散，至今称之"，"聚而不散，恐市恩而反招怨尤也"③。子贡经商所至，"国君无不分庭与之抗礼"的风采，当然会令徽商倾倒，那么子贡"结驷连骑，束帛之币以聘享诸侯"的做法，也不能不对徽商有所启发，徽商上交天子、藩王，下结官员士夫，显然与子贡的影响不无关系。

二是徽商由于"好儒"，在儒家思想潜移默化的影响下，儒家的道德

---

① 鲍友恪编：《鲍氏诵先录》，民国二十五年铅印本。
② 司马迁：《史记》卷129《货殖列传》。
③ 《登楼杂记》，见谢国桢：《明代社会经济史料选编》中册，福建人民出版社1980年版，第100页。

规范化成他们的自觉行动。张光祖经商,"时或值大利害事,每引经义自断,受益于圣贤心法最多"①;黄长寿"以儒术饬贾事"②;鲍雯经商,"一以书生之道行之"③;等等。既如此,徽商也就形成了富有鲜明儒家色彩的商业道德,这成为徽商公关艺术的重要表现。

徽商不仅从历史中汲取营养,也在实践中不断总结经验,这包括他们个体及群体的经验。如前述鲍绍翔经过十余年官司终于胜诉后,曾颇为感慨地对儿辈们说:"余每逢强敌,必有相与成之者,天下事是非一手一足自持也,汝曹当深念之。"④这些经验自然会成为其他徽商的借鉴。可见,徽商不惜重资,广结良缘,正是在总结自身和群体经验后的一种自觉行动。徽商也有失败的教训,如鲍绍翔经营盐业,在谋认引地时,先认西安,失利;再认歙县,又失利。他总结道:"曩者,再战再北,非左计也,假手于人,人负我耳。"⑤从自己的失败中认识到用人的重要性。吃一堑,长一智,公关艺术也就提高了一步。

徽商作为封建性的商帮,其公关活动也必然打上封建社会的烙印,封建官场上的一些不正当手段也往往被其运用到公关中去,如对官员行贿送礼,乃至不惜重金买妾相赠等,这些都是不足为训的。但从总的方面看,徽商的公关艺术确实达到了那个时代商业公关的高峰,它从一个侧面反映了明清时期的商业文化,并以自身的实践推动这种商业文化的发展,对今天也是有益的借鉴。

---

① 《张氏统宗世谱》卷8《毅斋翁传》,明嘉靖刊本。
② 《歙县潭渡黄氏族谱》卷9《望云翁传》,清雍正九年刊本。
③ 《歙县新馆鲍氏著存堂宗谱》卷2《鲍解占先生墓志铭》,清刊本。
④ 鲍友恪编:《鲍氏涌先录》,民国二十五年铅印本。
⑤ 《歙县新馆鲍氏著存堂宗谱》卷2《中议大夫大父凤占公行状》,清刊本。

论徽商的商业道德

明清时期的徽商是全国商界的一大商帮。从穷山僻壤中走出来的徽州商人何以在激烈的商业竞争中发展壮大，乃至雄踞商界，富甲一方？当我们回眸徽商的发展轨迹时，不能不注意到徽商所奉行的商业道德。正是这些渗透了儒家精神的商业道德，使徽商赢得顾客，赢得市场，赢得成功。

一

徽商的商业道德突出表现在以下几点：

以诚待人，以信服人。徽商在经营中把诚信作为自己行为的准则。首先在处理内部关系上讲诚信。譬如，木商程之藩随父去四川业木，役夫常有数百人，"之藩遂为之长，结以恩信，役夫无不悦服，悉听其部署"①。詹谷在崇明为本乡某人经理典业，主人年老返里，恰逢战乱，道路梗塞者近十年。其间詹谷独自一人，"竭力摒挡，业乃大振"。后主人之子来到崇明，詹谷"将历年出入市籍（账簿）交还，涓滴无私。崇邑之人咸服其公直，某子亦深感焉。临行，薪俸外加赠四百金，辞不受，惟殷殷部署后来肆务，悉当乃归"。②诚信二字在詹谷身上可谓得到充分体现。徽商不仅以诚信处理内部关系，更以诚信对待顾客。许文才"贸迁货居，市不二价"。

① 戴名世：《戴南山先生全集》卷8。
② 光绪《婺源县志》卷35。

鲍雯经商,"一切治生家智巧机利,悉屏不用,惟以至诚待人,人亦不君欺"。在商场中不乏以诈生财之人,但徽商的态度是"人宁贸诈,吾宁贸信",因而赢得顾客的信任。

薄利竞争,甘当廉贾。徽商(除部分盐商外)在经营中一般都能坚持薄利的原则。程锁在溧水经商,这里惯例是春天贷款下户,秋天倍收利息。但程锁贷款,只取一分之利。某年丰收谷贱,程锁仍按往年价格收贮。翌年大灾谷贵,而他"出谷市诸下户,价如往年平"①,自然树立起良贾的形象。贪婪的粮商往往在灾年囤积居奇,牟取暴利,但徽州粮商大多摒弃这种做法。某年大饥,吴佛童仓中积有大量粮食,有人劝他待价而沽,他却笑曰:"使吾因岁以为利,如之何? 遏籴以壑邻,是谓幸灾,天人不与。"②意思是说让我在年成好时取利吧,如今乘灾牟利,以邻为壑,这是幸灾乐祸,苍天百姓都不会同意的,"乃尽发仓廪平价出之"。

宁可失利,不能失义。徽商中除了少数见利忘义而被人斥为"徽狗"的奸商外,多数人都能正确处理好义利关系。虽然经商就是为了求利,但他们的信条是"职虽为利,非义不可取也"③。朱文炽贩茶去珠江,抵达后却错过了大宗贸易的时机,新茶也就不新了。于是他出售时自书"陈茶"二字,以示不欺。当义利不可兼得时,不少徽州商人能够见义勇为,甚至舍利取义。吴鹏翔某年从四川运米数万石至汉阳,正值大饥,米价飞涨。他没有乘机大捞一把,而是"减值平粜,民赖以安"。还有一次,他购进胡椒八百斛,尚未付款,发现有毒,卖主愿意全部收回,但他仍照价买下,然后付之一炬。他之所以这样做是考虑到如果退了胡椒,卖主可能转售坑人,所以宁可自己蒙受损失。④这种非义不取的精神确实难能可贵。

注意质量,提高信誉。徽商非常重视商业信誉,并把这种信誉建立在商品质量的基础上。清制墨商号胡开文第二代传人胡余德曾创制一种墨,

---

① 汪道昆:《太函集》卷61,明万历刊本。

② 汪道昆:《太函集》卷62,明万历刊本。

③ 《汪氏统宗谱》卷3。

④ 嘉庆《休宁县志》卷15。

在水中久浸不散。某客户慕名前来购得一袋此墨，返回途中墨袋不慎落入水中，捞起后发现墨锭已开始溶化。于是立即找到胡余德，胡余德当即以一袋"苍珮室"名墨相赠，同时下令各店各场立即停售停制此墨，并高价收回业已售出的此种劣质墨锭，寻找原因，总结教训。此举虽蒙受了经济损失，却保住了商业信誉。徽商在苏州阊门开设了不少棉布字号，他们从收购棉布时就十分注重质量，字号内设有专司"看布"人员，经过严格把关，从小农手中购进上乘棉布，再用上等颜料染色，然后踹成质地精美的棉布，由于"踹染俱精"，所以销路极好。

二

良好的商业道德有力地促进了徽商商务的发展。首先，有利于在竞争中立于不败之地。徽商由于坚持商业道德，从而在人地两疏的情况下，在激烈的商业竞争中赢得顾客。如吴南坡业布，"四方争趣坡公，每入市，视封识为坡公氏字，辄持去，不视精恶长短"[1]。许文才在淮泗经商，"市不二价"，"人之适市有不愿之他而愿之公者"，显然得到了顾客的充分信任。

其次，有利于开拓市场。徽商的成功不仅在于每到一地就能迅速占领当地市场，而且在于不断开拓新市场，开创新局面。汪通保在上海业典，附者日众，乃部署子弟到外县开拓市场，他规定：到了外地不准欺行霸市；付给顾客本钱时，不准以劣质钱充数，更不准短少；收取利息时，不准多收赢余，也不准以日计取利息。由于坚持这"五不准"，"于是人人归市如流，旁郡县皆至，居有顷，乃大饶"。[2]不少材料反映，徽商每到一地，就会出现顾客"缩毂归之""归市如流"的局面。徽商之所以能占领市场，良好的商业道德是主要原因之一。

最后，有利于克服商务发展中的障碍。商海泛舟，绝非一帆风顺，常

---

① 《古歙岩镇镇东磻头吴氏族谱》。
② 汪道昆：《太函副墨》卷4，明万历刊本。

会遇到各种困难，徽商坚持商业道德，从而得道多助，使许多困难迎刃而解。王子承在蜀业木40年，孤身在外，困难很多，况伐木运材，更需大批劳力参与其事。王子承"务推赤心"，结果"不招而集，不约而坚，蜀人蚁附之"。[①]他也因此成为富商。尤其是徽商诚信待人，慷慨好施，又与封建士大夫以及各级官吏建立了密切的关系，这样遇到困难时就能借助封建政治势力逢凶化吉，遇难呈祥。

三

是什么原因把徽商造就成坚持商业道德的"廉贾"呢？从根本上说是徽商"贾而好儒"的特色决定的。

徽商贾不忘儒，孜孜向学，蔚然成风。他们有的"虽舟车道路，恒一卷自随"，有的"虽隐于贾，暇辄流览史书"，有的"昼则与人昂毕货殖，夜则焚膏燔书弗倦"，这种"贾而好儒"的特色给徽商带来了深远的影响。

第一，"贾而好儒"使徽商普遍具有较高的文化素质，因此他们更善于从历史中汲取经验。中国几千年的文明史留下了无数的文化典籍，其中不仅蕴藏着极其丰富的政治、经济、人才管理、谋略运筹等思想精髓，也含有大量的商业伦理道德的思想资料，成为徽商商业道德的思想源泉。例如《史记·货殖列传》几乎成了徽商的必读书。他们从中汲取了不少有益的经验，其中所说的"廉更久，久更富，廉贾归富"的道理，对徽商产生了极大的影响。较高的文化素养，也使徽商在经营中更具理性，更能清醒地认识到商业道德对事业发展的重要性，从而正确地处理与顾客的关系。鲍直润说得好："利者人所同欲，必使彼无利可图，虽招之不来焉，缓急无所恃，所失滋多，非善贾之道也。"[②]因此，徽商能够坚持商业道德是与他们富于理性的精神分不开的。

第二，"贾而好儒"更使徽商受到传统文化的熏陶，自觉地用儒道经

---

① 汪道昆：《太函集》卷17，明万历刊本。

② 《歙县新馆鲍氏著存堂宗谱》卷2。

商。张光祖在商务活动中，"时或值大利害事，每引经义自断，受益圣贤心法最多"①。黄长寿"以儒术饰贾事"，鲍雯"一以书生之道行之"。这些都说明徽商自觉地以儒家的伦理来规范自己的行动。舒遵刚的一段话很有代表性："圣人言，生财有大道，以义为利，不以利为利。国且如此，况身家乎！人皆读四子书，乃长习为商贾，置不复问，有暇辄观演义说部，不惟玩物丧志，且阴坏其心术，施之贸易，遂多狡诈。不知财之大小，视乎生财之大小也，狡诈何裨焉！"可以说，儒家思想是徽商坚持商业道德的深厚的思想基础。

---

① 《张氏统宗世谱》卷8。

明清徽州典商的盛衰

质铺（典当）无疑是徽商从事的最重要的行业之一。过去，已有一些学者对徽州典商进行了研究。本文在前人研究的基础上，试图从不同的角度对此加以论述，以求将这个问题的研究推向深入。

一

我国典当业有着悠久的历史，它滥觞于南北朝时期佛寺开设的"质库"或"长生库"，以后逐渐得到发展。

迨至明清，随着封建社会晚期商品经济的发展以及人民生活的贫困化，典当业更有了长足发展。各地当铺林立，明代一段时期，南京城里就有当铺500家①，其他地方可想而知。清代更盛，从京城到各省省会，乃至县城集镇，典当铺肆，比比皆是，其数量十分惊人。乾隆九年（1744），仅京城一地，大小当铺就有六七百座②，乾隆十八年（1753），全国共有当铺18075座，嘉庆十七年（1812），更增至23139座③。不仅有大量的民当、官当，还有皇帝开设的"皇当"。从皇帝到达官贵人、地主富商，纷纷投

① 《金陵琐事剩录》卷3。
② 《东华录》（乾隆朝）卷20。
③ 罗炳绵：《近代中国典当业的社会意义及其类别与税捐》，转引自曲彦斌：《典当史》，上海文艺出版社1993年版，第61页。

资设当，竞相逐利，反映了明清时期典当业的发展。

明清时期，典当业为什么会如此迅速发展呢？究其原因，首先是经济生活的需要。明中叶以后，随着农业、手工业的发展，商品货币经济空前活跃。万历前期推行一条鞭法后，白银作为流通货币使用更加普遍和频繁，俸禄给银，租税缴银，交易用银，劳役纳银。尤其在东南苏、松、杭、嘉、湖一带，旧市镇继续发展，新市镇不断兴起，而且都在不同程度上从商业性消费性市镇向"易米及钱"的商品生产的手工业市镇迈进。商品交换日益频繁，自给自足的自然经济日益受到冲击，人们越来越深地卷入商品货币经济之中，所谓"薪粲而下，百物皆仰给于贸居"①。

但是，社会经济的发展，并没有给老百姓带来福音，只是给封建政府、贪官污吏的盘剥创造条件。封建政府对人民无休止的征调与掠夺，日甚一日；贪官污吏对人民"在在敲骨，日日吮血"，不少农民"质田毁产，卖男鬻女，岁租仅办，生事一空"。在这种情况下，人们为了生存，只得过着"典衣易粟供朝食"的生活，从而与典当结下了不解之缘。随着商品经济的发展，人们的生活资料、生产资料越来越依赖于市场。以农民而言，"一亩之田，耒耜有费，籽种有费，罱斛有费，雇募有费，祈赛有费，牛力有费，约而计之，率需千钱"②。从事经济作物生产的农民也是如此，养蚕者在桑叶不够时需及时购买桑叶，青黄不接之时又要买米，这些都要经常靠借贷或典当来应付。甚至山区烟农也离不开典当。晚清周馥的一首诗很形象地说："山区宜种淡巴菰（烟草），叶鲜味厚价自殊。可怜粪田无豆饼，典衣买饼培田腴。"③即使是城市居民，在家境并不宽裕的情况下，一旦遇到意外，也会立即陷入进退维谷的境地，为了摆脱困境，典当往往成了唯一的办法。

其次，风险较小，获利稳靠，也是典当业发展的原因。当铺惯例，"值十当五"，即所当物件如果估价10两银子，只能借贷5两银子，这贷出

---

① 顾起元：《客座赘语》卷2《民利》。
② 《清朝续文献通考》卷60。
③ 宣统《建德县志》卷19。

的银子又是按月计息的。典当后，即使当天回赎，也要付一个月利息。以后每月可以让5天，名为"过五"，即一个月零五天仍算一个月，过了五天即按两个月计算。所当物件回赎一般都有18个月的限期，超过限期不赎，此物即成"死当"。"死当"物件即为当铺财产。这种情况是经常发生的，如湖州"贫民衣饰有限，每票不及一两者多隔一二年，本利科算，不能取赎，每多没入"①。典业的这种行规决定了典当借贷与一般的高利贷经营相比，因持有足够的抵押物，故不劳追索，不怕拖欠，甚至希望物主拖欠，使成"死当"，这对当铺更为有利，所以经营典当获利稳靠。而与行商相比，因其经营的不是一般商品，也不用担心随着市场行情的波动，商品有积压贬值之虞。只有人求于己，罕有己求于人，故开设典当的人越来越多。

最后，典铺税额极低，也刺激了典当业的发展。投资开当与投资买地相比，至少有两个优点：一是买地佃人虽亦能坐享其利，但得利多少却与年成丰歉大有关系，而经营典当却旱涝保收；二是田地要缴赋税，且税额往往越来越重，而典当虽也纳税，税额却低得惊人。以清代为例，乾隆十八年（1753），全国共有当铺18075座，收典税90375两；嘉庆十七年（1812），全国共有当铺23139座，收典税115695两。②平均每座当铺一年只收税银5两。正如康熙年间程浚在《盐政因革议》中所说："商之名号甚美者，并首推质库与木客矣。乃典商大者数万金，小者亦不下数千金，每年仅纳税银数两而已。木商除关税外，亦无他取也。"一个有数千金至数万金资本的典铺，每年只纳数两典税，不能不谓之极轻。而且这种轻税政策，直到光绪二十三年（1897）才有所改变。正因为具有风险小、获利稳、税额低的特点，所以明清时期典当业的兴盛也就不奇怪了。

在上述大背景下，徽州典业蓬勃发展，并呈现出鲜明的特点。

1.从业人数众。徽商经营典业，早在明中叶就开始了。据《此木轩杂

---

① 胡承谋：《吴兴旧闻》卷2引《小谷口荟蕞》。

② 罗炳绵：《近代中国典当业的社会意义及其类别与税捐》，转引自曲彦斌：《典当史》，上海文艺出版社1993年版，第61页。

著》卷8载："弘治间，江阴汤沐知石门时，徽人至邑货殖……徽人所谓货殖者，典铺也。"此后徽州业典者有增无减。明代南京城里一度有当铺500家，主要是徽商和闽商所开。天启年间户科给事中周汝漠在奏疏中说："典铺之分征有难易，盖冲都大邑，铺多本饶，即百千也不为厉，僻壤下县，徽商裹足，数金犹难。"[1]从这段话中，我们至少可得到以下两点认识：一是"典铺分征"的难易，主要看有无徽商经营。"僻壤下县"由于"徽商裹足"，即徽商不愿去设典，所以要征收数两典税也很难；反之，"冲都大邑"由于"铺多本饶"，征收成百上千典税也不难。这里虽未言明"冲都大邑"的典铺为谁所开，但从上下文的逻辑来看，可以推知多为徽商所开。二是直至明朝后期，徽州典商一般占领"冲都大邑"，至于"僻壤下县"则较少涉足。然而这种情况到清代就改变了，不仅"冲都大邑"的徽典继续增加，而且那些"僻壤下县"，甚至新兴市镇，也有越来越多的徽商在此开典设当。如康熙二十六年（1687），江苏常熟县内就有姓名可考的徽州典商37家[2]。据康熙《平湖县志》卷4载："城周广数里余，而新安富人挟资权子母盘踞其中至数十家。"甚至吴江县（今吴江市）平望镇，也有徽人业典。浙江塘栖镇，"徽杭大贾，视为利之渊薮，开典、囤米、贸丝、开车者，骈臻辐辏"[3]。

徽州业典人数多，有两个特点：一是有明显的地域特点。"治典大多休宁人……治典者亦惟休称能。"[4]休宁典商中又以汪姓和吴姓为多。二是出现不少业典世家。据俞樾《右台仙馆笔记》载，歙县典商许翁有"十数世之积，数百万之资"，显然是个十几代业典的典商世家。清代徽人汪己山，其家侨寓清江浦200余年，"家富百万，列典肆，俗称为汪家大门"[5]。显然，汪氏也是个典商世家。在徽州，像这样世世代代业典的商人是很

---

① 《熹宗实录》卷52。

② 苏州博物馆等合编：《明清苏州工商业碑刻集》，江苏人民出版社1981年版，第186—187页。

③ 光绪《塘栖志》卷18《风俗》。

④ 许承尧：《歙事闲谭》第18册《歙风俗礼教考》，民国稿本。

⑤ 徐珂：《清稗类钞》第24册《豪侈类》。

多的。

徽州业典人数之多，还可从"朝奉"一词的演变看出来。"朝奉"一词本指"奉朝请"的官员。汉有奉朝请，是为贵族、官僚定期朝见皇帝的称谓。元末，"太祖（朱元璋）初定徽，民迎之者皆自称曰朝奉。太祖曰："多劳汝朝奉的。'"①从此以后，"朝奉"一词在徽州流传开来。由于当初迎接朱元璋的大多是徽州富民，故徽俗称富翁为朝奉。后来朝奉逐渐演变为徽州典商的代称。清代程趾祥《此中人语》载："近来业典者最多徽人。其掌柜者，则谓之朝奉。"在明清小说中，徽州典商称朝奉的也随处可见。《初刻拍案惊奇》卷10写道："（徽商金朝奉在浙江天台县开当铺）一日，金朝奉正在当中算账，只见一个客人跟着一个十七八岁孩子，走进铺来。叫道：'姊夫，姊姊在家么？'原来是徽州程朝奉，就是金朝奉的舅子，领着亲儿阿寿，打从徽州来，要与金朝奉合伙开当。"该书卷15写了南京一个陈秀才没银子使用，"众人撺掇他写了一张文契，往那三山街开解铺的徽州卫朝奉处，借银三百两"。"朝奉"一词由原指徽州富民演变为专指徽州典商，并得到社会上的广泛认可，一是反映了徽州典商大多富有，二是反映了徽州典商人数非常多，在人们心目中留下了极深的印象。

2.典铺分布广。所谓"（徽州）质铺几遍郡国"，大体反映了徽典的实际情况。明清时期徽州典铺确实分布很广。从南北两京到各省省会，从繁华都市到县城集镇，到处都飘扬着徽典的招幌，以致社会上竟流传着"不徽不成典"的谚语。

先看两京：明清时期，北京典铺多为徽商、晋商和本地商人所开。不少史籍在记载北京情况时，往往都涉及徽州典商。如《明季北略》卷23载："汪箕，徽州人也，居京师，家资数十万。自成入城，箕自认家产不保，即奏疏，乃下江南策，愿为先锋，率兵前进，以效犬马之劳。自成喜，问宋献策云：'汪箕可遣否？'宋曰：'此人家资数百万，典铺数十处，婢妾颇多，今托言领兵前导，是金蝉脱壳之计也。'自成悟，发伪刑官追

---

① 徐卓：《休宁碎事》卷1引《寄园寄所寄》。

赃十万，三夹一脑箍。箕不胜刑，命家人取水，饮三碗而死。"可见，汪箕是京师一个著名大典商。清人潘永因《续书堂明稗类钞》卷16也谈到了明末一个北京土豪挟嫌设计陷害一徽州典商致死的情况：

> 北京城北某街，有土豪张姓者，能以财致人死力，凡京中无赖皆归之……尝以小嫌怒一徽人开质者。张遣人伪以龙袍数事质银，意似匆遽，嘱云："有急用，姑且不索票，为我姑留外架，晚即来取也。"别使人首之法司，指为违禁，袍尚存架，而籍无质银者姓名，遂不能直，立枷而死。逾年，张坐他事系狱。徽人子讼父冤，尽发其奸状，且大出金钱为费，张亦问立枷。而所取之枷，即上年所用以杀徽人者，封识姓名尚存，人咸异之。张竟死。

以上史籍一再提到北京的徽州典商，说明明代京师徽典之多。清代京师徽典更多，乃至徽州典商所使用的方言竟成了北京当铺通用的行话。当时几乎各行各业都有行话，意在保守行业机密，不为外人所知。据高叔平《旧北京典当业》回忆："（北京）当铺的行话，是一些谐音字，原来叫'徽话'，即用似是而非的徽州土音来说北京话。……例如：么按搜躁歪（一二三四五），料俏笨缴勺（六七八九十），子母饶（咱们人，即同行人），得（第四声）合（当行），报端（不多）妙以（没有），抄付（吃饭）搂闪（拉屎），勒（第三声）特特（老太太），豆官泥儿（大姑娘），洗玄分儿（小媳妇），照个八（这个），闹个八（那个）。"[①]

这一现象足以说明徽州典商在京师人数之多，以至影响到一个行业的内部用语。

南京作为明代留都，人口众多，又离徽州较近，故自明代就是徽典聚集之处。如程长者"中年避寇建业，居二十年……举室而迁金陵，即以质

---

① 转引自曲彦斌：《典当史》，上海文艺出版社1993年版，第129—130、230—231页。

剂代耕。"①歙商吴逸也在金陵开设典铺。明后期，金陵当铺有500家之多，其中大部分是徽商所开。

东北：明代就有徽商"闯关东"到东北的，其中就有不少徽州典商，以至徽州方言和东北方言交汇融合成一种特殊的典铺行话。据金宝忱回忆：

> 旧社会的"当铺"经理称为"当家的"，下有"头柜""二柜"，管库的称为"包袱褡子"。当铺内部说话，外人也听不懂，从一到十，即呼为"摇按瘦扫尾料敲奔角勺"，老太太称"勒特特"，物体称"端修"，什么东西称为"杨木端修"。②

其中"包袱褡子"的"褡子"出自满语，意为头目、管事的。其余数码隐语与京师徽州典商所说的行话基本相合，它能成为东北当铺内的行话，也说明徽州典商在东北数量是很多的。

江北：万历三十五年（1607）六月，河南巡抚沈季文言："今徽商开当，遍于江北……见在河南者，计汪充等二百（一）十三家。"③据乾隆《临清州志》卷11载："两省典当，旧有百余家，皆徽、浙人为之。"如明中后期婺源商李良朋"携其资游江淮，逐子母息者几五载，息颇美"④，说明他在江淮业典，获得丰厚利润。徽人汪拱乾"精会计，贸易于外者三十余年，其所置之货，皆人弃我取，而无不利市三倍……诸子亦能自经营，家家丰裕，传其孙曾……今（明末）大江南北开质库或木商、布商，汪姓最多，大半皆其后人，当为本朝货殖之冠"⑤。

---

① 汪道昆：《太函集》卷59《明封征仕郎莆田陈长者墓志铭》，明万历刊本。

② 转引自曲彦斌：《典当史》，上海文艺出版社1993年版，第129—130、230—231页。

③ 《明神宗实录》卷434。

④ 《婺源三田李氏统宗谱·理田继山李公行状》，清乾隆刊本。

⑤ 《登楼杂记》，见谢国祯：《明代社会经济史料选编》中册，福建人民出版社1980年版，第100页。

沿江城镇：从长江中游的武汉到下游的上海，各个城镇几乎都有徽州典商。清光绪年间，日本人专门调查了沪、汉各地的商帮，曾记载典当的朝奉（掌柜），其非由徽人担任者，几乎没有。①这说明徽州典商几乎垄断了武汉和上海的典业市场。九江也有徽商，如歙商吴之骏"甫弱冠，继兄之邗江（今扬州）综理鹾务……以西江（今九江）典业恒产也，亲诣擘画，俾有成规可循而归"②。九江典业是其恒产，很可能已经经营几代了。休宁人汪可训的父亲"以资游芜湖，人竟挽之，因家焉"。汪可训先是业儒，后弃儒服贾，开设典铺，"时家大饶裕，太学（即汪可训）不亲执管库，权子母息，出入各有司存，年终受成，人不敢以毫忽欺"。③

江浙城镇：明清时期，江浙地区迅速发展，尤其是兴起了众多的新兴市镇，商品经济空前发达，这为典业的发展创造了有利条件，大批徽州典商活跃在此，垄断了这一大片全国最繁华富庶的地区。绩溪人汪彦十五六岁做了伙计，学习生意，辛苦经营几十载，到50岁上下，家资已有20余万，大小伙计百余人，他一次就拿出一万两银子交给一个老成的伙计，让他带着儿子去苏州开典铺。④"徽人程某以资雄其乡累世矣……程氏故有质剂之肆在无锡，有汪氏者，世为之主会计。"⑤可知程氏典业在无锡已经营数世了。扬州也是徽州典商集中之地，早在明中后期，徽州典商已在这里独擅其利了："质库，无土著人，土著人为之，即十年不赎，不许易质物，乃令新安诸贾独擅其利，坐得子钱，诚不可解。"⑥这种现象一直持续到清代，据康熙《扬州府志》卷7载："质库无土著之人，多新安并四方之人，贱贸短期，穷民缓急有不堪矣。"杭州的徽典也不少。明代嘉靖年间，倭寇骚扰武林（今杭州），负责抗倭的朝廷命官是徽州人胡宗宪，"椎牛酒悉召城外居民、市户及新安之贾于质库者，皆其乡人也，酾金募士兵，可

---

① 见傅衣凌：《明清时代商人及商业资本》，人民出版社1956年版，第62页。
② 吴吉祜：《丰南志》第5册《艺文志·行状·清》，民国稿本。
③ 《休宁西门汪氏宗谱》卷6《太学可训公传》，清顺治十年刊本。
④ 艾衲居士：《豆棚闲话》第3则。
⑤ 徐珂：《清稗类钞》第5册《婚姻类》。
⑥ 万历《扬州府志》卷20《风俗志》。

数百人"①。可见在杭州的徽州典商数量是很可观的。

在江浙一带的县城也布满了徽州的典铺。江苏泰兴县（今泰兴市）"（清代）质库多新安贾人为之，（泰兴）邑内五城门及各镇皆有"②。镇洋县（今太仓市）"行盐、质库皆徽人"③。明中期休宁人程锁"中年客（江苏）溧水，其俗春出母钱贷下户，秋倍收子钱。长公（程锁）居息市中，终岁不过什一，细民称便，争赴长公"。④程锁贷款下户，可能就是凭借典铺。康乾时歙人程廷柱年轻时"随父侧奔驰江广，佐理经营"，后来又"创立龙游典业、田庄"⑤。浙江嘉兴，地界吴越，交通便利，"新安大贾与有力之家，又以田农为拙业，每以质库居积自润，产无多田"⑥。

尤为值得一提的是，徽州典商的足迹已深入江浙的一些乡镇。如康乾间休宁商汪栋，世代经商，"其典业在吴江之平望镇"。早在康熙五十七年（1718），汪栋之父举家迁居平望镇，传到汪栋一代，继续守护祖宗产业，"典业则择贤能者委之，因材授事，咸得其宜"。⑦汪栋父辈迁居平望镇，说明其家典业兴旺，且有发展前途，也说明其家与当地居民关系融洽，显然不是那种狠心盘剥、唯利是图的奸商。又据万历年间李乐《见闻杂记》载：

> 荒镇建馆之地，一河相距，其东曰青镇，隶桐乡；西曰乌镇，隶乌程，不佞目击万历十六年（1588）斗米卖银一钱六分，饥殍塞路，正怀所以豫后之计，而何公祖下车，亦蒙轸念商及。故不佞浼医士方时吉对渠同乡典铺商人劝谕，幸商人凡九典，仗义乐施，各捐中白米二十石，共得一百八十石。青镇八典，计一百六十石；乌镇一典，止

① 丁元荐：《西山日记》卷上。

② 康熙《泰兴县志》卷1《风俗》。

③ 乾隆《镇洋县志》卷1《风俗》。

④ 《休宁率东程氏家谱·明故礼官松溪程长公墓表》，明万历元年刊本。

⑤ 《歙县程氏孟孙公支谱·程廷柱传》，清道光抄本。

⑥ 崇祯《嘉兴县志》卷22。

⑦ 《休宁西门汪氏大公房挥金公支谱》，清乾隆四年刻本。

二十石尔。不佞又同舍亲夏冲寰各出米三石，以风青镇居民，共得一百石。其乌镇居民央著老唐国宪、王汉龄亦行劝谕，竟乏好义者，升合未之有也。

文中医士方时吉虽未明言何地人，但可以推断其为徽州人，理由有三：其一，方姓是徽州大姓；其二，明清时期新安医学十分发达，徽人去各地行医者很多；其三，方医士向同乡典商劝谕捐赈，联系江浙一带土著人一般不开典铺，而徽州典商又极多的情况，可知这里的典铺定为徽州人所开。两个小镇竟有徽典9座之多，想必其他乡镇，徽州典商也会涉足的。

3.典业规模大。徽州典商有不少是世代经营，故资本多，规模大。"处士（汪通保，明徽州人）始成童，以积著居上海，倜傥负大节，倾贤豪，上海人多处士能，争赴处士。初，处士受贾，资不逾中人，既日益饶，附处士者日益众，处士乃就彼中治垣屋，部署诸子弟，四面开户以居，客至则四面应之，户无留屦。"①汪通保所开典铺，四面开门，迎接顾客，可见其典业规模是很大的。而且他还在其他县设有多座典铺。明清时期，徽州典商在一地或数地开设若干典铺的现象是很普遍的。前述明末汪箕就在京师有典铺数十座。休宁孙从理在浙江吴兴业典，"什一取赢，矜取予必以道，以质及门者踵相及，趋之也如从流。慎择掌计若干曹，分部而治"。他很会扩大典业，"岁会则析数岁之赢增置一部，迭更数多，又复迭增"。即每隔几年将典铺利润集中起来又增开一典，过几年又复采取此法增开一典，所以他一人开设了不少典铺，成为休宁巨富。②最著名的恐怕要数前述歙县许翁了，他的典铺有40余座，遍及江浙各地，遗憾的是偌大的家业竟败在不肖子弟手中。

4.典商兼业多。据资料记载，徽州典商大多不是只经营典业，他们还兼营其他行业，如盐业、茶业、绸布业等。前述吴之骏以西江（今九江）典业为"恒产"，同时又和兄弟一起去邗江（今扬州）"综理赚务"。明末

① 汪道昆：《太函副墨》卷9《汪处士传》，明万历刊本。
② 汪道昆：《太函集》卷52《南石孙处士墓志铭》，明万历刊本。

休宁人程周"贾居江西武宁乡镇……遂至殷裕，为建昌当，为南昌盐，创业垂统，和乐一堂"①。吴无逸"席先业嵯于广陵（扬州），典于金陵，米布于运漕，致富百万"②。吴无逸既业盐，又业典，还兼营米和布的长途贩运，成为巨富。潘汀州"或用盐盬，或用橦布，或用质剂，周游江淮吴越，务协地宜"③。程澧也很会经营，他分析当时东南的经济形势，做出决策："东吴饶木棉，则用布；维扬在天下之中，则用盐策；吾郡瘠薄，则用子钱。诸程聚族而从公，惟公所决策。"④他在江浙一带经营布业，在扬州经营盐业，在徽州经营典业。晚清"红顶商人"胡光墉也是徽商，他更会多种经营，据刘体仁《异辞录》卷2载：他"有银号一，典二十九"，同时还兼营粮、药、丝、茶等多种行业。

随着商品经济的发展，不少典商又兼营借贷业务。前述休宁人程锁中年在溧水业典，"其俗春出母钱贷下户，秋倍收子钱。长公（程锁）居息市中，终岁不过什一，细民称便，争赴长公"。《初刻拍案惊奇》中说陈秀才没钱使用，众人撺掇他向三山街徽典卫朝奉处借银三百两，"那卫朝奉又是一个爱财的魔君，终是陈秀才名头大，卫朝奉不怕他还不起，遂将三百两银子借与，三分起息"。这个典铺显然又经营放贷业务。

典铺为了扩大资本，还吸收社会上的游资，兼营存款业务。客户借以生息，典主则借以增加铺本，扩大典当业务。由于存款利息远低于典当利息，典商可以从中谋利。明代姚士麟的《见只编》卷中记载了这么一件事：

> 有夏姓者，住嘉兴秋泾桥。夏与徽商吴氏、纲纪某甲甚昵。甲有私囊五百金，欲借主人生息，惧为见疑，乃驾言于吴曰："邻人夏有少积，欲赖主人废著，冀得子钱，然又不欲使人知也。"吴信而收置，

---

① 《休宁名族志》卷1，民国稿本。
② 吴吉祐：《丰南志》第9册《艺文志·建置·松石庵》，民国稿本。
③ 汪道昆：《太函集》卷34《潘汀州传》，明万历刊本。
④ 汪道昆：《太函集》卷52《明故明威将军新安卫指挥佥事衡山程季公墓志铭》，明万历刊本。

为经营数年，计子母得一千八百矣。一日甲暂归新安，暴病死。未几吴检校母钱，遣人邀夏，密语曰："向托某甲寄银五百，今且得千有八百。公安得坐享其利，而仆独任其劳乎？"悉以银置其前。夏，黠儿也，虽心骇而口慢承云，为拜谢，挈还。自此遂至饶富。

我们姑且不论夏氏的贪婪无德，仅就寄银生息一事来看，明代徽州典铺就已开始经营存款业务了。而且，不仅私人可在典铺存款，社会性款项也可存典生息。徽州有重视读书的传统，无论是徽籍官员还是徽籍商人都十分重视兴办书院和资助乡人赴试。为了使这笔费用永不枯竭，往往捐资发典生息，只取利息支付日常费用。如在清代，"户部主事邑人（指绩溪）胡培翚与合邑绅士劝捐，得银五千两，请于太守及邑宰立案。其银发典生息，每科以息银分给应试者旅费"[①]。为了资助黟县书院，"邑人公议，延请经费由典商领本生息"[②]。这类现象在明清时期是非常普遍的。

徽州典铺既经营借贷业务，又经营存款业务，实际上已具有早期银行业的某些特征了。

二

徽州典业从业人数众、典铺分布广、典业规模大、典商兼业多等情况，都说明了徽州典业在明清时期堪称徽商经营的主要行业之一。徽典之所以迅速发展，除了前述一般原因外，还有其特殊原因。

第一，有雄厚的资本作后盾。

开设一座典铺需要多少资本呢？这要从典铺的特点说起。

典铺是以出典人交来的财物、细软为抵押物的。因此，典铺必须有足够的铺本和周转资金，这是不言而喻的。此外，典铺还必须有足够的储藏物品的地方，尤其是比较贵重的金银首饰、皮毛细软之类，更须有专门的

---

① 道光《徽州府志》卷3《营建志·学校》。
② 道光《徽州府志》卷3《营建志·学校》。

库房保管。典铺要接待来往顾客，又须有宽敞的店面。典铺财大招风，惹人耳目，往往又是强盗、窃贼行劫的对象，又得有一系列防盗的设备。典铺还要特别注意防火。所有这些都对典铺在建筑上提出特殊的要求。

据一位老当铺从业者介绍，当铺是一种特殊的行业，当铺房屋是按业务需要设置的，简单摘录如下：

柜房——是对外的营业室，一般占房五至七间。

客房——是为款待来访和持有大宗业务的顾客设置的，也用作经理休息室和宿舍，一般备有两套或三套，每套占房二至三间。

首饰房——是用来保管珍贵物品的库房，又是内账房。房内设备有收藏瓷器、座钟等的木橱和用以放置首饰、佩表等小件珍品的屉柜、存储银钱的钱柜以及算账用的办公桌椅等。所以它是铺内重地，是禁区，非指定人员不能擅入。

号房——是保管当进的衣服、财物的库房，也是存储除了珍品以外全部架货财产的地方，一般占房三四十间。建筑设施要考虑到防火、防潮、防鼠、防虫。

更房——这是当铺所特有的，备值更守夜人员夜间值勤、日间休息的房间，一般要占房二至三间。

另外，还有典铺各类人员住房（宿舍）、饭房、厨房等设施。[①]

以上是当铺的主要房屋设施，至于房屋的建筑更与一般房屋不同，例如有人谈到武汉的典铺建筑时写道：

当铺的房屋及一切设备，对保证安全防止天灾人祸，考虑得相当周到。房屋多半做的是风火墙。有的还是夹墙，夹墙之中用竹子作筋，浇以糯米浆。门板厚至三四寸，木质甚坚，外包铁皮，或加一层竹条用铆钉铆上。[②]

---

① 转引自曲彦斌：《典当史》，上海文艺出版社1993年版，第102—104页。
② 转引自曲彦斌：《典当史》，上海文艺出版社1993年版，第100页。

笔者不惮其烦地摘录上述资料，意在说明典铺光是建筑一项就要投入大笔的资金。

韦庆远教授曾查阅了清代《内务府奏销档》中的奏报，认为开设一座较具规模的皇当，包括铺房、铺面装修、框架设备、资本以及周转资金在内，需要四五万两银子。[①]这里指的是皇当，从主管官员到店伙杂役，都是来自内务府的兼任人员，它在人们心目中的地位自然与一般民当不一样，很少成为盗贼行劫的对象，所以在建筑上一般不必过于在防盗上下功夫。而民当则不同，在建筑上为了防盗要花不少资金。所以，一座较具规模的典铺，所有资金要在5万两银以上。这笔巨款远非一般商人所能承受。

徽商之所以能够开设大量的典铺，就是因为他们有雄厚的资金作后盾。前述徽州典商兼业较多，兼业看起来分散了资金，实际上加快了利润的积累。《歙县潭渡黄氏族谱》卷9有一段话说得好，谱中说黄谊经商，"盐与子钱并举，择人而任，时间出，廉贾能度，息更倍入，厚积而速成，同侪莫之或及"。也就是说，兼业又善于经营，就能"厚积而速成"。其他商人只有一条生财之道，徽州典商却有两条、三条甚至更多条的生财之道，这样几种行业相互支持，相互提携，使得典业在资金运转上能够应付裕如，左右逢源，那些单一经营的商人自然望尘莫及。

第二，世代相传，专业易精。

近代徽人许承尧说："典商大多休宁人……治典者惟休称能。凡典肆无不有休人者，以专业易精也。"[②]这说明并非有钱就能开典，还必须要有较丰富的专业知识和经验。

治典必须识货，这是起码的条件。典物可谓林林总总，既有绫、罗、绸、缎、绢、纱、绉、呢、布等各种丝、毛、棉织品，也有从平民百姓的裙袄裤褂到达官贵人的朝衣蟒袍，还有各地皮毛土产、日用杂货、金银首饰、珠宝玉器、古玩礼器、名人字画、家庭器什，足有成千上万种。典铺必须对这些不同物类的产地、规格、特征、时价、质量做到心中有数，否

---

① 韦庆远：《明清史辨析》，中国社会科学出版社1989年版，第92页。

② 许承尧：《歙事闲谭》第18册《歙风俗礼教考》，民国稿本。

则就无法估价或估价失度，要么推走顾客，要么蒙受损失。

治典必须防骗。典铺经常会遇到以次充好、以劣充优、以伪充真、以近充古的事，而且一些骗子的骗术十分高明，稍有闪失，就会上当受骗。清末《绘图骗术奇谈》中有一则《质库受骗》，记载了骗子伙同乞丐行骗典铺的事：

> 有衣冠华丽者，乘车带仆，至质库，脱金手镯二以质钱。掌柜人细阅之，黄亦无伪，秤各重五两。问需京钱五百贯，掌柜人还之，其人让至三百贯。北地尚钱帖，如数给之而去。旁一丐者，脱其破袄，质二十贯。掌柜人叱之，丐笑曰："伪金镯当钱三百贯，我袄虽破烂，尚非赝物，何不值二十贯耶？"掌柜人心疑，复阅其镯，则已被易包金者。问丐何以知之。丐曰："此有名骗子手，我知其寓处。"掌柜人愿给丐二贯，偕往寻之。至寓，果见其车在外。丐遥指其人，得钱脱身去矣。掌柜人入寓，则同见其与显者共饮，未敢喧哗。因寓主通其仆，唤之出，与之辩论。其人曰："物既伪，何以质钱如此之多，明是汝换我也。"互相争执，显者闻声，邀二人入，笑谓其人曰："我辈宁吃亏，毋占便宜，不可与市井之徒较量，有失官体。足下钱尚未用，何不还之？"其人似不得已，委屈听命，乃以原钱帖赎还二镯，掌柜人欣然领去。至晚，往钱局取钱，则已取去。出其帖比对，后帖系好手描摹者。复至其寓，则去已久矣，丐也不知所往。

像这类骗术，在明清时期是经常发生的。这就要求典商必须具备识别好次、辨明优劣、判断真伪、鉴别古近的专业能力。

总之，经营典铺需要多方面的知识和能力，一本成书于清末民初、题名为《当行杂记》的手抄本就是专门记载关于典当的专业知识。该书内容非常丰富，涉及不同规格的物品有千种以上，主要是"看物之真伪，辨物之时古，评物之高低，知物之土产、地道（产地）、成金制造"等方面的知识，分为"当行论""看衣规则""西藏土产""看金规则类""看珠宝规则类""看宝石规则""看铜锡类""看磁器规则""看字画谱""各省绸缎花样别名"等十个部分，中间八个部分分别介绍了不同名称、不同地方所产物品的规格、辨别真伪的方法，有的还标有所当价格。①

在另一本佚名稿本《典务必要》里，分"幼学须知""珠论""宝石论""论首饰""毡绒""字画书籍""布货""皮货"等八个部分。后七个部分也详细介绍了各种物品的产地、规格、价目与辨别真伪的法则。②

这两本手抄稿极有可能出自徽州典商之手。这些经验的形成非一日之功，它需要长期甚至世代业典才能逐渐积累起来，而且是秘而不宣，只向内部人传授的。徽州典商不仅世代经营，可以不断积累经验，而且他们不是坐守一隅，还兼营它业，这样又可获得外地的信息。尤其是徽商足迹遍天下，东南西北中的商品信息比较灵通。徽州典商又可从其他徽商那里获得更多的信息，丰富自己关于各地商品的知识，提高对各种商品的鉴别能力，经过这样代代积累、扩充、传承，从而形成一整套典业经验，所以徽州典商治典"称能"，绝非偶然。

第三，讲求商业道德。

从大量资料看，徽州典商是很讲究商业道德的。据《金陵琐事剩录》卷3载："（金陵）当铺总有五百家，福建铺本少，取利三分四分。徽州铺本大，取利仅一分二分三分，均之有益于贫民。"虽然法律规定典铺月利最高限额是三分，但徽典还是有月利一分二分的，并不收取高利，所以得到贫民的拥护。前述徽商汪通保在上海业典，由于他讲求商业道德，典业又扩大到其他县。汪通保与诸子弟约定："居他县，毋操利权；出母钱，毋以苦杂良，毋短少；收子钱，毋入奇羡，毋以日计取盈。"③这样的"五不准"，显然为他树立了良好的形象。结果，"人人归市如流，旁郡邑皆至。居有顷乃大饶，里之富人无出其右者"。应该说，他的这种富与那种"奸富"是有明显区别的。我们还看到，不少徽州典商在出典取息或贷款

---

① 齐思整理：《当行杂记》，载《近代史资料》总第71号。
② 丁红整理：《典务必要》，载《近代史资料》总第71号。
③ 汪道昆：《太函集》卷28《汪处士传》，明万历刊本。

取息时坚持什一之利。如程锁在溧水业典，"其俗春出母钱贷下户，秋倍收子钱。长公（程锁）居息市中，终岁不过什一，细民称便，争赴长公。癸卯，谷贱伤农，诸贾人持谷价不予，长公独予，平价囤积之。明年大饥，谷踊贵，长公出谷市诸下户，价如往年平"①。正因为这样，他取得了当地百姓的信赖，"境内德长公，莫不多其长者。长公乃部署门下客，分地而居息吴越间。当是时，长公已累数万金矣"。典商孙从理在浙江吴兴县"修故业而息之，什一取赢，矜取予必以道，以质及门者踵相及，趋之者如从流"②。

还有的典商在人们困难时，不取利息。如程次公业典，"诸细民从次公质钱，惟以什一为准，无所干没。脱贫乏不能出子钱（利息），次公惟取母钱（本钱），废质剂（契约）"。正因为如此，他的典业才得到发展，"细民归之者如流水，息业益滋"。③

徽州典商大多在外地经营，他们一般都很热心当地的社会公益事业、慈善事业，从而赢得了当地百姓的好感。前述浙江乌镇、青镇的徽典在当地发生灾荒时，每典慨然捐赈二十石白米，与当地富绅一毛不拔形成了鲜明的对照。清代典商吴之骏在九江业典，多年来"振困穷，焚贷券，施医药，瘞枯骷，阴行善事不可殚述"④。像这类事例，在徽州典商中是很普遍的。

徽州典商坚持商业道德，看起来好像暂时失去了一些眼前利益，但由于树立了良好的商业信誉，从而促进了典业的发展。徽典得以遍天下，而且长盛不衰，这也是原因之一。

① 汪道昆：《太函集》卷61《明处士休宁程长公墓表》，明万历刊本。
② 汪道昆：《太函集》卷52《南石孙处士墓志铭》，明万历刊本。
③ 汪道昆：《太函集》卷17《寿草市程次公六十序》，明万历刊本。
④ 吴吉祐：《丰南志》第5册《艺文志·行状·清》，民国稿本。

三

徽州典商从明中叶开始，走过了300余年的辉煌时期，到了近代终于无可挽回地衰落下去。徽州典商是经过一连串的打击才由盛转衰的。

发生在咸同年间的社会战乱可以说是徽州典商所受到的第一次打击。由于清朝统治的极端黑暗，终于在1851年爆发了太平天国运动。在人民的支持下，起义如火如荼。清政府为扑灭这场革命烈火，几乎动员了全部军事力量，双方展开了激烈的较量。如果加上后来的捻军起义，战争持续了18年，战火波及全国18个省的600余座城市。

这场战争所造成的社会动乱在客观上使徽商蒙受了巨大损失。当时太平军为了打开进攻浙江的通路，于1854年2月首先攻占祁门。鉴于徽州极其重要的战略地位，清政府与太平军展开了激烈的争夺战。战火在徽州全境蔓延达12年，给徽商带来的损失难以想象。徽商在外经营所获利润，大多携往家乡，这次竟成了清军和太平军的囊中之物。清军借剿太平军之机，"曾国藩驻师祁门，纵兵大掠，而全郡窖藏一空"[1]。太平军驻徽期间，为了筹饷，自然也波及徽商。"掳掠尽家有，不复遗余粒，逢人便搜囊，勒索金银亟。"[2]尽管此诗出于封建文人之手，充满对太平军的仇恨，但太平军筹饷，徽州富商却是首当其冲。另外在战乱期间，徽州地主阶级为了"保卫乡土"，又纷纷建立团练武装，所需经费全靠"捐助"，徽州典商家庭以其众所周知的富有，自然不能幸免。经过这场兵火劫难，包括典商在内的徽商元气大伤，很难重振昔日雄风了。

徽州典商所受到的第二次打击是清政府预征当税和提高当税。清朝后期，政府财政日渐捉襟见肘，开始加强对典商的盘剥。先是雍正六年（1728）颁布《典当行帖规则》，由户部通令全国当商请帖输税，每户年纳银五两。后因海防筹款，又责令当商每户领帖一张，另捐饷银若干，谓之

---

[1] 陈去病：《五石脂》，《国粹学报》。

[2] 胡在渭纂辑：《徽难哀音》（选录），载《近代史资料》总第30号。

帖捐。此外，还有各项杂费，名目繁多，连户部官员也承认："（典商）呈允领帖换牌，藩司府道州县各衙门，均有使费，各地方官吏年节亦有陋规。"①典商的负担已日益加重。光绪十二年（1886），黄河在郑州决口，河工需款甚巨，清政府乃下令各地当商预交20年税款，丝毫不能短少。光绪十四年（1888），直隶总督李鸿章奏称：

> 准户部咨议奏，筹备河工赈需，当商预行交课一条，遵饬司道督同府州县，查明每州县当铺若干座，每年例交税银若干，劝令遵照部议，预交二十年课银，不准吏役借端需索。旋据各地方官票报：直省当铺本少利微，又值频年灾歉，迭次减息，商力拮据，且有将次歇业，长江之商，预交不易。臣复批饬认真谕劝，一律交足，其有二十年内歇业者，准将接开之新商应交课银，抵还预交之项，俟扣足二十年后由新商交官，以资平允。②

光绪二十三年（1897），清政府又出新招，一下子将当税提高十倍："唯查京外典当，以光绪十四年（1888）座数计之，约共七千数百座……拟自本年起，无论何省，每座按年纳税银五十两，岁可共征银三十余万两。"③典商可谓雪上加霜，徽典遍天下，自然所受影响极大。

清末民初，内忧外患，战乱频仍，典铺因其为钱财蓄藏之所，又首当其冲成为劫掠对象。光绪二十六年（1900），八国联军大举侵华，8月14日，北京失陷，京师典铺顿时遭殃："光绪庚子大变，我当行京乡二百余家，尽遭涂炭，不但架货被土匪抢劫一空，即砖石铺面亦被拆毁，东伙均一贫如洗。"④未遭劫掠或损失不及资产一半的当铺不到10家。

一创未愈，一创又起。1912年2月29日，当南京临时政府委派的迎袁

---

① 《清朝续文献通考》卷47《征榷》19。
② 《清朝续文献通考》卷47《征榷》19。
③ 《清朝续文献通考》卷47《征榷》19。
④ 《北京典业公会条规》，转引自曲彦斌：《典当史》，上海文艺出版社1993年版，第142页。

专使抵京时，袁世凯指使其心腹曹锟在北京、天津、保定等地制造兵变，史称"壬子之变"。这次兵变又给典商一个重创。受袁世凯唆使的曹锟军队于夜间纵火焚烧北京东安市场，于是乱兵莠民趁机抢劫典铺。《北京典当业之概况》记载："拳匪之乱，壬子之变，北京典当同遭兵匪抢劫，罄尽无余，可谓全部消灭，甚有将房屋烧尽者。经此一劫，即无继续营业之可能。自壬子以后，频年内乱，工商各业同遭损失。若以损害程度而论，实以典当业所受打击为最大也。"天津在壬子之变时，24家典铺中一夜罹火灾者达17家。1913年，张勋所部进入南京大抢3天，所有典铺无一幸免，致使典当全部歇业。在这些大城市，徽典原是很多的，正是在这接二连三的打击之下，徽典实在难以生存，终于衰落下去。虽然我们在一些记载中看到此后还有少数徽州典商于艰难竭蹶之中惨淡经营，苦苦支撑，但实际上只是苟延残喘了。

张海鹏与徽学研究

在当今学术园地里，徽学研究像一朵绽开蓓蕾的奇葩，引起中外学人的瞩目。徽学作为一种地域文化，它所具有的极其深厚的文化底蕴、极其丰富的文书资料、极具价值的研究课题，正吸引着越来越多的学者。徽学研究成果的不断问世，徽学研究队伍的逐渐扩大，向人们昭示着：徽学正在成为"我们这个时代学术潮流中的一个主流"①。每当人们回首徽学研究从萌芽到起步再到发展的历程，总忘不了一位学者的名字，他就是著名史学家张海鹏教授。是他开辟了徽学研究领域，提出了一系列深邃的学术观点，带出了一支研究队伍，奉献出一批重要成果。如今，张海鹏教授虽已驾鹤西去，但他筚路蓝缕，开创奠基之功，人们是永远不会忘怀的。

一

徽学是一门以徽州历史文化作为研究对象的新兴学科，它的内涵极为丰富，举凡一切有关徽州的政治、经济、文化现象都是徽学研究的对象。但是，徽学作为一门学科是在20世纪80年代以后才形成的②。

徽学研究的起步应该说是以徽商研究为滥觞的。正是在这方面，张海鹏教授奠定了国内徽商研究的基石。20世纪40年代，我国著名史学家傅衣

---

① 周绍泉：《徽州文书与徽学》，《历史研究》2000年第1期。
② 周绍泉：《徽州文书与徽学》，《历史研究》2000年第1期。

凌先生发表了《明代徽商考——中国商业资本集团史初稿之一》一文，第一次注意到了徽商。由于当时国内如蜩如螗的状况，加之此文篇幅不长，文章并没有产生很大影响。到了50年代，日本学者藤井宏先生对徽州商人的研究取得了重要成果。傅衣凌、黄焕宗两位先生率先将藤井宏先生所著《新安商人的研究》译成中文发表。这是一篇很有见地的长篇宏文，全文洋洋洒洒数万言，资料翔实，论述精辟。即使几十年后的今天把读此文，也能处处感受到作者的用力之勤，功夫之深。然而此文问世后，在国内学术界几成绝响。

斗转星移，到了80年代，"科学的春天"来到了。伴随着思想上的拨乱反正，史学研究领域"忽如一夜春风来，千树万树梨花开"。1983年，经过十七八年断断续续的研究，叶显恩先生出版了他的大著《明清徽州农村社会与佃仆制》。该书不仅研究了徽州农村的土地制度、乡绅阶层，以及宗族制度、佃仆制度，并辟有专章研究徽州的商业资本和封建文化。这本著作可以说为徽学研究奠定了第一块基石。几乎就在此书出版的同时，张海鹏教授经过深思熟虑，以敏锐的学术眼光，做出开展徽商研究的决策。他认准徽商研究是一座"金矿"，只要努力发掘是会有大收获的。

举凡从事学术研究的人都知道，能否正确地选准一个课题方向，不仅决定着研究成果的大小，也反映了一位学者的学术眼光。张海鹏教授的决策确实具有战略远见。后来的事实不断证明，徽商研究果真是个大"金矿"，里面有做不完的课题。它不仅在学术界掀起了一股徽商研究热，而且促进了徽学的研究，带动了一门新兴学科的兴起。

张海鹏为什么决定研究徽商？1998年，他在《徽商研究十五年》[①]一文中谈了三条原因：第一，"徽商的活动，从深层次来看，不仅仅是经济行为，同时也是一种文化现象。因此，无论从明清经济史、文化史的角度，还是从徽州区域经济文化的角度，研究徽商都具有重要的学术价值"。第二，则是基于为现实服务的需要。"徽商那不辞辛劳、不惧艰险、勇往

---

① 张海鹏：《徽商研究十五年》，刘登义主编：《安徽师范大学建校七十周年论文集》，安徽人民出版社1998年版，第92—94页。

直前的'徽骆驼'精神，徽商所遵循的'以诚待人''以信接物''以义为利'的商业道德，徽商'贾而好儒'、捐资助学、振兴文化的儒雅风格，徽商在长期的实践中所总结出的'仁、强、智、勇'，出奇制胜的经营谋略等等，是留给我们（的）十分宝贵的精神财富。这些对当前我国社会主义市场经济的发展和完善都具有非常有益的借鉴意义"。第三，"是学术竞争的需要，是出于民族自尊使然"。他当时和我们说过，早在20世纪50年代，日本学者藤井宏先生就写出了《新安商人的研究》这样颇具分量的文章，我们中国人如果在徽商研究上不能超过日本人，岂不就像"敦煌在中国，敦煌学在国外"那样，"徽商在中国，徽商研究在国外"，怎能让人甘心呢？更何况，我们与徽商故里相距咫尺，更得"天时、地利、人和"之便，理所当然在徽商研究上应做出更大的成绩。正是这种强烈的爱国心和使命感成为他决定研究徽商的重要动因之一。

应该指出，张海鹏教授15年后所谈的前两条原因，反映了经过10余年的研究实践，认识不断深化，思路不断清晰的过程。15年前，当徽商这座宝藏还未系统发掘之时，学术界对徽商研究的巨大价值的认识还是比较朦胧的。唯其如此，张海鹏教授所表现出来的学术远见就更显得难能可贵。就像一位卓越的地质学家，在经过几次试勘探以后，就断定这里蕴藏着丰富的宝藏一样。

就这样，从1983年开始，在张海鹏教授的率领下，王廷元教授、唐力行教授（后于1989年调走）和我共四人，组成了明清史研究室，踏上了徽商研究的征程。1988年，周晓光、李琳琦两位同志在研究生毕业后又加盟进来，使我们的力量更加壮大了。而在20世纪80年代初期，据我们所知，国内还没有其他单位和个人专门系统地研究徽商。

从一开始，张海鹏教授就将徽商研究看成是徽学研究的一个重要组成部分，尽管当时"徽州学"的概念还没有被学术界广泛接受。1985年，他在《明清徽商资料选编》的前言中就明确指出："研究徽商，又是研究徽州学的一个重要内容。近几十年来，国内外学者在致力研究徽州社会史的过程中，形成了一门具有地域特色的徽州学。……徽州学的内容，除要研究徽州的政治沿革、自然环境、语言、风俗习惯、土地制度、佃仆制度、宗族制度、历史人物、阶级斗争等等课题外，还有诸如'新安学派''新安画派''新安医派'这些大的研究领域，更有待于学者们的纵横驰骋。而上述这些课题，往往又与徽商有密切的关系，在某种意义上说，徽商是其酵母。"这些论述，在当时确是卓尔不凡的。

二

张海鹏教授对徽学研究的贡献，不仅在于改革开放以后，他率先组织力量进入徽商研究领域，而且在于他领导一个集体卓有成效地开展了研究工作，从而显示了一位学术带头人的卓越才能。

张海鹏教授一贯认为："史学研究是一件老老实实的事情。不掌握一定的资料，研究就成了无源之水，无本之木。"所以他决定第一步先集合群体的力量，广泛搜集徽商资料。这一研究途径无疑是十分正确的。

徽商研究的起步是非常艰难的。徽商作为明清时期驰名全国的大商帮，从商人数众多，经营范围广泛，商业资本雄厚，足迹"几遍宇内"。因此，关于徽商的资料也就非常分散。但再大的困难也要上。在张海鹏教授亲自率领下，我们利用两个寒暑假，北上合肥、北京，南下徽州各县，遍访图书馆、档案馆、博物馆、科研单位，访求珍藏，广搜博采，埋首于史籍、方志、谱牒、笔记、小说、文集、契约、文书、碑刻、档案之中，爬梳剔抉，索隐钩沉，抄录了百余万字的资料，涉猎各类书籍230余种，其中徽州各姓的宗谱、家规近百种，从而为后来的研究工作奠定了坚实的基础。

在此基础上，张海鹏教授又带领我们对这些资料进行整理加工，经过爬梳、鉴别、剪裁、分析，去粗取精，去伪存真，最后摘录近40万言，以张海鹏、王廷元为主编，定名为《明清徽商资料选编》，由黄山书社出版。大量"藏在深闺人不识"的珍贵资料甫一面世，其重要的学术价值立即得到学术界的公认。1985年，在黄山召开的首届中国明史国际学术讨论会上，该书赢得了中外学者的一致好评，有的老专家认为这是"做了一件功德无量的工作"。美国国会图书馆以其敏锐的学术眼光，将其收为馆藏。日本、英国、德国一些大学和图书馆也均有收藏。正因如此，该书荣获安徽省第一届社会科学优秀成果一等奖、全国古籍优秀图书二等奖。正是这部书，为徽商研究竖立了第一座里程碑，奠定了张海鹏教授在徽学研究中的重要学术地位。

在收集资料的同时，研究工作也开始了。1984年，由张海鹏、唐力行合作的第一篇徽商研究的论文《论徽商'贾而好儒'的特色》在《中国史研究》上发表。此文第一次提出了徽商"贾而好儒"的特点，并论述了这一特点的表现、形成的原因以及对徽州商帮的发展所产生的影响，从而找出了徽州商帮与国内其他商帮的最大区别。这篇文章在学术界产生了较大反响，得到了不少专家学者的赞扬。

《明清徽商资料选编》出版后，为中外学者研究徽商提供了极大的便利，不少学者开始将他们的研究范围拓展到这一领域，一系列的论文发表了，甚至出现了"徽商研究热"。在这当中，《明清徽商资料选编》被大量引用。看到这一情况，张海鹏教授和我们总为自己的劳动成果受到学者们的重视而感到十分欣慰。

在张海鹏教授的领导下，徽商研究中心（前身为明清史研究室）也加快了研究步伐。十几年来，集体成员在完成本身的教学任务以及其他科研任务以外，在徽商研究的领域里孜孜不倦地辛勤耕耘，终于取得了一系列成果。我们在《光明日报》《历史研究》《中国史研究》《明史研究》《清史研究》《中国经济史研究》《中国社会经济史研究》《历史档案》《中国典籍文化》《中国文化研究》《安徽史学》等国内有较大影响的报刊上发表了有关徽商的专题学术论文40余篇，其中大多数论文被中国人民大学复印报刊资料转载，有的还获了奖。在几届中国明史国际学术讨论会上和国际徽学学术讨论会上，我们的不少论文都在大会上进行了交流。

此外，徽商研究中心还出版了一系列专著。1993年，张海鹏、张海瀛（山西省社科院研究员）主编了《中国十大商帮》，先由黄山书社出版，后又由香港中华书局和台北万象图书股份有限公司分别分册再版。十大商帮中的《徽州商帮》就是徽商研究中心撰写的。1995—1998年，徽商研究中心又推出三本专著：张海鹏、王廷元主编并参撰的《徽商研究》（安徽人民出版社1995年版），王世华著《富甲一方的徽商》（浙江人民出版社1997年版，该书荣获2000年安徽省高校人文社会科学研究优秀成果二等奖），周晓光、李琳琦合著《徽商与经营文化》（世界图书出版公司1998年版）。这一系列论文、论著的发表和出版，向学术界展示了张海鹏领导的集体的研究成果，推动了徽商研究的深入。

这里特别值得一提的是《徽商研究》，它是国家社科基金"八五"规划重点图书，该书可以说是以张海鹏为首的徽商研究中心十几年来研究徽商的总结性成果，是集体心血的结晶。张海鹏为这部书的出版可谓呕心沥血。从选题的策划到章节的确定，从论点的推敲到方法的选择，从文稿的撰写到全书的审定，甚至出版过程中的各个环节，他都亲自过问。这部54万余字的论著出版后在学术界产生了很大反响。南京大学历史系教授范金民在《中国社会科学》1997年第2期上撰文《老树春深更著花》，高度评价此书既是"徽商研究的集大成之作，也是迄今为止国内传统商人研究篇幅最为宏大之作"。作者指出该书的三大特色：第一，"系统地论述了徽商的兴衰历史"，徽商作为称雄商界300余年的大商帮，虽然相关研究成果不少，但此前还未有专著系统论述徽商的兴衰史。该书把徽商的历史划分为四个阶段，即从成弘之际到万历中叶的发展阶段，从万历后期到康熙初年的受挫阶段，从康熙中叶到嘉道之际的兴盛阶段，从道光中叶到清末的衰落和解体阶段。这样的划分"是在全书深入考察的基础上得出的，也是符合徽商的兴衰实际的"。尤其是该书第一次提出徽州商帮兴起的标志：徽人从商风气的形成；"徽""商"二字相联成词，成为特定概念被时人广泛应用；作为徽商骨干力量的徽州盐商已在两淮盐业中取得优势地位。这一论述，被认为是"今人关于商帮的完备表述"。而且，该书"既从纵向厘清了徽商的发展线索，又从活动地域、行业范围以及各业的变化等横向探讨徽商的经营状况"。第二，该书"准确地揭示了徽商的发展特征"，即

"与封建政权的关系特别紧密"，"贾而好儒"，"经营之道也颇具特色"，"热心文化事业，文化品位较高"。第三，该书"精心挖掘了大量第一手资料，深入探讨了有关问题"。

正因为《徽商研究》有较高的学术价值，1998年荣获安徽省第四届社会科学优秀成果一等奖，同年又获得教育部普通高等学校第二届人文社会科学研究成果三等奖，1999年更获得首届国家社科基金项目优秀成果三等奖的殊荣。完全可以说，《徽商研究》是徽商研究史上的第二座里程碑。

张海鹏教授对于徽商研究有一整套完整的研究计划。他曾和我们谈过，《徽商研究》的出版只是一个阶段性任务的完成，下一步还要继续广泛搜求资料，再推出一本100万字的《徽商资料集成》，然后在此基础上撰写一部资料翔实、内容丰富、经得住历史考验的《徽商发展史》，这样就可以了却我的一桩心愿了。讵料先生不幸病逝，壮志未酬，哲人已去，不能说不是学术界的一个重大损失。

张海鹏教授在研究徽商的同时，也时时思考着整个徽学研究，就在他逝世的半年前，他在《光明日报》上发表了《徽学漫议》[①]一文，全面地提出了他对徽学研究的系统看法。什么是徽学？他认为："徽学即徽州学，或曰徽州文化。它是在原徽州（府）下属六县所出现的既有普遍性又有典型性并且具有一定学术含量的各种文化现象的整合。""作为地域文化的徽学，其主要内容有：新安理学、新安医学、新安文献、新安画派、新安宗族、新安商人，以及徽州书院、方言、礼俗、戏剧、民居、谱牒、土地制度、佃仆制度、契约文书以及徽派朴学、版画、篆刻、建筑、盆景，乃至徽墨、徽砚、徽笔、徽纸……这些以'新安'或'徽'为标志的文化'特产'，反映了当日的徽州是商成帮、学成派，并由此而构筑了'徽学'这座地域文化大厦。"如此斑斓驳杂的地域文化是如何形成的？张海鹏教授认为主要有两点原因："第一，中原文化是徽学形成的'基因'。"他认为，从社会史的角度考察，昔日的徽州大体是一个移民的社会，其移民多是来

---

① 张海鹏：《徽学漫议》，《光明日报》2000年3月24日。

自中原地区，他们或为世家大族，或为缙绅冠带，或为硕学鸿儒，亦有黎民百姓。迁到徽州的移民，首先带来了中原儒风，其次带来了中原的宗族文化。由于上述中原文化在徽州的长期积淀，从而生成这一地域文化亦即"徽学"的基因。同时，在社会历史演变过程中，又不断吸纳融合了外界的文化"因子"，这更为"徽学"的形成加厚了底蕴。第二，徽州商帮是"徽学"发展的"催化剂"。因为徽商创造了大量财富，从而为酿造高品位的文化提供了雄厚的经济实力。徽商还积极资助桑梓"振兴文教"事业，出资兴建或重建馆塾、斋舍、书院，因之"书院之人才日盛"。徽商更重视培养子弟"业儒"。他认为："徽学的发展正在于'学'。一个地域有如此多的读书学习场所，有如此多的负笈入学生员，于是才能培养出一批批各类较有成就的饱学之士。他们在各不相同的文化领域，志同道合，施展才能，守成创新，形成特色，'派'也就此产生了。况且，徽学中的一些有特色的文化现象，诸如绘画、戏剧、篆刻、建筑、园林，甚至医学都是徽商直接和间接的参与，才形成'派'的。"张海鹏教授这些精辟的见解，无疑对我们今后的徽学研究具有重要的指导意义。

张海鹏教授在徽学研究中的重要学术地位得到了学术界的公认。张海鹏教授逝世后，中国明史学会在发来的唁电中明确指出："先生长期从事中国史特别是明清史的教学和研究，成果累累，桃李满园。他又开创徽学研究领域，具奠基之功。"充分肯定了他的学术贡献。1999年，安徽省委宣传部决定策划编写一套二十卷本的《徽州文化全书》，这将是一套全面反映徽州文化的巨著。鉴于张海鹏教授在徽学研究中做出的重大贡献，省委宣传部特聘张海鹏教授为《徽州文化全书》总顾问之一。张海鹏教授对《徽州文化全书》总体框架的设计，各卷作者的物色，乃至每卷提纲的审定，都提出了非常重要的意见。如果天假其年，他必将为《徽州文化全书》的出版做出更大的贡献。

三

张海鹏教授对徽学研究的贡献，还在于他为徽学研究带出了一支队伍，培养了良好的学风。

徽商研究中心是一个具有浓厚学术氛围的团结战斗的集体，张海鹏教授、王廷元教授是我们的老师，我和周晓光、李琳琦都曾随张海鹏老师攻读硕士学位。十几年来，我们在一起研究、探讨，共同体验创业的艰难，也一起分享收获的欢欣。长期的耳濡目染，潜移默化，从老一辈学者身上，我们学到了很多书本上学不到的东西，这对我们的治学产生了很大的影响。

治学是一件老老实实的事，来不得半点投机取巧，必须要下苦功夫、"笨"功夫。这是张海鹏老师一再教诲我们的。史学研究必须从收集资料做起。记得1983年夏天，我们随张老师去安徽省图书馆查资料。那一年的夏天特别热，我们住的地方距省图书馆还有一段路，每天上午在图书馆还未开门时就赶到，中午到下班时才离开，下午又顶着烈日，冒着40℃的高温，徒步赶到图书馆，一直干到下班。晚上旅舍条件很艰苦，没有空调，蚊叮虫咬，根本不能入睡，我们就坐在外面交流一天的收获，常常午夜之后才能成眠。虽然吃了不少苦头，但查到了不少资料。冬季我们又利用寒假去上海、下徽州，在凛冽的寒风中，我们跑博物馆、图书馆，走访一些单位。着力耕耘，必有收获。经过两个寒暑假的奔波，我们收集了百余万字的资料。在艰苦的劳动中，我们也学到了张海鹏教授刻苦治学的精神。我们越来越深刻地认识到，当年，徽商就是凭借"徽骆驼"精神，艰苦创业，才发展成为驰名全国的大商帮。今天，我们研究徽商，也要发扬"徽骆驼"精神，不畏艰难，持之以恒，才能取得成果。

资料搜集到相当数量以后，为了避免干扰，集中精力，张海鹏教授又带领我们利用暑期在黄山脚下的汤口镇包了两间住房，开始整理、誊抄徽商资料，一住就是20多天。当时一天要工作十几个小时，对一些费解或有歧义的资料，我们就在一起共同讨论，常常为一个标点、一个字义争论好久，非要求得文通句顺不可。那时我们好几个人都没有上过黄山，但为了工作，虽然黄山近在咫尺，还是打消了上山的念头。

当我们撰写论文时，张海鹏教授对我们特别强调要创新。他常教诲我们，一篇文章一定要有新意。所谓新意，就是观点新、方法新、角度新、资料新。即使不能做到全新，但总要有一新或二新。所以每撰一篇论文，我们总力求在创新上下功夫。张老师还常常召集我们围绕一些问题展开讨论，大家各抒己见，甚至互相问难，不同观点的碰撞，不时迸发出思想的火花，触动灵感。这种民主的、讨论式的学术氛围对我们帮助很大。

张海鹏教授对后学的要求是非常严格的。我们的文稿写成后送给先生审阅，他总要从文章布局、观点材料、文字表述等方面进行审查，提出意见。他甚至对文字的抄写也要求很严。记得我刚写论文时，文字写得很潦草，受到先生的严厉批评。先生对我说："我即使写一张便条也不敢马虎，写好后还要看一遍，看看是否有不妥当的地方，更何况写论文了。"正是从先生身上，我们体会到"认真"二字的真谛。

可以说，勤奋的精神、严谨的学风、认真的态度，这是张海鹏教授留给我们的宝贵精神遗产。

团队精神也是张海鹏教授所极力倡导的。他认为，在现代社会，传统的、单干式的学术研究方式已经越来越不适应了，尤其是要完成一项大课题，必须打团队战。徽学研究就是这样，远非一人之力所能为。要把徽学研究扎扎实实搞下去，必须建立起一支队伍，发挥团队战的优势。可以说，徽商研究的一系列成果的取得，就是团队协作精神的体现。多年的集体攻关，不仅锻炼了我们的科研能力，也不断增强了我们的团队意识和协作精神。重视团队就必然重视基本骨干队伍的建设。在张海鹏指导的研究生中，他一旦发现苗子，便着意培养。"天上碧桃和露种，日边红杏倚云栽。"周晓光、李琳琦两位同志就是在他的精心栽培下如锥处囊中，脱颖而出的。他曾安排周晓光在研究徽商的同时，侧重研究新安理学，发掘这一座宝藏，总结从朱熹到戴震这一段理学演变的历史。他要求李琳琦在研究徽商的同时，侧重徽州教育的研究。他们二人都没有辜负先生的期望。周晓光在新安理学研究方面取得了一系列成果，又担任了《徽州文化全书》中《新安理学》一书的主撰。李琳琦在徽州教育研究方面也是硕果累累，不仅在华东师范大学博士毕业，又进入了南京大学博士后流动站。他承担的《徽州文化全书》中的《徽州教育》一书即将问世。他们二人合著的《徽商与经营文化》也已出版。两人三十几岁便已破格晋升为教授，成了徽学研究的中坚力量。

当今，徽学研究方兴未艾，不仅受到学术界的青睐，而且受到了政府的高度重视。回首过去，展望未来，我们为失去一位先哲而悲痛。作为后学，我们有责任将张海鹏教授开创的事业继续进行下去，我们要加倍努力，去实现张海鹏教授的遗愿，与国内学界同仁一起，创造徽学研究的辉煌，让先生含笑九泉！

徽商与长江文化

明清时期的徽商是驰名全国的大商帮，其从兴起到衰落，持续了数百年时间，不仅在中国商业史上写下了绚丽的篇章，也对长江文化的发展和繁荣产生了深远的影响。

一

自明代中叶开始，徽商迅速崛起。他们走出丛山，迈向市场，凭借牢固的宗族关系和地缘关系结成商帮集团，尽管其足迹"几遍宇内"，而长江流域始终是他们的主要活动区域。

徽商大多从事长途贩运贸易，万里长江正是东西贸易的黄金水道。长江流域星罗棋布的城镇，又为徽商提供了理想的活动舞台。民国《歙县志》卷1载："（徽州）田少民稠，商贾居十之七，虽滇、黔、闽、粤、秦、燕、晋、豫，贸迁无不至焉，淮、浙、楚、汉又其迩焉者矣，沿江区域向有'无徽不成镇'之谚。"康熙《徽州府志》卷2也曾指出："徽之富民，尽家于仪、扬、苏、松、淮安、芜湖、杭、湖诸郡，以及江西之南昌、湖广之汉口，远如北京亦复挈其家属而去。"可以说，从长江上游到下游无不活跃着徽商的身影。

徽商主要经营盐、典、茶、木、粮食、绸布等行业，其贸易主要是在长江流域进行的。

盐业：扬州是两淮盐运司所在地，杭州是两浙盐运司所在地。两淮盐场是全国最大的盐场，淮盐行销范围极广，"以二十三场所产，供六省数十州县之民食"①，所产之盐销往江苏、安徽、江西、湖北、湖南、河南部分地区，涉及六个省区250余州县，基本上属于长江流域。大量记载表明，经销淮盐和浙盐的商人主体是徽商。从明中叶到清中叶，他们几乎垄断了淮盐、浙盐的销售。由于明清时期，湖广人口众多，故"淮盐引岸，楚省称最"，所以徽商每年要把大批盐斤通过长江黄金水道运往淮盐行销总岸汉口，然后由此再向各地转运。

典业："徽郡商业……质铺几遍郡国。"②就长江流域而言，沿江各城镇几乎都有徽州典商。清光绪年间，日本人专门调查沪汉各地商帮的情况时曾说，典当的朝奉（掌柜），其非由徽人担任者几乎没有③。这说明在清后期徽州典商几乎垄断了汉口和上海的典业市场。南京在明后期有当铺500家之多，其中大部分是徽商所开。九江、芜湖也有不少徽州典商。在明代，扬州质库就是"新安诸贾擅其利"④。到了清代，开典当的也"多新安并四方之人"⑤。尤其值得一提的是，徽州典铺已开到江浙一带的县城甚至乡镇，据万历时人李乐《见闻杂记》载：仅浙江的乌镇和青镇就有9家徽典。

茶业：徽人经营茶业有悠久的历史。明代中期以后，随着商品经济的发展，徽州茶商逐渐活跃，其中不少人深入长江上游四川与藏族及其他少数民族进行茶马贸易。如歙县人汪伯龄"始胜冠，辄从父兄入蜀，称贷以益资斧，榷茶雅州"⑥。同县人方景真也"贾茶入蜀"。当然，更多的徽州茶商是在内地经营。除了北方外，沿江城镇也是徽州茶商的重要市场。在外贸方面，鸦片战争前，徽州茶商大多赴广州与外商进行茶叶贸易。鸦片

---

① 嘉庆《两淮盐法志》卷8，清嘉庆十一年刊本。
② 陈去病：《五石脂》，载《国粹学报》。
③ 傅衣凌：《明清时代商人及商业资本》，人民出版社1956年版，第62页。
④ 万历《扬州府志》卷20，明万历三十三年刊本。
⑤ 康熙《扬州府志》卷7，清康熙二十四年刻本。
⑥ 汪道昆：《太函集》卷53《处士汪隐翁配袁氏合葬墓志铭》，明万历刊本。

战争以后，上海辟为通商口岸，徽州茶商就大批进军上海，有的从事对外贸易，有的从事批发零售，有的两者兼营。19世纪下半叶，汉口、九江又成为中俄茶叶贸易的主要港口，很多徽商也参与了这种贸易。

木业：徽州地处山区，山地面积占70%以上，林业资源非常丰富，从而为徽州木商提供了取之不尽的货源。而由于江南经济的发展，城市的繁荣，新兴市镇的涌现，对木材的需求量大幅度增加。同时由于明清时期每年都要通过漕运系统从南方调运数百万石粮食供给京师，所以漕船的修造也扩大了木材消费市场，这些都给徽州木商提供了空前的机遇。徽州木商的经营方式主要有内采外销和外采外销两种。内采外销的路线主要有两条：一是由新安江至杭州，即将徽州境内的木材通过新安江经淳安、建德直接运到杭州，再继续销往嘉兴、湖州、松江、苏州、常州、上海一带；二是由绩溪循青弋江至芜湖进入长江，再转运到长江下游各沿江城市。外采外销主要是由于明代中期以后，木材市场不断扩大，尤其是对一些名贵木材需求日多，所以不少徽州木商深入川、湘、云、贵、赣、闽等地采购，然后沿长江水道及海路转运到长江中下游各大城市。

粮业：明中叶以后，国内粮食生产格局发生了重要变化。由于丝绸和棉布消费市场的需求不断增长，刺激了长江三角洲一带桑棉种植业的扩大，"弃稻种桑""弃稻种棉"的现象十分普遍，从而使这一地区成为缺粮区。然而缺粮区漕粮却不可缺，朝廷每年还要从苏、松、常、镇等府额征漕粮二百多万石，这就更增加了长江三角洲的粮食压力。而入清以后，我国的产粮重心开始西移，湖广经过大开发，竟成了"天下第一出米处"，因而国内的粮食生产格局由原来的"苏湖熟，天下足"变为"湖广熟，天下足"。在这种新形势下，西粮东运成了令人瞩目的现象。每年都有大批粮商从湖广、江西、四川采买无数粮食在汉口集中，沿江东下，再折入运河南下，直抵苏州枫桥，然后转销江浙两省，还有一部分经由上海、乍浦海道运往福建。由于徽州粮商从业早、行情熟、资金充足，从而成为粮商中的主体，加上盐商利用盐船回空之机，也从汉口采买粮食，所谓"徽商载盐而来，载米而去"①，所以在西粮东运中徽商具有举足轻重的地位。

绸布业：明中叶以后，江浙一带广种桑棉，从而使棉织业、丝织业获得长足发展。由于棉布与丝绸在国内有着广阔的市场，从明中叶开始，徽商就在这里大显身手了。他们一是介入早。《云间杂识》载："成化末，有显宦满载归，一老人踵门拜不已，宦骇问故，对曰：'松民之财，多被徽商搬走，今赖君返之，敢不称谢。'惭不能答。"老人这番话本意是讽刺这位贪婪的"显宦"在任期间搜刮了不少民脂民膏，却无意间透露出徽商的信息。云间（松江的别称），是棉布业生产中心，老人认为"松民之财多被徽商搬走"，其实是说棉布贩售的利润都被徽商垄断了。这正反映了早在成化年间，徽商就占领了松江棉布市场。二是人数多。像南京、苏州、杭州这样的中心城市固然有众多的徽商，就是在各县新兴的市镇，也到处都有徽商的足迹。嘉定南翔镇是著名的棉布业市镇，这里就有"众多徽商侨寓"，该县又一棉布集散地罗店镇，"今徽商凑集，贸易之盛，几埒南翔矣"②。外冈镇"因徽商僦居钱鸣塘收买，遂名钱鸣塘布"③。平湖县（今平湖市）新带镇"饶鱼米花布之属，徽商麇至"④。在上海县（今上海市闵行区）经营布业的也是"宣歙人尤多"。吴江县（今吴江市）的盛泽镇是出产丝绸的名镇，"皖有徽州、宁国二郡之人服贾于外者，所在多有，而盛镇尤汇集之所"⑤。在其他盛产丝绸的名镇，如南浔镇、姜湖镇、新市镇、双林镇，徽商都分别建有会馆和同乡同族慈善机构，说明在这些地方经商的徽人非常多。三是徽商还控制棉布染踹加工业，简称布号。明清时期，江南的布号基本上控制在徽商手中。如乾隆四十年（1775），南翔镇上布商字号至少有10家，主要是徽商所开。苏州更是布号集中的城市，康熙年间最多时有76家，乾隆中期有45家，光绪后期仍有44家，这些布

① 嘉庆《长沙县志》卷14，清嘉庆十五年刻本。
② 万历《嘉定县志》卷1，明万历三十三年刻本。
③ 崇祯《外冈志》卷1，《上海史料丛编》本1961年版。
④ 天启《平湖县志》，《天一阁藏明代方志选刊》，明天启七年刻本。
⑤ 苏州博物馆等合编：《明清苏州工商业碑刻集》，江苏人民出版社1981年版，第356—357页。

号也多被徽商控制。布号规模很大，需要雇佣很多染匠、踹匠，资本非常雄厚，有的布号仅踹匠就有二三百人。据《三异笔谈》卷3载：新安汪氏设益美字号于吴阊，一年销布以百万匹计，可见其经营规模之大。

二

徽商是长江经济活动中的重要力量，徽商的活动必然给长江文化带来深刻的影响，这种影响是多方面的，首先是引发了长江文化价值取向的变化，促进了重商思潮的出现。

"重本抑末"是中国封建社会传统的国策。士农工商，士最贵，农次之，工商最贱。这是传统文化中根深蒂固的价值观念。"君子喻于义，小人喻于利"，也就成为人们的价值取向。明清时期，这种传统的价值观念在徽州被打破了，不少人弃儒就贾，逐利成风："新安多游子，尽是逐蝇头。风气渐成习，持筹遍九州。"①如祁门倪慕麟"习儒不得志，废书叹曰：'男子生桑弧蓬矢以射四方，不贵则富，安事毛锥子（指读书）终老乡井乎？'寻仿鸱夷猗顿术，遨游江湖……运筹以鬻诸市，不数载辄拥素封"②。歙县吴良儒则认为业儒与经商殊途同归，"儒者直孜孜为名高，名亦利也。藉令承亲之志，无庸显亲扬名，利亦名也"③。这是对传统价值观念的大胆摒弃。明代程澧经商致富，他常说："藉能贾名而儒行，贾何负于儒？"④竟然将贾与儒相提并论。在徽州，这种价值取向已被人们普遍接受，所以"徽人十九为商"，人们更加注重功利，注重治生。

价值取向的变化，也带来士商关系的变化。首先，士商之间的传统等级分野被打破了，出现了士商交往的新现象，为长江文化带来了新的气息。在很多徽商那里，谈笑有鸿儒，往来多缙绅。如歙商梅仲和"弃儒服

---

① 嘉庆《黟县志》卷16，清嘉庆十七年刻本。

② 《祁门倪氏族谱》卷下，清光绪刊本。

③ 汪道昆：《太函集》卷54《明故处士溪阳吴长公墓志铭》，明万历刊本。

④ 汪道昆：《太函集》卷52《明故明威将军新安卫指挥佥事衡山程季公墓志铭》，明万历刊本。

贾，贸易吴门……重交游，乐与士大夫款洽。姑苏为冠盖往来地，慕公名者恒造庐以访"[①]。"冠盖"能够登门拜访商人，这在过去无论如何是不可想象的。江禹治"总司汉籤"，"当路巨公迄四方才智士顾与缔纳"[②]。休宁商汪新贾于维扬，"既雄于资，又以文雅游扬缙绅间，芝城姜公、金公辈名儒巨卿皆与公交欢"[③]。这类例子举不胜举。明清士人还为徽商撰写贺寿祝文和墓志铭，充分说明他们与徽商的关系已非同一般。这正是长江文化的新气象。

士商关系的另一个新变化就是士商互动，士商合流。一方面，徽商"贾而好儒"，文化素养较好，并且常常通过捐资获得生员资格甚至官员桂冠，士商双兼，一身二任；同时又大力扶植子弟读书，搏击科场，致身通显。明清时期，徽州籍官员中有商人家庭背景的比比皆是。另一方面，士人（生员）由于科举竞争太激烈、做官机会太少，也往往"弃儒就贾"。这表明士商之间的鸿沟已不再不可逾越。士人对商人、商业的了解加深了。前述所谓"贾何负于儒""利亦名也"等，如果说还是徽商对自己的社会价值的自我肯定的话，那么，士商合流的结果，商人的社会价值也得到士人的刮目相看，商人和商业在潜移默化之中已对士人的思想产生了重要影响。明代嘉万年间号称"南北两司马"之一的汪道昆就是徽商的后代，他指出："大江以南，新都（指徽州）以文物著。其俗不儒则贾，相代若践更。要之良贾何负闳儒，则其躬行彰彰矣。"[④]他首先成了徽商的代言人，发出"良贾何负闳儒"的呐喊。几乎同时，内阁首辅张居正也充分肯定了商业的作用："商不得通有无以利农则农病，农不得力本穑以资商则商病，故商农之势常若权衡。"所以他呼吁"厚农而资商""厚商而利农"[⑤]。之后冯应京、黄宗羲都先后提出了"工商皆本"的思想。凡此种

---

① 《歙县济阳江氏族谱》卷9《清候选州司马梅公传》，清道光十八年刊本。

② 《橙阳散志》卷3，清嘉庆刊本。

③ 《休宁西门汪氏宗谱》卷6，清顺治十年刊本。

④ 汪道昆：《太函集》卷55《诰赠奉直大夫户部员外郎程公暨赠宜人闵氏合葬墓志铭》，明万历刊本。

⑤ 张居正：《重刻张太岳先生文集》卷8，清道光八年安陆李氏校刊本。

种，说明明清时期确实形成了一股重商思潮。这一思潮的代表者几乎都是江南人士，而江南正是徽商的主要活动区域。可以说这一重商思潮的出现与徽商有着重要关系。

三

徽商的一个显著特点是"贾而好儒"，因而这一商帮从整体而言文化素质较高，经商富于理性，同时受中国传统文化影响也较深。在数百年时间里，他们创造的商业文化丰富了长江文化这一宝库，但同时也给长江文化带来一些负面影响。

首先，徽商良好的商业道德提升了长江商业文化的水平。道德伦理是文化的重要组成部分，商业道德是商业文化的重要内容。徽商在商业活动中"贾名儒行""以儒饰贾"，形成了鲜明的商业道德，尤其在长江流域的经商活动中表现得非常突出。

一是以诚待人，以信服人。深受儒家思想熏陶的徽商把"诚""信"作为经商的原则。徽商在处理内部关系上讲究诚信，使商帮内部团结一致。歙县木商程之藩随父去四川业木，役夫常有数百人，"之藩遂为之长，结以恩信，役夫无不悦服，悉听其部署"[1]。对于经商伙伴，徽商也以诚信为重。婺源木商江恭埙与陈万年合伙业木，后来万年病故，其子才四岁，江恭埙没有将陈万年的股本和股息乘机吞没，而是"检市籍，并年应得子母（本与息）千八百余金，亲致其家，谢以金弗受"[2]。清代婺商詹谷，在崇明岛上为其本乡某人经营典业，主人年老归乡。后逢太平军起，崇明岛孤悬海外，道路梗塞近十年。此间詹谷"竭力摒挡，业乃大振"。后主人子来到崇明，詹谷"将历年出入市籍（账簿）交还，涓滴无私"。[3]

更重要的是徽商以诚信对待顾客。"贸迁货居，市不二价"，"惟诚待

---

① 戴名世：《戴南山先生全集》卷8，上海文瑞石印本。
② 光绪《婺源县志》卷33，清光绪九年刊本。
③ 光绪《婺源县志》卷35，清光绪九年刊本。

人""人宁贸诈，吾宁贸信"已成为徽商的信条。黄鉴有一段话很有代表性，他看到有的商人设智巧，仰机利，嗤之以鼻道："嘻！此辈卑卑取富，益目前耳，大贾顾若是耶？当种德也。"①所谓"种德"，就是要留下良好的商业道德。

二是薄利竞争，甘当廉贾。这是徽商在经营中的又一准则。程锁在溧水经商，这里的惯例是春天贷款给下户，秋天倍收利息，但程锁坚持只收什一之利。某年丰收谷贱，程锁仍按往年价格收购存贮。第二年大饥，谷价腾贵，但他"出谷市诸下户，价如往年平"②。他因此树起了"廉贾"的形象。徽商认识到商家与顾客应是互惠互利、互相依存的关系。鲍直润说得好："利者人所同欲，必使彼无利可图，虽招之不来焉。缓急无所恃，所失滋多，非善贾之道也。"③

三是宁可失利，不可失义。徽商认为"职虽为利，非义不可取也"。吴鹏翔某年从四川运米数万石至汉阳，正逢饥荒，米价腾贵，但他没有乘机大捞一把，而是"减值平粜，民赖以安"。又有一次，他购进胡椒八百斛，后发现此胡椒有毒，卖主愿退款，但他仍照价买下，然后付之一炬。他唯恐退给卖主，卖主可能转售他处，坑害更多的人。类似能够正确处理义利关系的行为在徽商中是比较普遍的。徽商舒遵刚说得好："圣人言，生财有大道，以义为利，不以利为利。国且如此，况身家乎！"有了这样的认识，上述行为就不奇怪了。

四是注重质量，提高信誉。在儒学启迪下，徽商认识到信誉对商业的极端重要性，非常注重质量，树立商业信誉。清代中期崛起的制墨商号胡开文是这样，在江南经营的徽州布商字号也是这样，他们的产品销路极好。

其次，徽商的商业实践推动了众多商书的出现，丰富了长江商业文化的内容。明代后期出现了不少商书，如《一统路程图记》《水陆路程》《新

① 《歙县竦塘黄氏宗谱》卷3，明嘉靖四十一年刊本。

② 汪道昆：《太函集》卷61《明处士休宁程长公墓表》，明万历刊本。

③ 《歙县新馆鲍氏著存堂宗谱》卷2，清刊本。

安原版士商类要》《天下路程图引》《客商一览醒迷》《天下水陆路程》《新刻士商要览天下水陆行程图》等。这些商书不仅介绍了全国数百条（重点在长江流域）交通路线、水陆途程，而且还详载了各条路线沿途的食宿条件、物产行情、社会治安、船轿价格等，确是非常实用的交通指南。有的商书还专门介绍了从商经验，告诫商人在投牙、找主、定价、过秤、发货、付款、索债等过程中应予注意的各个环节，总结了商人应该遵循的商业道德。

这些商书，有的是徽商请人编印的，有的就出自徽商之手。因为徽商主要从事国内长途贸易，商书对他们极为重要。而徽商文化素养较高，加上丰富的实践经验，编印这类商书应无困难。如《一统路程图记》就是徽商黄汴编印的，他在该书的序中说："余家徽郡……弱冠随父兄自洪都（南昌）至长沙，览洞庭之胜，泛大江，溯淮、扬，薄戾燕都……后侨居吴会，与二京十三省暨边方商贾贸易，得程图数家。于是穷其闻见，考其异同，反复校勘，积二十七年始成秩。"《新安原版士商类要》是徽商程春宇编印的。《新刻士商要览天下水陆行程图》署名憺漪子，该书由徽人金声作序，其中说道："岁丙寅，余自楚中回新安……既而憺漪子出《要览》一编……急请命之梓以寓内云。"据此完全可以断定憺漪子也是徽商。商书的出现不仅有利于商业的发展，同时也为长江商业文化增添了新的内容。

再次，徽州盐商的需求刺激了扬州青楼文化的繁荣。扬州是两淮盐商的聚集地，徽商又是两淮盐商的主体。盐业的垄断性贸易给盐商带来巨额利润。而徽人经商又多是别妻离子，常常几年、十几年甚至几十年不归，为了满足生理上的需要，徽商嫖妓纳妾，所在多有。时人评说："徽州人有个僻性，是乌纱帽、红绣鞋，一生只这两件不争银子。"[1]这里所说的"徽人"，应是徽商无疑。正是在徽州盐商的刺激下，扬州青楼文化发展并繁荣起来。其突出表现就是"养瘦马"成风。扬州娼家物色到童女，延聘

---

① 凌濛初：《二刻拍案惊奇》卷21，上海古籍出版社1993年版。

名师，教以琴棋书画之艺，训以待人接物之礼，精心调教"瘦马"，提高"瘦马"的文化品位，以满足徽商的需要。为此，各地琴师画工、名优硕儒，也纷至沓来。在他们的熏陶下，"瘦马"的文化素养得到提高，使得扬州"瘦马"甲于天下。"瘦马"养成，多作妓女。据《扬州画舫录》卷9引《扬州鼓吹词序》云："郡中城内，重城妓馆，每夕燃灯数万，粉黛绮罗甲天下。"富商大贾就在其中寻欢作乐。扬州城俨然成为一座销金窟。"瘦马"也作小妾。"要娶小，扬州讨"的谚语在富商大贾和文人士夫中广为流传。四方来扬州买妾者"填塞衢市"，构成一道奇特的风景线。青楼文化的发展自然给长江商业文化带来了不可忽视的消极影响。

最后，部分徽州盐商的奢侈带动了消费文化的畸形发展。徽州盐商积累巨额财富后，不少人"盛宫室，美衣服，侈饮食，饰舆马仆从及诸傕钱戏"[1]。他们崇尚侈靡，挥金如土，从而带动了消费文化的畸形发展。一些人在饮食消费方面，奢侈无度。如徽商黄钧太，每日晨起，先饵燕窝，再饮参汤，更食鸡蛋二枚。而这鸡蛋又非普通母鸡所产，乃喂以参术等物，所产之蛋，每枚纹银一两。单是早餐，所耗就十分惊人。还有某商人每食"庖人备席十数类，临食时夫妇并坐堂上，侍者抬席置于前，自茶面荤素等色，凡不食者摇其颐，侍者审色则更易其他类"[2]。富商的衣着也极力追求款式新颖，用料华贵，颜色鲜艳。主人如此，奴仆的衣装也跟着水涨船高，所谓"齐纨被于僮仆，秦珠饰于姬侍"。在徽州盐商的影响之下，扬州原有的"朴质务俭"之风荡然无存，追求奢靡，趋时竞尚，争奇斗富，花样百出。"或好马，蓄马数百，每马日费数十金，朝自内出城，暮自城外入，五花灿烂，观者目炫。或好兰，自门以至于内室，置兰殆遍。或以木作裸体妇人，动以机关，置诸斋阁，往往座客为之惊避。""更有足异者，有欲以万金一时费去者，门下客以金尽买金箔，载至金山塔上，向风飏之，顷刻而散沿江草树之间，不可收复。又有三千金，尽买苏州不倒

---

① 李维桢：《大泌山房集》卷71《吴雅士家传》，《四库全书存目丛书》集部第152册，齐鲁书社1997年版，第237页。

② 李斗：《扬州画舫录》卷6，广陵古籍刻印社1984年版。

翁，流于水中，波为之塞。"①这种消费文化的畸形繁荣给社会经济文化造成的负面影响是不可低估的。

四

徽州有浓厚的宗族观念，"姓各有祠，支分派别，复为支祠"。徽商在致富后，大多拿出相当资金在家乡修建祠堂和广营私第。在侨寓之地，尤其在扬州这一徽商"殖民地"，一些富商大贾为了追求享乐，陶冶性情，也大造园林亭阁。在徽商的推动下，徽派建筑与园林文化有了较大发展，为长江文化增添了绚丽的篇章。

徽州祠堂之宏伟壮丽，在江南首屈一指，即使经过兵燹灾祸和数百年风雨侵蚀之后，仍有大量的祠堂被保存下来，令后人赞叹不已。如建于万历年间的歙县郑村的郑氏宗祠，规模宏大，布局合理。由门坊、门厅、廊屋、享堂等组成，祠堂前大道上立有石门坊，四柱三间三楼，在直柱、横枋、月梁等处，都刻镂锦纹，典雅华丽。祠堂门厅为五间三楼建筑，额枋上斗拱簇列，门厅后为大天井，青石铺砌，两侧建有敞廊，檐柱均系方形石柱，檐下斗拱有翼拱、翼板透雕图饰。大厅五开间，梁柱用材宏大，楹柱须两人合抱。雀替、叉手、瓜柱、平盘斗、垫木等处均施云头卷草等雕刻②。如此壮观的祠堂得力于徽商的资助。此外，著名的祠堂还有黟县舒余庆堂以及歙县的吴氏宗祠、潘氏宗祠、洪氏宗祠等。还有盐商鲍志道妻汪氏捐建的女祠（清懿堂），架构宏大，雕刻华美，别具一格。

徽商在修建宗祠的同时，也大兴土木，广营私第，聘请能工巧匠，精心设计，结合地势，巧妙施工，把徽州的石雕、砖雕、木雕融入建筑之中，从而形成独具特色的徽派建筑文化。

这里的民宅私第，选址一般按照阴阳五行学说，巧妙利用地形地势，力求达到"天人合一"境界。外部造型上，层层跌落的防火马头墙高出屋

---

① 李斗：《扬州画舫录》卷6，广陵古籍刻印社1984年版。

② 歙县地方志编纂委员会：《歙县志》，中华书局1995年版，第609页。

脊，粉墙黛瓦，黑白分明。徽州土地极为珍贵，徽州民居多为楼房。在房屋结构上，往往融入徽商的一些理念，如这里多以四水归堂的天井院落为单元，这就寓有财不外流之意。室内装饰，精美绝伦，雕梁画栋，兼采木、砖、石雕艺术，内容包括日月山水、花草虫鱼、飞禽走兽，还有神话、故事等。尤其是房屋的楹柱上常镌刻各种各样的楹联，体现了徽商的价值取向。如黟县西递村笃敬堂楹联云："读书好，营商好，效好便好；创业难，守成难，知难不难。"仰高堂楹联云："文章本六经得来，事业从五伦做起。""读书经世文章，孝弟传家根本。"修德堂楹联云："事临头三思为妙，怒上心一忍最高。""退一步天空海阔，让三分心平气和。"怀仁堂楹联云："饶诗书气有子必贤，得山水情其人多寿。"民居前后或侧旁，有庭院或小花园，设有鱼池、花卉、果木，甚至迭假山、造流泉，体现人与自然的和谐。正因为徽派民居具有深厚的文化积淀，遂与祠堂、牌坊并称"古建三绝"。

明清时期的扬州，筑园建亭成为时尚，时人曾谓扬州园林甲于江南。又谓"扬州以名园胜，名园以垒石胜"。扬州园林大兴正是徽商推动的结果。腰缠万贯又"贾而好儒"的徽商，一是为了休闲享乐，同时也是为了吸引四方才俊前来寓居，以便闲暇时与他们诗酒流连，以成雅兴，于是竞相修建园林。如歙商吴逸，"席先业醝于广陵，典于金陵，米布于运漕，致富百万"。为了构筑园亭，"远致奇石无数，取'春色先归十二楼'之意，名其园曰'十二楼'"。[1]又如歙县汪玉枢在扬州得九莲庵地，"建别墅曰南园，有'深柳读书堂''谷雨轩''风漪阁'诸胜。乾隆辛巳，得太湖石于江南，大者逾丈，小者及寻，玲珑嵌空，窍穴千百。众夫辇至，因建'澄空宇''海桐书屋'，更围'雨花庵'入园中，以二峰置'海桐书屋'，二峰置'海空宇'，一峰置'一片南湖'，三峰置'玉玲珑馆'，一峰置'雨花庵'屋角"。乾隆赐名"九峰园"[2]。单从上述诸景点来看，南园之精美，耗资之巨大，可想而知。在徽州盐商中，拥有园林别墅之多者，

---

① 吴吉祐：《丰南志》第9册《松石庵》，民国稿本。

② 李斗：《扬州画舫录》卷7，广陵古籍刻印社1984年版。

首推江春。江春居扬州南河下街，建随月读书楼和秋声馆，并在徐宁门外购隙地以较射，人称江家箭道，他还增构亭榭池沼、药栏花径，名曰水南花墅；在东乡建别墅，谓之深庄；北郊构别墅，谓之江园；家与康山比邻，遂构康山草堂；又于重宁寺旁建东园。当时扬州的著名私家园林还有汪氏南园、洪氏大虹园、江氏江园、黄氏越园、郑氏桃花坞、吴氏别墅、徐氏水竹居等，皆为徽商所建，这些无不推动了长江园林艺术的发展。园林建成后，四方文人骚客多慕名而来。徽商又常常在园中举行诗文之会，斗诗衡文。据《扬州画舫录》卷8载："扬州诗文之会，以马氏小玲珑山馆（徽商马曰琯所建）、程氏筱园（翰林程梦星所建，后归徽商汪廷璋，人称汪园）及郑氏休园（徽商郑侠如所建）为最盛。至会期，于园中各设一案，上置笔二、墨一、端砚一、水注一、笺纸四、诗韵一、茶壶一、碗一、果盒茶食盒各一，诗成即发刻。三日内尚可改易重刻。出日遍送城中矣。每会酒肴俱极珍美，一日共诗成矣……诗牌以象牙为之，方半寸，每人分得数十字或百余字，凑集成诗，最难工妙。"正是这些诗文之会，大大激发了文人的诗兴，吟出了大量脍炙人口的佳句，构成长江园林文化中的一大特色。

五

徽商的重教兴学为长江文化精英的成长提供了物质保证，也为长江精英文化的繁荣创造了良好的条件。

"贾而好儒"是徽商的重要特色。尽管徽商注重功利，追求钱财，但他们在实践中深深感到文化的重要，加上传统文化根深蒂固的影响，当钱财的欲望得到满足后，培养子孙读书做官就成了他们的追求。为此，重教在徽商中蔚为风气。他们在致富以后，总是怀着"富而教不可缓也"的迫切心情，延师课子，让儿孙们读诗书，"就儒业"。如明休宁人汪文璧，少有大志，经商的父亲专为他"延名士为师"。歙商许晴川也是"五子咸延名师为训"。盐商鲍橐不惜重金延揽名师，购买书籍教育子弟，并说："富而教不可缓也，徒积资财何益乎？"徽商对子弟寄予厚望，有的晚年干脆弃去贾业，专意课督诸子，见"所业进，则加一饭；所业退，则减一饭"，其望子成才之迫切心情可见一斑。

重教必然兴学。为了让更多的子弟习儒就学，徽商捐资广建社学和义学，让本族子弟学习。如徽商佘文义置"义塾以教族之知学者"。歙县黄氏盐商在《家训》中规定："子姓十五以上，资质颖敏，苦志读书者，众加奖劝，量佐其笔札膏火之费，另设义学，以教宗党贫乏子弟。"

徽商在侨寓之地也不忘对子弟的教育。如吴江县（今吴江市）盛泽镇有不少徽商在这里长年经商，徽商张佩兰因"念新安居斯土者不下数十家，力不能尽延师"，乃于东肠圩建新安义学，以课徽人子弟读书。盐商鲍志道也在扬州建12门义学。由于徽商如此重视对子弟的培养，所以徽州长期保持着"十家之村，不废诵读"的风尚。

书院是青年学子读书之所。明清时期，"天下书院最盛者，无过东林、江右、关中、徽州"[①]。清康熙年间，徽州所辖六县共有书院54所。这种盛况的出现，正是徽商大力资助的结果。以最著名的紫阳书院而言，它创建于南宋，以后几易院址。由于年久失修，破败不堪。后在乾嘉年间，两淮盐商共捐银7万余两进行修葺，鲍肯园一人两次独捐11000两。徽州其他书院也几乎都是在徽商及徽籍士人的资助下修建的。扬州、杭州、淮安等地的著名书院也都由徽商出资兴建。如明万历间，两浙盐商创建杭州崇文书院；康熙元年（1662），两淮盐商建扬州安定书院；雍正年间，徽商马曰琯修建扬州梅花书院，并延名儒前来讲学。乾隆时，扬州府学——江甘学宫，岁久倾颓，徽商汪应庚慨然捐出5万金为之重建，使学宫焕然一新。

徽商还帮助那些力有不逮的士子，为他们求学应试提供条件，他们在南京、北京等地建立试馆，作为乡试、会试试子住宿之所。

徽商的重教兴学，使徽州这个"东南邹鲁"的浓厚读书氛围数百年得

---

① 道光《徽州府志·学校》，清道光七年刻本。

以长盛不衰，大批人才不断成长，他们是长江文化的精英，也是长江文化的创造者。就科举而言，仅歙县一地，明清时期获文科进士者就有536人，获武科进士者87人，实在是全国罕见。而这种情况的出现，没有徽商的支撑是不可想象的。正如汪道昆所说："夫养者非贾不饶，学者非饶不给。"①清人沈垚也说："仕者既与小民争利，未仕者又必先有农桑之业，方得给朝夕，以专事进取。于是货殖之事益急，商贾之事益重，非兄老先营事业于前，子弟即无由读书，以致身通显。"②他们的话都非常明确地指出了业贾对业儒的保证作用。所以在徽州，或则父兄服贾在先，子弟业儒在后；或则兄弟数人，有贾有儒。总之，贾者"以给朝夕"，儒者才能"专事进取"。因此，徽商为长江文化精英的成长提供了物质保证。

同样的道理，徽商也为长江精英文化的繁荣创造了有利条件。明清时期，新安理学、徽派朴学、新安画派、新安医派等学术流派相继形成，此外在新安篆刻、新安版画、徽剧等方面也是名家辈出，声播遐迩。长江精英文化之所以出现群星灿烂、峰峦迭起的局面，与徽商的资助、培育、奖掖、推崇是分不开的。徽州文化精英所创造的著作也大量涌现，据道光《徽州府志·艺文志》载，明清时期徽人著述中有经部472部、史部306部、子部615部、集部1093部，总计2486部。这些都是对明清长江精英文化的巨大贡献，也是长江文化宝库中弥足珍贵的财富。

---

① 汪道昆：《太函集》卷42《明故程母汪孺人行状》，明万历刊本。
② 沈垚：《落帆楼文集》卷24，民国刊本。

徽商精神与现代经济

徽商发展的历史，能否为现代经济提供一些值得重视的借鉴？回答是肯定的。

第一，内涵丰富的徽商精神，为现代商人提供了宝贵的精神财富。

什么是"徽商精神"？胡适曾把徽商比喻成"徽骆驼"，因此有人把徽商精神概括为"骆驼精神"，这当然是对的。但徽商精神不仅仅是"骆驼精神"，而是有着更丰富的内涵。

一是赴国急难、民族自立的爱国精神。明朝建立之初，北境未安，漠北蒙古残余势力时时入犯，明政府不得不在北方沿边驻扎重兵。为解决军粮问题，政府制定开中法，号召商人输粮于边，政府发给盐引，到内地支盐行销。这是巩固边防、保卫国土安全的一项重大政策。不少徽州人千里迢迢不辞劳苦运粮输边，早期的徽商就是这样发展起来的。他们能够将个人逐利与赴国急难结合起来，正体现了一种爱国精神。徽商的爱国精神，还突出表现在明中叶的抗倭斗争中，他们或者捐资筑城，募勇抗倭；或者出谋划策，领导抗倭；或者弃商从戎，直接深入杀敌战场。到了近代，为抵御外国入侵，徽商也踊跃捐资。凡此种种，无不体现出徽商的爱国精神。

二是不畏艰难、百折不挠的进取精神。徽商绝大多数是小本起家，他们穷则思变、奋发进取，毅然走出深山，闯荡四海。可谓岭南塞北，饱谙寒暑之苦；吴越荆襄，频历风波之险。这种创业精神实在可贵。当事业出现曲折时，不少人一蹶不振，从此销声匿迹，而徽商却百折不挠。史料中记载："徽之俗，一贾不利再贾，再贾不利三贾，三贾不利犹未厌焉。"

三是审时度势、出奇制胜的竞争精神。徽商善于趋时逐利，即根据市场特点，采取更好的经营方式；也善观时变，即在把握市场信息的基础上，调整自己的经营项目；还能揣度时宜，即根据各地不同的经济情况，因地制宜，做出种种决策，往往能够出奇制胜。

四是同舟共济、以众帮众的和谐精神。"和谐"是指处理人际关系所应达到的境界。这种精神不仅表现在一家人或同族人中，也表现在一个个的商业团体中。即便在整个徽州商帮内部，也能做到同舟共济、以众帮众，像遍布各地的徽州会馆、同业公所的建立，就突出体现了这种精神，从而大大强化了徽州商帮内部的凝聚力。

五是不辞劳苦、虽富犹朴的勤俭精神。翻开明清小说，常常见到关于徽商的描写。但在封建文人的笔下，徽商个个是吝啬鬼。如在《三刻拍案惊奇》中就讽刺一个在杭州的徽商吴某，"家中颇有数千家事"，"肉却不买四两"，"只是吃些清汤不见米的稀粥"。甚至在明清笑话中也把徽商作为嘲笑对象，明浮白主人《笑林》中写道："徽人多吝。有客苏州者，制盐豆置瓶中，而以箸下取，每顿自限不得过数粒。或谓之曰：'令郎在某处大唉。'其人大怒，倾瓶中豆一掬，尽纳之口，嚷曰：'我也败些家当吧。'"实际上这些都是封建文人的偏见，而这些正反映了徽商虽富犹朴的勤俭精神。值得指出的是，徽商能节俭，徽商妇更能节俭。康熙《徽州府志》卷2就记述她们"居乡者数月，不占鱼肉，日挫针治缝纫绽……徽俗能蓄积，不至卮漏者，盖亦由内德矣"。

第二，徽商形成的商业道德仍是现代商业所应遵循的准则之一。

"贾而好儒"是徽商显著的特点。"贾而好儒"的结果不仅使徽商具有较高的文化素养，能够从历史中汲取丰富的经商经验，推动自己事业的发展，更重要的是由于中国传统文化的影响，徽商具有一种理性，这就是以儒道经商，形成良好的商业道德。举其大端，有以下几条：

一是以诚待人、以信服人。诚信经商在徽商中十分普遍，他们认为：

"惟诚待人，人自怀服；任术御物，物终不亲""人宁贸诈，吾宁贸信，终不以五尺童子而饰价为欺"。

二是薄利竞争，甘当廉贾。这在徽州粮商、典商中比较突出。

三是宁可失利，不可失义。徽商由于受到儒家思想的影响，所以在处理义利关系上，能够做到"先义后利""以义制利""以义为上"。例如徽商吴鹏翔有一次购进胡椒八百斛，尚未付款，发现此胡椒有毒，卖主愿意全部收回，但他仍然照价买下，然后付之一炬。他之所以这样做，是考虑到如果退了胡椒，卖主可能转售他人，这样就要坑害更多的人，所以他宁可自己受些损失。有一年皖省大灾，婺源商詹元甲受当地地方官的委托，携带20余万两银子去外地采购粮食，当地旅馆老板告诉他："此地买米，例有抽息（回扣），自数百两至千万两，息之数视金之数。今君挟巨资可及数千金，此故例，无伤廉。"在数千两银子的回扣诱惑面前，詹元甲毫不为动，而是说："今饥鸿载途，嗷嗷待哺，予取一钱，彼即少一勺，瘠人肥己，吾不忍为。"这种宁可失利、不可失义的精神确实令人感动。像这类例子还有很多。

四是注重质量，提高信誉。这在徽州墨商、布商等行业中表现得尤为明显。

第三，徽商重教兴学的风尚在现代社会也值得大力发扬。

徽商不仅自己"贾而好儒"，而且十分重视对下一代的培养。他们在致富以后，或者兴建书屋，购买书籍，以重金延师课子；或者亲自督促子弟读书；或者兴办义学，教育本族子弟；或者资助本地本族子弟参加科考；更有甚者则兴建书院或捐资书院。重教兴学已成为徽商的一种风尚。这种风尚历经数百年，代代相传，经久不衰。其影响是多方面的：一是提高了一代代徽商的文化素质，使他们经商更富于理性。二是培养了徽州莘莘学子，他们搏击科场，跻身仕途，反过来又成了徽商的政治靠山。三是造就了一代代徽州学人，推动了徽州乃至全国文化学术的发展。四是发扬了重教兴学的社会传统，对后世商人产生了深远的影响。

第四，徽商衰落的历史教训，值得我们认真记取。

徽商之所以衰落，既有客观原因，又有主观原因。客观原因是清政府盐业政策的调整，由纲法改为票法，徽商主体一蹶不振。咸丰年间的战乱又给了徽商沉重的打击，徽商多年积累起来的资本被掠夺一空，甚至身家性命也受到伤害，使得徽商的元气大伤。从主观原因来看，近代以来是中国千年未有之大变局。面对这场亘古未有的大变局，有的商帮能够紧跟时代前进，及时调整原来的经营行业，开拓新的行业。如宁波商帮在近代欧美轮船业进入我国以后，一叶知秋，停止传统的沙船贩运业，转而经营轮船航运业，甚至组成航运集团；一些经营钱庄业的商人，也改营银行业，还有的从事进出口贸易，甚至大批到海外发展。洞庭商人在近代也能适时开办买办业、金融业，并兴办丝绸、棉纱等实业。他们都能开辟一块新天地。

而徽商却昧于大势，未能与时俱进，仍然在传统行业中抱残守缺，苟延残喘，最后只能被历史所淘汰。这种深刻的历史教训是值得我们今天认真记取的。

也谈"贾而好儒"是徽商的特色

——与张明富先生商榷

自从张海鹏、唐力行两位先生1984年撰文[1]指出"贾而好儒"是徽商的特色以后,这一观点日益得到史学界同仁的广泛认同。但是,最近张明富先生撰文[2](以下简称《非》文)对此提出异议,他考察了江浙、山西、广东商人的情况,并与徽商进行了比较,得出结论认为:"'贾而好儒'这一特性并非徽商所独有,而是明清时期许多地区的商人共同具有的,它反映的是明清时期许多地区的商人的普遍特征。……所以,'贾而好儒'是不能称为徽商特色的。"[3]明富先生不拘旧说,勇于探索的精神是可贵的,但仔细拜读《非》文,觉得明富先生的论证难以说服人,特撰此文与明富先生商榷。真理愈辩愈明,徽商的特色究竟是什么,我相信随着讨论的深入,学界定会取得共识的。本文不妥之处,敬请明富先生及学界同仁们斧正。

一

《非》文首先根据张、唐之文将"贾而好儒"的特色概括为四个方面

---

① 张海鹏、唐力行:《论徽商"贾而好儒"的特色》,《中国史研究》1984年第4期。

② 张明富:《"贾而好儒"并非徽商特色——以明清江浙、山西、广东商人为中心的考察》,《中国社会经济史研究》2002年第4期。

③ 同上一条,以下所引不另出注。

的表现："第一，多延师课子，令子弟'业儒'；第二，'雅好诗书'，好学不倦；第三，老而归儒；第四，重视和资助文教。"然后分别以江浙、山西、广东商人为中心进行考察，并与徽商进行了比较。

在对江浙商人的考察中，作者列举了一些例证，然后指出："他们经商致富后，延聘名师或亲自督课子弟"者有之，"雅好诗书"、好学不倦、"亦贸亦儒"的商人也是大量存在，"'先贾后儒''老而归儒'更是江浙商人在经商获利后'张儒'的重要方式"，"江浙商人对振兴文教事业亦抱有极大的热情"，"这都说明江浙商人也是'好儒'的"。

在对山西商人的分析中，《非》文作者也是采取了例证法。但是，一说到山西，人们耳熟能详的雍正的一段批语总是不能回避的。雍正二年（1724），刘于义在论及山西风俗时曾在一封奏折中写道："但山右积习，重利之念甚于重名。子孙俊秀者多入贸易一途，其次宁为胥吏，至中材以下方使之读书应试。以故士风卑靡。"①刘于义时任山西巡抚，对辖下的风俗应是比较了解的。更何况这是给皇帝的奏疏，更应字斟句酌，慎之又慎，绝不敢空穴来风，信口开河，因此他所说的"重利之念甚于重名"已是"山右积习"的话应是可信的。而对于刘于义的观点，雍正完全赞同，并在朱批中写道："山右大约商贾居首，其次者犹肯力农，再次者谋入营伍，最下者方令读书。朕所悉知，习俗殊可笑。"②凭雍正的精明，这些话当然不是看了刘于义的奏疏后心血来潮，信手写来，而是由于长期接受大量的信息后，形成了强烈的印象即"悉知"后的断语。对这样的材料，如果没有充分的理由是不能否定的。这种重贾轻儒的"积习"，不能不对商人们产生影响。但《非》文作者竟以"没有找到能印证其正确性的具体材料"而轻轻绕了过去。接着作者举了一些具体实例，来证明晋商鼓励子弟读书，走上仕宦之路。在经商过程中，许多晋商也手不释卷，勤奋苦学，也有一些晋商投资文化教育。因此他得出结论说："在发迹于黄土高原的晋商中，'贾而好儒'的商人是不少的。"

① 《雍正朱批谕旨》第47册"刘于义 雍正二年五月九日"条。
② 《雍正朱批谕旨》第47册"刘于义 雍正二年五月九日"条。

在分析广东商帮时,《非》文作者还采取了计量分析法。作者也承认:"明清广东商人究竟有多大的数量?'贾而好儒'者在商人总数中所占比例又如何?我们很难确知。"这本是实事求是的态度,如果本着这样一种态度来分析问题,就不会得出一些比较武断的结论。然而作者明知要想计算出"贾而好儒"者在商人总数中所占比例是非常困难的,却偏偏知其不可为而为之。他从七部书中搜集到商人传记资料共25条,记载了27位商人的事迹,其中算得上是"贾而好儒"的有14位。其实,单就《非》文所列的这14位商人,有的是很难算得上"贾而好儒"的。如:

"劳联芳,南海人,弃农就贾,然本小利微,家徒四壁。其子年十三即弃书经商羊城,晚年,将平生血积购置房产田地,分给诸子。剩余田地分为两份:一为'留传祭业',一为子孙读书学田。"单凭这条材料,就说劳联芳"贾而好儒",是难以服人的。

再如:"霍春洲,少时端静颖悟,习举子业,然家极贫,'居室如斗大','衣破敝不能易',乃'耕石云山中','暇日兼服贾',后补博士弟子。"显然霍春洲是一个耕贾结合的人,从"暇日兼服贾"来看,他又是以农为主,以贾为辅的,仅仅就因他后来拿钱买了个"博士弟子"的称号就说其"贾而好儒",岂不太牵强?

又如:"梁国雄,顺德人,经商为生,有子三人。晚年,将所积白银千两付长子玉成,命其经商佐次弟蔼如读书。玉成遂代父治生,业隆隆起,担负起家庭经济的重任。他尝对弟弟说:'吾营产业,汝勤学业,各肩厥任以承考志,勉矣,勿以尘务撄心。'鼓励弟弟专心学业。"如果这也算是"贾而好儒",那么只要商人家庭中有人读书,就都可以称为"贾而好儒"了。这样,举国上下还能数出几个不是"贾而好儒"的商人?

在指出这14位商人"贾而好儒"后,作者开始了一系列大胆推论。首先,既然27位商人中有14位"贾而好儒",于是作者得出结论:"在广东顺德、东莞、南海、佛山、宝安,'贾而好儒'的商人占商人总数的52%,言其(指五县商人)'贾而好儒'应该是没有什么问题。"接着,作者进一步推论,上述五县又正位于珠江三角洲,"是广东商人分布较为集中的地区"。因此，推而广之，说广东商帮"贾而好儒"，"这一数据还是有一定的说服力的。"

我们且不说五个县在明清近600年只有27位商人的材料，一个县一百年中列举不到一位商人，这样的数字究竟有多大的代表性？仅仅凭14位商人（实际只有11位）就推论出五县商人的"贾而好儒"，再进而推论出广东商帮也是"贾而好儒"。推论的大胆，结论的轻率，实在令人惊讶！

通观《非》文，作者基本上采取的是例证法。例证法是史学研究中的重要方法之一，它对论证一些观点是必不可少的。但如果要揭示某一问题的本质，或要论证某种普遍现象，运用例证法时就要慎重了。列宁有一段教导非常重要，他在分析1914—1918年的战争时曾指出："要知道，能够证明战争的真实社会性质，确切些说，证明战争的真实阶级性质的，自然不是战争的外交史，而是对各交战国统治阶级的客观情况的分析。为了说明这种客观情况，不应当引用一些例子和个别材料（社会生活现象极端复杂，随时都可以找到任何数量的例子或个别的材料来证实任何一个论点），而一定要引用关于各交战国和全世界的经济生活基础的材料的总和。"①经典作家这段话具有方法论的重要指导意义，值得我们认真深思。既然社会生活现象极端复杂，随时都可以找到任何数量的例子或个别的材料来证实任何一个论点，那么，单靠举例来证实或反对某一观点，就没有什么意义了。

事实正是如此。例如，爱国主义是中华民族的优良传统，这是没有任何异议的。但是，如果有人站出来说"不"，并且确实能够举出我国历史上历朝历代卖国求荣者的例子，难道就能够推翻上述观点吗？再如，勤劳、勇敢是中国人民的伟大品格，这也是人们的共识，但是，如果也有人站出来说"不"，并且举出历朝历代懒惰、怯懦者的例子，难道就能够推翻上述观点吗？显然人们是不会接受的。

由此我们知道，社会上任何事物都是很复杂的，不是纯而又纯的。当

---

① 《帝国主义是资本主义的最高阶段》法文版和德文版序言，《列宁选集》第二卷，人民出版社1960年版，第732—733页。

我们给某个事物定性时，绝不意味着这个事物是百分之百纯粹的，我们说它具备或不具备某种性质时，也只是就其基本趋势、基本倾向而言，如果你偏要举出一些反映非基本趋势、基本倾向的例子来否定事物的性质，不看主流，搞绝对化，那么必然有意无意地陷入了形而上学的泥潭。

同样的道理，我们之所以认为"贾而好儒"不是江浙、山西、广东等商帮的特色，是就其整个商帮的基本倾向、基本特征而言的，这并不是说在这些商帮中就找不到"贾而好儒"的例子，但是这些例子并不能代表这些商帮的基本特征。

二

那么，我们为什么说"贾而好儒"是徽商的特色呢？

张海鹏、唐力行在文中已经对此做了深入的分析。这一特色是被大量事实所充分证明的，它反映了徽商整体的基本特征、基本倾向。这种基本特征、基本倾向也是得到了同时代人认同的。

明中后期人谢肇淛一生在朝廷为官，也是著名学者，仕历南北，广闻博识，他在《五杂组》中曾将新安人与江右人作比较，认为："新安人近雅而稍轻薄，江右人近俗而多意气。"[①]所谓"新安人近雅"，也正反映了徽人（包括徽商）"好儒"的特点，否则，何"雅"之有？

明代徽州人汪道昆在朝廷历任显官，与戚继光并称"南北二司马"，他的家族中有不少人经商，他和徽商过从甚密，自然对徽商亦知之甚深。他曾指出："新都（徽州）三贾一儒……贾为厚利，儒为名高，夫人毕事儒不效，则弛儒而张贾；既侧身飨其利矣，及为子孙计，宁弛贾而张儒。一弛一张，迭相为用。不万钟则千驷，犹之转毂相巡，岂其单厚计然乎哉！"[②]贾与儒"迭相为用""转毂相巡"，不正是"贾而好儒"的最好说

① 谢肇淛：《五杂组》卷4《地部二》。按：《五杂组》书名过去讹为《五杂俎》，应纠正。见《五杂组》"出版说明"，上海书店出版社2001年版，第74页。

② 汪道昆：《太函集》卷52《海阳处士金仲翁配戴氏合葬墓志铭》，明万历刊本。

明吗？

清代著名思想家戴震也是徽州人，也出身于商人家庭，他对徽商的认识应该更为深刻。他曾指出："吾郡少平原旷野，依山为居，商贾东西行营于外以就口食。然生民得山之气，质重矜气节，虽为贾者，咸近士风。"①他认为徽人"虽为贾者，咸近士风"，不也是证明了徽商"贾而好儒"吗？

上引这三条材料，既有明人对徽商的看法，也有清人对徽商的看法，既有徽人对徽商的看法，也有非徽人对徽商的看法，而且都是对徽商的整体印象，竟如此相同，难道说这是偶然的巧合吗？当然不是，这恰恰反映了徽商的基本特征——"贾而好儒"，大家是认同的。而对其他商帮来说，恐怕很难找到类似的整体性特征的评价。因此，单凭举几个例子来证明某某地区的商帮"贾而好儒"是难以令人信服的。

徽商之所以形成"贾而好儒"的特色，是有其特殊原因的。这种特殊原因就是与徽州有关。徽州是程朱阙里，二程及朱熹在这里影响很大，"自宋元以来，理学阐明，道系相传，如世次可缀"。②所以这里的风俗是"益尚文雅"，"自朱子而后，为士者多明义理，称为'东南邹鲁'"。③在朱子及其后学的一代一代影响下，徽州成为"人文辈出，鼎盛辐臻，理学经儒，在野不乏"的"儒风独茂"之地。加上这一地区宗族制度十分牢固，在宗族势力的影响和推动下，人们"读朱子之书，服朱子之教，秉朱子之礼，以邹鲁之风自待，而以邹鲁之风传之子若孙也"。④儒家的影响日益深入人心，在这样的环境中生长起来的徽商具有"贾而好儒"的特征是不奇怪的。而国内其他地区的商帮由于生活的环境不同，不具备徽州的特点，受到儒家思想的影响相对较少，也不如徽州地区那样连续、持久、深远，因此从整体上说很难形成"贾而好儒"的特色，尽管也有少数商人有

① 戴震：《戴震集》（上编）文集卷12《戴节妇家传》。
② 康熙《祁门县志》卷1《风俗》。
③ 弘治《徽州府志》卷1《风俗》。
④ 雍正《休宁茗洲吴氏家典·序》。

"好儒"的行动，但并不足以影响这一地区整体商帮的形象。

徽州"独茂"的儒风熏陶了徽商，反过来，徽商凭借自己的财力又大力投资文化教育事业，从而有力地促进了徽州"儒风"的发展。很多徽商致富后，念念不忘兴办塾学、社学、族学，培养宗族子弟读书向学。也有的大力捐助或兴建书院。据学者统计，明清时期，仅徽州一府就有书院89所①，其中大多是民办的。一府之地，有如此多的书院，这在全国也是罕见的。而无论是官办还是民办的书院，又大多得到徽商的资助，从而使不少书院得以长盛不衰。

正是由于各类学校、书院的培养，从而造就了莘莘学子，使这里文风日盛，科举兴旺。根据北京歙县会馆观光堂"题名榜"记载，有清一代，仅歙县本籍和寄籍"官京朝取科第者"，共有进士296人，其中状元5人、榜眼2人、探花8人、传胪5人、会元3人、解元13人。曾任内阁大学士者4人、尚书7人、侍郎21人、都察院都御史7人、内阁学士15人。另有举人近千人。②这仅是一县一朝的统计，若算上明清两朝六县的统计，其数字更为惊人。我想，在这方面全国能与徽州相媲美的府恐怕是不多的。这些蟾宫折桂之士，大多有商人家庭的背景。试问，如果没有徽商的"贾而好儒"，这种局面的形成是难以想象的。

徽州文化的发展，不仅表现在上述科第的兴盛上，还反映在众多的方面。如新安理学、新安医学、新安画派以及刻书、三雕、建筑、戏剧等各种学术和艺术事业的发展与繁荣，也无不与徽商有着千丝万缕的联系。正如张海鹏先生所指出的："在某种意义上说，徽商是其酵母。"③徽商之所以能起到"酵母"的作用，就是因为他们"贾而好儒"。

---

① 李琳琦：《徽商与明清徽州教育》，湖北教育出版社2003年版，第48页。

② 许承尧：《歙事闲谭》卷11，黄山书社2001年版，第348—351页。

③ 张海鹏、王廷元主编：《明清徽商资料选编》，黄山书社1985年版，"前言"第2页。

三

《非》文不但认为江浙、山西、广东商人"贾而好儒",而且更推而广之,认为"贾而好儒""反映的是明清时期许多地区的商人的普遍特征"。作者认为,"明清商人较为普遍的'贾而好儒',其原因是复杂的,需要从多角度予以分析"。

于是作者从三个方面进行分析:第一,"从分析明清商人所处的文化环境入手",他认为"儒学是一种占主导地位的文化,特别是与科举制的结合,使其传布甚广,为人们广泛崇信","可见,'儒风独茂'非徽州独然,崇儒是当时的主流社会价值观",因而"贾而好儒""是其(按指商人)性格合乎逻辑的发展"。第二,明清商人较为普遍的"贾而好儒"还有其经济原因,由于"儒学产生于农业社会,自然经济是儒家文化赖以存在的土壤。经济环境的一致必然表现为价值取向的趋同。因此,我们认为是自然经济规定了明清商人'好儒'的方向"。第三,"需要的驱动",主要是商人出于"安全的需要""尊重的需要""自我实现的需要",导致明清商人普遍"贾而好儒"。总之,"明清商人较为普遍的'贾而好儒'是当时的文化经济环境及明清商人的需要共同作用的结果"。

乍看起来,《非》文说得不无道理,但细加推敲,就不对了。如果说崇儒是当时的主流社会价值观,因而"贾而好儒"是商人性格合乎逻辑的发展,那么我们要问:自从汉武帝罢黜百家、尊崇儒术后,儒学就一直成为统治阶级的思想,也就是占统治地位的思想,崇儒当然也是"主流社会价值观",按照《非》文作者的逻辑推论,岂不是汉武帝以后的商人都应是"贾而好儒",何止只是明清时期的商人特征?如果说自然经济规定了明清商人"好儒"的方向,那么自从封建社会出现以后,自然经济一直是我国的经济基础,按照《非》文作者的逻辑推论,"贾而好儒"岂不是整个封建社会商人的特征,何止只是明清时期商人的特征?如果说出于安全、尊重、自我实现等需要,导致商人的"贾而好儒",那么自从私商出现后，任何朝代、任何地区的商人都有这方面的需要，按照《非》文作者的逻辑，岂不是所有商人都应是"贾而好儒"，又何止只是明清商人？很显然作者的分析从逻辑上说是不能成立的。实际上，《非》文所指出的这三条与其说是商人"好儒"的原因，不如说是人们崇"士"（官）的原因，而这些原因可以说是不言而喻的。因为我国封建社会是官本位的社会，几千年来被历代统治阶级所肯定的士农工商的社会定位，导致人们（包括商人）对"士"的崇拜，对官的向往。而"儒"又是通往"士"的必由之路，所以自科举制产生后，崇儒成为主流社会的价值观，这是毫无疑义的，也是毋庸证明的。如果以这三条原因来推论，那么必然的结论就是封建社会的所有商人都是"贾而好儒"的，这显然又是与历史事实不相符的。因此说"贾而好儒""是明清时期许多地区的商人共同具有的"特征，是没有说服力的。

我们认为"崇儒"是一回事，它反映了人们的价值取向；"好儒"是另一回事，它反映了人们的实际行动。有的人"崇儒"，不见得一定"好儒"，因为尽管儒是通士的必由之路，但这条路毕竟是"路漫漫其修远兮"，希望也太渺茫，所以并非所有人都愿意走这条路，所谓心动未必行动。而"好儒"者就不同了，好儒者是所谓心动还有行动，他们不论从事什么职业，对"儒"总是念念不忘的，此处的"儒"应指的是读书，既有儒家经典，也包括其他的典籍文化，他们只要一有时间就读书，从书中汲取各种智慧和营养。这是第一。第二，正因为他们尝到了"好儒"的甜头，所以一旦经商致富有了条件以后，就资助和发展儒学教育，所谓"有功名教"是也。当然也包括重视功名仕进，鼓励子弟走科举之路。第三，就是时时处处用儒家的思想指导自己的行动，从而形成自己的职业道德。徽商就是这样的"好儒"者。

四

《非》文指出："明清商人已到了近代的边缘，但最终未能踏入近代的门槛，痛失历史的机缘。其原因复杂多样，有政治的、经济的，但建立在自然经济基础之上的某些儒家观念的羁绊也（是）不容忽视的。"

那么，究竟哪些儒家观念"羁绊"了明清商人，使其"终未能踏入近代的门槛，痛失历史的机缘"呢？《非》文指出了三点：第一，儒家重义轻利的价值观"给商业的发展带来了较大的负面影响"。具体来说，一方面，"在重义轻利价值观的影响下，许多商人经商或仅是为了满足自己的物质生活消费，为文学艺术的创造提供前提，或干脆以义为追求的最高目标，安贫乐道，耻于言利。不能超越儒家思想的屏障，勇敢地树立起追求商业利润最大化的旗帜"。另一方面，明清商人在"经商致富后，不是继续扩大商业规模，而是大力投资社会公益事业，或结交宾客，有的甚至以此破家而不顾"。

第二，"儒学重人情，主张以礼、义维持人际关系的和谐，要求人们不争，具有辞让之心"。这些观念"为商人所接受后，却极大地限制了他们的商业行为，使他们在利益受到损害时，宁愿自己吃亏受屈，也不愿起而抗争，维护自己的合法权益"。

第三，"儒学以仁为核心，而孝悌为仁之本，力倡孝道，要人们常侍亲侧"。由于明清商人"过分拘泥于此，中断了商业生涯，阻碍了事业的进一步开拓"。

事实真的是这样吗？当然不是。

我们认为，儒学观念并不是明清商业发展的主要障碍，相反却促进了商业的发展。不错，重义轻利是儒学的核心价值观，这种价值观也为"贾而好儒"的商人所接受。但重义轻利不是不要利，而是利以义取。当义利发生矛盾时，宁可舍利取义，也不舍义取利。对义利观的不同态度反映在经商上就是诚信与奸诈的区别、薄利与高利的区别，究竟哪一种更能促进商业的发展？事实十分清楚，无疑是前者。如明歙县商人许镇"尝挟资游淮扬间，不屑屑于规利，而信义所孚，人不忍欺，浸浸乎将自埒于陶、猗矣"①。许镇"不屑屑于规利",并没有影响自身的发展,反而发展到能够自比陶朱、猗顿之富了。明歙商许文才"贸迁货居,市不二价。人之适市有不愿之他而愿之公者,亦信义服人之一端也"②。显然是信义使他赢得了顾客。歙商吴南坡云:"人宁贸诈,吾宁贸信,终不以五尺童子而饰价为欺。"结果不但没有破产,反而"四方争趣(趋)坡公。每入市,视封识为坡公氏字,辄持去,不视精恶长短"③。你能说以儒道经商阻碍了商业的发展吗?徽商江长遂"业醝宛陵,待人接物,诚实不欺,以此致资累万"④。类似的例子,不胜枚举。怎能说重义轻利的价值观"给商业的发展带来了较大的负面影响"呢?正如《非》文作者所说,不少商人致富后确实大力投资社会公益事业,或结交宾客,以礼、义维持人际关系的和谐。这些虽然要耗费一些资金,却营造了一个良好的经商环境,更有利于商业的发展,这有什么不好?正因为这样做对商业发展有利,所以无论近代商人或是现代商人,无论中国商人或是外国商人,都在这方面三致意焉,做得比中世纪商人更多、更大、更好。至于说儒家提倡的孝悌为本,"父母在,不远游"的思想,并没有使大多数商人株守故里,因为侍养双亲的问题可以通过多种办法解决,或托之兄弟,或委之妻子,或接之商地。只有极少数商人迫于无奈,弃商归养。所以,对大多数商人而言,绝不是"过分拘泥于此,中断了商业生涯,阻碍了事业的进一步开拓"。这是被大量事实所证明了的。

儒家思想对明清商人也有过"负面影响",这种负面影响主要表现在促使商人与封建政治势力、封建宗族势力结合得更加紧密,加强了商人的封建性,但决不像《非》文所说的那样,受到儒学观念的影响,"极大地限制了他们的商业行为,使他们在利益受到损害时,宁愿自己吃亏受屈,也不愿起而抗争,维护自己的合法权益"。以受儒学影响最深的徽商为例,

① 《歙县许氏世谱》第5册《明故梅轩许公行状》,明隆庆抄本。
② 《新安歙北许氏东支世谱》卷8,清嘉庆六年稿本。
③ 《古歙岩镇镇东碃头吴氏族谱·吴南坡公行状》,清抄本。
④ 《歙县济阳江氏族谱》卷9《清布政司理问长遂公、按察司经历长遇公合传》,清道光十八年刊本。

首先，他们并没有因为儒家倡导"君子不争"，而失去竞争精神。相反地，他们具有很强的进取精神，否则，徽商就决不能在激烈的竞争中发展成为"富甲一方"的大商帮。其次，当自己的利益受到损害时，他们也绝不是"宁愿自己吃亏受屈，也不愿起而抗争，维护自己的合法权益"。明休宁商人朱介夫在扬州经营盐业，嘉靖中，巡盐御史来到扬州，调整盐业政策，"务骤增课，大不便诸贾人"。朱介夫挺身而出，"入陈可否，亹亹不下千言"。御史"倚席听之，卒用介夫议"，终于保护了盐商们的合法权益。①万历年间，矿监税使四出，到扬州的宦官，"以大贾为奇货，鱼肉之"。在这危难时刻，休宁商朱承甫"倡义执言，暴其监奴门客为奸利状，词辩注射，气奋不可夺，中涓（宦官）语塞，乃罢"。②明末关津丛弊，九江关蠹李光宇等把持关务，盐舟纳料多方勒索，停泊羁留，屡遭覆溺，莫敢谁何。商人利益受到极大损害。在这种情况下，徽商江南能"毅然叩关陈其积弊，奸蠹伏诛，而舟行者始无淹滞之患"。③像此类例子还有很多。当然，明清商人深受盘剥，逆来顺受，敢怒不敢言的现象也所在多有，这完全是由于他们的社会地位低下，无权也无力进行抗争，而不是因为受到儒家思想影响的结果。但是我们也要看到，一旦商人结成商帮群体，在事关利害的重大问题上，即使深受儒家思想影响的徽商也决不囿于"君子不争"的儒家训条，他们敢于起来抗争，维护自己的合法权益，历史上像这类徽商争讼的例子很多，连谢肇淛都说："然新安人衣食亦甚菲啬，薄糜盐齑，欣然一饱矣，惟娶妾、宿妓、争讼则挥金如土。"④

那么，是不是像《非》文所说的："明清商人已到了近代的边缘，但最终未能踏入近代的门槛，痛失历史的机缘"呢？首先，这一观点的表述就不准确。明代至清前期，中国仍处于封建社会，并没有出现转型，要求处在封建社会的商人"踏入近代的门槛"，岂不是要他们揪着自己的头发

---

① 汪道昆：《太函副墨》卷4《朱介夫传》，明万历刊本。
② 李维桢：《大泌山房集》卷72《朱承甫家传》，明万历三十九年刻本。
③ 《歙县济阳江氏族谱》卷9《明处士南能公传》，清道光十八年刊本。
④ 谢肇淛：《五杂组》卷4《地部二》，上海书店出版社2001年版，第74页。

离开地面吗？鸦片战争以后，中国社会开始转型，这是自古未有的大变局。面对这场变局，并非所有中世纪的商人都止步不前，有的商帮就能够紧跟时代前进，及时调整原来经营的行业，开拓新的行业。如宁波商帮在近代欧美轮船业进入我国以后，一叶知秋，停止传统的沙船贩运业，转而经营轮船航运业，甚至组成航运集团。一些经营钱庄业的商人，也改营银行业，还有的从事进出口贸易，甚至大批到海外发展。洞庭商人在近代也能适时开办买办业、金融业，并兴办丝绸、棉纱等实业。他们都能开辟一块新天地，"踏入近代的门槛"。

就徽商而言，尽管也有一些商人"踏入近代的门槛"，但从整体来说，并未成功转型，而是随着封建社会的衰落而衰落了。徽商衰落的原因比较复杂，限于篇幅不能展开论述，但主要原因恐怕应是徽商面对空前的大变局，昧于大势，未能与时俱进，仍然在传统行业中抱残守缺，苟延残喘，如果非要说是由于受到儒家思想的束缚，而痛失历史机遇，是缺乏根据的。

《非》文过分夸大了儒家思想对商人的负面影响，乃至进而指出，明清商人"不能超越儒家思想的屏障，勇敢地树立起追求商业利润最大化的旗帜，这也正是中世纪商人与近代资本主义商人的最大区别"。这实际上给我们提出了两个问题：一是中世纪商人与近代资本主义商人最大的区别究竟是什么？二是近代资本主义商人是不是重利轻义，或舍义取利？

中世纪商人与近代资本主义商人是两种社会类型的商人，关于这两类商人的最大差别，朱英先生有精到深刻的分析，我完全赞同。他认为两者的最大差别就在于他们所依附的经济基础不同。中世纪商人依附的经济基础是封建主义经济，近代资本主义商人所依附的经济基础是资本主义经济，也就是说，只有资本主义性质的新式商业出现以后，才能产生具有近代意义的新式商人。[1]如果以是否冲破儒家思想的束缚来作为标志的话，那么在中世纪就有不信奉儒家思想、不择手段追求利润最大化的奸商，难

---

[1] 朱英：《近代中国商人与社会》，湖北教育出版社2002年版，第2页。

道能给他们戴上近代资本主义商人的桂冠吗？

中世纪商人与近代资本主义商人除了各自所依附的经济基础不同外，其他方面也存在显著的不同，例如在思想意识、组织发展、活动开展、经营管理等方面都有很大的区别。关于这方面的论述可参阅朱英先生的《近代中国商人与社会》一书。那么，近代商人是否就抛弃了儒家的义利观，只是一味追求商业利润的最大化，而见利忘义呢？如果就少数商人而言，可以这么说，如果就大多数商人而言，就不能这么说了。正如朱英先生所说："就近代大多数商人而言，诚与信仍是他们在做人和经商过程中所崇奉的原则之一，而且力图希望能够达到这种较高的境界。"例如晚清商人经元善、周学熙都是近代著名商界领袖，他们就始终坚持诚信经商，从而得到社会各界的普遍赞誉。当然我们也应看到，随着资本主义商业的发展，传统的诚信观也逐渐被少数商人所抛弃，商界投机、欺诈现象也日益增多，这在任何时期都是不可避免的，但如果把这当成是近代商人的基本特征，那就大错特错了。

明清徽商与新安画派

　　明清时期，在商界，徽州商帮的兴盛辉煌，是引人瞩目的经济现象；而在画坛，新安画派的异军突起，又是令人惊叹的文化现象。对这两种现象，学术界都各自有过诸多的研究。但这两种现象之间有什么样的关系，尚无专文论及，只在论述徽商和新安画派的论著中偶有涉及，未作深论。实际上，任何一种文化现象的产生都不是偶然的。文化作为上层建筑的一部分，是经济基础的反映。绘画艺术作为社会意识形态的反映，它的产生和发展，归根到底是由经济基础所决定的，与社会经济有着紧密的联系。因此，探讨徽商与新安画派的关系，对于我们加深对经济和文化的关系的认识是有着重要意义的。

一

　　据姚翁望《安徽画家汇编》统计，明清以来，徽州画坛涌现出767位有成就的画家，实际或许还会超过这个数字。一个六县之府，数百年间涌现这么多画家，这在全国也是绝无仅有的。徽州画坛，不仅人数多，而且画风自成一格，因此历史上称为新安画派。

　　新安画派的代表人物是释弘仁（法名）、查士标、孙逸和汪之瑞，人们称之为"新安四家"。释弘仁（1610—1664），俗姓江，名韬，又名舫，字六奇、鸥盟，号渐江学人，又号无智，徽州歙县人。少年家贫，却苦学有远志。他曾拜汪无涯为师，读五经，习举子业，至34岁成为诸生（秀才）。弘仁从小喜欢文学和绘画，40岁左右绘画造诣已高，渐著称于世。渐江学画，从宋入手，上追晋、唐，力学"元四家"①，尤受倪云林（即倪瓒）影响至深。弘仁是新安画派中造诣极高的领军人物。

查士标（1615—1698），字二瞻，号梅壑散人，又号懒老，休宁人，名诸生。因家中富足，收藏多古鼎彝及宋元画家真迹，遂玩赏鉴别。明清易祚，家国动荡，查士标遂"弃举子业，专事书画"。他30岁前精于古鼎彝、字画鉴别，成就于山水画。其作品"用笔不多，风神懒散，气韵荒寒"。"晚年技益超迈，直窥元人之奥，画风学云林，近于弘仁。"②

孙逸（生卒年不详），字无逸，号疏林，休宁人。善山水，人以文待诏（文征明）后身视之。早年在新安，后期流寓芜湖，与姑孰派之首领萧云从交往甚密。孙逸也学"元四家"中的倪云林，对倪画极为推崇，他的画"淡而神旺，简而意足"，和弘仁画风十分相似。

汪之瑞，字无瑞，号乘槎，休宁人。早年在新安，后期浪迹无锡、镇江等地。汪之瑞也是宗法倪瓒、黄公望，多写生黄山云海松石之景，着墨无多，用笔劲洁简淡。

除弘仁、查士标、孙逸、汪之瑞四家外，新安画家还有郑旼、祝昌、姚宋、江注、戴本孝、程邃等，他们师法自然，寄情笔墨，大胆创新，成就和发展了新安画派。新安画派的画风，汪世清先生在《新安画派的渊源》中曾概括为："貌写家山，景情交织；宗向倪（云林）黄（公望），先开风气；画仿宋元，不名一家；清逸其貌，俊伟其神。"③王伯敏先生评价其为："以儒立身，学道参禅；读书万卷，瓦砚三穿；云烟为友，万壑在胸；爱画黄山，喜写白岳；渴笔亮墨，荒寒自然。"④他们从不同的角度，道出了新安画派的艺术特征和思想品格。

---

① "元四家"指元代黄公望、倪瓒、王蒙、吴镇四画家的合称。

② 张庚：《国朝画征录》，清雍正十三年版。

③ 汪世清：《新安画派的渊源》，《朵云》第9期，上海书画出版社1986年版。

④ 王伯敏：《黄山画派及其传统风貌》，见《论黄山诸画派文集》，上海人民美术出版社1987年版。

这里有个值得研究的问题是，为什么新安画派如此推崇"元四家"，"宗向倪黄"？其根源应从画坛的"南北宗"论谈起：明代画家董其昌从儒、释、道的哲学体系出发，将过去的文人画家分为南北二宗。北宗画家多为皇亲贵戚及画院职业画家，其哲学基础为儒家思想。南宗画家多为僧道、隐者、亦仕亦隐者，他们的哲学基础为释、道思想。儒与释、道对社会和人生的态度以及审美追求是截然不同的。前者所采取的是积极的"入世"态度，其审美追求为富贵、刚硬、谨严法度。后者则采取消极的"出世""无为"的人生态度，其审美追求为逸、淡、柔。董其昌推崇南宗，倡导倪画，对中国画坛产生较大的影响，使南宗的审美思想和艺术追求成为明清画坛的主流。倪云林是南宗的代表人物，他的画被认为是逸品的典范，影响很大，其画"江南人家以有无为清浊"。他散财弃家，过着"欲借玄窗学静禅"的隐逸生活，与新安画家"弃举子业"，皈依释道，在哲学思想和审美追求上不谋而合。社会崇尚倪画成为风气，画家学习倪画以寄托情怀，从而形成新安画家"宗向倪黄"的风格。

二

明清之际，徽州画坛如此兴盛，涌现出如此众多的画家，并且自成一派，给清代画坛带来了新气象。这种现象的出现绝不是偶然的，我们只要细加分析就会发现，在新安画派的形成、发展过程中，徽商起到了"酵母"的作用。

首先，任何画家的成长都离不开对前人艺术成果的学习和借鉴，这样才能在前人的基础上有所创新，有所前进。明清时期，宋元名画尤其是元末著名画家倪云林、黄公望的画作，是画家都喜欢观摩、学习的宝贵资料。那时没有图书馆、博物馆，地方政府不可能大量搜集、保藏这些艺术珍品。相反地，这些艺术珍品一般都被个人所收藏，而个人收藏又是要有经济实力的。徽商富有，人所共知；"贾而好儒"，又是徽商一大特色，所以徽商一般具有较好的文化素养。既然"江南人家以有无（倪画）为清浊",徽商受此社会风尚的影响,为标榜清门,追求风雅,便以收购倪画为荣,以家藏倪画为高。于是,欣赏和收藏书画成为很多徽州商人重要的文化活动和社会风尚。当然这种风尚的形成也受到了当时徽州官员士大夫的影响。明末商人兼收藏家吴其贞在《书画记》中说:"昔我徽之盛,莫如休歙二县,而雅俗之分,在于古玩之有无,故不惜重值争而收入。时四方货玩者,闻风奔至;行商于外者,搜寻而归,因此所得甚多。其风始开于汪司马兄弟,行于溪南吴氏丛睦坊,汪氏继之。余乡商山吴氏、休邑朱氏、居安黄氏、榆村程氏,所得皆为海内名器。"这里所说的汪司马兄弟,乃是指汪道昆、汪道贯兄弟。汪道昆,官至兵部左侍郎,他尤其喜爱收藏古董字画,登门求观的文士络绎不绝。他的行为不能不影响众多的商人,乃至形成这样的风气:有无古玩,竟成为区分雅和俗的标准。因此,好儒崇雅的徽商收藏古玩尤其是宋元时期的法书名画也就不奇怪了。

徽商的收藏更给当时的艺术市场增添了巨大的活力,"四方货玩者,闻风奔至;行商于外者,搜寻而归",从而导致广泛丰富的艺术珍品积聚于徽州,使徽州成为当时全国最有影响的收藏地之一,被后人誉为"文物之海"。据近代歙人黄次荪(崇惺)回忆:

> 幼时游里中诸收藏家,亲见其论画必宋、元人,乃辨别其真伪工拙,明及国初(清初)不甚措意,若乾隆以来,鲜有齿及者。大乱(指咸同年间清军与太平军的战争)以后,金冬心、郑板桥之流一联一幅,皆值数万钱。昔时中人之家,黏柱障壁比比皆是,亦无人估值也。①

这里所说的"收藏家",基本上是徽商,这一点应是无疑的。黄次荪还回忆道:"是时休、歙名族,乃程氏铜鼓斋、鲍氏安素轩、汪氏涵星研斋、程氏寻乐草堂,皆百年巨室,多蓄宋元书籍法帖、名墨佳砚、奇香、

---

① 许承尧:《歙事闲谭》卷20《咸丰前歙人收藏之富》,黄山书社2001年版,第709页。

珍药，与夫尊彝圭璧盆盎之属，每出一物，皆历来鉴赏家所津津乐道者。"①这些"休、歙名族""百年巨室"，自然也多是徽商。如歙人巴子安"家丰于财"，显然是徽商之家，"弄藏法书名画、金石文字、钟鼎尊彝甚夥"②。大盐商汪廷璋的侄子汪灏"家蓄古人名画极富"③。前述明末商人兼收藏家吴其贞曾说，在徽州收藏家程季白的儿子程正吉家中看过王维、赵孟頫的手卷和荆浩的立轴山水，以及其他书画作品。如王维的《江山雪霁图》手卷、李唐的《晋文公复国图》、翟院深的《雪山归猎图》、赵孟頫的《水村图》手卷。还有书圣王羲之《行穰帖》的唐初摹本、王蒙的《秋丘林屋》题记等，可见收藏之精美。据黄次荪《草心楼读画集》载：徽商收藏历史上名家作品之多，令人惊叹。如张择端的《清明上河图》、吴道子的《黄氏先圣像》、阎立本的《孔子事迹二十四图》、李龙眠的白描《十八应真渡海》长卷等。在徽商收藏的名画中，就有不少元人的作品。例如据晚明鉴赏家和收藏家张丑所说，歙县一吴姓徽商家，收藏倪云林的画最少有四幅，并皆为立轴。吴其贞也说在当时现存的倪画中，至少有两幅真迹，他亲眼见过。

当然，徽商收藏的这些珍品，绝不是仅仅束之高阁，"藏在深闺人不识"，只要遇有内行知音前来，他们也展其所藏，供大家鉴赏、学习，乃至评判。据黄次荪回忆："诸先生往来其间，每至则主人为设寒具，已而列长案，命童子取卷册进，金题至骤，锦贉绣褫，一触手，古香经日不断，相与展玩叹赏，或更相辨论，断断不休。"④画家们在"展玩叹赏""更相辨论"的过程中，实际上就是在总结前人的经验，汲取前辈的营养，这对于一个画家的成长是大有裨益的。如新安画派的代表人物之一休宁查士标，"家多古铜器及宋元人真迹，书法华亭（董其昌），画初学倪高士

---

① 许承尧：《歙事闲谭》卷20《咸丰前歙人收藏之富》，黄山书社2001年版，第707页。

② 许承尧：《歙事闲谭》卷21《巴子安佚事》，黄山书社2001年版，第727页。

③ 李斗：《扬州画舫录》卷15，中华书局1960年版，第351页。

④ 许承尧：《歙事闲谭》卷20《咸丰前歙人收藏之富》，黄山书社2001年版，第707页。

（倪云林），后参以梅花道人、董文敏"①，后人评价他的画作"真窥元人之奥"。之所以如此，与他从元人画作中汲取丰富的营养是分不开的。新安画派首领弘仁"闻晋唐宋元名迹，必谋一见"，传移摹写，认真研读。他与徽商吴羲友好，常在吴家赏阅古代大师的作品。吴家藏有倪云林的《幽涧寒松图》《东冈草堂图》《汀树遥岑图》《吴淞山色图》等，弘仁见后，如获至宝，苦心研读达数月之久，艺术境界大大提升，回去后将自己过去的作品全部撕毁。周亮工《读画录》云其"喜仿云林，遂臻极境"。弘仁仿云林的画，如《香水庵画山水册》中的树法和石法，深得云林笔意，可谓达到神似的境地。由于勤学苦练，弘仁的画风渐趋倪风而清幽冷峻，取得了很高的艺术成就，他也终于成为新安画派的领袖人物。

其次，画家成长、画派形成，离不开师友之间的切磋、交流，徽商的好客尊士恰恰为画友的聚集、切磋、交流提供了良好的艺术环境。"贾而好儒"的徽商与文人学士建立了密切的关系，共同的爱好产生了许多共同的语言，优厚的待遇又吸引了大批书画名家及各界名流蜂拥前来。明清时期，扬州是徽州盐商的聚集地，富甲一方的徽州盐商在扬州建有大量园林，优雅清静的环境成了书画名家、文人学士切磋交流的理想之地。故时人说："扬州书画（家）极多，兼之过客往来，代不乏人。"②这些来扬州的文人学士，大多坐馆于某一大盐商之家，或成为某一盐商的座上宾，受到了盐商的优厚礼遇。

如歙县盐商汪廷璋，"自其先世大千迁扬州以盐策起家，甲第为淮南之冠，人谓其族为铁门限……富至千万"③。乾隆年间，汪廷璋购得扬州名园筱园，人称汪园。不少文人学士、书画名家从四面八方聚集其门下，如汪文锦、方贞观、王宗献、方士庶、黄湊、金时仪、康以宁、姜彭、张洽、薛含玉、薛铨、陈燮、毕考祥、黄晋畴等人。这些人皆擅一技或数技之长，如汪文锦"工诗词，书工篆籀，精于铁笔"，方贞观"工诗"，金时

---

① 李斗：《扬州画舫录》卷2，中华书局1960年版，第41页。
② 李斗：《扬州画舫录》卷2，中华书局1960年版，第38页。
③ 李斗：《扬州画舫录》卷15，中华书局1960年版，第350页。

仪"诗字画，一时称三绝"。当然也有驰名的画家，如姜彭，"画翎毛第一手，山水学唐子畏，花卉学元人，老而益精"。薛栓（字衡夫），"山水得董巨神髓，近今扬州画家，以衡夫为第一手"。徽州画家能够经常与这些人交流切磋，自是受益匪浅。尤其是汪廷璋还花重金延聘名家于座中，作画示范，教授他人。如歙县画家方士庶，"早年画山水，运笔构思，天机迅发"，中年投奔汪廷璋为其门客，"时令闻（汪廷璋，字令闻）以千金延黄尊古于座中"，方士庶得以师从学画，"以是士庶山水大进，气韵骀宕，有出兰之目"①，终于成为新安画派的重要人物。浙江画家张洽，"工山水，有大痴神理。晚年买山楼栖霞，画家多从之游"。他也是汪廷璋的座上客。汪廷璋的侄子汪灏，也工诗画，为了进一步提高技艺，特用重金将张洽"延之于家，结为画友，由是右梁（汪灏，字右梁）山水气韵大进"②。

徽州大盐商江春与其从弟盐商江昉在扬州声名显赫，富称一时。江春建有随月读书楼、康山草堂，江昉建有紫玲珑阁，专以留居名流学士。他们的好客尊士，吸引了大批诗人、画家、学者，"一才一技之士望风至者，（江春）务使各副其愿"③。据《扬州画舫录》卷12载：江春的座上客，有姓名可考者达50余人，江春死后，"泣拜于门不言姓氏者，日十数人"。江昉的紫玲珑阁，也是"名流萃聚，诗酒盘桓"。在这些名流中不乏著名的画家，如浙江陈撰、许滨翁婿两人就同时坐馆于江春家。陈撰"画绝摹仿"，颇有创新。许滨被誉为"画入神品"。仪真人积兆熊，晚居随月读书楼，他不仅工于诗词，而且书画也精，"画笔与华嵒齐名，书法为退翁所赏"。不少徽州画家为了与名流切磋、交流，也聚集扬州，投奔盐商门下。如徽人江炳炎"诗字画称三绝"，徽人徐柱"工画，得小师（方士庶）嫡派"，他们都是江春的座上宾。新安画派的重要人物程邃，歙县人，号江

---

① 李斗：《扬州画舫录》卷15，中华书局1960年版，第347页。

② 李斗：《扬州画舫录》卷15，中华书局1960年版，第346页。

③ 许承尧：《歙事闲谭》卷18《江村人所著之书》，黄山书社2001年版，第618页。

东布衣，又号垢道人，查士标评价其画："铁笔之妙，直逼秦汉，其苍老轻秀之姿，远过前人，人得之宝为拱璧，间乘兴作画，写胸间磊落之气，深得摩诘（王维）神理。"①他晚年也侨居江都，新安不少画家也都侨寓扬州。

最后，画家的成长不仅有赖于学习、观摩前人的画作，有赖于与师友的切磋、交流，还有赖于周游四方，历览名山大川，以增长见识，拓宽胸臆。这也是广交游、会画友必不可少的。而要做到这一点，没有雄厚的经济条件作支撑，是无法想象的。我们考察新安画家，可以发现，这些画家大多出身于徽商世家，有的就是徽商子弟，甚至有的自己就是商人，他们一边经商，一边作画。可以说，正是徽商的经济支持，成就了新安画家的辉煌事业。如新安画派代表人物查士标，"家多古铜器及宋元人真迹"，为了提高画艺，又"延王石谷至其家，乞泼墨作云西、云林、大痴、仲圭四家笔法，盖有所取资也"。②从上述情况来看，查士标家境相当富有，极有可能就是商人家庭。前述巴子安，"能画山水花鸟，皆工"，其"家丰于财"，"弆藏法书名画、金石文字、钟鼎尊彝甚夥"，显然也是一个商人家庭。歙县画家吴云，"其父贾人也"，家庭比较富有，从小就受到良好教育，初师许南村，"育成其材"，年十四，父亲"挈去入浙，命习会计，不屑，俾掌刀布（钱财），耗且尽"。父亲去世后，丢下一笔遗产，于是他"走京师，从某贵人作塞外游。日与文学士俱，遂工诗画"。③如果他没有商人家庭的经济支撑，是根本不可能成为一个画家的。再如歙人黄埰，"父业盐策于浙"，盐商家庭多富有，使他无须为"稻粱谋"，乃"以商籍补诸生"，专意学画。时人评价他"墨菊颇饶幽致，竹则双管齐飞，解悟昔人怒喜行笔之旨"，是一个颇有成就的画家。类似情况还有孙嘉驹，也是徽人，"以盐业为钱塘诸生"，后来侨寓台州之乐城，"善画工诗"，其画

① 许承尧：《歙事闲谭》卷19《垢道人题画诗》，黄山书社2001年版，第667页。
② 李斗：《扬州画舫录》卷2，中华书局1960年版，第41页。
③ 许承尧：《歙事闲谭》卷13《吴梅颠 吴野马》，黄山书社2001年版，第450页。

作并收入《两浙名画记》。

更有一些徽商，本身文化素质较高，不仅工诗，而且善画，成为一名商人兼画家。如徽人江昉，是扬州大盐商，"善写生，于秋葵为最工"；江振鸿，是大盐商江春的嗣子，本人也从事盐业经营，寄籍扬州，"性好客，家有康山园（即康山草堂），海内名流至邗江者，必造焉，流连觞咏，殆无虚日"，在这种环境的熏陶下，他学业大进，时人评价他："善古文词，工草书，又善山水花卉，皆精妙"①，"山水（画）不减衡山（文征明），花草（画）不减白阳（陈道复）"，也是一个小有名气的商人兼画家。

三

在我们论及新安画派的形成和发展时，还不能忽视其他画种尤其是徽州刻书业的版画和制墨业的墨谱设计与图案对其产生的影响。而这两种文化产业或者就是徽商经营的，或者与徽商有着密切的关联。

明清时期，徽州刻书业有了蓬勃的发展。一是这一地区从事刻书的刻工人数众多。据不完全统计，明清时期有名可考的专业刻工就达600余人，如果加上大量的业余刻工，实际人数会更多。二是刻书数量多。徽州究竟刻有多少书，由于资料缺乏，很难考证清楚，仅歙县虬村黄氏家族，就刻有241种。这是一族之刻，还有一家之刻，如鲍廷博，建有"知不足斋"，鲍廷博与其子刻有《知不足斋丛书》30集，共收书207种。类似的家刻书斋在徽州还有很多。可以想见，明清时期整个徽州刻书数量是非常惊人的。三是徽州刻书质量精美。明万历时人谢肇淛在评价当时全国的刻书业时指出："宋时刻本，以杭州为上，蜀本次之，福建最下。今杭州不足称焉。金陵、新安、吴兴三地剞劂之精者，不下宋版。"②明代著名学者胡应麟也说："余所见当今刻本，苏、常为上，金陵次之，杭州又次之。近湖

---

① 汪鋆：《扬州画苑录》卷2。
② 谢肇淛：《五杂组》卷13《事部一》。

刻、歙刻骤精，遂与苏、常争价。"①两位明代学者充分肯定了徽州刻书的质量，徽州所刻之书以其印刷优美、校对精审闻名于世，使徽州成为全国刻书业中心之一。

徽州刻书还有一个重要特色就是美妙绝伦的版画插图，刻书商们为了满足广大读者的需要，在文中配上精美的插图，或上文下图，或上图下文，或文中嵌图，可视性很强。这些插图是要靠专业画家构思和创作的，这就必然为画家提供了进行版画创作的机会和表现其才华的舞台。而不同画种的创作和融合，更提升了他们的审美水平和艺术表现力。因而在新安画家的绘画作品中，其画风多表现出线条的刚劲有力，造型的简洁明快。著名画家如丁云鹏、王文衡、汪耕、吴廷羽、陈洪绶、程应箕等均为戏曲、小说作过插图。他们参与版画创作，再由名工镌刻，配合得天衣无缝。著名的插图本书，初期要数嘉靖间黄钟所刻的《文房图》。隆庆、万历以后，徽派插图本书精工富丽，渐渐形成独特细腻、大胆泼辣的艺术风格，世称徽派版画。周芜在《徽派版画史论集》中收插图300余幅，其插图风格各异，匠心独运。如由黄应澄创绘、黄应缵书写的《明状元图考》，在诸黄的通力合作、精雕细刻下图文并茂，至臻完美。郑振铎对此书的插图给予极高的评价，说："几乎没有一点地方是被疏忽了的。栏杆、屏风和桌子的线条是那么齐整；老妇、少年以至侍女的衣衫襞褶是那么柔软；大树、盆景、假山，乃至屏风上的图画、侍女衣上的绣花、椅上垫子的花纹，哪一些曾被刻者所忽路过？连假山边生长的一丛百合花，也都不曾轻心的处理着。"所以郑振铎有"徽刻之精在于黄，黄刻之精在于画"之说。这些画家在版画苑地的耕耘劳作，为中国版画的发展和辉煌作出了贡献，更为不同画种提供了可供借鉴的艺术营养。因此，在新安画派山水画的艺术风格中明显有版画的痕迹。从技法上说，新安画派深受自然景观的影响，多石疏树的黄山山峰，促使他们采用以线条为主的画法来描绘多角的山形，而作品中那刚劲、硬朗、瘦削却极富韵致的线条明显又受版画刀刻

---

① 胡应麟：《少室山房笔丛正集》卷4。

线条的影响，这在渐江、丁云鹏的画中表现得十分明显。显然，徽州版画艺术为新安画家提供了新的营养。

那么，徽州刻书与徽商又有什么关系呢？大量的事实反映，两者是一种非常密切的关系。首先，"贾而好儒"的徽商，喜读书，爱藏书，好著书，以及对纂修谱牒的高度重视，造成了强大的市场需求，有力地推动了徽州刻书业的发展。在商品经济时代，对一个行业的推动，市场需求的力量超过了其他任何力量。可以说，没有强大的图书市场需求，就没有兴盛发达的徽州刻书业。其次，徽商直接投资刻书业，为徽州刻书业注入大量资金，把徽州刻书业推向了鼎盛阶段。例如，号称"四元宝"的徽州大盐商黄履晟、黄履暹、黄履昊、黄履昂四兄弟，在业盐的同时就投资刻书业，刻成类书《太平广记》《三才图会》等。盐商马曰琯、马曰璐兄弟，侨寓扬州，家富不资，也投资刻书业，刊刻了大批图书，号称"马版"。据居蜜（美）、叶显恩先生统计，明清时期，徽州的家坊、书坊有近40家，其中大多为商贾①。最后，长期与市场打交道的徽商，形成了十分灵活的经营理念。他们善于审时度势，捕捉市场信息，把握市场需求，调整经营策略，往往出奇制胜。这种理念，一旦带到刻书业，就会给刻书业带来重大变化：一是刻书种类大量增加，传统的刻书业一般只刻学术著作，其他类的图书很少刻印。随着商品经济的发展，市民阶层的出现，市场对文化的需求也多种多样，徽商介入刻书业后，充分考虑到不同阶层、不同群体的人们的需要，刻印不同类型的书籍，使刻书种类大量增加，如童蒙书籍、戏曲书籍、小说书籍、医书、商书、广告类图书等，只要市场需求，无不精心刻印。二是刻书版式不断创新，正是因为要适应不同读者的需要，增强可视性与可读性，书商们才把精美的绘画艺术与刻书业结合起来，有的索性将新安画家的画作用木板印刷出版，如孙逸的《歙山二十四图》、弘仁的《黄山图册》都曾用木板印刷出版。因此，人们认为弘仁在绘画中稳重的线条，当部分归功于他所经历过的木刻印刷生涯。新安画派

---

① 参见居蜜、叶显恩：《明清时期徽州的刻书和版画》，《江淮论坛》1995年第2期。

稳重有力的艺术风格，自然平直的艺术境界，都与徽商热衷于木板印刷、刊印所起的作用是分不开的。

至于徽州墨商对新安画派的影响，主要是新安画家参与了墨谱设计和图案绘画。制墨徽商为提升墨品的文化品位而加强制墨工艺的研究和对外宣传，特延请画家为其墨模绘制山水、人物、花鸟等图案。其中墨商程君房和方于鲁尤为突出。程氏曾特聘著名画家丁云鹏及雕刻名工黄鳞、黄应泰诸人，联手绘刻了《程氏墨苑》，大大提高了墨模的文化品位和艺术水准。《程氏墨苑》将其墨品编为图谱，凡十二卷，是中国古代艺术水平最高的墨谱图集。程氏在墨的造型设计和图式安排上新意迭出，丁云鹏的图稿精美绝伦，黄氏匠人的刻工勾凝断顿，线条细若胎毛、柔如绢丝，曲尽其妙。著名画家的精心设计，技艺高超的画工的配合，使《程氏墨苑》在版画史上成为少有的精品。郑振铎曾说："余收版画书20年，于梦寐中所不能忘者，唯彩色本程君房《墨苑》，胡曰从《十竹斋笺谱》及初印本《十竹斋画谱》。"[1]可见其艺术价值之高。与程氏同时的方于鲁，也请丁云鹏绘制《方氏墨谱》，其画面设计和雕刻工艺同样美妙绝伦。《方氏墨谱》共收录方于鲁所造名墨图案和造型385式，雕刻精美，线纹细入毫发，飘如游丝，造型效果纤丽逼真，具有极强的装饰美感，使墨模造型艺术达到一个全新的水准。《方氏墨谱》是明刊四大墨谱的第一部，具开拓之功，对后来者的构思和风格有直接的启迪作用。《程氏墨苑》和《方氏墨谱》代表了那个时代墨模艺术的最高水准，从中我们可看出画家们所表现出的艺术才华。它对新安画派绘画的潜在示范效应，也不难看出。完全可以说，徽商的商业活动为艺术家们施展才华，提供了舞台；徽派版画和新安画派绘画，相互汲取营养，相互影响，成为中国绘画史上两朵美丽的奇葩，徽州商人功不可没！

本文与李锦胜合作

----

[1] 郑振铎：《劫中得书记》，上海古典文学出版社1956年版。

双子星座：徽商、晋商比较研究

　　明清时期徽商与晋商是声震遐迩的两大著名商帮，在中国封建社会晚期乃至近代都产生了极大的影响，他们像银河中的双子星座，在茫茫夜空中闪烁着耀眼的光芒。

　　近20多年来，学术界对徽商与晋商分别进行了很多研究，推出了不少有价值的成果。就两大商帮的比较研究而言，此前学者或是从某个侧面进行比较，或是就其代表人物进行比较，但对两大商帮整体的比较研究却不多见。[①]其实，早在明代就有人对两大商帮进行比较了，谢肇淛在《五杂组》卷4中曾指出："富室之称雄者，江南则推新安，江北则推山右。新安大贾，鱼盐为业，藏镪有至百万者，其他二三十万，则中贾耳。山右或盐，或丝，或转贩，或窖粟，其富甚于新安。新安奢而山右俭也。然新安人衣食亦甚菲啬，薄糜盐齑，欣然一饱矣。惟娶妾、宿妓、争讼，则挥金如土。"这已是从资本大小、经营行业、生活奢俭上对徽商与晋商进行比较了。当然，这时的两大商帮刚刚走上兴盛之路，后来又有了很大的发展，他们的全貌远没有表现出来，这种比较只能是初步的、表象的。今天当两大商帮已成为历史回忆，而且学界对这两大商帮也分别有深入研究的

---

① 目前所见关于徽商、晋商的比较研究有：《山西商人家族与徽州商人家族的比较》，载张正明：《晋商兴衰史》，山西古籍出版社1995年版；王双：《徽商与晋商的文化特色比较》，华而实：《胡雪岩、渠本翘比较观》，俱载阳泉市政协文史资料委员会编：《晋商史料与研究》，山西人民出版社1996年版；余传芳、梁仁志：《明清晋商与徽商对儒学科举不同态度的原因浅析》，《黄山学院学报》2005年第2期。

时候，我们便可以全面审视和比较这两大商帮了。本文拟从两大商帮的兴衰轨迹、商帮性质、经营机制和价值取向等方面进行比较，从而帮助我们进一步认识两大商帮的相同和相异之处。

一、极为相似的兴衰轨迹

徽商、晋商是如何兴起的？这是研究者们非常关注的问题，此前的研究见仁见智，尚未达成共识。但只要认真研究两大商帮所处的社会自然环境，我们就会发现，地少人多所带来的生存危机，是两大商帮兴起的最根本的共同原因。

徽商故里徽州是一个川谷崎岖、万山环绕的"四塞之地"，这里"七山一水一分田，一分道路和庄园"。就是这可怜的"一分田"，也不是旱涝保收之地。由于山高难以蓄水，十日不雨，土地便旱得龟裂，人们只得仰天而叹。可是等到一场骤雨过去，山洪暴发，其粪壤之苗又被冲得荡然无存。就在这块贫瘠的土地上，人口却不断增加，明初已近60万。地狭人稠，必然造成巨大的生存压力，故顾炎武指出，"徽郡……又田皆仰高水，故丰年甚少，大都计一岁所入，不能支什之一"[1]。在这种情况下，务农可以说是难以为继。为了生存，必须另谋出路。古代士农工商四业，务农不行，只有从事士、工、商了，而入仕之路，犹如万人挤独木桥，不仅非常艰难，更要有雄厚的经济基础作后盾，谈何容易！手工业固然不失为一条谋生之路，有些人也是走上了这条道路，但它所吸纳的人口毕竟有限，剩下的唯有经商一途了。

山西何尝不是如此？据《明实录》载：洪武十四年（1381），山西人口达到4030450人，是同期河南人口（1891000人）的2.1倍还多。早在明代，晋地的生存危机就日益严重。明人李维桢在谈到泽州时说："（泽）州界万山中，枉得泽名，田故无多，虽丰年，人日食不足。"[2]同时代人张

---

① 顾炎武：《天下郡国利病书·江南二十》。
② 李维桢：《大泌山房集》卷15，明万历三十九年刻本。

四维也说：蒲州"界在河曲，土陋而民夥，田不能以丁授"①。这种情况到了清代也毫无缓解，"太原以南……其土之所有不能给半，岁之食不能得。……太原以北岗陵丘阜，硗薄难耕……无平地沃土之饶，无水泉浇灌之益，无舟车鱼米之利"②。也正是在这种情况下，晋民才"不得不贸迁有无，取给他乡"，走上经商的道路。

正当徽人和晋人在经商道路上摸索的时候，应该说是开中法给他们提供了难得的契机。朱元璋推翻了元朝的统治，但并没有彻底消灭蒙元残余势力。明王朝建立后，逃遁北方的蒙元残余势力以及新兴起的蒙古瓦剌、鞑靼诸部时时入犯明朝边境。为了保卫新生的政权，明王朝不得不在北边长城沿线，设立了九个军事重镇，驻扎了好几十万军队，马也有几十万匹。这是一个庞大的消费群体，也是一个巨大的消费市场，每年需要大量的粮草、布匹、棉花及其他物品。当地所产粮棉远不能满足需要，必须从内地运送。对此，政府显然无能为力。于是从洪武三年（1370）开始，政府实行了重要盐法——开中法，"召商输粮而与之盐"，即商人按规定将粮食运到边区指定仓储，取得盐引——食盐经营许可证，接着再到指定盐场凭引守候支盐，最后到指定地区销售。这确是一个重大机遇。

面对机遇，抓住不放，徽商和晋商表现出同样的敏感。山陕因为临近北边，故晋商捷足先登。徽州虽与北边相距数千里，但徽人也看到了这是一个巨大的商机，不畏艰难，北上中盐。如徽商汪玄仪，"聚三月粮，客燕代，遂起盐策"③。歙人程金吾也是"捆载入河西，赢得过当，遂都河西主转毂，浸起不资"④。显然他们都是开中商人。可以说正是开中法催生了徽州、山西第一代商人。

当前驱徽商、晋商赚了"第一桶金"以后，他们的示范效应立即显现出来。大批的后来者继之而起，一部分人跻身盐业，更多的人开始涉足茶

① 张四维：《条麓堂集》卷20《海峰王公七十荣归序》。
② 康基田：《晋乘蒐略》卷2。
③ 汪道昆：《太函副墨》卷1《先大父状》，明万历刊本。
④ 汪道昆：《太函集》卷58《明故南京金吾卫指挥佥事歙程次公墓志铭》，明万历刊本。

叶、典当、木材、丝绸、棉布、药材等行业，全方位、多元化经营的局面初现端倪，商帮集团形成了。

开中法行之既久，弊端日出。弘治五年（1492），户部尚书叶淇采纳了一些商人的意见改弦更张，由商人边塞纳粮中盐改为商人赴运司纳银中盐，这是政策的一大调整，给徽商、晋商带来了不小的影响。纳粮中盐，晋商因地利之便，故占绝对优势。但改为纳银中盐后，由于两淮盐场运司设在扬州，距徽州不远，故大批徽商纷至沓来。这一时期虽也有不少晋商南下，但从总体上晋商已不占优势，徽商却独占鳌头了。正如万历《歙志·货殖》所载：“《传》（指《史记·货殖列传》）之所谓大贾者……皆燕、齐、秦、晋之人，而今之所谓大贾者，莫有甚于吾邑。虽秦、晋间有来贾淮扬者，亦苦朋比而无多。”

在两浙盐场，徽商也占有优势。但在其他盐场，尤其是在长芦、河东盐场，晋商却建立了自己的垄断地位。很显然，徽商、晋商中的盐商都成为各自商帮中的中坚力量。在开中折色以后没有南下的部分晋商则开始转向旅蒙贸易，后来一直占据着蒙古市场。

“小本起家”，艰苦创业，是徽商和晋商发迹的共同道路。如前所述，徽人和晋人之所以走上经商之路，最根本的原因就是这里地狭人稠，难以生存，因此对绝大多数人来说，“非自有余而逐什一也”[1]，而是为了谋生，不得不弃农服贾。为了凑足经商的资本，徽人或变卖妻子的嫁奁甚至家产，或向亲朋借贷，甚或为人佣工。徽州著名大盐商鲍志道，“年十一，即弃家习会计于鄱阳”。二十岁即去扬州佐人业盐，大获成功。后来自己独立经营，成为两淮总商。休宁大商人程锁，在父亲死后，家道中落，为了经商，邀了同族志同道合者10人，每人凑300缗，合伙创业，后来才渐渐发迹致富。像此类例子不胜枚举。

晋商也是如此。祁县乔家始祖乔贵发，早年为人帮佣，穷困潦倒，后与人一起走出口外，先在萨拉齐厅合成当铺做伙计，积蓄些许本钱即转到

---

① 康基田：《晋乘蒐略》卷2。

其他地方开草料铺，兼售豆腐、豆芽、切面等杂货，几经曲折，才慢慢起家，以后成为著名大商人。清代太原曹氏资产六七百万两银，但其始祖、明末清初人曹三喜，开始只是随人至东北三座塔（今辽宁辽阳县）租地种豆、磨豆腐、养猪，辛苦多年，才渐有积累，然后扩大经营，酿酒、开杂货铺，逐渐发迹成关外大商[1]。

徽商、晋商以"小本起家"的道路说明在封建社会，商业资本的最初积累是比较艰难的。官僚资本虽然很雄厚，但一般来说，由于商业所处四业之末的地位，官僚不愿意直接投资商业，商人只有依靠自身的力量一步一步地发展。

不畏艰难，开拓进取，是徽商和晋商坚持的共同精神。徽人一旦走出家门，便义无反顾。《光绪祁门倪氏族谱》卷下载："徽之俗，一贾不利再贾，再贾不利三贾，三贾不利犹未厌焉。"这正是徽商的写照。为了采木，他们可以深入云贵深山老林一待十几年。为了贩茶，他们可以南下广州，北到辽东。为了建立市场，他们大到都市，小到村镇，足迹"几遍宇内"，甚至把生意做到海外，终于创造了富甲一方的奇迹。晋商的进取精神更令人钦佩，他们不仅在国内创造了一个又一个辉煌，而且垄断了中俄恰克图贸易，甚至深入俄国腹地经商，在日本、朝鲜及东南亚地区均有晋商所设的分号，这又是何等的气魄！在金融业，晋商先后创立的钱庄、印局、账局、票号等经济组织，更反映了晋商的开拓创新精神。

诚信经商，以义制利，是徽商和晋商遵循的共同准则。他们的所言所行，确有异曲同工之妙。明代晋商王文显曾训诸子曰："夫商与士，异术而同心。故善商者，处财货之场，而修高明之行，是故虽利而不污。善士者，引先王之经，而绝货利之心，是故必名而有成。故利以义制，名以清修。"[2]晋商乔致庸认为经商第一是守信，第二是讲义，第三才是取利。徽商汪忠富命长子经商，告诫说："职虽为利，非义不可取也。"[3]歙商吴南

---

① 参阅张正明：《晋商兴衰史》，山西古籍出版社1995年版，第217、234页。

② 李梦阳：《空同集》卷44《明故王文显墓志铭》，清文渊阁《四库全书》本。

③ 《汪氏统宗谱》卷3《行状》，明刊本。

坡说："人宁贸诈，吾宁贸信。"黟县商人舒遵刚的话更为典型："圣人言，生财有大道，以义为利，不以利为利。国且如此，况身家乎！"又说："钱，泉也，如流泉然。有源斯有流，今之以狡诈生财者，自塞其源也。"[①]上述言论虽然只是出于个别商人之口，但实际上是完全可以代表两大商帮的绝大多数商人的。他们不仅这样说，也是这样做的，两大商帮中都有很多这方面的事例。徽商吴鹏翔某年从四川运米数万石至汉阳，正值闹饥荒，米价腾贵，他没有见利忘义，乘机大捞一把，而是"减值平粜，民赖以安"。又有一次，他购进胡椒八百斛，尚未付款，发现此胡椒有毒。卖主愿意全部收回，但吴鹏翔仍照价买下，然后付之一炬。他之所以这样做，是考虑到如果退了胡椒，卖主可能转售他人，这样就要坑害更多的人。晋商类似的例子也很多，如清末祁县富商乔家的复盛油坊曾从包头运了大批胡麻油往山西销售，经手伙计为图暴利，竟在油中掺假，此事被掌柜发现后，立即指示将所有售出的掺假油全部换成纯净原油[②]。

为什么这两大商帮都能坚持商业道德呢？这与他们各自的信仰有很大关系。新安为朱子阙里，儒风独茂，人们无不崇奉朱熹。朱子之教是正统的儒家学说，儒家强调信义，徽商深受影响，表现在商业上，就形成以诚待人、以信接物、以义制利的商业道德。晋商信仰乡贤关公，关公经过《三国演义》的渲染，在民间一直被视为忠义的化身，尊崇关公的晋商自然也把忠义作为经商的准则，并化作自己经商中的自觉行为。此外，理性经商也是重要原因。在生意场上，欺诈只能得逞于一时一事，决不能见效于久远，这是不难理解的道理。徽、晋两大商帮的商人大多懂得其中的道理，从他们留下的大量言论中可以看出，他们经商富于理性，善于从现实和历史中总结商人成败的经验教训，他们能够深刻认识到，坚持商业道德，就能发展，反之，就会失败。

在发展的道路上，晋商比徽商时间更长。道光以后，整体上说徽商衰落了，晋商在此以后却因创办票号又辉煌了几十年，但最终也难逃没落的

---

① 同治《黟县三志》卷15《舒君遵刚传》。

② 参阅张正明：《晋商兴衰史》，山西古籍出版社1995年版，第150页。

命运。比较两大商帮衰落的轨迹，又是那么惊人的相似。

从客观上说，或因政府政策调整，或因社会大环境的恶化，导致两大商帮的衰落。两大商帮都是依靠政府的政策而起家的，因而都紧紧依附于封建政府，变成了政府的附庸，之后又都因政府的政策调整而受到致命打击，并随着清政府的垮台而与之同归于尽。真正是"成也萧何，败也萧何"。对徽商和晋商中的盐商而言，道光年间的废引改票，这一盐业政策的重大调整使徽晋盐商的垄断地位尽失，从此一败涂地。同时政府的腐败导致国内阶级矛盾的激化，外国资本的入侵使得社会大环境日益恶化，又给了两大商帮沉重的打击。太平天国运动爆发后，清政府为了挽救自己的败亡，与太平军交战十几年，尤其是在皖南的拉锯战，使得徽商的身家性命以及财产受到致命打击。兵燹给晋商带来的损失也极惨重，清朝官员徐继畲说："山西买卖十无一存，太平各县向称富有者，一旦化为乌有，住宅衣物之外，别无长物。"[1]

清廷的腐败，列强在华的肆虐，更使商帮蒙受巨大的灾难。第二次鸦片战争后，沙俄强迫清政府签订了《天津条约》《北京条约》等一系列不平等条约，在中国攫取了众多特权，俄商可以深入我国内地买茶、制茶。此前中俄唯一的交易市场恰克图趋于萧条，市场上的中方主角晋商歇业撤庄，元气大伤。虽然后来晋商一度获准在俄国腹地进行贸易，并取得了不小的业绩，但当晋商请求像俄商那样在中国内地由水路运茶，以降低成本时，竟然被清政府断然拒绝。俄国政府更乘机提高关税，俄商又赖账不还，清政府竟毫不抗争，晋商只能背起空囊洒泪返国。甲午战争、日俄战争使晋商在华北、东北的商号遭到巨大损失。庚子之变使两大商帮在京津的店铺悉遭破坏，典铺更被洗劫一空。票号虽然在后期一度辉煌，执国内金融界的牛耳，但也因清政府的倒台，放款难以收回，存款纷纷逼提。

从主观上说，两大商帮同样因为保守僵化，未能跟上时代步伐，从而葬送了自己的前途。两大商帮在兴起、发展过程中，都发扬了艰苦奋斗、

---

① 参阅周伟主编：《汇通天下之晋商气派》，光明日报出版社2004年版，第134页。

开拓创新的可贵精神，创造了辉煌业绩。但当他们的事业发展到巅峰时，他们的思想却日趋保守、僵化。尤其是近代以后，中国社会已经转型。面对这三千年未有的大变局，有的商帮及时转型，而徽商、晋商却表现出迟钝、冷漠，熟视无睹。近代以前，两大商帮很少投资产业，当近代工业出现后，也少有人对此感兴趣。根本看不到它是代表着未来的方向。两大商帮都是以长途贩运见长，令人不可思议的是，当新型的运输工具轮船出现以后，他们又是那样的无动于衷。外国的机器制茶已经在市场上对中国茶叶形成巨大压力的时候，无论是徽州茶商还是三晋茶商仍然抱残守缺，继续沉湎于落后的手工作坊。尤其令人扼腕叹息的是，当山西票号如日中天之时，作为一种新事物的银行业出现了，票号与银行号只有一步之遥，但后者的优越性却与前者不可同日而语。然而当有远见的分号经理纷纷吁请将票号改组为银行时，却被总经理断然否定。甚至政府在筹办大清银行时，派人前来协商，希望票号加盟，也被婉言拒绝。就这样，机遇一次次失之交臂，充分反映了两大商帮思想保守，昧于大势，终于被时代所抛弃。

徽商和晋商在封建社会中是最优秀的商帮，他们已习惯满足于在封建经济轨道上运行，他们不去观察、思考社会的变化，缺乏远虑。当社会没有大变化时，他们也许还能继续辉煌；一旦大变局出现，他们就会茫然失措，只能束手待毙了。

二、别无二致的商帮性质

判断商帮的性质，一是要看这个商帮与封建政治势力的关系，二是要看商人的资本流向和出路。恰恰在这两点上，徽商和晋商又是别无二致，也就是说他们都是封建性的大商帮。

首先来看商帮和封建政治势力的关系。皇帝是封建政治势力的总代表，徽商和晋商都仰攀皇帝，受到皇帝的垂青。康熙六巡江南，当时的扬州盐商因其财力雄厚就曾参与接驾，徽商江演就是其中之一，并得到皇帝的赏赐。到了乾隆年间，扬州盐商发展到兴盛阶段，在乾隆六次南巡中，扬州盐商出钱最多，贡献最大，因而也得到皇帝的褒奖。如徽州盐商江春就是其中的典型，"上六巡江南，两幸山左，只候供张，胥由擘画"[1]，深得乾隆嘉许，被誉为"以布衣上交天子"。两淮其他盐商也是悉心承办差务，其中绝大多数是徽商，可见徽商对皇帝的态度。

晋商在这方面也毫不逊色。早在清军未入关前，著名的介休范氏家族就进出辽东贸易，帮了很多的忙。待清军入关后，顺治皇帝甚至召见范永斗，赐给张家口房地，并将其隶于内务府籍，继续从事贸易，成为著名的皇商，逐渐发迹。整个清朝统治时期，晋商中的典型代表始终和皇家保持密切的关系。皇帝大庆，他们慷慨捐助；皇室落难，他们又解囊效忠。如1900年庚子事变发生，慈禧太后偕光绪帝仓皇西逃，途经山西时，拮据不堪。晋商雪中送炭，很快筹措几十万两白银奉送以解燃眉之急。

对封建政权，他们也是忠心依附。尤其是盐商，他们的巨额利润正是凭借经营的垄断地位得来的，而这种垄断地位又是政府给的，他们对政府的依附性极强。政府一旦遇到困难，他们当然不会袖手旁观。以清代徽州盐商为例，每逢政府军需、河工、灾济、大典之时，他们都半是情愿、半是无奈地大量捐输报效，仅据嘉庆《两淮盐法志》统计，从康熙七年（1678）到嘉庆九年（1804）的100多年里，两淮盐商以各种名义报效政府的银两达3930余万两，米21500石，谷近33万石。如果加上两浙盐商的报效，数字更大。与徽商相比，晋商别无二致。乾隆年间镇压大小金川起义，晋商一次报效110万两白银；嘉庆年间镇压白莲教起义，晋商又捐输218万两。鸦片战争后，清政府军费不足，晋商再次解囊，掏出200万两。咸丰年间，为镇压太平天国运动，清政府急于筹款，晋商捐银最多，高达287万两，以后又不断捐输。正如徐继畬在《复阳曲三绅士书》中感叹道："晋商前后捐输五六次，捐款逾千万。"[2]由此可以看到晋商与封建政权的

① 《橙阳散志》卷3《人物志·义行》，清嘉庆刊本。
② 参阅周伟主编：《汇通天下之晋商气派》，光明日报出版社2004年版，第139页。

关系。清入关后，山西介休范氏等商人摇身一变为清内务府官商后，"每年办进皮张，交内务府广储司库"。之后从康熙六十年（1721）到乾隆十三年（1748）的20多年间，当清廷用兵平定准噶尔叛乱时，范永斗的孙子范毓馪多次为清军承运军粮。范毓馪及其后代还充当官商为政府常年去日本采办洋铜。山西票号与清政府的关系更是密切，在清政府的关照下，票号从最初承办商业汇兑，逐步囊括了京饷、协饷汇兑，海防、铁路、河工等经费汇兑，以及赈款、赔款、借款汇兑，简直成了政府的财政部了。

至于和封建官员的关系，两大商帮都是千方百计巴结逢迎。徽商非常善于同各级官员结交联谊，所以在商人的家谱中，关于他们和官员"过从款洽"的记载比比皆是。徽商甚至对一些应试士子、违误官员也倾心交纳。此外，他们还通过联姻、行贿等手段交结官员，所以时人评说："徽多高资贾人……又善行媚权势。"[①]更有甚者，有的徽州商人还将权势的贪赃之款代为营运，让他们坐享厚利。当然，晋商也不例外，票号堪称典型，他们的"功名"生意做得十分红火。只要儒士入京应试，一旦考中，票号便与他们建立联系，并利用自己在官场上的人际关系网络代为活动，放任外官。新官上任，急需大量银两，这又得到票号的帮助。从此这些官员必然与票号保持一种特殊的关系。清代后期，政府又广开捐纳之门，一些急于捐官而又缺少银两的人，恰恰成了票号争取的对象。他们热衷代办捐纳，代垫捐银，其目的既是谋利，也是广泛结交官员。后期的山西票号，每一家都有一位或几位过从甚密的王公大臣以及政府官员，其他商人也莫不如此，只不过结交的官员，职位有高低之分，关系有亲疏不同而已。

徽商、晋商虽然都是富甲一方的商帮，但巨额的商业资本基本上仍活跃在流通领域。也就是说，其商业利润，或用于捐助报效政府，巴结官员；或用来购置土地，走上"以末致富，以本守之"的老路；或用于社会慈善事业；更有的大量"窖藏"，或消耗于奢侈生活中。虽也有极少数商

---

① 李维桢：《大泌山房集》卷66，明万历三十九年刻本。

人投资产业,但终究难成气候,所以他们都是封建性商帮。

为什么像徽商、晋商这样的大商帮都得依附于封建政治势力呢?这必须从社会上找原因。首先,明清时期仍然是封建专制社会,封建统治者掌握着优质资源配置大权,依附封建政权就能获得这些优质资源,以取得高额利润,盐的专卖就是如此。盐商之所以富埒王侯,就是因为他们从封建政府那里获得了盐的专卖权,确立了垄断地位。相对应地,盐商自然要从利润中分割一部分报效官府,孝敬皇帝。其次,在封建专制社会,封建官员是各级政府的代表,他们不仅是商业政策的制定者、执行者,同时也掌握着生杀予夺大权,他们是一个强势群体,而商人作为无权无势的弱势群体,要能生存并得到发展,就必须依附逢迎强势群体,希望他们能够充当自己的保护伞,更高的追求则是希望他们在朝中多少反映一点商人的心声。在任何社会,只要权能够制约利的时候,钱依附势,或者说商人依附官员就是不可避免的。

对封建政治势力的依附,正反映了商人社会地位的低下。明清时期,虽然商品经济有了很大的发展,商人队伍也有了很大增长,甚至商人入仕也有了更多的途径;统治阶级中的有识之子对商业的重要性有了新的认识;发端于宋代的"工商皆本"的思想,至明清时期也有了更多的响应,一些文人甚至官员纷纷为商贾正名。但尽管如此,商人四民之末的社会地位并没有得到根本改变,商人还没有迈进他们的理想王国。

封建社会的传统国策是重农抑商,它是建立在地主制经济之上的,只要这个基础不改变,这一传统国策就会延续下去。明清社会经济仍然以地主制经济为基础,因此重农抑商的政策一以贯之,且不说政府的闭关政策、专卖政策对商人的限制,就是在商品经济十分活跃的时期,统治阶级也没有放弃这一国策。只是在贪官污吏对商人盘剥过重,商人裹足不前,商品流通受到严重影响时,统治者才采取一些"恤商"政策,但其目的还在于"裕课",即增加财政收入,而绝不意味着商人迎来了黄金时代。

社会地位的低下,往往会产生两种不同的结果,或则激起反抗的精神,或则养成懦弱的品格。体现在商人阶层的正是后者,所以康熙时的江宁织造李煦说"商家原属懦弱",这实在是一针见血的评价。

低下的社会地位,动摇的经济地位,懦弱的政治品格,使商人难以形成一支独立的政治力量,更难以把握自己的命运,他们只有逢迎、依附、仰攀封建政治势力,才能在忍气吞声中求得发展。徽商、晋商成为封建性商帮,绝不是偶然的。

三、各具特色的经营机制

徽商和晋商虽然是同时代的两大商帮,但他们在发展中却形成了各具特色的经营机制,尤其是在用人机制、竞争机制和激励机制方面,两大商帮各擅其长。

商人在小本起家时,仅凭个人的奋斗或父子兄弟联手就能取得很好的成绩,但当商业规模达到一定程度时,单凭家庭的力量就不够了,必须另择他人。而用人当否,直接关系到商业的成败。徽商的用人机制有以下特点:一是利用宗族制度,大量使用宗族人员。例如明代徽州商人程澧很善于经商,他任用很多族人,"诸程聚族而从公,惟公所决策"[1]。程金吾遵父命弃儒从贾,在河西从事转运贸易,赢得过当,于是又带动大批本宗族的人,"诸程鱼贯从之,人人起富"[2]。汪福光是个大盐商,随着事业的发展,经营规模越来越大,"贾盐于江淮间,艘至千只,率子弟贸易往来,如履平地"[3]。像这样"艘至千只"的大规模经营,所需人员自然是很多的,这里的"子弟"当然不可能仅指自己的直系亲属,应视为本宗族内的人员。为什么徽商大多任用宗族人员呢?因为徽州是个宗族制度非常发达的地方,所谓"千年之冢,不动一抔;千丁之族,未尝散处;千载之谱

① 汪道昆:《太函集》卷52《明故明威将军新安卫指挥金事衡山程季公墓志铭》,明万历刊本。

② 汪道昆:《太函集》卷58《明故南京金吾卫指挥金事歙程次公墓志铭》,明万历刊本。

③ 《休宁西门汪氏宗谱》卷6《益府典膳福光公暨配金孺人墓志铭》,清顺治十年刊本。

系，丝毫不紊"。在这种社会环境下，人们的宗族意识极强，因而宗族内部成员的凝聚力、向心力也就极强，任用宗族人员非常可靠。二是任用僮仆。由于徽州佃仆制度也很发达，因此，不少商人也大量任用僮仆于经营之中。如休宁商人程事心，"课僮奴数十人，行贾四方，指画意授，各尽其材"①。《清稗类钞》也记载："徽州之汪氏、吴氏，桐城之姚氏、张氏、左氏、马氏，皆大姓也，恒买仆或使营运，或使耕凿。"②商人为什么会任用僮仆？就是因为徽州等级制度极其分明，这里"主仆之严，数十世不改，而宵小不敢肆焉"③，"苟稍紊主仆之分，始则一人争之，一族争之，既而通国争之，不直不已"④。在这样的社会氛围中，使用僮仆营运，当然可靠放心。三是慎择掌计。掌计又称计簿，是掌管账簿之事，这是非常重要的位置。对这样的人选，徽商非常慎重，总是挑选那些忠诚可靠的人担任。如休宁典商孙从理在浙江吴兴开典，由于"什一取赢，矜取予必以道"，生意兴隆，于是"慎择掌计若干曹，分部而治"。由于所选掌计都很能干，所以，"岁会剖析数岁之赢增置一部，迭更数岁，又复迭增"⑤，典铺不断增多。明代徽州商人李大鸿经营盐业，看到有的盐商奢侈无度，公垂首诫诸掌计曰："闻贾由积纤而巨者，未闻委约趋侈而不反丧故有也。诸掌计奉命惟谨。"⑥看来他聘请的掌计不止一人，可见其经营规模很大。

为了充分调动所用之人的积极性，徽商也形成了内部的激励机制。当然首先得益的是宗族成员，虽然我们不清楚其内部的分配制度，但他们受益则是肯定的。如前述程金吾经商兴旺，"诸程鱼贯从之"，结果"人人起富"。明清之际的徽人金声也曾说过："夫两邑（此指歙、休宁两县）人以业贾故，挈其亲戚知交而与共事，以故一家得业，不独一家食焉而已。其

---

① 缪昌期：《从野堂存稿》卷3《故光禄丞敬一程翁墓表》。
② 徐珂：《清稗类钞》第39册《奴婢类》。
③ 赵吉士：《寄园寄所寄》卷11，清康熙刊本。
④ 许承尧：《歙事闲谭》卷18《歙风俗礼教考》，黄山书社2001年版，第605页。
⑤ 汪道昆：《太函集》卷52《南石孙处士墓志铭》，明万历刊本。
⑥ 《婺源三田李氏统宗谱·恩授王府审理正碧泉李公行状》，明万历刊本。

大者能活千家百家，下亦至数十家数家。"①显然就充分调动了这些"与共事"的"亲戚知交"的积极性。即使是僮奴，也能改变自己的命运："久之，积有资，即不与家僮共执贱役。其子弟读书进取，或纳资入官，主不之禁。惟既以卖身，例从主姓。及显达，即不称主仆，而呼主为叔矣。"②僮奴干得好，还能"显达"，这种机制自然能调动其积极性。至于掌计，由于作用重要，收入要高于其他人，所以也容易积累资金。徽商中很多人起初都是为人掌计，后才独立经商的。如歙人闵世章，"少孤贫，九岁废书，长而自求识字，旋晓文义"，后去扬州，"赤手为乡人掌计簿，以忠信见倚任。久之，自致千金，行盐策，累资巨万"③。看来，只要坚持"忠信"，干得出色，"赤手"也能致富，可见徽商内部的激励机制是颇为成功的。

晋商的经营机制不同于徽商，而另具特色。由于中原多乱，宗族势力受到极大冲击，宗族制度日益削弱，在晋商发展中所起的作用不大。清代中期以后，晋商经营机制越来越灵活，其中突出表现在山西票号和一些大的商号中。一是所有权与经营权开始分离，票号所有者经过严格考察和考核，重金聘用经理，并将资本全权委托经理经营。经理不是同宗之人，甚至晋商有意"避亲用乡"，明确规定不用"三爷"（少爷、姑爷、舅爷）。经理拥有人事大权，东家决不插手票号事务，也不过问日常盈亏，逢到账期（三到五年不等）经理向财东报告盈亏。这样所有权和经营权完全分离，经理有充分的经营自主权。经理的报酬视经营业绩而定。这种机制能充分调动经理的积极性，在当时确是比较先进的④。二是人身顶股制。这也是山西票号首创的激励机制，凡在票号中的掌柜、伙计甚至经理，虽无资本顶银股，却可以自己的劳动力顶股份，而与财东的银股（即资本股）一起参与分红。总经理的身股由财东决定，一般可顶一股（即10厘），票

---

① 金声：《金太史集》卷4《与歙令君书》。
② 徐珂：《清稗类钞》第39册《奴婢类》。
③ 许承尧：《歙事闲谭》卷28《闵象南　吴幼符》，黄山书社2001年版，第996页。
④ 参阅张正明：《晋商兴衰史》，山西古籍出版社1995年版，第152页。

号内的其他人员由总经理根据各人的能力和效率来决定，从一二厘到七八厘不等。这种机制把票号内所有人员的利益与票号的利益紧紧联系在一起，有利于充分调动所有人的积极性，激励他们努力为票号工作，确是显示出它的进步性。三是管理监督机制。一个豪商巨贾，其下属商号、票号很多，总号下有分号，分号下有支号，支号下有小号，经营的商品种类也是林林总总。对他们如何进行管理监督？晋商发明了联号制，即实行大号管小号的层级管理方式，一层对一层负责。为了加强监督，晋商还创造了钦差制，即由东家委托、总号派遣，号称钦差，代表财东定期不定期到各商号巡视，清查各商号经营状况，考察各掌柜是否称职，甚至可以在特殊情况下罢免掌柜，但钦差一般不能直接干预商号的经营活动。这种机制确能防止商号尾大不掉，促进各商号自我约束。晋商创造的这一系列经营管理机制即便在今天也有重要的借鉴意义①。

四、迥然不同的价值取向

徽商与晋商相比，两者最大的区别是价值取向的不同。

徽商显著的特点是"贾而好儒"，他们中不少人是"弃儒从贾"的，"从贾"之前，就熟读诗书，粗通翰墨。"从贾"之后，虽置身阛阓之中，仍诗书相伴，孜孜不倦。正如戴震所说，徽州商人，"虽为贾者，咸近士风"②。他们的价值取向是读书仕进。所以徽商一旦致富后，便重教兴学，延聘名师，教育子弟，扶持他们走读书仕进之路。在徽商看来，"贾为厚利，儒为名高"，只有读书仕进，才能"大吾门""亢吾宗"，否则，即使腰缠万贯，也自惭形秽。盐商汪才生告诫儿子发愤业儒，"毋效贾竖子为也"。一个商人竟然在自己的儿子面前自贬为"贾竖子"，可见他儒贵贾贱的思想倾向何等强烈！这种思想在徽商中具有普遍性。

徽商为了让更多的子弟习儒就学，他们积极捐资，广建书院。据道光

① 参阅张正明：《晋商兴衰史》，山西古籍出版社1995年版，第154页。
② 戴震：《戴震集》（上编）文集卷12《戴节妇家传》。

《徽州府志》载：明清时期，"天下书院最盛者，无过东林、江右、关中、徽州"。当时，徽州书院多达89所，大多为徽商所建。在外地徽商比较集中的地方，他们也捐金建立书院，为子弟习儒读书提供方便。他们对子弟业儒无不寄予厚望，期待甚殷，有的干脆弃去贾业，专意课督诸子。诸子"所业进，则加一饭；所业退，则减一饭"。这种殷切的期望在徽商中并不少见。

对儒业的崇慕，形成了巨大的动力，再加上父兄的全力支持，使得徽州学子在科场中大显身手。据统计，明代徽州有进士392名，举人298名，生员则更多，清代单是歙县一地（包括寄籍）就有进士296人，举人近千人。徽州能出现如此众多的文化精英，如果没有对读书仕进的强烈追求，没有徽商对子弟的全力支持，是不可想象的。

与徽商不同，晋商的价值取向是经商谋利，他们对习儒仕进则兴趣不大。日升昌票号经理程大佩说过，中进士当官后，正常收入抵不上山西商号一个普通掌柜的收入。当官的要发财，就要靠贪污勒索百姓，而商人是靠辛苦赚钱。所以山西商人一般不让自己聪明的儿子去习儒，他们的第一选择是经商。"家中有个票号郎，胜过七品空堂皇。"程大佩就让自己的儿子经商，后来子继父业。尤为甚者，当年渠氏家族的当家人渠源桢因不满其子渠本翘追逐功名，竟然父子反目，将渠本翘逐出家门①。这与徽商形成多么鲜明的对照。

晋商也重视对子弟的教育，但其目的与徽商完全不同，不是为了仕进，而是为了经商，所以教育内容不是应试的"科程法式"，而是经商的基本知识。

在这种价值取向下，晋商子弟中，商场上的精英代有人出，科场中的胜者却为数不多。据统计，顺治时山西每科中进士33人，康熙时16人，乾嘉时每科不足12人，咸同时每科不足10人，光绪时每科10人②。其中商人子弟更少。此与徽州"连科三殿撰（状元），十里四翰林"，"五里一翰

---

① 参阅周伟主编：《汇通天下之晋商气派》，光明日报出版社2004年版，第83页。
② 参阅周伟主编：《汇通天下之晋商气派》，光明日报出版社2004年版，第97页。

林，一门三进士"相比，简直有天壤之别。

由于徽商"贾而好儒"，所以他们也就钟情其他文化事业，给予大力支持，譬如刻书、绘画、医学、学术、戏剧等，从而使新安画派、新安医学、新安学术独树一帜，徽州刻书、徽剧也风靡一时。所谓徽商是徽州文化的酵母，正形象地说出了徽商对文化的促进作用。

说起晋商对文化事业的贡献，值得称道的仅是促进了山西梆子戏的发展。山西富商为了消闲自娱或者酬宾待客，经常请戏班演出。在外地的晋商有的不惜重金从家乡请戏班前来演出，甚至自己出资举办戏班。这些不仅为梆子戏班提供了较大的文化市场，而且为梆子戏的发展提供了经济基础，从而使梆子戏成为一个较有影响的地方剧种。除此之外，我们很少看到晋商对其他文化事业的支持。

为什么徽商和晋商价值取向这样不同？我以为关键在于两地有不同的文化传统。

徽州是一个移民社会，徽州各大族，"半皆由北迁南，略举其时，则晋、宋两南渡及唐末避黄巢之乱，此三朝为最盛"。当然也有做官于此，爱其山水而定居下来的。这些移民，除百姓外，或为世家大族，或为缙绅冠带，或为硕学鸿儒，他们首先带来了中原儒风。徽州又是"程朱阙里"，特别是朱熹的影响非常大，人们"读朱子之书，服朱子之教，秉朱子之礼"，"十家之村，不废诵读"，所以这里"儒风独茂"，号称"东南邹鲁"。

生于斯、长于斯的徽州商人受到这种文化传统的影响，"贾而好儒"也就不奇怪了，读书仕进也就成了人们的第一追求。当生活难以为继时，人们不得不去经商，而一旦致富后，就会扶持子弟向学。正如明代徽州人汪道昆所说："夫人毕事儒不效，则弛儒而张贾；既侧身飨其利矣，及为子孙计，宁弛贾而张儒，一弛一张，迭相为用，不万钟则千驷，犹之转毂相巡，岂其单厚计然乎哉！"[1]

"好儒"，就必然支持与儒相关的文化事业，社学、书院、刻书、绘

---

① 汪道昆：《太函集》卷52《海阳处士金仲翁配戴氏合葬墓志铭》，明万历刊本。

画、学术、医学、戏剧等无不因为得到徽商的资助而发展起来，从而构成了徽学这一大宝库。

而山西的文化传统迥然不同。雍正二年（1724），刘于义在论及山西风俗时曾在一封奏折中写道："但山右积习，重利之念甚于重名。子孙俊秀者多入贸易一途，其次宁为胥吏，至中材以下方使之读书应试，以故士风卑靡。"①刘于义时任山西巡抚，对辖地的风俗应是比较了解的。更何况这是给皇帝的奏疏，更应字斟句酌，慎之又慎，绝不敢空穴来风，信口开河。因此他所说的"重利之念甚于重名"已是"山右积习"的话应是可信的。而对于刘于义的观点，雍正完全赞同，并朱批道："山右大约商贾居首，其次者犹肯力农，再次者谋入营伍，最下者方令读书。朕所悉知，习俗殊可笑。"②事实也正是如此，人们对那些寒窗苦读的学子，认为是误入歧途。所以社会上流传的谚语是："秀才进字号——改邪归正"，"家中有个店，赛过一知县"③。这些都反映了一种社会传统、社会风气，生活在这种"重利之念甚于重名"的"积习"之中，晋商对科举，对有关文化事业不感兴趣也就是很自然的了。传统一旦形成，对人们的影响真是太大了。

不同的价值取向，也产生了不同的社会影响。徽商衰落了，他们支持的文化事业——学术、医学、印刷、绘画、戏剧等却成了我们今天文化宝库中的瑰宝。尤其是他们培养的一代代文化精英，一代代创造着精英文化，推动了我国传统文化的发展④。晋商衰落了，除了梆子戏和其本身创造的商业经验外，其他文化事业上的空白，只能留下无穷的遗憾。

---

① 《雍正朱批谕旨》第47册"刘于义　雍正二年五月九日"条。

② 《雍正朱批谕旨》第47册"刘于义　雍正二年五月九日"条。

③ 参阅周伟主编：《汇通天下之晋商气派》，光明日报出版社2004年版，第96页。

④ 参阅王世华：《徽商与长江文化》，《安徽师范大学学报》（人文社会科学版）2003年第1期。

论徽商对"三农"的贡献

关于封建社会的商农关系，古人曾多有论述。明代中后期的内阁首辅张居正就说过："古之为国者，使商通有无，农力本穑。商不得通有无以利农，则农病；农不得力本穑以资商，则商病。故农商之势，常若权衡。"①他是从流通的角度来肯定商业对农业的作用。尽管这一思想在重农抑商仍是基本国策的情况下已属难能可贵，但今天看来，仅仅见到商业"通有无以利农"的作用，则显然是远远不够的。我们姑且不论商业对整个社会的变革所起的作用，单从商业给农业、农村、农民带来的影响，就远非一个"通有无"所能概括了的。仅以明清徽商而言，他们对"三农"的贡献就是非常大的。

明清徽商从每一个个体来说，他们生于农村，有的本身就是农民，经商前从事农业生产，有的父祖辈是农民，也有的积累一定资金后又回到农村。他们与"三农"有着千丝万缕的联系，他们在经商过程中的所作所为，又对"三农"产生了巨大的影响，做出了重要的贡献。此前学界在这方面的专论不多，今谨以此文略加申论。

---

① 张居正：《新刻张太岳先生集》文集卷8《赠水部周汉浦榷竣还朝序》，明万历庚戌刊本。

一

徽商对农民的影响，首要的也是最重要的就是给家乡的农民带来了新的观念。徽商足迹遍天下，他们从东到西，走南闯北，外部精彩的世界不能不对他们产生潜移默化的影响，从而产生一些新观念。当他们回家探亲时，有意无意又将这些新观念带给家乡的农民。这些新观念就像润物无声的春雨一样，给家乡封闭的农民带来巨大的影响。首先，儒贾观发生了前所未有的变化。过去是农本商末深入人心，"一闻挟薄资，游都会，相戒摇手"①。正德、嘉靖以后，情况就变了。不少农民认为商和农已处同等地位，经商决不耻于务农。（江）次公的长子江一凤要去学贾，江次公非但不阻拦，反而鼓励他说："余闻本富为上，末富次之，谓贾不若耕也。吾郡在山谷，即富者无可耕之田，不贾何待？且耕者什一，贾之廉者亦什一，贾何负于耕？古人病不廉，非病贾也。若第为廉贾。"②这是观念的巨大变化。之所以有这样的变化，如果说不是受到徽商的影响，则是无法解释的。歙县竦塘里人黄豹"少遭家啬，见邑中富商大贾，饰冠剑，连车骑，交守相，扬扬然，诩诩然，卑下仆役其乡人。喟然叹曰：'彼之夥夥者，独非人耶？'……于是辞其父五云翁，挟资以游荆襄南楚"③。致富的徽商回到家乡，从生活到交往所发生的变化，本身就是极好的示范，影响和带动了一大批农民，使他们的观念发生根本转变。歙县农民黄豹正是受到本邑徽商的感染和刺激，而毅然走上经商之路的。观念的改变是最重要的改变。封建社会的农民之所以几千年没有什么变化，根本原因就是观念一成不变，而一旦观念发生更新，一个个奇迹就会被创造出来。明代中期以后，徽州的农民就创造了这种奇迹。

---

① 《黟县志》卷1《风俗》，清康熙二十二年刊本。

② 汪道昆：《太函集》卷45《明处士江次公墓志铭》，黄山书社2004年版，第952页。

③ 《歙县竦塘黄氏宗谱》卷5《明故处士黄公豹行状》，明嘉靖四十一年刊本。

其次，徽商事业的发展又吸纳了大批徽州农民，使他们弃农从贾，摆脱了困境，走上了富裕的道路。开始时一般多是徽商个体艰苦创业，独立奋斗。一旦成功，事业必须不断扩大，这就需要不断补充人手。徽州的宗族观念特别强，所以徽商首先想到的就是同一血缘和地缘的农民，他们把大量的家乡农民吸纳到自己的商业中来，组成或大或小的团体。正如明末徽人金声所言："夫两邑（指歙县和休宁）人以业贾故，挈其亲戚知交而与共事，以故一家得业，不独一家食焉而已。其大者能活千家百家，下亦至数十家数家。"①对这条材料我们不能理解为"得业"的人家"养活"了数家、数十家或百家、千家，而是说在经商成功人士的带动和影响下，数家、数十家或百家、千家的农民也加入了商帮，从而改变了贫困的状况。如明代休宁商汪福光，"少有远志，尝念累积亨成，玩则易败，乃学陶朱公，师研乘心算。贾盐于江淮间，艘至千只，率子弟贸易往来，如履平地。择人任时，恒得上算，用是资至巨万。及与人约剂，然诺不苟，张弛有方，识者谓得致富之道。里人争用其术，率能起家"②。商业发展到"艘至千只"，规模是相当大了，"率子弟贸易往来"，显然是同宗同族的亲戚。他的"致富之道"又影响了家乡人，所以"里人争用其术，率能起家"。这里的"里人"，就是非同宗的徽州农民。又如明代徽商方廷珂在开封经商，"不数年饶盈万金"，为了帮助本宗族人，"凡族中子姓，稍习贾者，悉携汴上偕贾，携济几百家，悉起家千金，皆公之惠也"。③徽州农民中不少人之所以能够由贫困到宽裕再到富裕，就是弃农经商的结果。

最后，由于徽商重教兴学，培养了大批的农民及其子弟，大大提高了农民的文化素质。"贾而好儒"是徽商的特色，徽商致富后，非常重视对家乡子弟的教育。他们以"富而教不可缓也"的迫切心情，或者延请名师，或者构建书屋，为子弟读书创造最好的条件。当然，徽商绝不仅仅钟

---

① 金声：《金太史集》卷4《与歙令君书》，载《乾坤正气集》。

② 《休宁西门汪氏宗谱》卷6《益府典膳福光公暨配金孺人墓志铭》，清顺治十年刊本。

③ 方承训：《复初集》卷31《从伯祖廷珂公传》，《四库全书存目丛书》本。

情于自己的子弟，对于同宗的子弟，他们也给予极大的关注。他们创办义学，捐购学田，这就使贫穷的宗族农民子弟得以受到较好的基础教育，文化素质有了很大提高。

而对那些需要在书院接受高层次教育的农民子弟，徽商又给予很多支持。明清时期，徽州书院共有89所，一个州有如此众多的书院，这在国内也是罕见的。这些书院虽然有少数是属于官办性质的，但绝大多数是民间创办的。徽州书院在明清时期发展得这么快，就是因为得力于徽商。他们有的亲自创办书院，有的修复已颓圮的书院，"既立之师，则必葺其舍宇，具其齑粮及夫释菜之祭、束修之礼"①。显然，维持一所书院是要相当经费的。而书院基本都是民办，地方官府是没有正常经费下拨的。徽州书院之所以长盛不衰，其中一个重要原因就是得益于徽商的经常性的大量资助。

徽商对书院的资助，不仅是直接捐钱给书院，还把经商的理念传给书院的管理者，将书院获得的捐款作为本金，再进行商业化运作，所获利润（利息）作为书院的经费，以期书院经费来源长流水、不断线。这种商业化运作主要采取两种形式：一是置店出租。徽商用捐助的银两，往往购置一些店铺市房，再出租给其他商人经营，收取的赁金就作为书院经费的正常来源，只要赁金有保障，书院经费就不会枯竭。如黟县碧阳书院，嘉庆年间重建后，又遭兵燹劫难，几乎倾废。同治十三年（1874），由本邑绅商捐资兴复，为保持今后正常运转，乃"遵照旧规，就地劝捐，不请拨给公项，共劝捐银一万九千四百五十四两"，捐款人员的身份我们虽不得其详，但其中绝大多数是商人应是无疑的。如何使用这笔款项呢，据记载："前经公举富户具领生息本银九千八百两"，剩余款"近置本城休邑屯（溪）镇市房三处，共兑典价银二千九百两，均划一取息八厘"。后来，大家"又以典商开歇不一，殷户盛衰不常，将本款续置市房二十余所，仍以八厘计息取租"②。两次市房二三十所，其租金应是可观的，以此保证书院

---

① 《徽州府志》卷3《营建志·学校》，清道光七年刊本。

② 《休宁县志》卷3《学校志·书院》，清道光三年刊本。

的正常开支，想必问题不大。再如祁门东山书院也是如此。咸丰初共收捐银一万零九百三十九两七钱四分，其中绝大部分用来购买了数十处店铺市房，再租给其他商人开办米店、烟店、药店、布店、香店、裁缝店等，收取租金，以作东山书院的日常经费。二是托商生息。深谙生财之道的徽商懂得，一定要把死钱盘活，以钱生钱，才能使有限的金钱发挥更大的效益。所以他们往往把捐助的款项集中起来作为商业资本，委托给诚信可靠、经营有方的商人进行经营，事先商定，按照一定的比例，缴纳息银，以充书院费用。受委托的商人一般是资本殷厚的商人，通常不是盐商就是典商。如"（乾隆）十三年（1748），歙绅徐士修增置（紫阳书院）号舍，又捐银一万二千两以赡学者。五十四年己酉（1789），歙绅项琥修。五十九年甲寅（1794），歙绅鲍志道捐银八千两交淮商生息添补经费。……（后）鲍志道之孙员外郎鲍均捐银五千两存两淮生息"[1]。这是将捐银委托给盐商运营的例子。也有委托给典商的，如黟县"邑人公议（黟县书院）延请经费由典商领本生息，官吏俱不为经理"[2]。道光年间，休宁海阳书院也是将"书院经费存银七千两由城乡各典领本生息"[3]。当然，银钱出入，如果规章不严，必生流弊，所以商人们都制定了比较完备的规条，有的申报地方官府备案，有的刻石示后，以垂久远，从而保证书院的经费不致因人事更迭或财势变化而得不到保障。

二

徽商的发展给农村尤其是徽州农村带来了巨大的影响。一是转移了大量的农业人口，减轻了农村的土地压力。先驱徽商的示范作用是巨大的，他们经商的成功不仅吸纳了大批本宗本族的农民到自己的商业团体中来，同时也鼓舞了更多的本地农民离开故土，走上经商之路。"大抵徽俗，人

① 《徽州府志》卷3《营建志·学校》，清道光七年刊本。
② 《徽州府志》卷3《营建志·学校》，清道光七年刊本。
③ 《休宁县志》卷3《学校志·书院》，清道光三年刊本。

十三在邑，十七在天下"①，尤其是不少徽商出去后，就定居在外地，或举家乔迁于此。"有先贫而后裕者，因彼地发祥，故挈家而迁焉。"②民国年间，浙江慈溪人陈训慈在《歙县金石志》序中写道："康乾之间，徽歙人南迁吾浙者数百家，至今严、杭、绍兴沿江诸邑，其后裔聚居犹蕃。"③当然，徽商绝不只是迁往浙江一地，全国很多地方都有定居的徽商。如休宁戴氏，据清人记载："戴氏徽州休宁之望也。明初有万二、万三者贾江淮间，万三定居扬州，而万二居应天。应天今之江宁府也，扬州之戴在明世世衰，入本朝益落，流转而居江西之大庾，再传而太仆第元起其家……为世闻家。而江宁之戴，□□时有谷安者，以家财三赈七县之饥，赐冠带，号义民，祠贤良。其后宏（弘）治中，有睿者九世同居，赐太常博士，旌义门。其孙十三支，至今数千人，蔚然与休宁大庾为三望。"④正如时人所说："昔之商或身处于外者，今并挈其妻子而去矣；昔之商或几岁一归者，今并弃其丘墓而往矣。"⑤这样就转移了很多徽州人口到外地，从而大大地缓解了人口繁衍对徽州土地的压力。尽管我们无法精确统计出明清时期究竟转移了多少徽州人口，但我们完全可以推测出，如果没有这些人口的转移，徽州农村的情景是不堪设想的。

二是徽商改变了徽州农村的落后面貌。徽商致富后，又把大量的资金注入了家乡，他们在家乡修宅第、建祠堂、造园林，大大改变了徽州农村的落后面貌。徽商足迹遍天下，他们把外地的建筑艺术和建筑式样带回家乡，结合本地的情况加以汇通，建成既适宜居住又节省土地的宅第。徽商建的宅第，粉墙黛瓦，雕梁画栋，重楼宏丽，别具一格。时人为此慨叹："乡村如星罗棋布，凡五里十里，遥望粉墙矗矗，鸳瓦鳞鳞，棹楔峥嵘，

① 王世贞：《弇州山人四部稿》卷61《赠程君五十叙》。
② 《徽州府志·风俗》，清康熙三十八年万青阁刊本。
③ 转引自王振忠：《"徽州朝奉"与"绍兴师爷"》，载王岳红主编：《谱牒学论丛》第1辑，山西古籍出版社2006年版。
④ 张惠言：《茗柯文补编—外编》卷下《江宁戴氏祠堂壁记》。
⑤ 洪玉图：《歙问》，《昭代丛书》本。

鸱吻耸拔，宛如城郭，殊足观也"①。这种"宛如城郭"的乡村面貌，确实与其他地方的农村大异其趣，在全国各地也是少有的。以至于数百年后的今天我们在参观徽州农村时仍然不能不在这些"殊足观也"的宅第和祠堂面前流连忘返。如歙县丰南商人吴珽，致富后，其父"买墩筑室，兴寄幽邈。君今堂成，华轮美奂，雄视一方"②，可见其居室之宏丽。黟县胡霭如清末在上海业茶，其子胡国华继承父业，成为徽州驻沪茶界三大名流之一。返乡后，在西递村中营建"霭如公祠"，因为建筑规模宏伟，形式新颖，结构精美，时人称为"西递小上海"。据统计，仅歙县一地，现存明代民居近百幢，清代民居数千幢，整个徽州境内则更为惊人，这些民居绝大部分都是徽商建造的。

宏伟壮丽的宅第，并不能满足徽商的需求，为了追求精神上的愉悦，或者为了炫耀乡里，徽商又在家乡大兴园林。如明代盐商吴天行，"以财雄于（歙县）丰溪，所居广园林，侈台榭，充玩好声色于中"③。为了装点园林，他还"远致奇石无数，取'春色先归十二楼'之意，名其园曰'十二楼'。兹又造'松石庵'"④。据近人许承尧记载："《胡心泉集》中，有《水香园记》，略言：吾县（歙县）西山水平远，居人复工选胜，园亭树石，错落分布于其间，与川岩相映发。"⑤在众多的园林中，以"水香园"最为著名，而此园即盐商汪石湘所建。另外，位于歙县潜口乡唐模村东，建于乾隆年间的檀干园，据说就是徽商为了娱亲，模仿杭州西湖的风景建造而成，故俗称"小西湖"。该园依山傍水，风景秀丽。园门前建有双层八角亭，上层中空，四边有虚阁，八个角的飞檐上各悬铁马。园内有人工开凿的里外两湖，模拟杭州西湖风景。镜亭为全园中心，亭外为一石砌平台，亭内四壁嵌有苏轼、朱熹等十八位书法名家的长幅书法刻石。人工建造的这种园林，在全国亦为罕见。明清时期，由于人口增长，徽州

① 许承尧：《歙事闲谭》卷8，黄山书社2001年版，第258页。

② 吴吉祜：《丰南志》第6册《吴母胡寿序》，民国稿本。

③ 许承尧：《歙事闲谭》卷15，黄山书社2001年版，第504页。

④ 吴吉祜：《丰南志》第9册《松石庵》，民国稿本。

⑤ 许承尧：《歙事闲谭》卷27，黄山书社2001年版，第956页。

土地可谓寸土寸金，在此建园林，不知要耗费多少资金，而正是这种别具一格的园林，更衬托了徽州的繁荣和富庶。

还有，徽商致富后纷纷在家乡从事社会公益事业，修道路，架桥梁，建茶亭，从而加强了农村的基础设施建设，改善了农村的生存环境。如清代婺商汪光球，"慷慨尚义，村外数里有大东岭，高峻崎岖，球捐银数百两，邀族中同志，造成石磡，并岭底石路数百丈，以利行人"[1]。又如，宣歙之间的箬岭，乃歙、休宁、太平、旌德之间的交通要道，其高径二十里，逶迤倍之。但道路极其难行，"盖自上岭以至平地凡数百休乃得至焉"。徽商程国光目睹道行之难，发誓修岭上下道，当他积累了资金后，乃"剃莽凿石，铲峰填堑，危者夷之，狭者阔之，几及百里。以歙石易泐不可用，本山石不足，复自新安江辇载浙石青白坚久者补之，长七八尺至四五尺不等，皆随道之广狭筑之，咸自履勘，不假手于人。盖蓄数十年心力，甫得就焉"[2]，从而给行人提供了极大的方便。歙商佘文义，也是"捐四千金，造石桥于岩镇水口，以利行人，人谓之'佘公桥'"[3]。在婺源蕉源，"村有石桥被洪水冲坏，族以功巨难就，架木为梁，镇（商人吴时镇）议复其旧。首输金五百，集众捐助若干，费仍不足，乃质己产得数百金成之，并输租五十称为善后计。绅耆为请额，邑侯黄有'义昭仁里'之赠"[4]。徽州"郡北新岭峻险，行者艰阻，公（歙商江演）呈请制抚，捐金数万辟新路四十里以便行旅"[5]。像这类行为在方志、谱牒中比比皆是，不胜枚举。由于众多徽商一代一代的努力，徽州的道路、桥梁确实大大得到了改善，使人们的生存环境大为改观。

三是由于徽商的经营活动，加速了一些地区乡村的城镇化进程。位于长江三角洲的乡村，由于盛产棉布、丝绸，很多徽商在这里收购贸易，大大促进了这里乡村经济的发展，一批原来落后的乡村迅速发展起来，成长

① 光绪《婺源县志》卷35《人物志·义行》。
② 民国《歙县志》卷15《艺文志·新修箬岭道记》。
③ 许承尧：《歙事闲谭》卷14《佘公桥》，黄山书社2001年版，第457页。
④ 《婺源县志》卷35《人物志·义行》，清光绪九年刊本。
⑤ 《橙阳散志》卷3《人物志·义行》，清嘉庆刊本。

为市镇。如嘉定县（今上海市嘉定区）的南翔镇，"往多徽商侨寓，百货填集，甲于诸镇"①。同县的罗店镇也是由于"徽商凑集，贸易之盛，几埒南翔矣"②。杭州府的塘栖镇也因为徽杭大贾在这里"开典、囤米、贸丝、开车者，骈臻辐辏"而成为"屹然巨镇"。③明中叶以后，徽商就像催化剂一样催生着长江三角洲的市镇如雨后春笋般成长起来，加速了乡村城镇化进程。

徽州市镇的兴起更与徽商有直接的关系。明中叶以前，作为经济不发达的山区，徽州的市镇极少。但明中叶以后，市镇迅速兴起，到了清代中期，府属各县市镇竟达五十三个，如岩寺镇，由于这里经商的人家特别多，大抵占到十之七，从而带动了岩镇的发展，到明代嘉靖、隆庆之际，这里已成为"居六邑之都会，为九达之通逵。鳞次万家，规方十里，阀阅蝉联，百昌辐辏"④的大镇。屯溪原也是个小镇，由于这里近郊闵口、湖边河面开阔，依山弯转，是物资运往外地的通道，当徽商兴起后，这里迅速成为商品的集散地。徽州茶商每年将大量茶叶集中到这里，在这里加工、装箱，然后从这里雇船启程，运到外地，故屯溪设有不少加工茶叶的茶号。明朝末年，徽州始制炒青绿茶，因集中在屯溪加工运销，故名"屯绿"。这里又是木排的理想停泊之地，休宁、祁门、黟县及歙县南部等地的木材分别通过横江、率水及其他支流运到屯溪。每年春夏之交，梅雨水多，河面几为木排的覆盖。商人的聚集，带来了屯溪的繁荣，很快这里就成为休宁的一个大镇。

四是徽商促进了徽州文化的发展。徽商的"贾而好儒"，又促进了新安刻书、新安理学、新安医学、新安画派、徽剧、徽雕、徽菜等的发展，徽州文化在农村的兴盛与传播，使越来越多的人受到影响，"虽十家村落，亦有讽诵之声"。这就必然提高了农村的文化品位，有助于文明乡风的形

---

① 《嘉定县志》卷1《市镇·南翔镇》，明万历三十三年刊本。
② 《嘉定县志》卷1《市镇·罗店镇》，明万历三十三年刊本。
③ 《塘栖志》卷18《风俗》引胡元敬《栖溪风土记》，清光绪十六年刊本。
④ 佘华瑞：《岩镇志草》，稿本。

成。道光年间，徽州知府对此深有感触，他在《重修徽州府志·序》中谈到他在徽州的见闻时满怀深情地写道："行其野，则村墟刻镂，桑麻铺彼，比户习弦歌，乡人知礼让，未尝不厥然发愤而兴起。曰：此其俗化之厚，与其乡先生教泽之长也。"①显然，这里充满着文明的气息。这种"俗化之厚""教泽之长"，离开徽商是不可想象的。

五是徽商的扶贫济困维护了农村的稳定。徽商致富后并没有忘记家乡，他们采取各种措施扶持帮助家乡的穷人。如歙商佘文义经商起家后，"置义田、义屋、义塾、义冢，以赡族济贫，所费万缗"。歙商方起公经商致富后，见义必赴，"公母钱数万金，日营散道，务振人之穷，岁岁以其子钱济义举，里族待举火者数十家。其大者舍左治义室衡沿六十有四，缩沿二十有三，蔬圃庐舍，靡不悉备。置田三十亩，以其子粒播散族中尤贫匮不给者，且也户别有籍，俾世世延袤无已"②。祁门商胡天禄"建宅于城中，与其同祖者居焉。输田三百亩为义田，以备祭祀族中婚嫁丧葬贫无依者之资"③。一旦农村发生灾荒，又是徽商慷慨解囊，救困济危，"设席棚，给饼馒，寒为之衣，病为之药"。上述方起公，"为义举计，岁无虚日。遇岁凶辄济以糜粥，受哺者多至千万人。岁每饥，百里内咸蒙稔泽，饥而不害，则公为之天也。于是里上之邑，邑上之郡，郡上之台院。绣衣使者同安刘公扁其门曰：'尚义之门'，嘉殊德也"④。

像这类例子在徽商中多得不可胜数，甚至独树一帜。据万历年间李乐《见闻杂记》记载：万历十六年（1588），江南大灾，"斗米卖银一钱六分，饥殍塞路"，地方官员进行劝谕，希望有钱之人捐助，浙江乌镇和青镇的九家徽州典商积极响应，捐米一百八十石，有力地赈济了当地的灾民。乾隆三年（1738），扬州大灾，徽州盐商汪应庚"首捐万金备赈，及公厂煮赈期竣，更独立展赈八厂一月，所活至九百六十四万一千余口"⑤。"嘉庆

① 道光《重修徽州府志·序》。
② 方承训：《复初集》卷31《从伯义士起公传》，《四库全书存目丛书》本。
③ 《安徽通志》卷196《义行》，清道光十年刊本。
④ 方承训：《复初集》卷31《从伯义士起公传》，《四库全书存目丛书》本。
⑤ 许承尧：《歙事闲谭》卷13，黄山书社2001年版，第453—454页。

十九年（1814），安徽旱，饥民就芜湖索食，且酿乱，大吏廉居士（指徽商许仁）才，访之，居士曰：'非先资流民出境，乱不解。'议章程十条，大府善之，下他县仿行，乱乃已。"①徽商的行为对于稳定灾区的农村社会，减轻甚至消弭社会动荡起着不可低估的作用。

我们还应看到，徽商这种救困济危的善行义举既继承了历史上的优良传统，又发扬光大了这种传统，尤其是对后起徽商或同时代徽商起到了示范作用，使得这一传统在徽商中表现得特别明显，在社会上产生了良好的影响。可以说，为了形成良好的社会风气，构建和谐社会，徽商做出了巨大的努力。

三

徽商对农业的贡献最突出的是兴修水利，促进农业的发展。史籍中大量记载了徽商在家乡和经商地修堤坝、筑塘堰、浚河道的事迹，这些无疑对农业的发展是有利的。有的徽商因为颇有干才，还被地方官委以重任，领导水利兴修工程，做出了积极的贡献。如芜湖有凤林、麻浦二圩，左大江，右天成湖，为南乡诸圩门户，田数十万亩，皆以二圩为保障。道光十年（1830）大水灾，徽商许仁自汉口归，"董赈事，以工代赈。明年春工竣，夏水又至，漫圩堤丈许"，许仁乃"赁船载老弱废疾置高垲，设席棚，给饼馒，寒为之衣，病为之药，且为养耕牛，水落更给麦种，倡捐巨万，独任其劳，人忘其灾"。许仁通过以工代赈的办法，既赈济了灾民，又兴修了水利，数十万亩农田得到保障。他还议定《二圩通力合作章程》十六条，令农民奉行，有力地保障了新修的水利。他去世后，芜湖人为了纪念他，专门在凤林圩之殷家山立祠祭祀。②

徽商对农业的贡献还表现在他们的活动刺激了副业的发展。比如徽州茶商的兴起刺激了山区茶叶种植业的发展，徽州布商、丝绸商的经营活动

---

① 民国《歙县志》卷9。
② 民国《歙县志》卷9。

也无疑刺激了江浙一带棉植业和养蚕业的发展。这些道理是显而易见的,毋庸赘述。

综上所述,徽商对"三农"的贡献确实是巨大的。恩格斯在论述前资本主义社会的商人时曾说过:"商人对于从前一切都停滞不变,可以说由于世袭而停滞不变的社会来说,是一个革命的要素。"①这一论断千真万确。今天我们对商人在历史上的作用,的确要重新评估,不能仅仅看到他们在商品流通方面的贡献。

---

① 《资本论》第3卷《〈资本论〉第三册增补》,人民出版社2004年版,第1019页。

明清徽商是长三角兴起的重要力量

南宋以后，中国经济重心完成了南移，南方的经济无论是发展水平还是规模总量上都超过了北方。尤其是长三角地区，经济发展更快。到了明清时期，整个长三角地区经济、文化的繁荣程度，远远超过其他地区，这已成为不争的事实。

在这一地区的经济发展中，商人尤其是商帮是不可或缺的生力军。明清时期，活跃在这一地区的商帮主要有晋商、龙游商、宁波商、苏商和徽商等，而徽商以其人数多、资本大、时间长、范围广，对长三角地区的崛起，发挥了极大的作用。

一、经济发展的加速机

徽商是长三角地区经济发展的加速机。

首先，徽商的活动催生了一批市镇的兴起。长三角地区经济发展的一个突出特点是一批市镇如雨后春笋般兴起。[①]多少个本是几百人的小乡村由于经济的繁荣，发展成为一个上万人甚至几万人的市镇。这些地方原来多是从事水稻种植的，后来由于丝织业、棉织业的兴起，不少农民弃稻种桑、植棉。这是农业经济结构的大调整。但这种调整能否顺利完成，就取

---

① 许敏：《明代商业与社会变迁》，见"中华文史网·经济"。

决于这些丝、棉织品能否迅速转化为商品。在这里，商人的作用就凸显出来了。他们凭借敏锐的眼光，看到丝、棉织品的广阔市场前景，迅速捕捉到这一巨大的商机，纷纷深入苏浙农村，大量收购丝、棉织品，再转销到外地。在这个过程中，徽商起步早，分布广。所谓起步早，就是徽商大约在15世纪后半期就在这个地区开展经营了。据《云间杂识》载：

> 成化末，有显宦满载归，一老人踵门拜不已。宦骇问故，对曰："松民之财，多被徽商搬走，今赖君返之，敢不称谢。"宦惭不能答。

这则资料的本意是在讽刺那位"显宦"的贪婪，在任期间搜刮了不少民脂民膏，却透露了一个重要信息：徽商的活动。松江盛产棉布，徽商将松江的棉布转运到外地销售，赚了很多钱财，所以那位"老人"说："松民之财，多被徽商搬走"，而且在成化年间甚至更早一些，正是15世纪后半期。

所谓分布广，就是说在江浙一带丝、棉织业比较发达的乡村，几乎都能见到徽商的身影。据明代万历《嘉定县志》卷1载："（南翔镇）往多徽商侨寓，百货填集，甲于诸镇。"又载："（罗店镇）今徽商凑集，贸易之盛，几埒南翔矣。"徽商在这里就是从事棉布生意。在杭州府的塘栖镇，"徽杭大贾，视为利之渊薮。开典、囤米、贸丝、开车者，骈臻辐辏，望之莫不称为财赋之地"[1]。明代后期，仅在浙江的乌镇和青镇，徽商就开设了9家典铺，其他地方就可想而知了。[2]这一地区所产的棉布，史载："各镇名色不一。惟外冈布因徽商傄居钱鸣塘收买，遂名钱鸣塘布。"[3]不少徽商在丝、棉产地经商设店，置地建屋，人气渐渐旺了起来，促进了城镇的繁荣发展。所以当时沿江区域向有"无徽不成镇"之谚。[4]乡村的城镇化是社会进步的重要表现，显然在这一进程中徽商的作用是不可忽

---

① 光绪《塘栖志》卷18。
② 王世华：《富甲一方的徽商》，浙江人民出版社1997年版，第85页。
③ 殷聘尹：《外冈志》卷2《物产·货之属》。
④ 民国《歙县志》卷1《舆地志·风土》。

视的。

其次，徽商的活动促进了一批城市的繁荣。长三角的城市如南京、扬州、杭州、苏州、常州、无锡、镇江等，无不有着大批徽商在经营。如南京，是徽州木商、粮商的聚集地，徽州典商也很多。扬州、杭州由于是两淮盐场和两浙盐场的盐运司所在地，更是徽州盐商的大本营。清人黄钧宰说过："扬州繁华以盐盛。"①而在盐商中徽州盐商又占绝对优势，正因如此，清人陈去病说："徽人在扬州最早，考其年代，当在明中叶（15世纪），故扬州之盛，实徽商开之，扬盖徽商殖民地也。"②无锡号称"布码头"，最活跃的是徽州布商。"吴丝衣天下"的苏州是丝织业中心，大批徽商在这里从事丝绸贸易。苏州又是棉布交易中心，徽商在苏州阊门外开设了很多加工棉布的布号。如汪益美布号，将苏州所产棉布转销到外地，"计一年销布约以百万匹"，甚至销到很远的地方，"二百年间滇南、漠北（泛指今天的蒙古高原一带）无地不以益美为美也"。③苏州以西七里的枫桥又是最大的粮贸市场，江西、安徽、湖广、四川等省的外销粮食大多运集于此，然后分销江苏、浙江、福建等省的缺粮地区。这里的粮食贸易商的主体又是徽商。

总之，四百多年来，长三角城市群是徽商最集中、最活跃的地方，徽商经营的所有行业，在这些城市里都能找到。

徽商对这些城市的繁荣起到了很大的作用。首先，促进了这些城市的商品经济的发展。无商不活，正是以徽商为主体的众多商帮的努力，才使得这些城市的商品经济大发展。而且还应看到，徽商的活动又带动了其他行业的发展，诸如饮食、建筑、运输、牙行（中介）、娱乐、劳务等，一个城市很快就繁华起来。其次，改善了城市建设的基础设施。徽商在这些城市佐城筑、修道路、浚河道、建桥梁、辟码头、助书院、造亭阁、设消

---

① 黄钧宰：《金壶浪墨》卷1《盐商》。

② 陈去病：《五石脂》。

③ 许元仲：《三异笔谈》卷3，《笔记小说大观》第20册，江苏广陵古籍刻印社1983年版。

防等善行，史籍中这类记载不胜枚举，远远超过了其他任何一个商帮，说明徽商确实为城市建设做出了重要贡献。再次，维护了城市的稳定。在明清时期，自然灾害频频发生，每当这些灾害波及城市时，百姓嗷嗷待哺，腐败的政府往往束手无策。而徽商由于富有再加上一种社会责任感，能够挺身而出，拿出巨资赈灾济民，或设厂煮粥，或送医散药，或掩埋露骨，或收养弃婴，拯民于水火之中。所以扬州有一句民谚："好事做不过盐商。"盐商们所做的这些好事、善事，对于城市的稳定来说，确是不可磨灭的贡献。最后，美化了城市面貌。徽商在这些城市致富后，为了追求精神享受，他们大造园林。扬州是徽州盐商的大本营，因此扬州园林也最盛。像徽商马曰琯的"小玲珑山馆"，素有"街南书屋十二景"之称。俗有"四元宝"之称的徽商黄氏四兄弟，以盐致富，在扬州建有易园、十间房花园、容园、别圃等。歙商汪氏建别墅曰南园，内有"深柳读者堂""谷雨轩""凤漪阁"诸胜。歙商徐赞侯家南河下街，有"晴庄""墨耕学圃""交翠林"诸胜。大盐商江春的"康山草堂""随月读书楼"等更是著名园林。清李斗《扬州画舫录》中所记载的扬州园林大部分都与徽商有关。尤其是康熙、乾隆下江南，每次到扬州，徽州盐商为了邀宠，将园林一次次美化，甚至赶造新的园林。正如《水窗春呓》所载：

> 扬州园林之盛，甲于天下。乾隆六次南巡，各盐商穷极物力以供宸赏，计自北门直抵平山，两岸数十里楼台相接，无一处是重复。[1]

所以，扬州园林完全可以和苏杭园林相媲美。

二、文化繁荣的催化剂

明清时期，长三角的经济已走在全国的前列，长三角的文化也呈现出一派繁荣景象。而在文化发展的过程中，徽商实际上起到了催化剂的

---

① 欧阳兆熊、金安清：《水窗春呓》卷下，中华书局1984年版。

作用。

1.徽商推动了学术进步。"贾而好儒"的徽商酷爱藏书，从而保存了祖国宝贵的文化遗产。扬州盐商马曰琯在小玲珑山馆建有著名的"丛书楼"，藏书十万卷，宋版元刻，无不具备。全祖望说："百年以来，海内聚书之有名者，昆山徐氏、新城王氏、秀水朱氏其尤也，今以马氏兄弟所有，几几过之。"①徽商鲍廷博定居桐乡青镇（今乌镇）杨树湾，建有"知不足斋"书屋。他勤学好古，不求仕进，喜购藏秘籍，所收甚富。盐商程晋芳由歙迁扬，家中蓄书五万卷。尤其是他们所藏古书善本并非"藏在深闺人不识"，而是公诸海内，凡是愿来看书的都热情接待，很多学者都曾是徽商的座上宾。史载："祁门马秋玉刺史曰琯，与弟佩兮上舍曰璐同居，皆好客……有园曰小玲珑山馆，全谢山祖望、符幼鲁曾、厉樊谢鹗、金寿门农、陶篁村沿藻、陈楞山撰诸名士，悉主其家。"②再如盐商程晋芳，"性好客，延揽四方名流，与袁枚、赵翼、蒋士铨，为诗歌唱和无虚日"③。徽商给他们提供优越的条件，让他们在自己的园林中读书治学，切磋交流，不同的观点在这里互相碰撞，学者的思想在这里得到升华，从而推动了学术的进步。像清代著名学者厉鹗在小玲珑山馆中居住多年，博览群书，专心著作，写成了《宋诗纪事》100卷皇皇巨著，还有《南宋画院录》《辽史拾遗》《东城杂记》诸书，因而成名。可以说是马氏兄弟玉成了一位大学者。有的学者著述甚丰，但无力刻印，徽商则慷慨解囊，资助出版，如扬州盐商马曰琯、马曰璐兄弟不惜千金刻印著名学者朱彝尊的巨著300卷的《经义考》，就是一例。

2.徽商促进了文化的传播。在这一方面，徽商的贡献一是献书，二是刻书。乾隆三十八年（1773），开四库全书馆，诏求天下遗书。前述鲍氏以家藏精本626种进献。马氏进献藏书776种，是全国私人进呈书籍最多的。在刻书方面，第一，徽州书商在长三角最活跃。明中叶以后，活跃在

① 全祖望：《鲒埼亭集外编》卷17《丛书楼记》。

② 徐珂：《清稗类钞·师友类·马秋玉佩兮好客》。

③ 光绪《江都县续志》卷24下。

南京、苏州、杭州、扬州等地的刻工、书商大多是徽州人。清人郑恭云："明时杭州最盛雕版画，殆无不出歙人手，绘制皆精绝。"①第二，徽州书商在长三角地区不仅刊刻学术著作，而且大量刊刻日常生活用书、童蒙读物、通俗小说、戏曲等书籍销售，深受广大市民欢迎，使出版由高雅、传统向通俗、新潮转变。徽商实际上是市民文化的推动者。第三，除了徽州书商外，不少徽州盐商也大量刻书，如盐商吴勉学凭借雄厚的家资和丰富的藏书，一生刊刻出版图书300余种3500余卷，②其刻本被称为"吴本"。马氏兄弟在扬州刻书，由于校勘精确、版式精美，号称"马版"。鲍廷博更了不起，前后三代人坚持刊刻《知不足斋丛书》，前后共30集，207种，781卷。尽人皆知的《聊斋志异》正是由鲍廷博于乾隆三十一年（1766）刊刻后才得以广为流传的。第四，徽州书商带动了长三角刻书业的发展和进步。当时徽州刻工的技艺极高，尤以版画为著。这一风格在长三角对当地的刻书影响很大，促进了当地刻书业的发展。可见徽商对于保存并传播我国的传统文化，其功大矣！

3.徽商繁荣了艺术事业。长三角城市在明清时期各种艺术也很发达，在这方面徽商同样功不可没。

如美术，"贾而好儒"又腰缠万贯的徽商酷爱收藏宋元时期的法帖名画，并且乐于与人共赏。这就吸引了全国各地的书画家前来观赏、品析、临摹。不同风格的书画家也可以在这里互相切磋、互相交流，这对于他们技艺的提高是极为有利的。新安画派就是在这样的基础上形成的。③另外，扬州八怪与徽商联系也很密切，他们中的一些人经常在徽商的园林中盘桓流连，徽商所珍藏的这些法帖名画对他们艺术的发展也起到了积极作用。

再如书法，盐商鲍氏做了一件大事：清代嘉道年间两淮总商鲍志道之子、收藏家鲍漱芳汇集了唐、宋、元、明诸多名家的书法40余件，并请扬州名匠党锡龄（字梦涛）等勾勒上石，精刻而成，生动再现了原作的精神

---

① 郑恭：《杂记》，稿本。

② 徐学林：《徽州刻书》，安徽人民出版社2005年版，第231页。

③ 王世华、李锦胜：《明清徽商与新安画派》，《学术月刊》2005年第1期。

风貌。鲍漱芳死后，其子鲍冶亭、鲍钧亭继续这项工程，这就是著名的《安素轩石刻》，共300多方。它始于嘉庆二年（1797），成于道光四年（1824），历经3代、28个春秋。《安素轩石刻》是我们今天弥足珍贵的文化遗产，鲍氏祖孙为保护和传承祖国宝贵的文化遗产，弘扬书法艺术立下了不朽的功绩。

再如长三角城市戏剧也很繁荣，这也是徽商催化的结果。首先是徽商为戏曲提供了经济基础和文化市场。在长三角致富的徽商，半是为了享受和炫耀，半是为了交结仕人，不惜重金蓄养戏曲家班。"最奇者，春台、德音两戏班，仅供商人家宴，而岁需三万金。"①三万金是什么概念？在当时可买三万石优质白米或一千二百亩良田，可见其豪侈程度。每逢岁时佳节，徽商就在家搭台演出，广邀达官贵人、文人学士前来观赏。戏曲的发展就有了经济基础，否则戏班就很难生存。江苏淮安府也是盐商聚集之地，徽商汪氏侨寓此地已有二百余年，家富百万。清代中叶，苏州每到端午节后，名优皆歇夏，汪氏则以重金请来这些名优，留至八月始归。"此数十日午后，辄布氍毹于广厦中，疏帘清簟，茶瓜四列，座皆不速之客，歌声绕梁，笙簧迭奏，不啻神仙之境也。"②可以说，当时戏曲的生存与发展正是得益于徽商。其次，徽商也推动了戏曲的进步。在扬州、金陵，徽商蓄养了不少家班，徽商有时广邀名流观剧，安排两班戏子演唱同一剧目，真正唱对台戏，造成竞争，使得演员不得不努力提高技艺，从而推动了戏曲的发展。侯方域的《马伶传》就生动地记载了这方面的故事。③正因如此，才有清乾隆五十五年（1790）的四大徽班进京，长期在北京演出。他们又同来自湖北的汉调艺人合作，以徽调的"二黄"和汉调的"西皮"为基础，不断吸收京腔、昆腔、秦腔以及其他地方戏曲、民间乐曲的剧目、曲调和表演方法，从而演变成为京剧。因此，在中国戏剧史上，徽

---

① 孙静庵：《栖霞阁野乘》卷上，北京古籍出版社1999年版。

② 徐珂：《清稗类钞·豪侈类·典商汪己山之侈》。

③ 侯方域：《壮悔堂文集》卷5《马伶传》，清顺治刻增修本，《四库禁毁书丛刊》集部第51册，第510页。

班进京被认为是开创戏剧新纪元的重要事件。徽班从扬州出发的，也是从长三角出发的。而徽班正是得益于徽商才发展起来的。

三、社会转型的助推器

学术界认为，至明代中后期，社会开始向近代转型。所谓转型，"系指中国古代封建社会自身经过近两千年的向前发展，至明代后期已经积累、孕育出新的社会因素……它们首先出现在经济领域，然后引起阶级关系、社会生活、政治关系、思想意识、文学艺术与科学技术发生相应变化，传统古代封建社会已经发生局部结构性变换。新生的先进社会因素代表了社会的未来，显示了社会的新走向"。[①]这种现象最先在长三角显示出来。徽商对这种社会转型起到了助推器的作用。

社会转型的重要表现就是当时在某些生产部门出现了不同于封建生产关系的新型的劳资关系。不少徽商恰恰成为新生产关系中"资"的一方，如在苏州棉布业中，徽商开设踹坊，雇佣大批工人踹布，这些工人是从附近农村来的，在人身上是自由的，他们和徽商的关系是新型雇佣关系。再如前述徽商在杭州府的塘栖镇"开典、囤米、贸丝、开车"，所谓"开车"者，即是徽商把资金投资于丝织业，添置织机，雇工从事丝织，这是商业资本向产业资本转化的一种形式。这都是社会进步的重要表现，意义十分重大。

社会转型也表现在社会观念的变化上。"重农抑商"是传统观念。徽商崛起后，竭力扭转这种观念。他们首先自我改变看法，曾在长三角经商的明代徽商程澧说过："澧故非薄为儒，亲在儒无及矣，藉能贾名而儒行，贾何负于儒？"[②]徽籍文人首先受到影响，像汪道昆就认为"良贾何负闳

---

① 张显清：《晚明：中国早期近代化的开端》，《河北学刊》2008年第1期。

② 汪道昆：《太函集》卷52《明故明威将军新安卫指挥佥事衡山程季公墓志铭》，黄山书社2004年版，第1102页。

儒"。^①由于长三角是文人学者、士子官员最活跃、往来最频繁的地区，他们和"贾而好儒"的徽商结成了密切的关系，或登门拜访，或酬酢往来，或在商人家聚会，或与商人们共游。新观念迅速在这些士人中蔓延，逐渐改变了他们对商人的看法。多少著名学者甚至达官贵人为徽商撰写贺寿文或墓志铭，他们在字里行间就表达了对商人的迥异于过去的看法。明末清初思想家黄宗羲提出"工商皆本"的主张等，都说明传统的商业观发生了重要变化。浙江乌程的学者清人沈垚说："古者四民分，后世四民不分；古者士之子恒为士，后世商之子方能为士。……然而睦姻任恤之风往往难见于士大夫，而转见于商贾，何也？则以天下之势偏重在商，凡豪杰有智略之人多出于焉。其业则商贾也，其人则豪杰也。为豪杰则洞悉天下物情，故能为人所不为，不忍人所忍，是故为士者转益纤啬，为商者转敦古谊。此又世道风俗之大较也。"^②这简直是在为商人大唱赞歌了。

封建等级制也逐步被冲破。明代初期对商人在服饰、住房、交往、子女参加科举等方面均有一系列限制规定，决不允许突破。随着社会经济的发展，这种等级限制又是在长三角首先被徽商冲破。腰缠万贯的徽商建起了一座座美轮美奂的宅第，又营造了一个个曲径通幽的园林，他们用金钱铺路，广交官员。商人自己也捐官，出入于官场。有的甚至与皇帝交往，例如徽商江春"以布衣上交天子"。徽商子弟在外地也可以取得商籍，参加科举。在这一时期社会上出现了"士商互动""士商合流"的现象，其中的"商"大多指的是徽商。"谈笑有鸿儒，往来无白丁"，很多就是发生在徽商"大宅门"里的景象。虽然不能说此时的商人地位已经大大提高，但完全可以说，明初那种对商人的种种限制起码在长三角的大商人那里已经基本看不到了。

社会风气也发生了很大的变化。明后期，随着商品货币关系的发展，人们纷纷冲破封建礼法的等级限制，享受他们原来所不能享受的生活。

---

① 汪道昆：《太函集》卷55《诰赠奉直大夫户部员外郎程公暨赠宜人闵氏合葬墓志铭》，黄山书社2004年版，第1146页。

② 沈垚：《落帆楼文集》卷24，民国刊本。

"不复知有明禁，群相蹈之。"这股奢侈之风首先在经济发达的长三角刮起。在这方面，徽商又起到了推波助澜的作用。在扬州，富可敌国的徽商有的已经渐渐失去了祖辈创业时艰苦奋斗的精神，开始奢侈起来，他们在衣、食、住、行方面一掷千金，挥金如土。扬州的美食、园艺、戏曲、古董、玉器等正是适应盐商的需要才发展起来的。此风在扬州越刮越猛，又波及长三角的其他城市，促使整个社会风气的转变，引起了一些传统人士的惊呼。

当时收藏文物也成风，更是徽商倡导的。徽商有钱，纷纷重金收藏古人法帖名画、古董玩物，在社会上影响很大。明代文坛大家王世贞说："画当重宋，而三十年来忽重元人，乃至倪元镇（元代画家、诗人倪瓒）以逮明沈周，价骤增十倍；窑器当重哥、汝（宋代名窑），而十五年来忽重宣德，以至永乐、成化，价亦骤增十倍。大抵吴人滥觞，而徽人导之，俱可怪也。"[1] "吴"即苏州。苏州能够引领全国的消费潮流，从某种意义上说，同样也是因为有徽商的推动。

以上种种追求财富、崇尚消费、舍本逐末、违礼越制的风俗习尚，是社会转型启始在社会生活方面的体现，它的重大意义就在于这是对贵贱尊卑封建等级制度的挑战。这种社会新风加速了社会的转型和变迁。

我们更应看到，徽商在长三角数百年一代一代的经营，不少徽商及其后代就定居在经商之地，逐渐与当地民众融为一体。徽商的文化精神也随之流传下来，尤其是徽商长期形成的诚信经营的商业道德、贾而好儒的商人特点、百折不挠的创业品格、契约为重的经商传统、热心善举的社会责任等，经过一代一代的流传和继承，已经积淀为当地的一种商业精神而影响着更多的人，这才是真正的宝贵财富。在新时期，长三角的商人们所创造出来的种种奇迹，在他们的文化基因里应该有徽商文化的因子。

综上所述，我们确实应对商人和商业的作用重新评估。传统的价值观认为，商人的作用无非是"通有无"，无商不奸，对商人存在着一种鄙视。

---

① 王世贞：《觚不觚录》，《中华野史·明朝卷》，泰山出版社2000年版。

事实上这种看法是不全面的。我们从以上论述可以看到，商人的作用绝不仅仅是"通有无"，他们的影响是方方面面的。所以恩格斯在他晚年为《资本论》第3卷所写的增补中，写下了这样一段话："商人对于从前一切都停滞不变，可以说由于世袭而停滞不变的社会来说，是一个革命的要素。在这样的社会中……现在商人来到这个世界，他应当是这个世界发生变革的起点。"恩格斯的论断确实值得我们好好体会，认真深思。

徽商与戏剧的发展

　　经商与唱戏，一个忙挣钱，一个搞艺术，本是风马牛不相及的两码事儿，但徽商与戏剧却有着不解之缘。徽商为戏剧提供了生存的条件、成长的舞台、提高的动力、创新的机会，戏剧给徽商提供了精神的享受、带来了虚荣的满足、架设了和官员沟通的桥梁。

一

　　戏剧是一种纯艺术活动，但它的存在是要由经济来支撑的，没有经济就谈不上艺术。你要唱戏，就得有人管饭。戏子是可以唱《空城计》的，但肚子可不能唱"空城计"。这是再明白不过的道理。明清时期徽商恰恰就是给戏子"管饭"的老板，从而为戏剧提供了生存的条件。致富的徽商为了追求精神享受，首先大造园林。扬州是徽州盐商的大本营，巨商大贾拥资百万、千万，为了享受，纷纷建造园林，因此，与其他各地相比，"以园林胜"成了扬州的一大特色。像清代在扬州业盐的徽商马曰琯、马曰璐的"小玲珑山馆"，素有"街南书屋十二景"之称。俗有"四元宝"之称的徽商黄氏四兄弟——黄履晟、黄履暹、黄履昊、黄履昂等，以盐致富，在扬州建有易园、十间房花园、容园、别圃等。歙商汪氏建别墅曰南园，内有"深柳读者堂""谷雨轩""风漪阁"诸胜。歙商徐赞侯家南河下街，有"晴庄""墨耕学圃""交翠林"诸胜。大盐商江春的"康山草堂"

"随月读书楼"等更是著名园林。清李斗《扬州画舫录》中所记载的扬州园林大部分都与徽商有关。尤其是康熙、乾隆下江南，每次到扬州，徽州盐商为了邀宠，将园林一次次美化，甚至赶造新的园林。正如《水窗春呓》所载："扬州园林之盛，甲于天下。乾隆六次南巡，各盐商穷极物力以供宸赏，计自北门直抵平山，两岸数十里楼台相接，无一处是重复。"

再好再大的园林如果仅仅供自己消遣，迟早也会感到乏味和无聊的。所以，徽商这些"园主"们就经常邀请文人学者来此聚会，吟诗作画，你唱我和；有的学者甚至在此居住，读书治学。当然更重要的是凭借自家的园林演戏，广邀当地官员、名士前来观看。这才是气派呢！徽商虽没有学过公共关系学，但运用起公关策略来却是"九段高手"。这也难怪徽商，在那个"官本位"的社会，一切权力、一切资源都攥在官员手中，你要想获得经营特权，或保住自己的利益，不求官员行吗？送礼固然是一方面，但除了物质的东西外，总要有点精神的、文化的东西吧。那时不像现在，剧团、剧院各地都有，看戏听歌小菜一碟，好莱坞大片也不足为奇。甚至国家大剧院里的著名演员演出，也是认票不认人的。那时哪有这些文化娱乐，没有剧团，更无像样的剧院，所以，请官看戏对官员来说可是一种高级的文化享受，对徽商来说就是一种高级的精神贿赂了。

徽商深知戏剧的特殊作用，所以纷纷蓄养起很多"家班"，即家庭戏班，以便随时演出。蓄养一个"家班"可不是闹着玩的，不是仅仅"管饭"就行的。要有创作，要有导演，还要配服装、道具，天天排练，这可是一笔不菲的开支。据孙静庵《栖霞阁野乘》卷上载："最奇者，春台、德音两戏班，仅供商人家宴，而岁需三万金。"三万两银子是个什么概念？可以买三万石优质白米，也可以买一千二百亩良田啊！一年要花三万两银子蓄养"家班"，除了徽商谁能负担得起？有了"家班"，自然就要演出，所以，每逢岁时节令，徽商就诚邀当地官员、名流宿儒前来看戏。在优雅的园林中，享受着高规格的待遇，观看很难看到的戏剧——当时主要是徽剧，你能不感谢徽商吗？能说徽商不好吗？只要这样，徽商的目的就达到了，他们与官员的关系就更密切了。而对演员戏子来说，面对这些"高贵"的观众，谁不愿意使出浑身解数，一展歌喉、一施绝技呢！

这真是歪打正着。徽商蓄养"家班"，虽然要花费重金，原是半为自己享受，借机炫耀，半为拉拢达官贵人、名流学者，乘机联谊，但客观上却为戏剧的发展做出了贡献。徽商为戏子提供了生存条件，戏子们有吃有穿，自然能够全身心地投入戏剧中去而不至有后顾之忧。徽商又为戏子提供了实践的舞台，不时地演出，而且面对"高贵"的观众，使得他们不断地切磋技艺而不敢有丝毫懈怠。

不敢懈怠的是戏子，敢于玩乐的是皇帝。康熙、乾隆时期，两位皇帝都曾六次南巡，必到的地方是扬州，迎驾少不了的是徽商。徽商（主要是盐商）不仅要承担巨额的迎驾费用，而且还要组织唱戏以娱天子。关于乾隆皇帝第五次南巡的盛况，《清稗类钞·巡行类》这样描述："高宗第五次南巡时，御舟将至镇江，相距十余里，望岸上着大桃一枚，硕大无朋，颜色红翠可爱。御舟将近，忽烟火大发，光焰四射，蛇掣霞腾，几眩人目。俄顷之间，桃弿然开裂，则桃内剧场中峙，上有数百人，方演寿山福海新戏。"又载："南巡时须演新剧，而时已匆促，乃延名流数十辈，使撰《雷峰塔传奇》，然又恐伶人之不习也，乃即用旧曲腔拍，以取唱演之便利，若歌者偶忘曲文，亦可因依旧曲，含混歌之，不至与笛板相违。当御舟开行时，二舟前导，戏台即架于二舟之上，向御舟演唱，高宗辄顾而乐之。"皇帝高兴了，徽商花再多的钱也是值得的。据史籍记载，在迎驾时节，扬州戏曲演出极其兴盛；即使平时城里城外的"堂戏""台戏""大班"等各种演出也频繁不断。

当然"家班"也并非谁有钱想养就能养的，因为戏子不是人人想做就能做的，是非要有一定技艺的人不可的。因此，有幸蓄养"家班"的徽商可以想看就看，而那些无缘蓄养"家班"的徽商尽管财大气粗，也只能插空延请戏子来家演出了。江苏淮安的大盐商汪氏侨此营商已两百余年，家富百万。但他家就没有"家班"，要看戏只好到外地请。清代中叶，每年端午节以后，天气渐热，苏州的名优就开始停演了，谓之歇夏。于是汪氏就乘此机会用重金延请名优。毕竟炎热敌不过白银，在雪花银子面前，戏子也就翩然而来。汪氏一直把他们留到八月中秋以后才回去。这期间可不得了，据徐珂《清稗类钞·豪侈类》载："此数十日午后，辄布氍毹于广厦中，疏帘清簟，茶瓜四列，座皆不速之客，歌声绕梁，笙簧迭奏，不啻神仙之境也。"在这"歌声绕梁，笙簧迭奏"的"神仙之境"，徽商是享乐了，他们哪里想到，正是在这种不断的演出中，演员的技艺也在无形中提高了。

二

"不怕不识货，就怕货比货。"精于此道的徽商竟别出心裁在演戏上也来个"货比货"，组织两个戏班唱"对台戏"。下面就是一个生动的例子：明代南京城内有不少戏班，但最著名的是两个：兴化部和华林部。一日某徽商突发奇想，用重金请来两个部，在自家园林里搭建相邻的两个舞台，一在东，一在西。为了营造气氛，徽商遍邀金陵贵客，那些达官显贵、妖姬静女，莫不毕集。当时列兴化部在东边舞台，列华林部在西边舞台，皆唱抨击奸相严嵩的《鸣凤记》。开场伊始，引商刻羽，抗坠疾徐，可谓不相上下，台下观众一片叫好。谁知演到严嵩出场时，情况突变。西边舞台扮严嵩的是李伶，东边舞台扮严嵩的是马伶。举手投足、侃侃而谈之间，高下立分。坐客渐渐移到西边，看到精彩处，甚至大呼命酒，高声喝彩，而东边只有寥寥数人了。很快东边就戛然而止了，原来马伶演不下去，已易衣开溜了。

其实，马伶在金陵也是有名的戏子。他这一走，兴化部群龙无首，又不肯另拜他人门下，只好停演，华林部就独擅金陵梨园了。谁知三年后马伶神不知鬼不觉地回来了，而且又找到当初的那位徽商，请求再演一次"对台戏"。徽商慨然应允。仍然是上次的戏台，仍然是上次的观众，仍然是上次的剧目——《鸣凤记》。但这次可不比上次，待到马伶出场，举手投足、侃侃而谈时，活脱脱的一个严嵩再世，台下一片喝彩。东边的李伶知道不妙，立马停演，匍匐在马伶面前，口称弟子了。

马伶又从哪里学得这一身绝技呢？原来上次扮演严嵩，他输就输在从来没有和官员打过交道，更别提当朝一品相国了，所以，举手投足之间，与朝廷高官相差甚远，自然一败涂地。为了能够观摩朝廷高官的日常举止，他竟然一路到了北京，打听到当朝一品相国是昆山顾秉谦，于是想方设法，托身为顾相国家的门卒，而且一干就是三年。三年期间他"日侍昆山相国于朝房，察其举止，聆其语言，久乃得之"。作为戏子，能够"深入生活"到这种地步，还有什么学不像的呢？所以，他重返舞台时，自然将严嵩演得惟妙惟肖了。

徽商组织"对台戏"，本意是为了取乐，不想却刺激了某些演员，使他们不得不努力提高自己的技艺，从而推动了戏剧的发展与提高，尽管这是歪打正着。

三

清代皇帝个个是戏迷，尤以乾隆为甚。这位"十全老人"虽经常征调戏班到宫中演出却仍不过瘾，还要不远千里六次到扬州看戏，在徽商的调教下，扬州戏班给这位老皇帝留下了深刻印象。乾隆五十五年（1790），是"十全老人"乾隆皇帝八十大寿，这是全国上下的头等大事，不用说，宫里宫外忙得不亦乐乎！地方上最会凑热闹的恐怕就数扬州了，因为扬州最富，戏班最多，皇帝最喜欢。扬州主要靠盐商，盐商主要是徽商，徽商深知这正是向皇帝献媚的好时机，哪能袖手旁观呢？所以，在盐运司官员的授意下，总商徽州人江春立即以重金组建艺术精湛的戏班——三庆班进京演出，为皇帝祝寿。三庆班以"二黄耆宿"高朗亭为首，江春做梦也没有想到，三庆班这一去，却开辟了我国戏剧的新纪元。

三庆班进京一炮打响，演出风头独健，在民间演出地名声大著。那时戏曲分花部、雅部，雅部指昆腔，花部指昆腔外的地方声腔，而徽班不但善演花部诸戏，而且对雅部也很熟悉。徽班所具独擅两部的特长使得其他戏班不能不甘拜下风。三庆班在北京立足后，又有四喜、启秀、霓翠、和春、春台等安徽戏班相继进京。在演出过程中,六个戏班逐渐合并为三庆、四喜、和春、春台"四大徽班"。当时戏庄演戏必用徽班,戏园之大者如广德楼、广和楼、庆乐园、三庆园必以徽班为主。据《清稗类钞·优伶类》载:"嘉庆以还,京师苏班日就衰微,徽班乃遂铮铮于时。班中上流,大抵徽人居十之七,鄂人间有,不及徽人之多也。其初入都,皆操土语,侨居数代,变而为京音,与土著无异。伶界最重门阀,而徽、鄂人后裔之流寓在京者,大抵均世其业,称为世家,诸家姻娅相连,所居皆在正阳门外五道庙一带。"

徽班在演唱二簧、昆曲、梆子、啰啰诸腔的基础上,又兼容并蓄,吸收北京曾经流行的京腔(高腔)、秦腔中的长处,逐渐演变成京剧——中国的国剧也就呱呱坠地了。当我们今天大谈振兴国剧的时候,是不应忘记徽商的这些贡献的。

徽商收藏的文化意义

对于前朝书籍、古董尊彝、法帖名画的收藏，千年历史，屡见不鲜。其中既有官府，也有个人；个人中既有官员，也有平民。个人收藏各有目的，有的是为了转手牟利，有的是为了附庸风雅，有的是为了招摇炫耀，有的却是出于对传统文化的特殊爱好。在封建社会，对个人的收藏行为，有人统统嗤之为"玩物丧志"。殊不知对收藏是要区别而论的，其实有的收藏行为是蕴涵着重大的文化意义，是绝不能作皮相之论的。

一

明清时期尤其是康乾时代，"贾而好儒"的徽商在钱囊丰满后对文化充满了兴趣，他们除了兴办学校、投资书院以外，很多人开始钟情于收藏。

徽商收藏的范围很广，首要的就是图书。这一方面是为了自己读书的需要，另一方面也是培养子弟的需要。所以徽商家中或多或少都有一些藏书。更有一些徽商嗜书成癖，千方百计搜求各种图书，尤其是印刷质量好、校雠精、错误少、价值高的即我们今天所称的"善本书"，他们堪称藏书家。扬州盐商马曰琯、马曰璐兄弟就是以"藏书家"名扬海内。他们在扬州自己的园林"小玲珑山馆"里建有著名的"丛书楼"。著名学者全祖望就经常光顾"丛书楼"，他曾回忆道：

予南北往还，道出此间，苟有宿留，未尝不借其书。而嶰谷（马曰琯）相见，寒暄之外必问近来得未见之书几何，其有闻而未得者几何，随予所答辄记其目，或借钞，或转购，穷年兀兀，不以为疲。其得异书则必出以示予，席上满斟碧山朱氏银槎，侑以佳果，得予论定一语，即浮白相向。方予官于京师，从馆中得见《永乐大典》万册，惊喜贻书告之，半查（马曰璐）即来问写人当得多少，其值若干，从臾予甚锐。予甫为钞宋人《周礼》诸种而遽罢官，归途过之，则属予钞天一阁所藏遗籍，盖其嗜书之笃如此。[1]

有珍贵稀见者，不惜千金购之。他们藏书十万卷，宋版元刻，无不具备，简直就是一个古代图书馆。仅此一端，需要投入多少资金啊。正如全祖望所说："百年以来，海内聚书之有名者，昆山徐氏、新城王氏、秀水朱氏其尤也，今以马氏兄弟所有，几几过之。"[2]由此可见当时文人对马氏藏书是非常推崇的。经营盐业的徽商鲍廷博也是一位藏书家，后定居桐乡青镇（今乌镇）杨树湾，建有"知不足斋"书屋。他勤学好古，不求仕进，喜购藏秘籍，所收甚富。时人评价他说："君收储特富，鉴裁甚精，壮岁多获两浙故藏书家旧物，偶闻他处有奇文秘册，或不能得，则勤勤假钞厥副，数十年无懈倦。"[3]当时浙江藏书家浙东称范氏天一阁，浙西称汪氏振绮堂，而汪氏振绮堂就是徽商世家，据近代著名出版家、政论家汪康年回忆："余家世以藏书为事，至鱼亭公（汪憲）益加搜罗，于是'振绮堂藏书'之名始著。"[4]

歙县商人程晋芳在扬州业盐，也是"书痴"，酷爱藏书。他自称从十三四岁起就千方百计搜求异书，得一书则置楼中，自己或与好友加上题

① 全祖望：《鲒埼亭集外编》卷17《丛书楼记》，清嘉庆十六年刻本。
② 全祖望：《鲒埼亭集外编》卷17《丛书楼记》，清嘉庆十六年刻本。
③ 顾广圻：《思适斋集》卷12《知不足斋丛书》序，清道光二十九年徐渭仁刻本。
④ 汪诒年编：《汪穰卿（康年）先生传记》，载沈云龙主编：《近代中国史料丛刊》第1辑，文海出版社1938年版。

识，并精心装潢，真是怡然自得。好友李情田知其所好，往往将从乡下得到的善本书专程送来，程晋芳能买则买，不能买的则抄。后来他到了京师做官，十年间更是经常造访书坊书肆，遇有奇书，不惜代价买下。有时钱不凑手，竟然典衣以购，简直"嗜书藏若饥渴"。因此，"积三十年而有书三万余卷"。他的藏书楼上下六间，摆满图书，琳琅满目。藏书楼庭前杂栽桂树，据《尔雅》，室之东隅曰"宦"，此处又多植桂树，故他把自己的藏书楼命名为"桂宦"。①还有一位商人叫吴梦龄，歙人，侨寓江都，家世好藏典籍，多至数十万卷。②其他一些徽商虽然藏书不如上述诸人那么多，但也比较丰富。如婺源木商洪庭梅家就"藏书千余卷"③。歙商方在宥"以藏书倾邑里"④。歙商汪轫庵在杭州经商，家中就建有"开万楼"，藏书数千种。中国历朝历代富有的商人多矣，但像徽商如此钟情藏书的恐怕也是少见的。

徽商不仅酷爱藏书，而且还喜欢收藏前人字画、古董。这当然要花更多的钱。从来字画、古董有市无价，全凭喜好程度。由于"喜好"，再多的银两也在所不惜。歙县盐商吴雪翀"雅蓄砚墨，见前人嘉言懿行，辄涤砚吮墨，手自书之。多购书画、金石诸古物置左右，间一寓目，摩挲自得"⑤。《画友录》说到歙县盐商子弟巴慰祖时载谓："少读书，无所不好，亦无所不能。弄藏法书名画、金石文字、钟鼎尊彝甚夥。"⑥大盐商汪廷璋的侄子汪灏"家蓄古人名画极富"⑦。盐商子弟、歙人王学儒凭借丰厚资金，"尤多蓄元明人书画，尝坐斋中，晨夕展玩，谓人曰：'余老不能游，即此以当自放于山巅水湄，其谁曰不然。'"⑧休宁孙焌，为徽之巨商，侨

---

① 程晋芳：《勉行堂文集》卷2，清嘉庆二十五年冀兰泰吴鸣捷刻本。
② 光绪《增修甘泉县志》卷24《丛缀》，清光绪七年刊本。
③ 《婺源敦煌洪氏通宗谱》卷58《清华雪斋公传》，清嘉庆刊本。
④ 汪道昆：《太函集》卷32《方在宥传》，明万历刊本。
⑤ 许承尧：《歙事闲谭》卷28《吴瑞鹏》，黄山书社2001年版，第998页。
⑥ 汪鋆：《扬州画苑录》卷3，清光绪十一年刻本。
⑦ 李斗：《扬州画舫录》卷15。
⑧ 方东树：《考盘集文录》卷10《王君学儒墓表》，清抄本。

居杭州。在京师与覃溪善，覃溪殁后，孙赙五千金，故苏斋金石书画半归侍御（孙烺），《宋拓公房碑》《化度寺碑》《嵩阳帖》《雪浪帖》并《诗文杂箸手稿》四十巨册均在焉。[①]

徽商收藏的书画，不仅数量大，而且精品多。据明末商人兼收藏家吴其贞记载，徽州收藏家程季白的儿子程正吉家中就藏有王维、赵孟𫖯的手卷和荆浩的立轴山水，还有大量其他书画作品。如王维的《江山雪霁图》手卷、李唐的《晋文公复国图》、翟院深的《雪山归猎图》、赵孟𫖯的《水村图》手卷，还有书圣王羲之《行穰帖》的唐初摹本、王蒙的《秋丘林屋》题记等，可见收藏之精美。徽商子弟黄茨荪（即黄崇惺）《草心楼读画集》也载：徽商收藏历史上名家作品之多，令人惊叹。如唐代画家吴道子的《黄氏先圣像》以及阎立本的《孔子事迹二十四图》，还有北宋画家李公麟的白描《十八应真渡海》长卷和北宋宫廷画家张择端的《清明上河图》长卷，等等，都是稀世奇珍。当然，徽商收藏元人的作品也很多，据晚明鉴赏家和收藏家张丑所说，歙县一吴姓徽商家收藏倪云林的画最少有四幅并皆为立轴。正如黄崇惺说："是时（指康熙、乾隆时期）休、歙名族，乃程氏铜鼓斋、鲍氏安素轩、汪氏涵星研斋、程氏寻乐草堂，皆百年巨室，多蓄宋元书籍、法帖名墨、佳砚、奇香、珍药，与夫尊彝圭璧盆盎之属，每出一物，皆历来赏鉴家所津津乐道者。而卷册之藏，尤为极盛。"[②]毫无疑问，这些"休、歙名族""百年巨室"，当然大多是徽商家庭。黄崇惺儿时经常去程氏铜鼓斋，他说："程氏古画，以李成《五老峰图》为第一。书迹以《大令保姆帖》为第一。余时方稚齿，来往程氏斋中，未知请观，然耳熟久矣。"咸同战乱后，程云松先生孙少帆避居祁门，书画尚有数十箧，寄于山农家，可知他家收藏之富。[③]

黄崇惺就是出身于徽商世家，他的先世也藏有大量的法书名画，嘉庆

① 缪荃孙：《云自在龛随笔》卷4《书籍》，商务印书馆1958年版，第171页。

② 许承尧：《歙事闲谭》卷20《咸丰前歙人收藏之富》，黄山书社2001年版，第707页。

③ 许承尧：《歙事闲谭》卷20《咸丰前歙人收藏之富》，黄山书社2001年版，第707页。

道光以来，由于家道中落，不少归于他人之手，然尚存者颇多。据他回忆，他家就曾藏有一千多年前的唐代"画圣"吴道子画的《先圣像》、明初宫廷画家商喜的《西园雅集图》等。外舅家藏有初唐集大成的画家阎立本画的《孔子事迹二十四图》，二伯父藏有北宋著名画家李公麟（号龙眠居士）的白描《十八应真渡海》长卷，舅氏藏明代姚广孝的《百八罗汉图》，尤奇物也。黄崇惺侄黄新宇也藏有元代高克恭的山水画。黄氏宗族祠堂——承德堂中还藏有明代大画家王叔明的山水，鸾绫象匣，这是准备进贡皇帝的；又藏有北宋苏东坡的墨竹。这些画别说在今天是极其难得的国宝，就是在当时也堪称世间罕品。黄崇惺小时就记得家中有书一楼，列几堆积，高五六尺，多有前代古本，这只是他经眼看到的，就已经不得了，但我们知道这还只是徽商收藏的冰山一角啊！

徽商收藏有时简直到了"痴"的程度，如歙人汪讱庵自号印癖先生，经商侨寓杭州，不仅喜好藏书，尤酷嗜印章，他千方百计搜罗自周秦迄元明的印章，至数万钮。听说钱梅溪（钱泳）先生藏有汉代"杨恽"二字铜印，讱庵欲得之，钱不许，遂长跪不起，钱不得已，笑而赠之。其风趣如此。①

徽商从明代中后期就钟情于收藏，从而带动了一大批人也加入收藏行列，并导致了社会风气的变化。明代文坛大家王世贞有一段描述徽商引领收藏潮流的文字："画当重宋，而三十年来忽重元人，乃至倪元镇（元代画家、诗人倪瓒）以逮明沈周，价骤增十倍；窑器当重哥、汝，而十五年来忽重宣德，以至永乐、成化，价亦骤增十倍。大抵吴人滥觞，而徽人导之，俱可怪也。"②可知苏州之所以能够引领收藏潮流，就是因为有徽商"导之"的结果。

当然，徽商的这种风气也受到徽州官员士大夫的影响。明末商人兼收藏家吴其贞在《书画记》中说："昔我徽之盛，莫如休歙二县，而雅俗之分，在于古玩之有无，故不惜重值争而收入。时四方货玩者，闻风奔至；

---

① 西泠印社纂：《金石家小记》。
② 王世贞：《觚不觚录》，载《中华野史》，泰山出版社2000年版。

行商于外者，搜寻而归，因此所得甚多。其风始开于汪司马兄弟，行于溪南吴氏丛睦坊，汪氏继之。余乡商山吴氏、休邑朱氏、居安黄氏、榆村程氏，所得皆为海内名器。"所谓汪司马兄弟，乃是指明嘉万年间的歙县人汪道昆、汪道贯兄弟，汪道昆曾任兵部左侍郎一职，故有"司马"之称。汪道昆特别喜爱收藏古玩字画，登门求观的文士络绎不绝。作为朝廷高官，又是徽商子弟，他的行为不能不给其他徽州商人以极大的影响。所以汪氏兄弟开其风，一大批徽商就继其后了。

二

收藏的文化意义在于对藏品的文化利用，不断发掘它的文化价值。徽商收藏固然也有自赏、炫耀的意味，甚至有的也转手牟利，但确有一批徽商志不在此。他们收藏不仅体现在对传统文化的极大爱好，更体现在他们对这些藏品的文化利用上。他们的藏品对文化人绝不封锁，反而欢迎大家观摩利用。这种收藏而开放的方式，就具有重要的文化意义了。

首先，徽商的收藏保存了大量传统文化中的瑰宝。那些珍稀书籍、法帖名画、玉器古玩等，都是极其珍贵的历史文物，它们如果单件存于某人之手，很容易流失甚至消亡，徽商用重金收购收藏，大批文物流到徽商手中。正如前述："时四方货玩者，闻风奔至；行商于外者，搜寻而归，因此所得甚多。"从而集中保存了大量祖国传统文化中的瑰宝，这应是对祖国文化的一大贡献。徽州今天之所以被誉为"文物之海"，不少文化珍品仍保存在民间，就是得益于当年徽商的收藏。徽商利用家藏所刻的大量丛书，使得不少孤本、稿本等善本书能够保存流传下来。

其次，徽商的收藏推动了书画艺术的进步，催生了新安画派。我们知道，书画艺术的提高必须要观摩前人的书画作品，从前人画作中汲取营养。这是画家成长必不可少的条件。过去既没有图书馆，也没有博物馆，而徽商的收藏正起到了图书馆和博物馆的作用。不少徽商收藏的法帖名画，绝不是"藏在深闺人不识"，而是公诸同好，欢迎观摩学习。史载：

"诸先生往来其间，每至则主人为设寒具，已而列长案，命童子取卷册进，金题玉躞，锦贉绣褫，一触手，古香经日不断，相与展玩叹赏，或更相辩论，断断不休。"①就在这"断断不休"的展玩、辩论之中，艺人们揣摩了古人的技法，汲取了他们的长处，提高了自己的水平，很多画家成长起来了。如新安画派的代表人物之一休宁查士标，"家多古铜器及宋元人真迹，书法华亭（董其昌），画初学倪高士（倪云林），后参以梅花道人、董文敏"②，后人评价他的画作"真窥元人之奥"。之所以如此，与他从元人画作中汲取丰富的营养是分不开的。新安画派首领弘仁"闻晋唐宋元名迹，必谋一见"，认真摹写研读。而能够收藏"晋唐宋元名迹"的，大多是富甲一方的徽商人家。弘仁与徽商吴羲友好，常在吴家赏阅古代大师的作品。吴家藏有元代画家倪云林的《幽涧寒松图》《东冈草堂图》《汀树遥岑图》《吴淞山色图》等，弘仁见后如获至宝，研读达数月之久，境界大大提高，回去以后将自己过去的作品全部撕毁。周亮工《读画录》说其"喜仿云林，遂臻极境"。弘仁之所以能成为新安画派的领袖人物，应该说徽商的收藏是助了一臂之力。弘仁的画风影响了一批人，新安画派逐渐形成。画家的成长也离不开与同行的切磋交流。同样地，徽商又提供了这样的条件。谁都知道，扬州是徽商的大本营，大批稀世珍品也都集中在扬州，因此全国各地的学者、艺术家也多趋之若鹜。正如清人李斗所说："扬州书画（家）极多，兼之过客往来，代不乏人。"③众多同行在徽商所建的园林中相聚，讨论学术，切磋技艺。多少书家、画家就是在这样的氛围中迅速成长起来。④

在书法艺术上，盐商鲍氏做了一件大事：清代嘉道年间两淮总商鲍志道之子、收藏家鲍漱芳收藏了唐、宋、元、明诸多名家的书法40余件，这是旷世瑰宝。怎样才能让它们永久保存并能让人利用呢？鲍漱芳欲将它们

① 许承尧：《歙事闲谭》卷20《咸丰前歙人收藏之富》，黄山书社2001年版，第707页。

② 李斗：《扬州画舫录》卷2。

③ 李斗：《扬州画舫录》卷2。

④ 参阅王世华、李锦胜：《明清徽商与新安画派》，《学术月刊》2005年第1期。

勾勒上石，为此重金延请扬州名匠党锡龄（字梦涛）等精雕细刻，生动再现了原作的精神风貌。鲍漱芳死后，其子鲍冶亭、鲍钓亭继续这项工程，这就是著名的《安素轩石刻》，共300多方。它始于嘉庆二年（1797），成于道光四年（1824），历经3代、28个春秋。《安素轩石刻》大部分是按真迹或原作勾摹刻制的，且皆有名人题跋，许多是首次见诸刻石，其中唐勾本王羲之《兰亭集序》、李邕书《出师表》、苏东坡诗、米芾小楷、赵孟頫书《老子》等，都是极其珍贵的艺术品。可以说，《安素轩石刻》是我们今天弥足珍贵的文化遗产。现扬州天宁寺内陈列的175方石刻，乃鲍氏后人、画家鲍娄先于新中国初捐献。可见鲍氏家族为保护和传承祖国宝贵的文化遗产，弘扬书法艺术立下了不朽的功绩。

再次，徽商的收藏促进了学术的发展。如果收藏是为了炫耀、自赏甚至谋利，那与学术进步当然无缘。但在一些徽商那里，绝不是这样，而正像清代著名诗人袁枚所颂小玲珑山馆那样："横陈图史常千架，供养文人过一生。"①从而使多少学者深受其益。如祁门商人马曰琯、马曰璐兄弟俩由于有十万卷藏书，一些著名学者如全祖望、符曾、厉鹗、金农等就成了常住客，名流宴咏，殆无虚日。这不就是文坛盛会吗？学者们在这里读书、研究，推动了学术进步。厉鹗就在这里居住多年，博览群书，专心著作，写成了《宋诗纪事》100卷皇皇巨著，还有《南宋画院录》《辽史拾遗》《东城杂记》诸书，因而成名。可以说是马氏兄弟玉成了一位大学者。"扬州二马"去世后，清代诗人楼锜也十分感激地写道："阅肆愧非才，插架困贫乏。感兹故人意，借抄兼借榻。"②穷厄以终但颇有学问的寒士姚世钰也是丛书楼里的座上客，他曾满怀深情地写道："薄游扬州，马秋玉、佩兮兄弟为余置榻丛书楼下，膏馥所沾丐（溉），药物所扶持，不知身之在客也。"③他在丛书楼里读书、校书，获益良多，最终成为一位著名

① 袁枚：《小仓山房诗文集·诗集》卷27，上海古籍出版社1988年版，第687页。

② 楼锜：《于湘遗稿》卷1《题丛书楼呈马嶰谷半查昆季两先生》，清乾隆二十年陈章刻本。

③ 姚世钰：《孱守斋遗稿》卷2，清乾隆十八年张四科刻本。

学者。

鲍廷博、程晋芳等盐商何尝不是如此。鲍廷博为了校书，"洁亭舍，丰馆谷"，经常邀请文人学者来家中切磋探讨。程晋芳的"桂宧"，也是"谈笑有鸿儒，往来无白丁"。他们或赏奇文，或析疑义，或则斗诗，或则联句，其情洽洽，其乐融融。在他死后，京师甚至流传这样的话："自竹君（指翰林编修朱筠）先生死，士无谈处；鱼门（程晋芳）先生死，士无走处。"可见他生前与士人结成多么深厚的友谊。

徽商与文人学者的这些交往，不仅仅是个人之间的情谊，而且对学术的发展也起到了重要作用。梁启超曾说："欲一国文化进展，必也社会对于学者有相当之敬礼；学者恃其学足以自养，无忧饥寒，然后能有余裕以从事于更深的研究，而学乃日新焉。近世欧洲学问多在此种环境之下培养出来，而前清乾嘉时代，则也庶几矣。"[①]乾嘉时代正是徽州盐商对学者"借抄兼借楷""药物所扶持"的"有相当之敬礼"的时代，也是清代学术全盛的时代，这应该不是偶然的。

又次，徽商的收藏促进了文化的传播。这尤其表现在刻书上。在当时，文化的传播主要是通过书籍这一载体来实现的。而徽商在这方面的贡献也很大。如歙商吴梦龄，侨寓江都。家世好藏典籍，多至数十万卷。又聚中晚唐人诗集得二百许家，半为宋库遗钞，人不经见。康熙年间政府校刊《全唐诗》于扬州，遇有遗缺者，就到其家借录副本，多取资焉[②]。乾隆开四库全书馆，诏求天下遗书，前述鲍氏以家藏精本626种进献，内多为宋元以来之孤本、善本。马氏进献藏书776种。汪氏振绮堂也进呈善本百十种。在当时，全国私人进呈书籍最多的四家，以马氏为首。这些书籍被选入《四库全书》后自然能够惠及更多的学人，发挥更大的学术价值。

除了向朝廷献书支持《四库全书》纂修外，富有藏书的徽商还大量刻书，将很多珍本、善本书刊刻面世，嘉惠士林。盐商马曰琯、马曰璐兄弟

---

① 梁启超：《清代学术概论》18《清学全盛的时代环境》，商务印书馆1930年版，第66页。

② 光绪《增修甘泉县志》卷24《丛缀》，清光绪七年刊本。

尝不惜千金为大学者朱彝尊刻《经义考》，为蒋衡装潢所写《十三经》，又刻《许氏说文》《玉篇》《广韵》《字鉴》等书，让它们广泛传播。刻书离不开校雠，清代著名学者全祖望是这样记叙马曰琯校书的："聚书之难，莫如雠校。嶰谷（马曰琯）于楼上两头各置一案，以丹铅为商榷。中宵风雨，互相引申，真如邢子才思误书为适者。珠帘十里，箫鼓不至，夜分不息，而双镫炯炯，时闻洛诵，楼下过者多窃笑之。以故其书精核，更无讹本，而架阁之沉沉者遂尽收之腹中矣。"①由于他刻书质量好，校雠精，世间谓之"马版"。鲍廷博为了刊刻《知不足斋丛书》，可谓呕心沥血，"梨枣之材，剞劂之匠，遴选其良，费而勿靳。生产斥弃，继以将伯，千百锱铢，咸归削氏。犹复节衣减食，裨补不足，视世间所谓荣名厚实、快意怡情者，一切无堪暂恋，只有流传古人著述，急于性命。"②他能将"流传古人著述"看成"急于性命"的大事，摒弃世间一切快意怡情的享乐，节衣缩食，刊刻丛书，这种精神实在难能可贵。为了使刊刻的书籍不出错，他利用自己丰富的收藏，比照各种版本，认真仔细校勘，也请教先达闻人，集思广益。时人评说他："并涉四部，旁综九流，奥篇隐事，心识口诵，元元本本。有经丹黄甲乙者，如风庭之扫叶，又况先达闻人，洎二三雅素，往复扬榷，集思广益外，此即土壤细流，咸不让择，大要期诸求是。每定一书，或再勘三勘，或屡勘数四勘。祁寒毒暑，舟行旅舍，未尝造次铅椠去手也，其于校有如此者。"③故此丛书甫问世，"士林争购，以为巨观，洵自左禹圭以来一不朽盛业也"④，受到人们的热烈欢迎。后人高度评价这套丛书在传播传统文化方面的重大作用："歙县鲍渌饮廷博辑刻《知不足斋丛书》，久为艺林推重，约而言之，盖有数善：全书三十集，都二百余种，搜罗之富，实罕其比；所辑各种，或旧刻脱讹而此独完好，或中土久佚而传自海外；无陈陈相因之弊，且皆学者必需之书，采辑之善，

---

① 全祖望：《鲒埼亭集外编》卷17《丛书楼记》，清嘉庆十六年刻本。

② 顾广圻：《思适斋集》卷12《知不足斋丛书》序，清道光二十九年徐渭仁刻本。

③ 顾广圻：《思适斋集》卷12《知不足斋丛书》序，清道光二十九年徐渭仁刻本。

④ 俞樾：《春在堂杂文》六编卷7《知不足斋丛书》序，光绪二十五年刻《春在堂全书》本。

允推独步。"①很显然，鲍廷博利用自己丰富的收藏为传播我国传统文化作出了极为重要的贡献。

最后，徽商的收藏也造就了不少文化商人。"贾而好儒"的徽商一旦有了自己的收藏，就会充分利用这些收藏来充实自己，提高自己。藏画的有的就成为画家，如孙灏，性古雅，家蓄古人名画极富，交游皆一时名士。②他从古人名画中充分汲取营养，因此诗画极工。"休宁金勔，字达三，号雪匎。笔力斡脱，去时习以贸迁往来四方，行笈中藏名人笔墨，暇则展玩，兴至即画，他的墨梅画得极佳，遇投契者赠之，非其人不轻与片纸。"③这显然也得益于收藏。藏印的有的就成为刻家，并有不少著作问世。西泠印社所纂《金石家小记》云："汪讱庵自号印癖先生，侨寓杭州，家有开万楼，藏书数千种。尤酷嗜印章，搜罗自周秦迄元明印，至数万钮。当于巨珠上刻作篆文，以备诸品所未备。……著有《集古印存》《飞鸿堂印谱》《汉铜印丛》《汉铜印原》《退斋印类》《锦囊印林》及其他各谱，最二十七种，《续印人传》八卷。"④收藏金石最多的巴慰祖，工书善画，尤其精于篆隶摹印，乃至仿造数百年前的古器，连精于鉴别的专家也难以辨别。也有不少收藏家成为古玩鉴赏家。成为鉴赏家的不可缺少的条件，就是要大量观摩比较各种古玩，才能逐渐掌握各个时期古玩的特点、各个书画家的风格。因此，没有大量的收藏是做不到的。徽商正因为有丰富的收藏，所以或则本人，或则子弟成了鉴赏家。乾隆年间进士吴绍浣，歙县丰南人，侨居扬州，"嗜书画，精鉴赏，四方名迹多归之，如颜鲁公《竹山（堂）联句》，徐季海《朱巨川告身》，怀素小草《千文》，王摩诘《辋川图》，贯休《十八应真像》，皆希世珍也。当时名公巨卿如彭元瑞、董诰、王杰辈交口推重，各省疆吏所贡书画图籍必招浣品题而后奏进"⑤。

① 鲍廷博辑，鲍祖志续辑：《知不足斋丛书》，民国十年上海《古书流通处启》，据清鲍氏刊本景印。
② 李斗：《扬州画舫录》卷15。
③ 汪鋆：《扬州画苑录》卷3，清光绪十一年刻本。
④ 许承尧：《歙事闲谭》卷9《汪讱庵佚事》，黄山书社2001年版，第305页。
⑤ 吴吉祐：《丰南志》第3册《人物志·士林》，民国稿本。

吴绍浣父祖就是侨居扬州的大盐商，家中藏有很多古玩，他虽走上仕途仍念念不忘收藏，朝濡暮染，左采右获，见多识广，鉴别益精，终于成为一位名闻京师的古物鉴赏家。前述巴慰祖当然也是鉴赏家。

尤其值得一提的是，藏书的不少成为学者。古玩收藏是要有相当雄厚的经济实力的，当然不能家家都有，但藏书对于贾而好儒的徽商来说，却是绝大多数家庭都有的。清代著名学者钱谦益说过："有聚书者之聚书，有读书者之聚书"，徽商堪称读书者聚书。爱好读书再加上勤奋，自然文化素养日增，著述渐丰，虽为商人，但称之为学者，也毫不为过。翻开徽州方志和宗谱，有著作或诗集问世的商人不胜枚举。最典型的莫过于扬州盐商鲍廷博，马曰琯，马曰璐兄弟以及程晋芳等。马氏兄弟家十万卷的藏书给了他们丰富的营养，加上他们的勤奋努力，都有著作问世。马曰琯著有《沙河逸老集》六卷，《嶰谷词》一卷；马曰璐著有《南斋集》六卷，《南斋词》二卷。时人早已把他们视为学者，"马氏虽承商业，起家巨万，穷极豪燕胜游之乐。秋玉兄弟独文雅翩翩，力学过于寒畯绩学，毋歉世家。不希仕宦，不苟富贵，尝荐鸿博，屡辞不赴，布衣儒生以终其身，殆上可步武倪云林之高致，而后能兼有程鱼门之素襟者。商人得此，谈何容易"[①]，评价确实很高。鲍廷博也是淹雅多通，而精于鉴别。时人夸道："其《称说》一书，辄举见刻本若钞本、校本凡几，及某刻本如何，某抄本如何，某校本如何，不爽一二也，其于本有如此者。"[②]可见藏书家成了学问家。

当然在这方面最著名的应是程晋芳了。作为盐商，程晋芳的兴趣却在治学上。程晋芳一直对学问抱有极大的兴趣。"君性嗜学，见长几阔案辄心开，展卷其上，百事不理。"[③]由于家中藏书丰富，他覃研典籍，虚怀求益，故博闻宏览，而才情丰蔚。大学者袁枚评价他说："君学无所不窥，经史子集、天星地志、虫鱼考据俱宣究，而尤长于诗，古文醇洁，有欧、

---

① 邱炜萲：《五百石洞天挥麈》卷7，清光绪二十五年邱氏粤垣刻本。
② 顾广圻：《思适斋集》卷12《知不足斋丛书》序，清道光二十九年徐渭仁刻本。
③ 李元度：《国朝先正事略》卷43，清同治刻本。

曾遗意。"①袁枚对程晋芳的诗最为推崇，曾赞曰："平生绝学都探遍，第一诗功海样深。"程晋芳不仅自己长年刻苦钻研，而且虚心求教。自到京师后又从大学者朱筠、戴震问学。他笃信程朱之学，时人评价他："综核百家，出入贯串于汉宋诸儒之说，未始不以程朱为职志也。"②他曾在《正学论》七篇中，反复讨论治学之道，可见他的治学宗旨。由于他的勤奋笃学，一生著述甚丰，计有《周易知止编》三十余卷、《尚书今文释义》四十卷、《尚书古文解略》六卷、《诗毛郑异同考》十卷、《春秋左传翼疏》三十二卷、《礼记集释》若干卷、《诸经答问》十二卷、《群书题跋》六卷、《桂宦书目》二卷、《蕺园诗集》十卷、《勉行堂诗集》二十四卷首一卷、《勉行堂文集》六卷、《勉行堂集》一卷等，真可谓著作等身。

三

令人扼腕的是，徽商丰富的收藏，至今大多不存，其原因是多方面的。

首先是有的商人未能正确处理主副关系，顾此失彼，走向反面。对徽商而言，经商是主业，收藏是副业。收藏是要有雄厚的经济实力的，因此一定要不断夯实经济基础，巩固和扩大自己的主业，才能为收藏提供源源不断的物质保证。而有的徽商却主副倒置，从而顾此失彼。巴慰祖就是一个典型。他家虽丰于财，但由于沉溺于好古，大把花钱，在所不惜。虽然收藏金石最多，生意却弃之不顾。长此以往，家日益贫，金石也不保。因此其父给他的斋室命名"可惜"。但清代著名学者汪中为巴慰祖作传，谓慰祖"惜在治生，不在好古也"，认为他"可惜"的是不善经商，而不是好古。世人认为是知人之言。程晋芳可谓无独有偶。程晋芳是盐商世家，家庭非常富有，所以他能够藏书五万卷。然而他却是个"才难问生产，气不识金银"的人，竟把生意交给仆人打理，自己却热衷科举、交游文士。

---

① 袁枚：《小仓山房集》文集卷26，清乾隆刻增修本。
② 翁方纲：《复初斋文集》卷14，清李彦章校刻本。

仆人不断侵蚀，他又熟视无睹，了不勘诘，所以生意越做越亏，由此"名日高，而家日替矣"。他晚年债台高筑，负券山积，虽有俸禄、有伙助，但如沃雪填海，生活都难以为继。为了维持生计，他不得不大量卖书度日、还债。最后因负债不能偿还而客死关中。这两人都是由于顾此失彼，及身而败，实在令人惋惜！

其次是毁于社会战乱。19世纪五六十年代，太平天国运动爆发。为镇压太平天国运动，清军与太平军展开了激烈的交战。徽商最活跃的长三角一带变为战场，徽州更是两军拉锯十年之久，徽商损失极其惨重。大乱之中，不少徽商身家性命尚且不保，收藏更是百无一存。据汪诒年介绍，"振绮堂藏书，自经咸丰庚申、辛酉两次兵燹后，已散佚殆尽，惟藏书目录则幸尚存留四种"[1]。每念及兹，不能不令人扼腕称叹！任何战乱对于社会文化来说，无疑都是一场浩劫。它从反面告诉我们，只有社会安定升平，收藏才能彰显价值。

最后是失于不肖后代。虽然也有一些藏品劫后余生，但作为后世的继承者，却又无法保证代代能够珍藏，更难以做到发掘它的文化价值。往往由于某代的不肖，珍贵的藏品也很容易转手易主。对任何人来说，收藏都难以永世保存的。

但是，也有的徽商极有远见，他们深知自己身后藏品难以永世，所以采取了当时唯一可以保存的形式——刻石和刻书，使其至今仍继续彰显着重要的文化意义。这就是《安素轩石刻》《知不足斋丛书》以及"马版"刻书等。想当初盐商鲍志道收藏的那么多历代名人法帖如果不将其勾勒上石，恐怕不是毁于战乱，就是失于后代。但鲍氏历经三代二十八个春秋完成的《安素轩石刻》，就永久保存了它们的价值，也真正成了鲍氏的丰碑。同样地，鲍廷博的"丛书楼"经过沧海桑田的巨变，至今已是人去楼空，但鲍氏所刊刻的三十集《知不足斋丛书》、各种"马版"书籍，以及徽商子弟汪康年利用家藏所辑的《振绮堂丛书》，都永远嘉惠着广大的士林学

① 汪诒年编：《汪穰卿（康年）先生传记》，沈云龙主编：《近代中国史料丛刊》第1辑，文海出版社1938年版。

子。印癖汪讱庵虽然家有"开万楼"，贮藏数万钮古印，但不久就因各种原因湮没无存了，然而他所著的《集古印存》《飞鸿堂印谱》《汉铜印丛》《汉铜印原》《退斋印类》《锦囊印林》等27种书，却永远是祖国文化宝库中的瑰宝。

利用收藏，提高自己，并创造出新的成果，为传统文化的发展作出新的贡献，这是另一种收藏文化意义的发扬光大。程晋芳虽然藏书及身而散，作为收藏家，他是失败者，但他和鲍廷博、马氏兄弟却利用大量收藏的有利条件，孜孜不倦地学习，不断地提高自己的文化素养和品位，并穷年兀兀地著述，奉献了大量的著作，推动了传统文化的发展。从这个意义上说，程晋芳又是成功者。一切都是过眼烟云，只有文化得以长存。清代著名学者阮元有一段评价马氏兄弟的话："征君昆弟业齹，资产逊于他氏，而卒能名闻九重，交满天下，则稽古能文之效也。当时拥重资过于征君者奚翅什伯，至今无人能举其姓氏矣。"[1]认真品味这段话，确实意味深长。

---

① 阮元：《淮海英灵集》乙集卷3，清嘉庆三年小琅嬛仙馆刻本。

徽商：人才培养的催化剂

千年徽州，人才辈出。尤其是明清时期，徽州人才更是灿若繁星，闪耀河汉；辉煌成就，各领风骚。他们当中既有造诣精深的名儒耆宿、政声卓著的干吏名臣、享誉四方的艺苑名流、学富五车的文坛才俊，也有颇多建树的科技群彦、身怀绝技的能工巧匠、富甲一方的商界巨贾，还有才华横溢的名媛闺秀、识见超凡的隐士名僧，等等，可谓接芬错芳，数不胜数。一隅之地能够涌现如此众多的人才，这在中国历史上甚至在世界历史上也极为罕见。

"问渠哪得清如许？"是什么原因造就了这样的千古奇观？一些学者已经敏锐地看到了这个现象并试图回答这个问题。叶尚志先生在谈到徽州人才时指出："社会经济发达的程度是人才涌现的基础和根本条件。但是仅仅有经济条件，还不足以产生人才；产生人才必须有文化条件、文化环境和社会教育措施形成的良好传统、风气作为中介，这是人才涌现的直接原因和每日每时影响人的一生素质的无形的、无所不在的强大的能动因素。"[1]随后叶显恩教授也指出："精英人才的出现与成长，无疑是文化基因、道德动力、经济条件和社会结构等等因素，合力起作用的结果。在分析这些有利于滋生精英人才的因素时，固然要涉及徽州'儒风独茂'的文化因素、显亲扬名的道德动力、徽商财雄势大的经济条件和各方面协调发

---

① 叶尚志：《徽学、徽州文化与徽州人才》，《人才开发》2000年第10期。

展的社会结构，以及山明水秀的自然、人文环境的熏陶，但是大、小徽州间聚合和扩散的功能尤其值得注意。"①李琳琦教授曾专门分析了徽州进士之所以多的原因："优越的文化教育环境、雄厚的物质支持，使徽州的大姓宗族士子完全没有后顾之忧，可以一心向学，攀登科举高峰。这是明清徽州进士之所以大多集中于少数几个大姓之中的最重要的原因。"②郭志俊先生也提出类似的观点。③他们都共同注意到了徽州人才的出现是综合因素的结果，这是非常正确的。但限于篇幅，他们都未作深论。

综合因素的观点无疑是辩证的、全面的。但是辩证法不是均衡论，而是重点论，就是说在影响事物发展的诸多因素中必定有一个主要因素，在起着决定的作用。在研究徽州人才问题时，我们要看到，宋元时期，徽州固然出现了一些人才，但毕竟只是星星点点。而基本相同的人文环境、文化传统、社会结构，为什么到明清时期，徽州人才却"忽如一夜春风来，千树万树梨花开"了呢？明清时期的徽州和宋元时期的徽州相比，究竟有什么最大的不同呢？我以为就是徽商的崛起。所以，促进徽州人才辈出的各种因素中，徽商崛起是最主要的因素。本文拟就此做一些阐述，以就教于方家。

一、重教兴学，奠定成才文化基础

任何人才的成长都离不开坚实的文化基础，而文化基础的构筑又须臾离不开教育。虽然重教兴学在徽商崛起以前就已是徽州的传统，但这一传统能否坚持并发扬光大，这就取决于经济基础。如果没有足够的经济条件，这一传统恐怕只能在一定范围、一定时期里得以坚持，大范围、长时期坚持并发扬光大恐怕就难了。正是徽商崛起后提供了足够的经济条件，

① 叶显恩：《谈徽州历史人物研究——〈千年徽州杰出历史人物〉序》，《黄山高等专科学校学报》2002年第1期。

② 李琳琦：《明清徽州进士数量、分布特点及其原因分析》，《安徽师范大学学报》（人文社会科学版）2002年第1期。

③ 郭志俊：《明清徽州教育和人才培养》，《理论建设》2010年第2期。

发扬并光大了这一传统。"富而教不可缓也"①，是徽商著名的理念。他们在经商过程中深知文化的重要性，尤其是将自己因为贫穷未能读书的遗憾，转变为对子弟读书的巨大期盼，使他们在致富后，以迫不及待的心情，不惜重金，延师课子。然后由己及人，推广到本宗族甚至本地区的其他子弟。

徽商重教兴学的表现，李琳琦教授在《徽州教育》一书中有系统而详细的论述，他指出：其一是亟置塾学，其二是广设义学，其三是捐修官学，其四是倡建书院。仅书院明清时期徽州先后就有93所②，"较他郡为多"③，从而为邑中的"俊秀者"提供了讲学会文之所及切磋制艺之地。正因徽商如此重视教育，使他们的子弟从小就受到较好的基础教育，从而为今后的发展奠定了必不可少的文化基础。徽人"十九在商"，而且徽商的这种行为，是普遍的现象、世世代代的行为，它所产生的巨大能量是难以估计的。徽州在历史上涌现出那么多的人才，如果没有基础教育的相对发达，那是绝对不可能的。而这种相对发达的基础教育，离开徽商的支持，也是绝对不可能的。

重教兴学的传统深入人心，从而形成"虽十家村落，亦有讽诵之声"④"弦歌溢里巷，转毂遍四方"⑤的社会风气。读书，已成为徽州人的终极关怀。如果自己没能读书，一定要让子弟就学。江羲龄外出经商，其子江有容"弱冠相从旅邸，篝灯夜读"。同人对江羲龄说："君家徒四壁，今有子倜傥不群，正宜贸易，以苏涸鲋，徒呫哔诗书，非计。"而江羲龄却说："吾家中丞公、侍御公以来，世守一经，策名清时，苟不事诗书，而徒工货殖，非所以承先志也。"⑥这种思想在徽商中乃至徽州社会是非常普遍的。在传统的影响下，徽州妇女也都有较高的见识，歙县著名学者凌

① 《歙县新馆鲍氏著存堂宗谱》卷2《柏庭鲍公传》，清刊本。

② 李琳琦：《徽州教育》，安徽人民出版社2005年版，第61页。

③ 康熙《徽州府志·凡例》。

④ 光绪《婺源乡土志·婺源风俗》。

⑤ 吴吉祜：《丰南志》第5册《明处士先兄汝钟吴公暨配孺人鲍氏状》，民国稿本。

⑥ 《歙县济阳江氏族谱》卷9《清故处士羲龄公传》，清道光十八年刊本。

廷堪，"父文焐，业贾于海州。君生海州，六岁而孤，困苦穷巷中，母王氏鬻簪珥就塾师，粗记姓名而已"。长大后母亲让他经商，但他志不在此，"学贾不成"，一心向学。母亲在家庭十分困难的情况下，支持他读书，"年二十余始复读书向学"，以后又支持他游扬州，拜江永、戴震为师，又到京师交游问学，乃大长进，终成进士。本可以授知县，他却投牒吏部，自改教职，"远利就冷官"。他就是利用教职空闲较多的条件，辛苦著述，成为一代经学大家。①王茂荫的成才也很曲折，他是徽商后代，祖、父经商，年轻时病逝于羁旅。母亲才二十八岁，艰难竭蹶之中抚养孤子成人，谁知王茂荫出生不久，母亲又去世了，只能鞠养于祖母。祖母如母，为培养王茂荫，可谓呕心沥血。所以时人评价：王茂荫"学术风采著声中外，固其自致者，殊抑亦先生笃挚之性，暨夫人（指茂荫祖母）坚苦之节有以培之也，是可表也已"②。

每个人成才的道路和方式是各不相同的，其中兴趣是非常重要的。父母若能尊重孩子的兴趣，让他自由发展，这对成才会有很大帮助。不少徽商在这方面表现出难得的开明。清代著名篆刻家歙县人巴慰祖的成才很能说明问题。据黄左田《画友录》载："慰祖……少读书无所不好，亦无所不能。弄藏法书名画、金石文字、钟鼎尊彝甚夥。工篆隶摹印，时伪作古器，脱手如数百年物，虽精鉴者莫能辨。"③汪中的《巴予藉传》记载："予藉（慰祖字）故富家。"他的父亲是盐商，很富裕。虽然他"生而通敏"，但无意走科举之路，而对篆刻、收藏却产生了浓厚的兴趣。"少好刻印，务穷其学，旁及钟鼎款识、秦汉石刻，遂工隶书，劲险飞动，有建宁、延熹遗意。又益搜古书画器用及琢研造墨，究极精美，罗列左右，入室粲然。"④父亲尽管对他的"不务正业"不以为然，甚至将他的藏室颜之曰"可惜"，但没有勒逼他非走入仕之路，而是尊重他的选择，他才得以

① 阮元：《研经室二集》卷4《次仲凌君传》，《四部丛刊》景清道光本，第110页。

② 何绍基：《东洲草堂文钞》卷16《碑志·赠资政大夫王公墓表》，清光绪刻本。

③ 汪鋆：《扬州画苑录》卷3，清光绪十一年刻本。

④ 汪中：《述学》别录，《四部丛刊》景无锡孙氏藏本。

"少好刻印，务穷其学"，终于成为著名的篆刻家①。戴震大才盘盘，是乾嘉学派的代表人物之一，皖学的集大成者。他的父亲戴弁是贩布的行商，是个小商人。戴震年十岁始能言，就傅读书，过目成诵，表现出过人的聪慧，而且孜孜向学。父母亲看到他是可造之才，没有让他继续做生意，而是支持他外出游学，拜师结友。戴震之所以能在各方面取得巨大成就，乃至成为"前清学者第一人"（梁启超语），家庭的支持是一个重要因素。

二、以饶养学，确保成才多方需求

恩格斯说过，政治、法律、哲学、宗教、文学艺术等的发展，是以经济为基础的。同样地，政治、法律、哲学、宗教、文学艺术等各方面的人才的成长，也是以经济为基础的。道理非常简单，任何人总得首先做到衣食无忧，他才能安心学习或从事精神生产，受冻挨饿去学习或创造，虽然能够坚持一时，但决不能持久。这一道理，古人也是很清楚的。明代徽州学者汪道昆就曾说过："夫养者非贾不饶，学者非饶不给。"②要想生活，舍去生意是不会饶裕的；要想学习，没有饶裕的经济供给是不行的。清人沈垚也说过："非兄老先营事业于前，子弟即无由读书，以致身通显。"③可见这基本上是个规律。孟子所说的"故天将降大任于斯人也，必先苦其心志，劳其筋骨，饿其体肤，空乏其身"的话，也只是从磨练意志方面着眼的，恐怕不能得出只有"劳其筋骨，饿其体肤，空乏其身"才能成才的结论。徽州固然不乏家中贫困而发愤成才的例子，但这绝不是普遍现象。相反地，我们只要查一下徽州那些人才的"家底"，就会发现绝大多数父祖辈都是经商的，也有少数是做官的，无论是业贾还是为宦，可以说都是衣食无忧。这样，以饶养学，学子才能无后顾之忧，一心向学。

---

① 参阅王世华：《徽商收藏的文化意义》，《安徽师范大学学报》（人文社会科学版）2011年第5期。

② 汪道昆：《太函集》卷50《明故礼部儒士孙长君墓志铭》，黄山书社2004年版。

③ 沈垚：《落帆楼文集》卷24《别集·费席山先生七十双寿序》，民国刊本。

为什么学要"饶"养？因为学需师教，学需买书，学需交游，要满足此三者，非"饶"不可。

学需师教。无师自通是不可能的。教师的水平对学生成才的影响极其重要。而延师的费用是不低的，若是名师则更高。家"饶"就可以花重金聘请名师，教育效果自然不一样。如明代歙县盐商吴伯举致富后竭力培养儿子，"为之岁延师四人，其一讲德，其三修业"。故其子大有长进，"始冠，业已倾江都诸生"。①有这样好的教师，加上自己的努力，想必以后定能成才。徽商子弟汪莲府，咸丰年间进士，据俞樾回忆："君家为休宁望族，号素封，以资雄于乡十数世矣。自咸丰以来，始以文学起家，举孝廉者四人，成进士者二人，入词林者一人。"莲府少年时，父亲聘请俞樾祖父主家教授，大有长进。②

学需买书。有了各种必需的书籍，学习起来才能得心应手。清代考据大师俞正燮的成才就得力于家庭的图书。他父亲俞献以拔贡任句容县训导，正燮"随父之官。时方冠，侍养外惟以读书为事。父献学俸所入，尽给为买书费。积轴万卷，过目成诵"③。这样的条件为他打下了坚实的学问根柢。26岁时父亲去世，但其兄正馥服贾江西以养母，正燮由于学问已有根柢，又无后顾之忧，才能外出谒师，以后又入幕校书，授徒讲学，终成一代大学者。汪煜是徽州盐商后代，父亲汪赓是顺治年间进士，自己则"初席丰饶，以锐志学业""家多藏书，披摘无遗义"。康熙年间终登贤书④。著名学者姚际恒，"歙人。居仁和，为商籍庠生。著《古今伪书考》，为近人所称"。他是徽商后代，家"富收藏，著《好古堂书目》"。⑤正是有这样的条件，他才能爬梳剔抉，考辨出大量的伪书。同治初年的进士汪

---

① 汪道昆：《太函集》卷15《赠吴伯举序》，黄山书社2004年版。

② 俞樾：《春在堂杂文》卷2《汪莲府兵部六十寿序》，清光绪二十五年刻《春在堂全书》本。

③ 《皇清敕授文林郎已故举人拣选知县俞公崇祀乡贤事实十八条》，俞正燮：《癸巳存稿》，辽宁教育出版社2003年版。

④ 延丰：《重修两浙盐法志》卷25《商籍二·人物》，清同治刻本，第578页。

⑤ 许承尧：《歙事闲谭》卷5《姚立方为歙人》，黄山书社2001年版，第147页。

鸣銮，同、光两朝重臣，"凡视学者四，典试者三，近世词臣无伦比"。原籍休宁，先世以盐策起家。他"幼有夙慧，七岁即能通小篆。外王父履卿先生为桂舲尚书之介弟，富于藏弆，宝铁斋中金石图书充牣。韩太夫人（鸣銮母亲）携之归，靡不浏览，始有志于晁、陈、欧、赵之学"①。显然他的成才也得益于外祖父家的丰富藏书。

学需交游。《礼记·学记》有言："独学而无友，则孤陋而寡闻。"欲成大器者一定要交友切磋，访学拜师，才能增长见识，不断提高。徽商家"饶"，就能提供经济支持。明代歙人富商子弟谢少连，"少年于书无所不窥，尤攻于史。千古之上，六合之外，如指诸掌"。先肄业紫阳书院，后又参加汪道昆的丰干社，与诸子问学辨难，因数踬科场，乃绝意仕进。由于家中饶裕，乃出游金陵，纳交四方缙绅学士，以后"游道日广，远者千里，久者经岁"。与各地名士学者交流，学问大进。所著《闺典》《酒史》《花乘》《品藻》《定唐书》诸书，海内脍炙人口，而《季汉书》尤盛传诸台史，被认为是个难得的人才。连明代大学者李维桢也说："少连《季汉》《定唐》，其词其事沿旧，其义则新，是非不谬于圣人，他著作亦称是。文史兼才，在吾党中寡矣。"②又如，"《皖雅》引蒋星岩云：'新安程氏多诗人，侨居淮扬，有专集行世者指不胜屈'"③。可谓人才济济。为什么会出现这种现象？因为程氏盐商特富，常常诚邀各地名流光临，或讲学或切磋，程氏子弟就可获得交友拜师的极好机会。时人谓："（程）嗣立……乾隆初，举鸿博。工诗文，精书法。尝买张氏曲江楼，构园其侧，名曰柳衣。集部中诸文士，讲学楼中。延桐城方舟、金坛王汝骧、长洲沈德潜诸耆宿为之师，极一时切磨之盛，邑人到今艳之。"④在这样的氛围里，既有名师可拜，又有名士交流，可谓"日边红杏倚云栽"，程氏人才之盛也就

① 叶昌炽：《奇觚庼文集》卷下，民国十年刻本，第69—71页。
② 李维桢：《大泌山房集》卷70《谢少连家传》，《四库全书存目丛书》集部第152册，齐鲁书社1997年版，第216—218页。
③ 许承尧：《歙事闲谭》卷8《续录程氏诸人诗》，黄山书社2001年版，第244页。
④ 王觐宸：《淮安河下志》卷13《流寓》，《中国地方志集成》乡镇志专辑第16册，江苏古籍出版社1992年版，第518页。

不奇怪了。汪廷榜的成长经历也颇能说明问题。他十七岁时，父亲让他经商，可是居阛阓半载，他实在无法适应这种环境，于是跪请父亲允许自己改行业儒，开明的父亲虽然也是商人，但慨然应允。廷榜"遂锐志潜修，冥心研览，历寒暑无间。每岁暮，自外塾归，键户坐室中，一灯荧荧，吟咏伊吾，至鸡声喔喔相杂不少辍。"后肄业府紫阳书院，院长赵星阁独加契重，延誉四方。并对他说："吾子好学深思，必久与高明者处，乃得相资以有成。今江宁钟山书院，江左英杰之士多在焉，子盍往游以张其学识乎？"于是廷榜听从先生告诫，"乃担簦负笈徒步至金陵，既就馆，与金坛王景福、上元董敏修、戴燕诒、亳州梁闻山、宣城梅二如、江宁侯起叔诸君子为文会，切磋江左者垂十八年，于是所学大进，而文誉亦日隆"[1]。乾隆辛卯，以经魁举于乡。可想而知，十八年访学，如果没有相当的经济基础来支撑，那是不可想象的。后来他虽五试于礼闱不第，但先后任江西饶州芝阳书院山长和旌德县训导，培养了众多士子，成了一位著名教育家。明代潘之恒之所以能成为著名的戏曲艺术家和诗人也是得力于家"饶"。他年轻时"身游太学，以文章意气取重于时。"他又钟情戏曲，酷爱交游。"游燕赵、齐鲁、楚越、金陵、广陵，数岁不归。"与戏曲家张凤翼、汤显祖、沈璟、屠隆以及袁宏道兄弟等的友谊很深，曾多次主持"曲谦"活动。在这种交游中，他的艺术才华不断提升，著成《亘史》《鸾啸小品》和诗集《涉江集》。他之所以能够如此，就因为"父与世父、叔父诸昆弟子姓素封数十人"[2]。没有如此富裕的经济条件作支撑，他恐怕就要为"稻粱谋"而寸步难行，更遑论成为什么艺术家了。

为了保证以"饶"养学，徽商一般都采取贾儒相济的策略。如有数子，必然因才制宜，做出或儒或贾的安排，"贾为厚利，儒为名高"。以贾养儒，以儒护贾，左提右挈，互为奥援。明代歙商江才四十几岁时就把商

① 嘉庆《黟县志》卷15《艺文志·国朝文》，《中国地方志集成》安徽府县志辑第56册，江苏古籍出版社1998年版，第518—520页。

② 李维桢：《大泌山房集》卷43《吴孺人寿序》，《四库全书存目丛书》集部第151册，齐鲁书社1997年版，第413—414页。

业交给长子江琇、次子江珮打理，自己归乡一心培养三子江瓘、四子江珍，果然不负所望，江珍后来成了进士①。明歙商金赦以服贾起家，积二十年，业大起。"于是遣二子入太学"，金赦去世后，其夫人持家秉，"呼二子前，命长子曰：'茂，尔当室，第卒业子舍中。'命次子曰：'芝，尔摄贾而儒，毋坠世业。'"②长子从贾，次子归儒。吴义庄说得更清楚，他以经商大饶，临终前召四子留下遗言："而翁从此西矣。大继当室，大纯佐之；大缙业已游成均，治经术，大绅从之。四人者左提右挈，以亢而宗，而翁瞑矣。"③可以说绝大多数徽商都是这样安排的，既保证了商业能够继续发展，又使儒业得有经济支持、后继有人，大批的人才就在这样的环境里成长起来。

三、藏书刻书，提供成才丰富营养

人才的成长当然须臾离不开图书，它是人才成长必不可少的营养。可以说在这方面徽商很大程度上满足了人才培养的需要。

首先，徽商大量地藏书。"贾而好儒"是徽商的鲜明特点，他们致富后，一则为了满足自己读书的需要，二则为了培养子弟的需要，一般都大量购书、藏书，这在徽商中已形成风气。时人曾说道："明末流寇之乱，徽地以僻处山中，独获完善，休养生息。至乾隆朝，故徽属最称殷富。维时族之人，多务商业，以豪侈相尚。虽未知为学之道，而故家大户，藏书颇富。"④这当然不只是清代也不只是某个宗族如此，可以说这是明清时期整个徽商的情形。如清初婺源洪庭梅，"偕姻戚权木值于闽越楚蜀数千里

---

① 《歙县溪南江氏族谱·明赠承德郎南京兵部车驾司署员外郎事主事终慕江公墓表》，明隆庆刊本。

② 汪道昆：《太函集》卷52《海阳处士金仲翁配戴氏合葬墓志铭》，黄山书社2004年版。

③ 汪道昆：《太函集》卷56《吴田义庄吴次公墓志铭》，黄山书社2004年版。

④ 戴琴泉：《戴东原先生轶事》，柯愈春编纂：《学海》，人民日报出版社1997年版，第1790页。

外"，是个大木商，"藏书千余卷，视子之明敏者，严加督课，循规蹈矩，罔或隙越"①。婺源程骏，"以贸迁往来苏、宁间"，较为富有，但他"自奉俭约，案无重味，椸无新衣，屏珠玉，玩好弗蓄，藏书甚富"②。徽商子弟吴蔚光，进士及第后，"爱书籍及法书、名画，藏书以万卷计"③。黟县商人李尚吉，"少好学，善事父母，以鲜兄弟，承父业，弃儒就贾。暇则读书，藏书数千卷"④。黟县大商人李宗煜家也是"藏书颇富"。徽商子弟程山尊，家"有园一区，藏书万余卷"⑤。徽商藏书，确是普遍现象。这些图书无疑给人才成长提供了丰富的营养。

正因为徽商爱藏书，所以他们当中出了不少藏书家。马曰琯、马曰璐兄弟以及程晋芳、汪氏振绮堂就是代表。马曰琯、马曰璐兄弟是扬州盐商，人称"二马"。在他们的小玲珑山馆中辟有"丛书楼"，他们酷爱藏书，"有希见者不惜千金购之，玲珑山馆中四部略备，与天一阁、传是楼诸家若相等也"⑥。著名学者全祖望指出："吾友马氏嶰谷（曰琯）、半查（曰璐）兄弟横厉其间，其居之南有小玲珑山馆，园亭明瑟而岿然高出者丛书楼也，迸叠十万余卷……百年以来，海内聚书之有名者，昆山徐氏、新城王氏、秀水朱氏其尤也，今以马氏兄弟所有几几过之。"⑦可见是一位大藏书家。扬州盐商程晋芳也是藏书家，他曾回忆道："余年十三四岁即好求异书，家所故藏凡五千六百余卷，有室在东偏，上下小楼六间，庭前杂栽桂树，名之曰桂宦。四方文士来者，觞咏其中，得一书则置楼中题识装潢，怡然得意。吾友秀水李情田知余所好，往往自其乡挟善本来，且购且钞，积三十年而有书三万余卷。……自来京师十年，坊肆间遇有异书，

---

① 《婺源敦煌洪氏通宗谱》卷58《清华雪斋公传》，清嘉庆刊本。

② 冯桂芬：《显志堂稿》卷6，清光绪二年冯氏校邠庐刻本，第129—130页。

③ 郑钟祥、张瀛修：光绪《常昭合志稿》卷22《人物志·耆旧》，江苏古籍出版社1990年版，第430—431页。

④ 民国《黟县四志》卷14《杂志·文录·李希甫先生传》，第309页。

⑤ 施闰章：《学余堂集》文集卷7《诗文序》，清文渊阁《四库全书》本。

⑥ 沈德潜：《清诗别裁集》卷30，清乾隆二十五年教忠堂刻本。

⑦ 全祖望：《鲒埼亭集外编》卷17《丛书楼记》，清嘉庆十六年刻本。

辄典衣以购。"①为了藏书，简直到了如痴如醉的程度。乾隆年间进士汪
慧，祖籍黟县宏村，是典商的后代，其父汪光豫始卜居浙江荇桥之馆驿，
汪光豫的堂名为振绮堂。他家就是"世以藏书为事，至鱼亭公（汪慧）益
加搜罗，于是'振绮堂藏书'之名始著"。"当时藏书家浙东称范氏天一
阁，浙西称汪氏振绮堂，此外又有吴氏瓶花斋、赵氏小山堂。"②盐商鲍廷
博也是藏书家，他定居桐乡青镇（今乌镇）杨树湾，建有"知不足斋"书
屋。他勤学好古，不求仕进，喜购藏秘籍，所收甚富。时人评价他说：
"君收储特富，鉴裁甚精，壮岁多获两浙故藏书家旧物，偶闻他处有奇文
秘册，或不能得，则勤勤假钞厥副，数十年无懈倦。"③更让人惊奇的是，
乾隆年间编纂《四库全书》，征集天下遗书，江浙两省藏书家呈献种数尤
多，而最多者四家：浙江之鲍士恭（鲍廷博之子）、范懋柱、汪启淑、两
淮之马裕（马曰琯之子马振伯）四家，除了范懋柱之外，竟然都是徽商或
徽商后代。这起码说明两点：一是徽商的确酷爱图书并且藏书丰富；二是
徽商对人才的培养具有高度热忱。他们深知献出孤本善本图书采入《四库
全书》，就能使更多的士子受益，所以才会有这样的行动。

再多的藏书如果束之高阁、藏之深闺，不被利用，那也仅是文物，对
人才培养是没有什么作用的。徽商不是这样，他们是开放式藏书，允许士
人前来阅读研究。这一点后面将有论述，此不赘述。

其次，徽商不仅藏书，还大量刻书。徽州书商所刻书籍早在明代就闻
名天下。明中期学者胡应麟曾指出："余所见当今刻本苏、常为上，金陵
次之，杭又次之。近湖刻、歙刻骤精，遂与苏常争价。"④可知歙县的书商
所刻之书已经能与苏州、常州所刻书籍媲美了。明人谢肇淛也说："宋时
刻本以杭州为上，蜀本次之，福建最下。今杭刻不足称矣，金陵、新安、

---

① 程晋芳：《勉行堂文集》卷2，清嘉庆二十五年冀兰泰吴鸣捷刻本。
② 《汪穰卿先生传记》卷1，沈云龙主编：《近代中国史料丛刊》第1辑，文海出
版社1938年版，第29—39页。
③ 顾广圻：《思适斋集》卷12《知不足斋丛书》序，清道光二十九年徐渭仁刻本。
④ 胡应麟：《少室山房笔丛》甲部经籍会通四，明万历刻本。

吴兴三地剞劂之精者，不下宋版。"①明代中后期，正是徽商发展到繁荣阶段，推动了文化的大发展，大批徽州人奋志芸窗，搏击科场，需要大量的图书。徽州书商的大量刻书，正是适应了人才培养的需求。到了清代，徽州书商继续发展，并把刻书事业拓展到长三角一带。尤其要指出的是，在清代，一些徽州盐商也出于对文化事业的热爱和对人才培养的重视，开始刻书。最典型的就是"二马"和鲍廷博。

马曰琯、马曰璐兄弟既是藏书家，也是刻书家。他们不惜千金为大学者朱彝尊刻《经义考》，为蒋衡装潢所写《十三经》，又刻《许氏说文》《玉篇》《广韵》《字鉴》等书，让它们广泛传播。二马刻书的目的不在谋利，而在传播文化，所以他们所刻之书，校雠精、质量高，被士人称为"马版"，深受士人欢迎。鲍廷博更了不起，家有"知不足斋"书屋，立志精选善本刊刻《知不足斋丛书》，几十年如一日，一直连续刊刻二十六集，自己已86岁高龄。翌年辞世后，其子士恭又刻了二十七、二十八两集也辞世，廷博孙正言再续刻二十九、三十两集。《知不足斋丛书》问世后，不仅受到皇帝的嘉赏，更受到广大士子的热烈欢迎。时人如此评述："歙县鲍渌饮廷博辑刻《知不足斋丛书》，久为艺林推重，约而言之，盖有数善：全书三十集，都二百余种，搜罗之富，实罕其比；所辑各种，或旧刻脱讹而此独完好，或中土久佚而传自海外；无陈陈相因之弊，且皆学者必需之书，采辑之善，允推独步。"②可以说徽商刻书，嘉惠士林，功德无量，为人才培养做出了极大的贡献。

四、惺惺相惜，帮助人才排忧解难

人是千差万别的，人才成长的道路也是迥然相异的。有的人左右逢源，"天上碧桃和露种"，有的人却命途多舛，"芙蓉生在秋江上"；有的人

---

① 谢肇淛：《五杂组》卷13，明万历四十四年潘膺祉如韦馆刻本。
② 鲍廷博辑，鲍祖志续辑：《知不足斋丛书》，民国十年上海《古书流通处启》，据清鲍氏刊本景印。

一举成功，"春风得意马蹄疾"，有的人却屡试不第，"泪滴东风避杏花"。对于命运不济甚至穷困潦倒之人，只要堪可造就，徽商都会怀着惺惺相惜的心情，给予无偿的援助。有时正是这种援助，玉成了一位人才。

一是经济上的帮助。这是最普遍的做法。例如明代歙县商人黄锜在淮阴经营盐业致富，好贤礼士，挥金不靳。宗谱记载："淮阴当南北日冲之地，士大夫毂击之区，君延纳馆餐，投辖馈遗。而尤注意计偕，寒素者赖君踊跃穷途，飞翼天衢。"①计偕，就是指赴京会试的举人。古人云："长安居，大不易。"更何况考试了，食、住、行、考、拜师、会友，在在需钱，有些寒素的举人往往因此而放弃会试。黄锜对这些人总是慷慨解囊，使他们"踊跃穷途，飞翼天衢"。千万不要小看这种经济帮助，有时竟能彻底改变人才的命运。如婺源商人朱日丰，"少时贾于嘉兴二十余稔，积资至三百余万。有子六人，命长子与四、五子居婺源，二、三子与六子居嘉兴"。乾隆十年（1745），朱日丰回婺源展墓，至家塾见到塾师，知其为孝廉，就问他为什么不去参加会试，"塾师以贫对。问需几何，曰：'非百金不可。'明日，如数赈之，塾师欣然就道，即于是科大魁天下，盖常州钱文敏公维城也"②。一名落魄的举人，在徽商朱日丰的资助下，竟然中了当科状元，钱维城后来不仅官至刑部侍郎，而且成为著名画家，供奉内廷，被尊为画苑领袖。像这类例子很多，充分反映了徽商对人才的呵护。

二是为人才的成长提供良好的环境。前述扬州马曰琯、马曰璐兄弟家中藏有大量图书，这些图书并非"藏在深闺人不识"，而是欢迎各地士人前来阅读、研究，并且提供优越的物质条件。多少士人学者在这里度过了难忘的日日夜夜，成就了自己的事业。如厉鹗"性情孤峭，义不苟合，读书搜奇爱博，钩新摘异，尤熟于宋元以来丛书稗说"。以孝廉再试礼部，不第。乾隆元年（1736），举鸿博，因误写报罢。继而以孝廉可选县令，将入京，被朋友留之觞咏数月，遂不就选而归。在这种落魄时候，马氏兄

① 《歙县竦塘黄氏宗谱》卷5《节斋黄君行状》，明嘉靖四十一年刊本。

② 方浚颐：《二知轩文存》卷29《嘉兴朱氏庚垣、颖舲两先生合传》，清光绪四年刻本。

弟看中了他的才华，将其"延为上客"，一住就是几年，让他潜心研究。"马氏小玲珑山馆多藏旧书善本，间以古器名画，因得端居探讨。"①在这里厉鹗完成了皇皇巨著《宋诗纪事》一百卷，以及《南宋画院录》《辽史拾遗》《东城杂记》等书，皆博洽详赡。当然，除了厉鹗，还有不少士子都得益于二马，时人谓："其园亭曰小玲珑山馆、曰街南老屋，四方名士过邗上者，觞咏无虚日。时卢雅雨都转提唱风雅，全谢山、符幼鲁、陈楞山、厉樊榭、金寿门、陶篁村、陈授衣诸君来游，皆主马氏，结邗江吟社，与昔之圭塘玉山埒。"②这里所说的圭塘玉山，是指元末昆山顾阿瑛，才性高旷，风流豪赏，曾建"玉山草堂"，作为四方文人雅集的场所，被称为"玉山雅集"。二马也是如此，众多文人雅士结邗江吟社，经常在小玲珑山馆聚会，切磋学问，赋诗联句，留下了多少脍炙人口的诗篇。二马给他们的帮助，令文人学者非常感动。在马曰琯逝世后，著名诗人袁枚将他比作元末的顾阿瑛，深情地写下这样的诗什："山馆玲珑水石清，邗江此处最知名。横陈图史常千架，供养文人过一生。客散兰亭碑尚在，草荒金谷鸟空鸣。我来难忍风前泪，曾识当年顾阿瑛。"③学者楼锜也在小玲珑山馆研读多日，受到百般照顾，所以他在《题丛书楼呈马嶰谷半查昆季两先生》一诗中非常感激地写道："阅肆愧非才，插架困贫乏。感兹故人意，借抄兼借榻。"④穷厄以终但颇有学问的寒士姚世钰也是丛书楼里的座上客。他曾满怀深情地写道："薄游扬州，马秋玉、佩兮兄弟为余置榻丛书楼下，膏馥所沾丐（溉），药物所扶持，不知身之在客也。"⑤他在丛书楼里读书、校书，获益良多，最终成为一位著名学者。从中就可看出二马对人才的惺惺相惜之情。

三是为人才排忧解难。著名学者朱彝尊《经义考》的问世，充分说明

① 王昶：《湖海诗传》卷2，清嘉庆刻本，第11—12页。

② 李元度：《国朝先正事略》卷41，清同治刻本。

③ 袁枚著，周本淳标校：《小仓山房诗文集·诗集》卷27，上海古籍出版社1988年版，第687页。

④ 楼锜：《于湘遗稿》卷1，清乾隆二十年陈章刻本，第2页。

⑤ 姚世钰：《孱守斋遗稿》卷2。

了这一点。朱彝尊写了一部《经义考》三百卷，陆续付梓，书稿"校刻迨半，鸿业未终"，却赍志以殁。雍正年间，马曰琯从朱彝尊孙子处获得书稿，深知此书的宝贵价值，欣然邀约同志，拟刻完此书。"中有所格，不果。"过了二十年，德州庐公重掌江南蹉政，将此事又嘱托给马曰琯。于是马氏兄弟利用家中丰富的藏书，"偕钱塘陈君授衣、仪征江君宾谷、元和惠君定宇、华亭沈君学子相为参校"，费时一年，剞劂乃竣，计一百三十多卷，合前所刻一百六十七卷，终成完书①。马氏兄弟商略考订，兼综其事，不知投入了多少精力和财力。这部皇皇巨著的问世，不仅可以告慰朱彝尊于九泉，更是为我国传统文化宝库增添了新的瑰宝。

马氏兄弟不仅为一些学者刻书，而且对他们生活的方方面面考虑得相当周到。所谓"若夫倾接文儒，善交久敬，意所未达，辄逆探以适其欲"。如钱塘范镇、长洲楼锜，皆为名诸生，年长未婚，马曰琯爱才心切，竟然为他们择配以完家室。钱塘厉鹗，六十无子，马曰琯又专门为他纳妾，还腾出房屋给他们居住，所谓"割宅以蓄华妍"。勾甬全祖望，不幸患了重病，为了尽快治好他的疾病，马曰琯竟然悬赏，以激励医生用心诊治。天门唐太史，客死维扬，又是马曰琯拿出重金归其丧。勾吴陆锡畴生病而且很严重，马曰琯得知后买舟疾趋前来探望，陆锡畴感动地说："只有你能为我治理丧事啊。"至于一些好朋友去世后，每年周恤他们妻子儿女的事就更多了②。可以说对人才的关怀真是百般呵护，无微不至。

在这里特别值得一提的是程晋芳与吴敬梓的交往。吴敬梓与程晋芳的族祖程廷祚是至交，因而也结识了程晋芳。乾隆六年（1741），当24岁的程晋芳与41岁的吴敬梓初次见面，非常投契，立即结为忘年之交。据史载，两人曾有四次会面，或研究学问，或同游揽胜，或赠答唱和，坐谈古今。此时的吴敬梓时运不济，命途多舛，虽学富五车，满腹经纶，却穷愁潦倒。受晋芳的盛情邀请，吴敬梓在乾隆六年来到淮安程晋芳的府第，一

① 朱彝尊：《经义考》目录卷下《后序》，中华书局1988年版。
② 杭世骏：《道古堂全集·文集》卷43《墓志铭·朝议大夫候补主事加二级马君墓志铭》，清乾隆四十一年刻光绪十四年汪曾唯修本，第347—348页。

住就是三个月，晋芳当然给了他不少资助。过了几年吴敬梓又去了淮安。乾隆十七年（1752）春，程晋芳来南京应乡试，期间他与吴敬梓等友人聚首畅游，相互酬唱。乾隆十九年（1754）十月初，吴敬梓客居扬州期间程晋芳自淮来扬，两人意外相逢。这是两人最后一次见面。时过境迁，晋芳此时也债台高筑，穷困难支。吴敬梓执之手泣曰："子亦到我地位，此境不易处也。奈何！"此次见面后二十几天，吴敬梓就溘然长逝。在吴敬梓去世后，程晋芳为其撰写了迄今最为详尽的也是唯一的一篇传记《文木先生传》，从而保存了许多关于吴敬梓的珍贵史料。他还出资将吴敬梓的《儒林外史》刻印出版，使这部伟大的讽刺小说得以传世。

五、贾而好儒，刻苦自励力学成才

以当今人才观视之，徽商中可谓人才济济。他们审天时，趋地利，察物情，知人善任，运筹帷幄，在众多的竞争者中能够脱颖而出，富甲一方。其中商界奇才，数不胜数。更难能可贵的是，很多徽商竟然成为文化人才，在文化上做出重要贡献，这真是其他商帮所罕见的。贾而好儒，对文化知识的渴望，是徽商坚持学习的不竭动力。起初只是一种爱好，一种习惯，久而久之，就升华为一种对学问的追求，浑然不觉中成为人才。事实正是如此。如汪中，"其先歙人，后迁扬州，遂占江都籍。少孤，性至孝，奉母以居，天资高迈，好谩骂，人多忌而恶之。为诸生十余年，屡试于乡不售"。他"家贫善治生，衣食渐充裕。巡盐御史闻其名，使司文汇阁所颁之四库书"。虽然他屡试不售，但经商之余却好学不辍。"君读书极博，六经子史以及医药种树之书，靡不观览。著书率未成，少日作诗古文复自弃去。今所存者有《述学》四卷，皆杂文也。"①梁启超甚至认为：清

---

① 凌廷堪：《校礼堂文集》卷35《汪容甫墓志铭》，清嘉庆十八年刻本，第213—214页。

代骈文，"其实极工者仅一汪中"①，不能不说他是个人才。

婺源商人董邦直，兄弟五人，俱业儒，"食指日繁，奉父命就商"。但他贾而好儒，"奔走之余，仍理旧业，出必携书盈箧……稍暇，手一编不撤。喜歌诗，兼工词，著有《停舸诗集》四卷、《小频伽词集》三卷"，唐县令和御史徐雨芁分别赠以"才优学赡""艺苑清芬"的匾额。②董邦直虽然没有什么功名，但我们完全可以说他是个人才。当然他是通过自学成才的。

歙商黄蛟峰，幼颖悟，善记诵，童时从父贾宣州，表现出善贾的才能。婚后愤怒于里胥催租的凌厉辞色，发奋曰："予岂不能为士以免役哉！"即下帷数月，诵制举义，明年补邑弟子员。虽然他以后并没有考中举人、进士，并且继续经商，但他对学问的热爱程度丝毫不减，一生著述有《读易抄》三卷、《尚书备忘》十二卷、《春秋传略》二卷、《四书备忘》十四卷、《性理便览》十八卷、《史鉴会要》六十四卷、《通鉴外纪》五卷、《蛟峰文集》四卷，时人评价说这些著作"皆经世实学，非剽窃饾饤者比。使先生遇合于时，树立岂可量哉！"③著述如此丰富，你能否认他是个人才吗？

商人自学成才的典型恐怕要数明代休宁商人程大位和清代扬州二马与程晋芳了。程大位"幼而慧，学为儒业，既通，不复出试吏，而为儒不被废。耽坟籍科斗文字，而尤长于算数。年既壮，周游吴楚之墟"④。程大位自己也说："予幼耽习是学，弱冠商游吴楚，遍访名师，绎其文义，审其成法，归而覃思于率水之上。"⑤他由于经商需要，对珠算进行改进，经过多少年的

---

① 梁启超：《清代学术概论》31《前清学风与欧洲文艺复兴的异点》，上海古籍出版社1998年版。

② 光绪《婺源县志》卷29《人物志·孝友》。

③ 《歙县潭渡黄氏族谱》卷9《蛟峰先生传》，清雍正九年刊本。

④ 《算法统宗·序》，转引自张秉伦、胡化凯：《徽州科技》，安徽人民出版社2005年版，第46页。

⑤ 《书〈直指算法统宗〉后》，转引自张秉伦、胡化凯：《徽州科技》，安徽人民出版社2005年版，第46页。

探索，终于完成名著《直指算法统宗》，成为驰名中外的数学家。

马氏兄弟虽为盐商，但"好学博古，考校文艺，评骘史传，旁逮金石文字"①。他们尤其好诗，时人评价马曰琯："诗骨清峻，闭户湛思，辄压侪偶。"②他著有《沙河逸老集》六卷、《嶰谷词》一卷、文集若干卷，马曰璐著有《南斋集》。他们可谓难得的文化商人。

程晋芳，自高祖时由歙县迁到扬州，经营盐业并从此发家致富。他的父亲程迁益继续业盐并入籍江都。父亲去世后，将偌大的家业传给了晋芳。如果晋芳一心归商，可能会在原有的基础上更上一个台阶，成为更大的富商。然而程晋芳偏偏惜惜好儒，潜心向学。他利用家中丰富的藏书，徜徉在书海中。"君性嗜学，见长几阔案辄心开，展卷其上，百事不理。"③他覃研典籍，虚怀求益，故博闻宏览，而才情丰蔚。大学者袁枚评价他说："君学无所不窥，经史子集、天星地志、虫鱼考据俱宜究，而尤长于诗，古文醇洁，有欧、曾遗意。"④袁枚对程晋芳的诗最为推崇，曾有诗赞之曰："平生绝学都探遍，第一诗功海样深。"⑤程晋芳不仅自己长年刻苦钻研，而且虚心求教。自到京师后又从大学者朱筠、戴震问学。他笃信程朱之学，时人评价他"综核百家，出入贯串于汉宋诸儒之说，未始不以程朱为职志也"⑥。他曾在《正学论》七篇中，反复讨论治学之道，可见他的治学宗旨。由于他的勤奋笃学，一生著述甚丰。计有《周易知止编》三十余卷、《尚书今文释义》四十卷、《尚书古文解略》六卷、《诗毛郑异同考》十卷、《春秋左传翼疏》三十二卷、《礼记集释》若干卷、《诸经答问》十二卷、《群书题跋》六卷、《桂宧书目》二卷、《蕺园诗集》十

① 李斗：《扬州画舫录》卷4，中华书局1960年版，第86—89页。

② 杭世骏：《道古堂全集·文集》卷43《墓志铭·朝议大夫候补主事加二级马君墓志铭》，清乾隆四十一年刻光绪十四年汪曾唯修本，第347—348页。

③ 李元度：《国朝先正事略》卷43，清同治刻本。

④ 袁枚著，周本淳标校：《小仓山房诗文集·文集》卷20，上海古籍出版社1988年版。

⑤ 袁枚著，周本淳标校：《小仓山房诗文集·诗集》卷27，上海古籍出版社1988年版。

⑥ 翁方纲：《复初斋文集》卷14，清李彦章校刻本。

卷、《勉行堂诗集》二十四卷首一卷、《勉行堂文集》六卷、《勉行堂集》一卷等，真可谓著作等身，说他是个大学者也绝不为过。

综上所述，徽商确是人才培养的催化剂。明清时期徽商的崛起，使徽州人才培养局面大为改观，其影响极其深远。梁启超在谈到清代学术时曾说："欲一国文化进展，必也社会对于学者有相当之敬礼；学者恃其学足以自养，无忧饥寒，然后能有余裕以从事于更深的研究，而学乃日新焉。近世欧洲学问多在此种环境之下培养出来，而前清乾嘉时代，则也庶几矣。"[①]乾嘉时代正是徽商对学者"借抄兼借楬""药物所扶持"的"有相当之敬礼"的时代，从而催生了大批人才，在推动清代学术走向全盛时代的合力中，徽商的力量是不能低估的。正如梁启超在同篇所说："夫此类之人，则何与于学问？然固不能谓其于兹学之发达无助力，与南欧巨室豪贾之于文艺复兴，若合符契也。"梁氏是着眼于学术而言的，如果着眼于人才培养，我认为也应作如是观。

本文与夏建圩合作

---

① 梁启超：《清代学术概论》18《清学全盛的时代环境》，上海古籍出版社1998年版。

徽商在浙江兰溪的经营特色和管理创新

江浙一带是明清徽商活动的重要区域，关于徽商在江苏的活动，学界已有不少成果，至于徽商在浙江的活动，目前也只有数篇文章，涉及杭州、衢州、严州等地以及杭嘉湖的市镇①，显然研究的空间仍然很大，比如浙江金华府的兰溪县（今兰溪市），曾是徽商的一个重镇，但这方面的研究，至今还是空白。本文根据有关文献资料并结合口述资料，对明清乃至民国时期徽商在兰溪的经营活动作一初步探讨，以就教于方家。

一、明清时期徽商在兰溪的经营

兰溪位于浙江中部偏西，钱塘江中游，富春江畔。兰溪于唐咸亨五年（674）始建为县，因沿江之兰荫山盛产兰花，水以兰得名曰兰溪，县即以溪为名。明清隶属于金华府。光绪《兰溪县志》载："邑虽褊小而实当四冲。踞杭严之上游，职衢婺之门钥，南蔽瓯括，北捍徽歙。定职方者，谓为浙东之要区，洵不诬也。"②从地图上看，兰溪踞杭州、严州之上首，执衢州、婺州之门钥，扼富春江之咽喉。兰溪虽然不大，但水路交通非常便

---

① 陈学文：《明清徽商在杭州的活动》，《江淮论坛》1990年第1期；祝碧衡：《论明清徽商在浙江衢、严二府的活动》，《中国社会经济史研究》2000年第3期；陈剑峰、陈国灿：《明清时期浙北杭嘉湖市镇的徽商》，《安徽师范大学学报》（人文社会科学版）2003年第2期；陈学文：《明清时期徽商在浙江衢州》，《史林》2008年第4期。

② 光绪《兰溪县志》卷1，清光绪十四年刊本。

利，浙江的衢江、婺江、兰江、新安江、富春江、钱塘江，称为六水，兰溪可谓"六水之腰"；兰溪又为赣、闽、皖、湘、苏及两广七省贸易交通要道，故兰溪又称"七省通衢"。顺富春江而下可直达杭州，非常方便。尤其是新安江成了徽州与浙江联系的黄金水道，把两地紧密联系在一起。据清憺漪子辑《天下路程图引》"徽州府由金华至温州府路"载："本府梁下搭船五十里至深渡，五十里街口巡司，四十里云头潭，四十里淳安县，三十里遂安港口，三十里茶园，九十里至严州府转搭横港船，二十里大洋，三十里山河，三十里汝埠巡司，十五里至兰溪县。"①从徽州府到兰溪县总路程只有425里，而且都是水路。该书"徽州府由严州至杭州水路程"中还引了一首《水程捷要歌》曰："一自渔梁坝，百里至街口。八十淳安县，茶园六十有。九十严州府，钓台桐庐守。徽郡至杭州，水程六百走。"②到了严州，换乘横港船，百里即到兰溪。

由于兰溪四通八达的水路交通，自然成了徽商的一个重镇。这里离两浙盐场很近，也是浙盐的行销地区，所以盐业是这里的一个主要行业，但与两淮两浙那些长途贩运的大盐商是不可同日而语的，这里的盐业乃属于就近销售；同时这里盛产柏油，光绪《兰溪县志》载："柏油，名兰油（柏子蒸煮，取脂成蜡，可浇烛，又名蜡油。《本草》柏为乌臼，金衢各属田塍皆植之，邑产较胜，名兰油，昔年有兰十万之称，邑产居其半云）。"③所以油业也是这里的主要行业之一。这里也是绸布的集散地，因为这里离绸布的主产区苏州、杭州、湖州、嘉兴都很近，商人将绸布贩到此地批发，其他商人再通过这里的水路转运到各地。此外，上江各地所产的药材、粮油等各种杂货土产经山客水客贩运到兰溪，再由兰溪商家贩运到沪、杭、宁、绍等地。各种商品的集散地自然吸引了不少商人。

据目前掌握的史料看，早在明中叶就有徽人来兰溪经商。汪道昆所撰

---

① 杨正泰校注：《天下水陆路程 客商一览醒迷 天下路程图引》，山西人民出版社1992年版，第366页。

② 杨正泰校注：《天下水陆路程 客商一览醒迷 天下路程图引》，山西人民出版社1992年版，第361—362页。

③ 光绪《兰溪县志》卷2，清光绪十四年刊本。

《处士云溪吴公墓志铭》载："处士（吴时起）为余先大母赠淑人仲弟之子，先司马称内弟，余称吴氏叔云。系出溪南，族最著高……盖以正德丁丑（1517）秋七月旬有四日，叔始生……叔既冠，字叔曰时起，则又纳金氏妇为叔婚。先大母则以吾父独孙，白先大父，使从先司马贾盐策。先司马既受命，则遣叔居贾兰溪。"①文中先司马应是汪道昆的父亲，汪道昆父称吴时起为内弟，因汪道昆祖父母的意见，吴时起跟随汪道昆的父亲经营盐业，"居贾兰溪"，这正是嘉靖年间的事。到了万历年间，随着徽商势力的进一步壮大，来兰溪的徽商更多，有的还在这里定居下来，如明代"张柏，字世茂，其祖由歙迁于兰。柏少习举业，旋以父病痞久，乃弃而专读《内经》医学等书，遂业医。手诊多验，而父病亦得以就愈，医道大行"②。显然，张柏祖父最迟亦在明中叶就来兰溪经商，后来在此定居了。完全可以想见，在此定居的徽商当然不止张柏一家。

清代康乾年间，徽商势力在全国发展到鼎盛阶段。同样地，兰溪的经济在徽商的推动下也进一步繁荣，俨然成为金华府所属各县之冠，经济地位甚至超过金华府，乃至民间传有"大大兰溪县，小小金华府"之谚。史籍上有关徽商在兰溪经营的记载也有很多。如歙县"（程）永洪，字涵度，国学生……行尚信义，善于商贾，贸易豫章数十年。又建业于浙江兰溪，置田产，增资本，家道日渐蒸蒸。……公生康熙丁卯，卒乾隆甲戌"③。永洪的堂弟"（程永湘）自幼随父佣耕，无力从师诵读。性直而好勤，不欲以田园终。堂兄永洪公常器之，携至江西玉山栈，习练贸易之道；复携之浙江兰溪，荐于柳君兼山、项君圣遇，宾主相投得以立业四十余年"④。程永洪这个人可了不起，不仅在兰溪置了大量产业，还扶持堂弟到兰溪创业，在他的悉心栽培下，他的儿子青出于蓝而胜于蓝，生意做得更大。"（程廷柱）字殿臣，号理斋，永洪公长子也，国学生。自幼豁

---

① 汪道昆：《太函集》，黄山书社2004年版，第1122页。
② 光绪《兰溪县志》卷5，清光绪十四年刊本。
③ 《歙县程氏孟孙公支谱·永洪公传》，清道光抄本。
④ 《歙县程氏孟孙公支谱·永湘公传》，清道光抄本。

达，卓有立志，厚重少文饰。随父侧奔驰江广，佐理经营。父殁后，克绍箕裘，友爱诸弟。总理玉山栈事，增置田产；兰邑油业命二弟廷柏公督任之；命三弟廷梓公坐守杭州，分销售货；命四弟廷桓公往来江汉，贸迁有无。创立龙游典业、田庄，金华、兰溪两处盐务，游埠店业，吾乡丰口盐业，先绪恢而弥广焉。公生康熙庚寅，卒于乾隆辛丑。"①程廷柱亲自总管江西玉山的货栈之事，添置了不少田产，同时命二弟廷柏督理兰溪的油业，命三弟廷梓坐守杭州销售货物，四弟廷桓则长途贩运各种货物，他们在浙江龙游开设典当、田庄，在金华、兰溪两地还经营盐业，又在游埠（镇）开店，在家乡丰口销盐。他们兄弟四人凭借父亲打下的基础，经过共同努力，乘机而上，发展成一个有相当规模和财产的商业世家。乾嘉时人"章必鉴，字衡若……先在宛陵贸易，精于筹算，有大志，不甘为人伙，后到兰溪游埠镇创立万泰基业，以贻子孙，家道所由兴也。"②康熙时歙县人汪明若，"年二十二，弃儒术，操百缗以往贾于浙之兰溪，及艾而归里，则尽传家事于其子，而一以施济为己事"③。他在兰溪经营了二十八年，五十岁时才把产业交给儿子，自己告老还乡。

清代在兰溪经营的徽商以歙县与绩溪人为多。如绩溪人"汪锡畴，字惠臣，号禹泽，孔灵监生。贾于兰溪，先贫后裕，有不给者必周之"④。嘉庆时绩溪人章策，其父早在兰溪经商，他自己"年十二，随父至兰溪，师赵虹桥明经，习举子业，明经深器之。年十八，父殁，大父年老，君随叔父侍养，事母抚弟，遂弃儒承父业学贾，往来兰、歙。精管（仲）刘（晏）术，所亿辄中，家日以裕"⑤。

明清时期，在兰溪的徽商除了经营盐业、油业、典业以外，还有不少人经营布业。如绩溪周承纲在兰溪经商，后感到力不从心，乃将其子周锡

---

① 《歙县程氏孟孙公支谱·程廷柱传》，清道光抄本。
② 《绩溪西关章氏族谱》卷24，清宣统刊本。
③ 刘大櫆：《海峰文集》卷7《汪府君墓志铭》，清刻本。
④ 道光《徽州府志》卷12，清道光七年刻本。
⑤ 《绩溪西关章氏族谱》卷26《例授儒林郎候选布政司理问绩溪章君策墓志铭》，清宣统刊本。

圭招至兰溪，当其助手。不久承纲因病去世，锡圭独承父业，其弟服贾宛陵而患病。为照顾弟弟，锡圭将其招至兰溪，与他共同经商。后来逐渐发家，"以所积资斧创仁泰布业于兰溪，家用以充，皆得力于公之友爱以致之"。①锡圭很善于经营布业，也乐于助人。他早先来兰时的一位居停主人张氏，是海宁一个经营布业的富商，后来"家计中落，布业渐不能支，势将休歇"。锡圭思念旧谊，不忘其恩，"慨然以兴复为己任，虽资本不敷，恃季布一诺，取信江湖，间挹注赖以不匮，不数年而居积之富，反过于当日鼎盛时，然处之淡然，未尝有德色"。②可知周锡圭不仅在处世上知恩图报，在经营上也是行家里手。道光二十一年（1841），徽人郑友峰也在兰溪县城南门大街开设三阳布店③，这个布店一直延续到民国时期。徽商在兰溪也有开设碗店的，如一份《清道光二年正月汪子周立并店号约》载：

> 汪子周原于乾隆五十八年（1793），与今光尊太翁等在兰溪县朱家马头地方合伙开张恒茂碗店，获利匀（均）分，从无异言。并因各归各业，情愿将己股份并与（于）英培亲翁名下独开，我股下所存店本俱概支讫。其店底家伙，计钱贰佰千文，我四股之二，该得钱壹佰千文，亦当支讫无存。自并之后，获利亏本俱与子周无涉。今欲有凭，立此并字存照。④

汪子周不仅与人合伙开设"张恒茂碗店"，又于嘉庆四年（1799）与同合伙人开设了"张永茂酱坊"⑤。

由此可见，明清时期尤其是清代徽人在兰经商的人数很多，行业也是

---

① 《绩溪城西周氏宗谱》卷17，安师大皖南历史文化研究中心所藏影印本。

② 《绩溪西关章氏族谱》，清宣统刊本。

③ 方念裕主编：《兰溪市商业志》，兰溪市商业局编，内部刊物，1988年。

④ 刘伯山编：《徽州文书》第1辑第5册《黟县十都三图余氏文书》，广西师范大学出版社2004年版，第442页。

⑤ 刘伯山编：《徽州文书》第1辑第5册《黟县十都三图余氏文书》，广西师范大学出版社2004年版，第440页。

多种多样的。由于寓兰徽商人数众多，并具备了相当的经济实力，为联络乡谊、维护共同的利益，乾隆三十一年（1766）由徽州商人程士章等人多方集资，在兰溪兴建了新安会馆，门楼高大，雕梁画栋，实为兰溪一大壮观。

清咸丰年间，清军与太平军在徽州进行了激烈的拉锯战，徽州尤其是祁门、歙县、绩溪遭遇到历史上前所未有的浩劫。在徽州已无法生存，大批徽人纷纷外逃避难，其中一个重要地点就是兰溪。避难都是投亲靠友，这么多徽人来到兰溪，充分说明此前在兰溪，徽商是非常多的。逃难的徽商来到兰溪后，又开展了各种谋生经商活动，更壮大了徽商在兰溪的势力。如绩溪章筠避居兰溪后就在水门开设章恒升酱园。

咸丰十一年（1861）太平军占领兰溪，造成城厢店肆十室九空，徽商又受到一次劫难，但两年后太平军就撤出了兰溪县。迨战争结束，社会秩序稳定后，昔日徽商又纷纷来兰溪复业、创业。如同治六年（1867），龙游姜益大丝线毡帽店因资不抵债，不得不归并到兰溪徽商广发京货店，仍以原牌号改为绸布店在龙游经营。可见，徽商是很会经营的，竟然吞并了龙游商人的店业。同治九年（1870），兰溪开设"万通当"，由"徽州朝奉"主其事。同治末年，绩溪人胡既勤在西门开设聚丰酱园。光绪初年，歙县汪岔叶氏在兰溪开设振裕衣庄。光绪二年（1876），游埠镇郎六里开设"协通当"，徽州人程立明任经理①。因此可以说，明清时期的兰溪，徽商是占绝对优势的。

旅兰徽商经过多年的艰苦奋斗，不少人相继致富。钱囊已丰的徽商并没有忘记自己的社会责任，嘉庆、道光时在兰溪经商的绩溪人章策就说过："造物之厚人也，使贵者治贱，贤者教愚，富者瞻贫，不然则私其所厚，而自绝于天，天必夺之。"②所以他热心公益事业，每逢灾荒，慷慨解囊。道光壬辰（1832）、癸巳（1833）年间，绩溪频饥，"君偕叔父捐千数

---

① 方念裕主编：《兰溪市商业志》第2章《大事记》，兰溪市商业局编，内部刊物，1988年。

② 《绩溪西关章氏族谱》卷26，清宣统刊本。

百金，邑令王玗以'克承世德'表其门"。在兰溪也是如此，"隆礼门河步圮，以五百金倡众修成，儒学沈君逢吉秋河纪于石。又以二百金拯饥民"。兰溪有一龚姓人家，"贫不能养母，将去其妻，君怜其一子尚幼，妻去不能独生，为赎其田宅而周之"。对于在兰溪经商死亡的徽人，"君募金给归柩费，数年不归则葬之，复广其法，凡前后瘗棺数百，君之力居多"。有一次他路过严滩，看见一船翻覆，淹死七人，尸暴岸上，"君使殓葬之，而厚赠其舟子"。①同治光绪时绩溪人周锡圭，也是"平生乐善不倦，凡修道建梁、赈贫施药等事，无论在徽在浙，苟力所能为，皆不吝推解"②。光绪辛巳（1881）旅兰徽商周锡熊六十初度，朋友准备好好为其庆祝一下，而他婉言力辞，"而以宾筵资作善举"，然而由于其"令名重婺睦间，称觞者仍不得拒。兰溪唐立夫孝廉，浙右名士也，素重公行谊，为撰寿言，有云：'光前裕后，品高石照之山；仗义疏财，谊笃金兰之地。'一时传为诵焉"。③类似情况还有不少，如"程永洪，字涵度，槐塘人。乾隆十六年（1751），浙江兰溪饥，永洪输资助赈，数在三百两以上，县令张鹏尧汇报大宪，奏请议叙正八品，又给'乐善好施'匾额"④。绩溪人汪锡畴，"贾于兰溪，先贫后裕……在兰溪，施棺掩骸，置义冢数十亩，义声达于远迩"⑤。歙县江村人程文荨，"孝义性成，尝割股以愈母疾，捐千金倡修宗祠，置祀产，施棺木，设义冢于村东。又于浙之兰溪县新德庵造高厂三楹，以贮徽人客死无归之柩"⑥。旅兰徽商的这些善行义举，不仅继承了徽商的优良传统，而且对后世徽商起到了启迪示范作用。

---

① 《绩溪西关章氏族谱》卷26，清宣统刊本。
② 《绩溪城西周氏宗谱》卷17，安师大皖南历史文化研究中心所藏影印本。
③ 《绩溪城西周氏宗谱》卷17，安师大皖南历史文化研究中心所藏影印本。
④ 道光《歙县志》卷8，清道光九年刊本。
⑤ 道光《徽州府志》卷12，清道光七年刻本。
⑥ 道光《歙县志》卷8，清道光九年刊本。

二、民国时期兰溪徽商的经营特色

从清代道光以后，随着盐商的败落，加上咸同兵燹的浩劫，徽商从整体实力上确实衰落了，康乾时期徽商那种呼风唤雨、富可敌国的风光确实不再了，但这并不意味着徽商从此销声匿迹、退出历史舞台。受到徽商精神培育和滋养的徽州人就像岩石下的树种一样，总是寻找一切机会、一切途径，顽强拼搏，赢得自己的一片天地。民国时期的徽商就是这样。有的行业不行了，他们就经营新的行业；有的地方不适合了，他们就开辟新的空间。

民国时期，由于兰溪徽商没有从事盐和茶的长途贩运，因此并没有出现大起大落的情况。当社会局势比较稳定时，兰溪徽商一直在稳步发展，但与明清时期相比，呈现出不同的特点，主要表现在以下几个方面：

（一）长途贩运不多，大多从事坐贾

徽商向以长途贩运见长，正如万历《歙志·货殖》所载："故邑之贾岂惟如上所称大都会者皆有之，即山陬海堧、孤村僻壤亦不无吾邑之人，但云大贾则必处都会耳。约略而言，亦有五焉：一曰走贩，即太史公之所谓周流者也；二曰团积，即太史公之所谓废著者也；三曰开张，即太史公之所谓陈椟者也；四曰质剂，即太史公之所谓子母钱者也；五曰回易，即太史公之所谓以所多易所鲜者也。而下贾、中贾、大贾、廉贾皆在其中矣。"列为首位的就是"走贩"，也就是长途贩运。明清时期的徽商所从事人数较多的行业多是长途贩运的行业，比如盐业、茶业、木业、粮食业、绸布业等，明清时期非常著名的徽商也大多从事这些行业。但民国时期的寓兰徽商，从我们目前所掌握的材料看，从事长途贩运业的并不多，而大多从事坐贾，开设商店经营。

为什么会出现这样的情况呢？一是因为兰溪的地理位置和出产使然。兰溪既不临近两浙盐场，也不毗邻棉布、丝绸产区，更不出产大量茶叶和木材，在这里显然不适宜从事长途贩运，虽然也有人从事盐业，但基本上就近销售。也有人从事茶业，但也并非在国内长途贩运或对外贸易，而且规模也不大，也属于就近销售的性质。正因为规模不大，它往往和漆业并称为茶漆业，显然和那些从事对外贸易的徽州茶商不能相提并论。二是受到资本的限制。徽州盐商败落后，再加上咸同兵燹的浩劫，可以说徽商元气大伤，资本损失极大。而长途贩运必须要有雄厚的资金，劫波中幸存的徽商此时还处于恢复元气阶段，在资本不多的情况下，开店经营自然是一个较好的选择。上述同治年间在兰溪先后开设的"万通当"和"协通当"，老板都不是徽州人，而都聘徽州朝奉经理，就说明徽人此时的资本状况了。

（二）经营行业非常多，不少为徽商所创办

民国时期的兰溪徽商所经营的行业五花八门，林林总总，据徽商后代方念裕老先生回忆，这一时期兰溪徽商经营的行业多达三十二种：花爆业、估衣业、茶漆业、南北货茶食糕点业、山货业、地货业、蜜枣加工业、典当业、钱庄业、油业、绸布业、夏布业、百货业、卷烟业、药业、参燕业、运输业、酱园业、纸业、粮食业、鲜肉业、火腿业、银楼业、酒业、卤味业、瓷缸业、图书笔墨文具业、水客业、布厂、线厂、印刷业、裱画业等①。这些行业显然都是与普通百姓生活息息相关的。

在徽商经营的这些行业中，不少就是徽商创办的。如花爆业和成衣业，最早就是徽人来兰创办的，起初是徽人制作烟花爆竹和制作成衣的手工艺人，以后分别开设了花爆店（花爆作坊）和估衣店，成了徽商在兰的最早的两个行业，乃至徽州同乡会举行活动，酬神演戏或设醮超度亡人，均推花爆与估衣两业为首事，两业首事不出场，便不得举行祭奠仪式。徽州婺源人所设的詹源生花爆店在民国二十一年（1931）被《中国实业志》誉为浙江省最大的花爆店，时称"徽州爆竹"。兰溪县城徽州爆竹店最盛时有十余家。估衣业是离不开当铺的。当铺一般将过期不取的各种旧衣搭配成一包，估价批发给衣庄。最初绩溪裁缝章文高将这些"估衣包"廉价

---

① 方念裕主编：《兰溪市商业志》第4章，兰溪市商业局编，内部刊物，1988年。

购进，经过拼拆改制，销路竟然很好，从此开创了估衣业。民国十六年（1927）兰溪估衣店有十余家，完全是徽商所开。特别值得一提的是蜜枣加工业，也是徽商一手开创的。蜜枣原产于徽州，是由产于歙县的青枣加工而成。1911年，兰溪元泰茶漆店老板、歙县人吴竹三回乡省亲，看到大青枣货源充足，发现商机。于是他从家乡招聘了制枣师傅和工人在兰溪设厂加工蜜枣，厂名"恒泰"，创立"新安金丝琥珀蜜枣"品牌，一炮打响，闻名遐迩。接着寓兰徽商纷起仿效，鼎盛时蜜枣加工厂达十余家，产品远销中国香港及新加坡、菲律宾等地。前述咸丰年间绩溪章筠创办"章恒升"酱园以后，到民国继续发展，产品质量也有大幅提升，民国四年（1915）该园出产的"三伏秋油（酱油）"获巴拿马国际博览会金奖，民国十八年（1929）又获西湖博览会优等奖，授五彩奖章，为徽商企业赢得了荣誉。在南北货茶食糕点业中徽商开设的天泰南货店制作的糕点早在嘉庆年间就驰名省内，以后不断精益求精，博得官场上层人士的青睐，成为馈送之佳品。该店创业160余年，虽几经改组，徽商资本一直保持不变。[①]

(三)徽商继续在兰溪商界占有绝对优势地位

民国期间，徽商在兰溪商界具有举足轻重的地位，占有绝对优势，表现在以下几个方面：

一是一些行业完全由徽商垄断。如花爆业，解放前兰溪县城有詹源生福记、汪义泰、舒正发、正发、胡祥泰五家，全系徽商经营；估衣业，民国十六年（1927）鼎盛时期兰溪县城有恒泰和、恒源等十余家，全是徽商开设；蜜枣加工业全为徽商垄断；钱庄也均为徽商经营；典当业虽多由外地人开设，但均聘徽商为经理；卤味业，休宁人程诵三开设隆泰昶卤味店，制作各种熟食卤味、蒸熟火腿、卤豆腐干等，是兰溪唯一的卤味店。还有一些行业以徽商为主体，如民国三十四年（1945）兰溪有茶漆号12家，徽商就有9家，占75%；南货业，民国三十四年有商号23家，徽商就

---

① 方念裕主编：《兰溪市商业志》第4章，兰溪市商业局编，内部刊物，1988年。

有17家，占74%；绸布业是兰溪商业中的主要行业，民国十五年（1926）前后，兰溪县棉布年销售量达十万匹，绸缎一万二千匹左右，经营水口（营业额）达200万银元，其时兰溪有11家绸布店，9家为徽商开设，另外2家也是由徽人担任经理；山货业，徽商也是三分天下有其二。①

二是从同业公会和商会的领导成员看也是徽商占多数。民国十八年（1929），国民政府颁布《工商同业公会法》，按该法规定，在同一区域内各种工商业有七家以上发起组织，经官署核准即可成立，原有工商团体不问其用"会馆""公所""行会"或其他名称，均应根据本法改组为同业公会。当时兰溪城内粮食业、柴炭业、水果业、银楼业、药材业、山货业、绸布业、衣庄业、瓷器业、南货业、油业、酱园业、京广货业、烟丝业、纸书业、茶漆业、肉业、酒业、茶馆业、面馆饭馆业、理发业、黍作业、五金业、鞋帽业、木器业、竹器业、漆器业、铁业、花爆业、桶器业、丝线业等行业，都组织了商业同业公会。据有关资料，我们将部分由徽商担任同业公会领导人的行业列成下表：

民国时期兰溪部分同业公会领导人名单

时　间	同业公会	领导职务
—	估衣业	姚建章（徽人，理事长）
—	茶漆业	吴衡桥（徽人，主席）
民国二十二年	南货业	李训坡（徽人，主席）
民国三十四年	南货业	胡剑青（徽人，理事长）
—	山货业	许社明（徽人，理事长）
—	油　业	凌郁堂（徽人，理事长）
民国三十六年	绸布业	胡禹功（徽人，理事长）
—	烟皂烛业	洪明道（徽人，理事长）
—	运输业	章致和（徽人，理事长）
—	碾米磨粉业	洪明道（徽人，理事长）
—	鲜肉业	方屏生（徽人，理事长）
—	酒　业	洪　钧（徽人，理事长）

---

① 方念裕主编：《兰溪市商业志》，兰溪市商业局编，内部刊物，1988年。

资料来源：方念裕专著：《浙江兰溪徽商人文志》第4章《兰溪徽商行业分布》，浙江省兰溪市徽学研究会编，内部刊物，2005年。

由上表可知，这些行业大多是比较重要的行业，徽商都在其中担任主席或理事长。按照《工商同业公会法》规定，同业公会领导人员，以各商号拥有票权数，用投票选举的办法产生，报县商会转呈县政府备案。所谓票权数是由会员（商号）的资金和缴纳会费多寡来决定的。由此可以知道徽商在这些行业中的实力。

民国初年，国民政府农商部颁布《商会法》，兰溪县商界公推祝绍政为县商会总理，民国五年（1916）三月祝去世后，商界以公推周其润继任，周即绩溪人，时任祝裕隆布号经理。第二年兰溪县商会奉命改为兰溪县商务分局，实行会董制，各行业分别推选会董一人，在会董中推选正副会长，周其润又当选为会长。以后商会机构不断变化，民国二十八年（1939）国民政府颁布《修正商会法及同业工会法》，兰溪县商会依法改组，选举石尹谐为会长，石也是绩溪人，时任徽州同乡会会长。三年后，日军占领兰溪，商会陷于停顿。民国三十五年（1946），兰溪举行抗战胜利后第一届县商会代表大会，选举王熺、洪钧、吴楚臣、胡禹功、胡剑青、赵福湘、丁祥岚、章致和、凌郁棠九人为理事，其中徽人占了五人：洪钧，绩溪人，酒业同业公会理事长；胡禹功，绩溪人，绸布业同业公会理事长；胡剑青，绩溪人，南货业同业公会理事长；章致和，绩溪人，运输业同业公会理事长；凌郁棠，歙县人，油业同业公会理事长。大会选举程文彬、徐绍基、程亦铭三人为监事，其中两人是徽商：程文彬，黟县人，晋丰泰南货牙行业主；程亦铭，绩溪人，棉布业同业公会常务理事。九名理事又选举王熺、洪钧、胡剑青为商会常务理事，其中就有两位徽商。由此可见徽商的确在兰溪商界占有主导地位。民国三十七年（1948），兰溪县商会第一届任期届满，改选十五名理事，徽商占有八名，五名常务理事中，徽商仍占两名。

（四）兰溪徽商的社会组织愈益正规，公益事业得到机制保障

民国时期寓兰徽商人数很多，据《浙江兰溪徽商人文志》载，民国期间在兰溪经营的商店经理、副经理、店主等有名有姓者就有三百多人，加上店员和学徒，以平均每店五人计算，也有近两千人，在一个县城有近两千徽人从事商业活动，其影响是相当大的。为了联络乡谊，团结乡人，为同乡排忧解难，寓兰徽商可能在明代后期至迟在清代就成立了同乡会。民国时期同乡会继续存在，据载，民国三年（1914）祝裕隆布号经理周培滋任同乡会会长，民国七年（1918）周逝世后由时任衢州、嘉兴财政科长的绩溪人石葵斋（尹谐）继任，一直干到民国三十四年（1945）去世。抗战胜利后，政府对各种同乡会又有新的规定，于是民国三十五年（1946），徽州六邑旅兰同乡会召开代表大会，正式选举第一届理监事，公推庆茂酒店、酒坊经理洪钧为理事长。由此可知，在整个民国期间，寓兰徽商同乡会都正常活动，充分反映了寓兰徽商的凝聚力。

早在乾隆年间，寓兰徽商程士章等就筹资于城南塔岭之巅建立新安阁，亦称"新安阁会馆"，高台层榭，接屋连阁，显然具有相当的规模。阁内供奉关羽塑像和朱熹画像，以示不忘信义和故乡。每年农历五月十三日关羽诞辰这一天，照例演戏酬神，后以"徽祭"代之。据《浙江兰溪徽商人文志》载："徽祭系徽人特有的一种仪式，其仪式严肃庄重，非同一般。有主祭一人，陪祭二人，大赞一人，陪赞一人，司樽一人，亚樽一人和礼生八人组成。主祭、陪祭要由德高望重的乡贤耆宿担任。同乡人群在这一天都要到新安阁朝拜，按例每人都可发到面筹一支，凭筹到指定面馆吃面。中午在客厅上设席招待徽州六邑同乡会首事人员、主陪祭和司年商号的代表。"后人的回忆如此详细，说明民国时期"徽祭"仪式一直承续下来，成了寓兰徽商的精神家园。

嘉庆、道光年间又在官桥建立徽商议事之所紫阳书院，也作为新安会馆的挂牌之处。紫阳书院并非真正的书院，只是寓兰徽商议事的场所，民国三十五年改为新安小学。

在城北郊区，距城五里路之处，徽商又建有新德庵，光绪《兰溪县志》载："新德庵在城北五里，乾隆三十一年（1766）徽商公建。"[1]这是一个比较大的建筑群，包括武圣殿、文昌阁、财神殿、先贤阁、体仁会、运枢会等。新德庵完全是慈善事业，专门用来安置因贫困或鳏寡无力将灵柩运回故乡的徽州商人。所以寓兰徽商还在庵外购置一片山场，名曰"徽州山"。民国时期，山上坟冢累累，墓碑如林，多为亡故的歙县、绩溪商人。新德庵外还建有重病室和收殓场，主要收留旅兰帮佣或被业主解雇因病无处居住或死亡的同乡。徽商死后，一时灵柩不能及时运回家乡，则可停放在新德庵旁的厝枢厂。厝枢厂的灵柩三年一小葬，五年一大葬，届时专门的组织同善堂逐一通知枢主，要运、要葬，由枢主决定。这样既避免了厂内灵柩停放过多，又使死者灵柩有一妥善去处。这一善举被一直很好地坚持下来。

新德庵的慈善事业之所以持续不断，完全得益于有一个良好的运行机制。首先，在旅兰徽商的支持下，新德庵拥有相当丰厚的固定资产。据民国三十二年（1943）《新安同善堂册产清誊》记载：旅兰徽州同乡会有房产30幢、良田70余亩、山130余亩，房屋租赁、良田收租，每年所得足以保证同乡会的各项事业所需。其次还有较好的制度，新德庵的房产、山场都雇有专人管理，他们可以兼带耕种会产田亩，耕牛、农具一应俱全，居住又很宽敞，种田所得除照章上缴外，余归自己，待遇颇丰，因此，他们都会珍惜这份工作。同时机制也对他们的职责有明确的规定，所以各种慈善工作有条不紊。

三、兰溪徽商布店经营管理的创新

由于兰溪是商品集散地，绸布又是人们日常生活必需品，所以各地客商运货来此，返程时总要购买大批绸布带回。因此徽商所开的绸布店最

---

① 光绪《兰溪县志》卷3，清光绪十四年刊本。

多，资本也最大，可以说在兰溪执商界牛耳。民国十五年（1926）前后，兰溪县城有三阳、永盛、大来、裕茂、大源、同大、益大、晋亨裕、祝裕隆、恒大有、裕大共11家绸布店，其中除大来、祝裕隆两家是非徽人开设，其余九家均为徽人开设。但绸布店内部如何管理，员工和学徒的生活如何，这些问题过去都不大清楚。近日本文笔者之一黄彩霞走访了兰溪的方念裕先生，获悉不少情况。方先生生于1925年，从小读书，21岁（1946）时来兰溪继承父业在恒大有布店任外账房。方念裕一家祖孙三代均在兰溪经商，是个经商世家，他的回忆使我们更加真切、更加细致地了解了兰溪徽州绸布店的内部管理情况。

（一）绸布店的经营创新——所有权和经营权的分离

徽商的经营方式多种多样，有贷资经营、合资经营、承揽式经营、委托经营等。委托经营又分两种类型：一是商人以自有的资本为主，同时接受少量委托资本从事商业活动的经营形式；一是被委托人以委托资金为主从事商业活动的经营形式，这种委托形式的资本既可以是流动资金，也可以是固定店铺①。兰溪徽商所开的绸布店，我们也看到了这种经营方式。像上述大来、祝裕隆两家浙人所开绸布店均委托徽人担任经理，可见徽人经营能力之强。即使在徽人所开设的绸布店，也有委托徽人经营的。如歙县郑村人郑友峰道光时在兰溪创办三阳布店，一直持续到解放，是个名副其实的百年老店。这个店从东家来说，一直都是郑氏及其后代，但经理却一直聘请其他人担任。据方念裕回忆，他的父亲方泽春（1869—1951）15岁时就由祖父带到兰溪，荐入郑三阳布店为学徒，拜鲍鼎臣为师，其时鲍就是布店经理。鲍告老还乡后，方泽春又继任经理，一直干到民国三十一年（1941）兰溪沦陷日寇。方泽春历经了三代店主，第一任郑友峰尚亲自主持店务，他去世后第二代店主郑启坤、第三代店主郑绍祖都不在店内主持业务，而是全权委托经理主持②。而且方泽春在任三阳布店经理期间，

① 参阅王廷元、王世华：《徽商》第6章，安徽人民出版社2005年版。
② 方念裕口述，黄彩霞整理：《一个末代徽商的回忆》（未刊稿）。

又于民国四年（1915）与两人合资在兰溪开设恒大有京广百货绸布庄，尽管他占50%的股份，他也不出任经理，不参与店内经营。

上述情况说明，在徽商经营的一些企业，所有权和经营权的分离是个普遍现象，职业经理人也是一个普遍现象。学术界普遍认为，职业经理人起源于美国，1841年由于两列客车相撞，在美国引起极大震动，美国人认为铁路企业主没有能力管理好这种现代企业，必须选择有才能的人管理企业，这样第一位职业经理人诞生了。所谓职业经理人，代表性的说法是指在一个所有权、法人财产权和经营权分离的企业中承担法人财产的保值增值责任，全面负责企业经营管理，对法人财产拥有绝对经营权和管理权，由企业在职业经理人市场（包括社会职业经理人市场和企业内部职业经理人市场）中聘任，而其自身以受薪、股票期权等为获得报酬主要方式的职业化企业经营管理专家。按照这样的定义，方泽春等一批经理就是完全的职业经理人。如果这一观点成立，那么在徽商中这种情况可以追溯更早。如清康乾时休宁汪栋是徽商世家，但由于他自己习举业无暇经商，先辈留下的在平望镇的典业，"则择贤能者委之"①。这贤能者当然就是职业经理人了。清初休宁人朱文石"尝客芜阴（芜湖），有族人者丰于财，悉举以托翁（朱文石）而身他去。鼎革间……百计防维，讨而弗去，城破焚掠，身几濒死，卒能履险如夷，完归原主"②。朱文石也是职业经理人。所以若以徽商来看，职业经理人的出现至少要比美国早二百年。

(二)对布店学徒、店员的管理创新——小伙生意

徽州有句谚语："前世不修，生在徽州；十三四岁，往外一丢。"意思是说男孩十三四岁时就被送出去学徒了。一般都知道学徒生活很苦，但具体情况并不十分清楚。从一些人的回忆我们就了解得更具体了。据一位在金华布店中学徒的徽州老店员鲍祖良回忆，学徒进店，首先必须写下书面"切结"，其中规定学徒三年，吃住在店里，店方除每月"月规（剃一次光

---

① 《休宁西门汪氏大公房挥金公支谱》，清乾隆四年刻本。
② 《新安月潭朱氏族谱》卷22，民国二十年木活字本。

头，给一块洗衣皂）"外，没有任何报酬。学徒必须听从使唤，一旦发生工伤和生病，治疗费用完全由学徒自己承担；如有差错或违反店规，轻则跪财神堂、责打，重则开除。凡被开除的学徒，俗称"茴香萝卜干（即"回乡落魄"之意）"，也有称"茴香豆腐干"，这是被人最瞧不起的，其他店铺也不会录用。店规有几十条，诸如不准看书报、不准交友、不准外出游玩、不准在店堂内坐、不准吃零食、不准谈恋爱、不准对外人讲店内情况、三年学徒期间不准回家。学徒每天凌晨四点起床，一直干到晚上九点商店关门。有时还要等外出会友、看戏、赌博的老板回来，一般要到十二点左右，开门如果迟了，还要受到老板的责打。大家戏称"从鸡叫做到鬼叫"。为了不做"茴香萝卜干"，学徒只能咬牙坚持。

鲍祖良说的是他自己的亲身经历，这是不是特例呢？当然不是。民国年间曾任兰溪徽州同乡会会长的洪钧也有类似的经历：

> 洪钧于清光绪二十三年（1897）（洪钧十三岁）到兰溪庆茂酒店拜胡锡九为师后，就开始了黎明即起的学徒生涯。抹桌、扫地、跟着师兄做买卖，打烊关门后，在一盏美孚煤油灯下抄信学打算盘，不到三更是不能睡觉的。额外劳动也多，如替师傅倒尿壶，涤水烟筒。开始时师兄欺他，流氓吃酒不付钱，还要寻事。钱未收来，师傅要责怪，真是多方受气。一个小孩在外，举目无亲，常常睡在门背后一块临时搭的铺上，从梦中哭醒，流泪到天明，但想起不愿做"茴香豆腐干"，咬牙切齿，顽强地劳动和学习着。二年后师傅看他勤俭好学，师兄见他待人得体，顾客讲他和气有礼，从鄙视逐步转为看重他。由于营养欠佳，过度劳动，十五岁时，脸部黄瘦，身子仍像十二三岁的小孩。洪钧在十八岁那年第一次回故乡，把在外五年全部积蓄一百块银元捧给父亲时，其母在旁见儿子骨瘦如柴，又黄又白脸上突出两只发光的双皮大眼时，再也忍不住了，和儿子抱头大哭起来。[1]

---

[1] 方念裕专著：《浙江兰溪徽商人文志》第7章《洪钧传略》，浙江省兰溪市徽学研究会编，内部刊物，2005年。

一个学徒少年五年没有回家，竟然还积蓄了一百块银元，简直可以说平时根本不花钱了。

看来学徒的艰苦到处都是一样的。正因为徽商绝大多数人都经历过这三年的艰苦磨练，所以一旦满师后自己创业则仍能保持这种艰苦奋斗的精神，克服万难，去争取成功。

学徒熬过三年，才能升为"半作"（二年期），相当于今天的试用期，店方才给每月15斤米钱薪水。二年"半作"期满后才升为店员，店员工资每月从40斤米钱到200斤米钱。当然，只有极少数人能成为"头柜"每月拿到200斤米钱①。

对店员来说每年最怕的是老板"讲生意"。据鲍祖良回忆："店员全年只年初一到年初五可休息五天，每到年初五（有的是初六），便是店员最难受的一天，这天是老板给店员'讲生意'。晚饭后，全店职工聚坐店堂，噤若寒蝉，等待判决。由学徒来逐个通知店员职工去账户间接受老板'讲生意'。职工进账户间，如老板客气地捧茶给你喝，便基本已定老板解雇你了，你已面临失业厄运了。如老板见你开口就骂，哪怕完全不是事实，你也忍气吞声不辩解，那来年你的'铁碗'可保牢。老板责骂完后会稍微给你增加几斤米月薪，留你在店继续工作。由于过年后是商业淡季，被解雇的店员很难找到工作，只能千方百计挨到八月中秋节才有希望找到工作。"

兰溪绸布店也有"讲生意"。方念裕回忆说："店家每年正月初六财神日'讲生意'（讲生意的日子是财神日）。这天店内员工逐个走到账房，由经理（过去叫阿大或经手）主持，对每一个员工一年中的优缺点一一指出给予批评或赞许。对不再留用的员工，则用好言相向，说今年店小难容另请高就，就是辞退你了。被辞退的人，无路可走，则请商界有面子的人给'打圆场（讲好话）'。"②

关于店员的待遇，鲍祖良说每人每月40斤米钱到200斤米钱。有的店

---

① 黄彩霞整理：《鲍祖良自述》（未刊稿）。

② 方念裕口述，黄彩霞整理：《一个末代徽商的回忆》（未刊稿）。

待遇要高些，如方念裕回忆父亲在民国二十年前后大概是每月12块银元（相当于300斤白米），一般员工为8—10块银元。而此时方泽春可能已是三阳布店的经理了。

店中平时膳食是一荤两素，称为公菜，由店中负担。而且每逢六日增加六肉，即每人增加16两制2两肉。不少店员并不加餐，而是将这肉积存起来，每月每人有6两，一年下来大约有72两（旧制），相当于4.5斤肉。店员将这肉放在酱园酱缸中浸泡为酱肉，由于酱缸中浸入鲜肉，酱油味道更好，所以酱园欢迎大家送肉来浸并且不收费。这些酱肉第二年取出后都寄回故乡给家人食用。徽州人的勤俭和艰苦真是在处处表现出来。

徽商布店对店员管理上的创新，则是允许店员有小伙生意，即福利。店员推举一人主持做生意，经营业务不能与本店相同。如三阳布店员工小伙生意就不能经营布匹一类，他们就经营南北货或新安金丝琥珀蜜枣，在桐油、柏油上市时又经营油类项目。小伙生意因系店内员工兼职，没有工薪及房租等支出，资金又由店内无息借垫，在经营好的年景往往接近员工的全年工资，个别年份也有超过的。另外，布店员工年终还能分到零头布，所谓零头布就是布店开售每匹布之先，把布头前的一块商标剪下不出售，留给员工年终分配，也叫机头布，合0.5米左右。徽商布店员工年终每人可分得机头布少则十几斤，多则几十斤，这也是一笔可观的福利[1]。所以徽州不少人学徒满师后再干几年就可积累起一定的资金，然后就独立创业，慢慢就可致富。由此我们也可看到，这些徽州布店老板是很善于经营的，用这些办法既不会影响布店的经营，也可提高员工的收入，但又不增加自己的经营成本，可谓一举三得。

当然，这一切都会因人因店而异，不同的老板或经理，店员的待遇肯定有所不同。店员也有很苦的一面。鲍祖良回忆中就曾说了一个很惨的故事：一南货店店员，九岁随老板到金华，老板当时只开一家一间门面的小南货店，该店员为老板工作了六十多年，老板的南货店已发展到有近百职

---

① 方念裕口述，黄彩霞整理：《一个末代徽商的回忆》（未刊稿）。

工的大店，还有房产多处。该店员回徽州探亲受风寒病倒，回店时已超期数天，便被老板解雇。七十多岁的老店员，年老力衰，没有店肯接受了，先是工友们给些帮助，杯水车薪而已。在腊月大雪纷飞之夜，这位老店员死在一座破庙中。所以那时店员中流传一句话"店员做到老，不值一根草"①。完全可以说，类似这样的现象不是绝无仅有。成功的徽商都被各种文字记载下来，而不成功或失败的徽商自然难以留下纪录，这部分人还是很多的。

本文与黄彩霞合作

---

① 黄彩霞整理：《鲍祖良自述》（未刊稿）。

徽商的教子与嫁女

教子、嫁女，人之常事。但不同的人由于价值观不同，教子与嫁女的做法就会千差万别。近来检阅有关史籍，发现几条徽商教子嫁女的材料，很有意思，读来也十分感人。

清代嘉庆年间的许仁，字静夫，号耕余，徽州歙县人，从小聪颖好学，因家境贫苦，只得弃儒经商。但他贾而好儒，经商之余，乃孜孜不倦读书，"夜执卷吟哦，每至烛见跋（尾）始休。"著有《丛桂山房诗稿》行世。许仁也做过大量善事，道光十年（1830），芜湖大水，凤林、麻浦二圩堤溃，圩区一片泽国。许仁正好从汉口来芜，见此情形立即主持救灾，"以工代赈"，重新修筑圩堤。第二年春天，堤工刚竣，夏水又至，漫圩堤丈许。许仁又毅然担起赈灾责任，他雇船载老弱废疾置之高地，"设席棚，给饼馒，寒为之衣，病为之药"，而且为农民代养耕牛，水退下后更给麦种，"倡捐巨万，独任其劳，人忘其灾"。又帮助官府制定凤林、麻浦《二圩通力合作章程》十六条，令农民奉行。正因为他为芜湖百姓做了这么多好事，所以他去世后，"芜湖人感其德，请于官，立祠于凤林圩之殷家山祀焉"。一个商人，能够得到百姓如此真心爱戴，真是难能可贵。他有四个儿子，第三子许文深曾为海南巡检（从九品官），赴任之际，许仁写了一首《示儿》长诗送给他，诗云：

> 昨读尔叔书，云尔赴广东。交亲为尔喜，我心殊忡忡。

此邦多宝玉，侈靡成乡风。须知微末吏，服用何可丰。

需次在省垣，笔墨闲研攻。懔慎事上官，同侪互寅恭。

巡检辖地方，捕盗才著功。锄恶扶善良，振作毋疲癃。

用刑慎勿滥，严酷多招凶。勿以尔是官，而敢凌愚蒙。

勿以尔官卑，而敢如聩聋。我游湘汉间，声息频相通。

闻尔为好官，欢胜列鼎供。况承巨公知，宜副期望衷。

勉尔以篇章，言尽心无穷。

这件事及诗文见于《歙事闲谭》卷七。意思是说，昨天接你叔叔来信，得知你将去广东赴任。亲戚都为你高兴，我却为你担心。为什么呢？听说这里盛产宝玉，奢侈靡费已成风气。你要知道你只是一个微末小吏，衣服日用怎能贪图享受呢？你还要到省里等候分配，一有闲空就应读书。对待上司要小心谨慎，对待同事要谦逊有礼。你担任巡检一职，稽查捕盗才能立功。你一定要锄恶扶善，不能尸位素餐。用刑一定要谨慎，严酷滥用必然招祸。你不要以为你是个官，就敢欺压老百姓了，也不要以为巡检只是一个小官，就可以装聋作哑，敷衍了事。我虽然在湘汉经商，但信息还是灵通的。听到你是好官，我会非常高兴。况且你被任命，是得到上级的信托，就不要辜负他们的期望。这篇勉励你的诗虽短，但我心对你的期望是无穷的。

儿子接到这首诗后，自然非常感动，史载许文深"官佛山时，常悬座右，故能廉洁自守，民情爱戴"。显然他是牢牢记住了父亲的教导并努力践行的。《松心文抄》云："小琴（许文深字）官粤三十余年，九龙司、五斗司、沙湾司三任巡检，勤于缉捕，所至咸得民心。去任之日，士民沿途阻钱，去后犹称道不衰。"显然他没有辜负父亲的谆谆教诲。

另有一位徽商吴廷枚，歙县人，寓居江苏东台安丰镇，平时经商之余好学耽吟，曾著有《鸥亭诗钞》，某年嫁女，他没有大操大办，作为商人，他也不是没钱，但他并没有为女儿准备丰厚的嫁妆大摆阔气，而是写了一首《嫁女》诗赠送女儿：

年刚十七便从夫，几句衷肠要听吾。

只当弟兄和妯娌，譬如父母事翁姑。

重重姻娅厚非泛，薄薄妆奁胜似无。

一个人家好媳妇，黄金难买此称呼。

这个故事保存于嘉庆《东台县志》卷30《传十一·流寓》，清道光十年（1830）增刻本。吴廷枚教育女儿到了夫家后，要把妯娌当成自己的兄弟一样和睦相处，对待公婆要像对待父母一样孝敬。夫家的亲戚很多，都要热情相待。我给你的嫁妆虽然不多，但总比没有要强吧。你要知道，如果别人夸你是人家的一个好媳妇，这是黄金也买不到的称呼啊。短短几句诗却表现了一个商人高尚的思想境界。

两个普普通通的商人无论教子还是嫁女，都有一个共同点，就是教育他们做人，做官要当一个清官，做媳妇要做一个好媳妇。他们为什么能有这样的境界？不仅是他们有文化，最重要的是明事理。他们知道，这是做人的底线和准则，越过了这个底线，违背了这个准则，绝没有好下场，这是被无数事实证明了的真理。历史是一面镜子，在这个镜子面前，我们今天一些人恐怕是无地自容的。

论徽商的文化自觉

研究徽商绕不过的坎就是必须回答这样的问题：徽商为什么能够兴起？徽商为什么能够延续数百年，并发展成执商界牛耳的大商帮？徽商为什么对文化情有独钟？很多学者从不同的角度对这些问题都作了深入的探讨，提出了自己的观点，深化了人们的认识。但是若要认真思考，又感到意犹未尽，觉得这个问题仍有深入探讨的必要。

任何人都生活在一定的文化之中，受到其影响，而影响之大小，全在于有无文化自觉，或文化自觉之高低。我这里所说的文化自觉，是指对某一事物所具有的清醒的理性认识，表现出一定的先进性，并且能够付诸实践。文化是商之魂。一个商帮或商人的任何表现，其实都是受文化支配的，是文化的外在反映。徽商之所以如此，就在于其文化自觉。徽商是一个有文化自觉的商帮。

一、敢于冲破传统的四民观，毅然走上经商之路

徽商文化自觉的表现之一是：敢于冲破传统的四民观，毅然走上经商之路。两千年来，重农抑商是封建统治者的基本国策，士农工商是固化了的社会地位排序。由于主流意识形态的鼓吹和提倡，社会上鄙商、贱商的观念可谓深入人心。即使到了明代，朱元璋仍然祭起这根大棒，洪武十四年（1381）朱元璋竟然下令，"农民之家许穿绸纱绢布，商贾之家止许穿

绢布。如农民之家，但有一人为商贾者，亦不许穿绸纱"①。洪武二十四年（1391），针对太原府代州繁峙县农民外逃，招抚不还一事，朱元璋又谕户部："若有不务耕种，专事末作者，是为游民，则逮捕之。"②在这种情况下，人们要迈出经商这一步是要有很大勇气的。

徽人大规模地、前赴后继地脱农经商，那是在明中叶真正冲破传统观念的束缚以后。明中叶思想界出现了著名的思想家王阳明。王阳明创立了"心学"，影响很大。尤其是他提出的"致良知"学说，简化为四句教法："无善无恶心之体，有善有恶意之动。知善知恶是良知，为善去恶是格物。"③最难能可贵的是，他对古已有之的"四民说"提出了全新的看法："古者四民异业而同道，其尽心焉，一也。士以修治，农以具养，工以利器，商以通货，各就其资之所近、力之所及者而业焉，以求尽其心。其归要在于有益于生人之道，则一而已。……故曰：四民异业而同道。"④真不啻为空谷足音。他甚至还说："虽经日作买卖，不害其为圣为贤。"⑤王阳明的学说受到了人们极大的欢迎，"学其学者遍天下"⑥。王学兴起后，其高足又通过收徽人为徒和赴徽州讲学的形式，迅速传遍徽州，形成一股思想解放的潮流。徽商自觉地接受了这一先进文化，在三点上取得了突破，表现了徽商的文化自觉。

一是认为商业不再是"贱业"。明嘉靖万历间婺源人李大鸿三岁丧父，长大后志存远大，他曾说："人弗克以儒显，复何可以雄视当世？有语之阳翟其人，埒千乘而丑三族，素封之谓，夫非贾也耶！"⑦他就认为一个人如果不能以儒显耀，怎能雄视当世？但阳翟那里的人达到素封，照样雄视

① 《大明会典》卷61。

② 《明太祖实录》卷208。

③ 周汝登：《王门宗旨》卷11，明万历刻本。

④ 王阳明：《王阳明全集》卷25《节庵方公墓表》，上海古籍出版社1992年版，第941页。

⑤ 王阳明：《王阳明全集》卷32《传习录拾遗》，第1171页。

⑥ 黄宗羲：《南雷文定五集》卷1《答恽仲升论刘子节要书》，《藜照庐丛书》本。

⑦ 《婺源三田李氏统宗谱·恩授王府审理正碧泉李公行状》，明万历刊本。

三族，他们不就是经商吗？可见其价值观已发生了很大变化。正德、嘉靖年间歙县人黄崇德，初有志举业，但其父文裳公对他说："象山之学以治生为先。"他父亲完全服膺王阳明的学术，把"治生（经商）"放在第一位，希望儿子弃儒服贾。黄崇德乃挟资经商，终于"资累巨万矣"①。嘉靖时婺源人李大祈，在经商的父亲死后，茕立当户，窘不能支。乃愤然曰："丈夫志四方……即不能拾朱紫以显父母，创业立家亦足以垂裕后昆。"②在他看来，一个人如果不能在科场上博取功名为父母争光，那么经商服贾，创业立家，"亦足以垂裕后昆"。于是他毅然弃去儒服，挟策服贾。正德、嘉靖年间歙商许傛先也决不把经商看成贱业，他曾经对别人说："人之处世，不必拘其常业，但随所当为者。士农工贾，勇往为先。"③只要勇于去干，都是应该肯定的。

二是认为商人不等于"奸商"。自从孔子说过"君子喻于义，小人喻于利"的话以后，在所谓的君子看来，商人只要和利打交道，就是贪贾。所以，无商不奸成了社会对商人的普遍看法。但徽商却敢于冲破这一观念，他们认为只要赚取合理利润，就可以理直气壮。弘治、嘉靖年间歙人许大兴经过反复思考，终于明白了一个道理。他自念道："予闻本富为上，末富次之，谓贾不若耕也。吾郡保界山谷间，即富者无可耕之田，不贾何待？且耕者什一，贾之廉者亦什一，贾何负于耕，古人非病贾也，病不廉耳。"④意思是说，虽然社会上一直认为以农致富为上，以商致富为次，但如果说耕者能获十分之一之利，廉洁的商人也只取十分之一的利润，那么经商又为什么比务农低一等呢？他认为古人不是痛恨商人，而是痛恨那些贪婪的奸商。想通了这个道理，许大兴毅然走出家门，踏上商途。到了明中期，徽州经商成风，万历《歙志·风土》载："商则本乡者少，而走外乡者多。昔为末富，今为本富。"连《歙志》的作者也认为经商和务农一

---

① 《歙县竦塘黄氏宗谱》卷5《明故金竺黄公崇德公行状》，明嘉靖四十一年刊本。

② 《婺源三田李氏统宗谱·环田明处士松峰李公行状》，明万历刊本。

③ 《歙县许氏世谱·西皋许公行状》，明隆庆抄本。

④ 《新安歙北许氏东支世谱》卷8，明嘉靖六年稿本。

样，是"本富"了。

三是认为贾不负于儒。在传统社会，士贵商贱，已成为人们固有的认识。但既然大儒王阳明都说"四民异业而同道"，士和商应是平等的，商人没有必要自己看不起自己。明中期歙人程季公就常说："藉能贾名而儒行，贾何负于儒？"[①]他认为虽然自己是一个商人，但如果能以儒家思想指导自己的行为，那就不比儒士差。这是何等气魄，何等自信！吴肖甫也有同样的看法。他父亲在武汉经商，希望肖甫同往，并说："岂必儒冠说书乃称儒耶！"[②]难道非得戴儒冠读经书才是儒吗？徽商胡汝顺也说："端木氏曾不以货值贬，儒奚必青衿乃称丈夫耶？"[③]世人并不因为端木赐（字子贡）是大商人而贬低他，他照样是孔子的高足，司马迁照样给予他极高的评价，这样看来，难道非要穿上读书的服装才可以称为儒士吗？言下之意，商人同样可以像端木那样成为一个儒士的。于是他毅然贾河阳、淮海间，三年得倍称之息。

旧的观念一旦被冲破，笼罩在人们心头的阴影也就被驱除了，人们终于认识到，在徽州虽然务农之路越走越窄，但还有一条光明大道——经商，完全可以理直气壮地走下去。所以明中叶，大批徽州人前赴后继、义无反顾地弃农服贾，徽商迎来了第一个大发展的时期。

二、能够树立正确的义利观，自觉坚持商业道德

徽商文化自觉的表现之二是：能够树立正确的义利观，自觉坚持商业道德。徽商贾而好儒，是儒商。儒商不仅仅表现为有文化有知识，更重要的是自觉按儒家思想指导自己经商，并能把儒家伦理运用到商业中，形成自己的商业道德。主要表现在以下几点：

① 汪道昆：《太函集》卷52《明故明威将军新安卫指挥佥事衡山程季公墓志铭》，黄山书社2004年版，第1102页。

② 吴吉祜：《丰南志》第5册《光裕公行状》，民国稿本。

③ 李维桢：《大泌山房集》卷73《胡处士传》，《四库全书存目丛书》集部第152册，齐鲁书社1997年版，第270页。

（一）以诚待人

"诚"是儒家思想中极重要的规范之一。孟子曰："诚者，天之道也；思诚者，人之道也。"①真诚是上天的原则，追求真诚是做人的原则。所以徽商自始至终以"诚"来规范自己的行为。诚就是要诚恳待人。首先诚恳对待商业伙伴。其次以诚对待顾客。这方面的例子太多了，此不赘述。

诚是一种信誉，也是一种财富。一个商人"诚"的信誉绝不是一朝一夕就能建立起来的，他需要几年、十几年甚至几十年的不断努力才能获得这样一种荣誉。如黟县商人胡荣命贾于江西吴城，始终以诚待人，"贾五十余年，临财不苟取，遇善举辄捐资为之，名重吴城"。他的商肆得到了人们的高度信任，实际上就是一块金字招牌。晚年，吴荣命年老归里，"人以重价赁其肆名。荣命不可，谓：'彼果诚实，何借吾名？欲借吾名，彼先不诚，终必累吾名也。'有识者韪之"。②可见商人多么珍视"诚"的价值，把"诚"看得比金钱更重要。

徽商不仅在生意上恪守"诚"的原则，在处理其他问题上也遵循着这一原则，使得一些矛盾得以顺利化解。如清代黟县商人汤永懿，他家所在的白干村，与邻村曾结下世嫌，矛盾较深。汤永懿虽在外经商，回乡后却妥善处理两村矛盾，方志记载："自永懿待以诚信，尽感孚。"诚信化解了两村的世代矛盾。在祁门经商时，江西浮梁船户为争夺码头聚众到湖，将要发生械斗，"永懿访其谋主，动以利害，晓以大义"，真诚与信用获得对方的认同，事情得到很好的解决。祁门商人还有不平，要告到官府，永懿劝道："我黟粮食仰给江西，不杂沙水，受赐多矣。"从这个角度想想，应该感谢江西人啊！还有什么矛盾解不开呢？从此以后，双方友好相处，生意上的一些积弊也得到克服③。

① 《孟子》卷7《离娄章句上》。
② 同治《黟县三志》卷7《人物志·尚义》。
③ 同治《黟县三志》卷7《人物志·尚义》。

（二）以信接物

"信"就是诚信、守信、信用，这也是儒家重要的道德规范之一。孔子曰："人而无信，不知其可也。"①又说："民无信不立。"②没有信用就没有立足之地。所以孔子多次强调"主忠信"，就是说一个人要以忠信为主。

尽管千百年来，儒家思想不断强调"信"的伦理，但在市场中我们还是常常可以看到一些奸商以诈贸易，他们图的是一锤子买卖，从不知信誉为何物。明清时期，随着商品经济的发展，人们追求金钱的欲望泛滥，"于是诈伪萌矣，讦争起矣"③，坑蒙拐骗的现象越来越严重，"信"已被一些奸商抛到九霄云外了。这已为大量的材料所证明。但同样为大量的材料所证明的是，徽商从整体上说绝不是这样。深受儒家思想熏陶的徽商在自己的经营行为中是自觉地把"信"牢记在心并身体力行的。

歙县布商吴南坡说："人宁贸诈，吾宁贸信，终不以五尺童子而饰价为欺。"④明代嘉靖万历时休宁商人程铨临终时，特留下遗言说："治生莫若勤俭，立身莫若忠信，此吾所常谈也。"近代绩溪人胡雪岩在杭州的胡庆余堂的大厅里，悬挂着一块"戒欺"匾额，上面还有一段文字，是胡雪岩亲自起草的："凡是贸易均着不得欺字，药业关系性命，尤为万不可欺。余存心济世，誓不以劣品巧取厚利，惟愿诸君心余之心，采办务真，修制务精，不致欺余以欺世人。是则造福冥冥，谓诸君之善为余谋也可，谓诸君之善自为谋亦可。"这块匾和文字，至今我们还能看到。这显然不是什么商业广告，完全是胡雪岩发自肺腑的真实思想。

讲诚信就必定守信用。黟县商人黄美渭，"幼时，父为盐、典商，家颇饶裕。有戚汪某贷公款颇巨，浼渭父作保，会匪寇之乱（指太平天国运动），汪某贫极，渭念信用所关，谋于兄弟代还之，其轻财好义如此"⑤。

---

① 《论语·为政》。
② 《论语·颜渊》。
③ 万历《歙志·风土》。
④ 《古歙岩镇镇东磡头吴氏族谱·吴南坡公行状》，清抄本。
⑤ 民国《黟县四志》卷7《人物志·尚义》。

按说，借贷者不是他而是他的亲戚，担保者也不是他而是他的父亲，他完全可以置之不理，但他认为此为"信用所关"，于是与兄弟一起代为偿还。清婺源人毕周通，少攻举子业，以家贫弃而商。邻村故旧王某病笃，他儿子初喜尚幼，王某将周通请至病榻前，以六十余金托付周通，希望将来给初喜长大时使用，此事人无知者。周通回来后，另立一簿记其年月数目。"喜长，果苦无生计，日事樵采。（周）通知其克成立，乃置酒约其叔与喜至，出簿，权子母如数畀金。闻者骇为奇事。"①这就是信用。

（三）以义取利

"义"也是儒家重要的伦理之一。孔子、孟子关于"义"的说教很多，孔子曰："见义不为，无勇也。"②就是说见到义而不去做，就不是勇敢。孟子也是如此。他说："仁，人之安宅也；义，人之正路也。旷安宅而弗居，舍正路而不由，哀哉！"③仁，是人类最安适的精神住宅；义，是人类最正确的光明大道。把最安适的住宅空起来不去住，把最正确的大道舍弃在一边不去走，这可真是悲哀啊！在"义"和"利"的关系上，儒家主张"义"应放在第一位，"利"是第二位的。要见义勇为，见利思义，而决不能见利忘义。

儒家的这些观点，对徽商影响很大，他们在处理义利关系时，表现出高度的文化自觉，自觉地加以践行。明代嘉靖时歙县商人汪忠富年轻时在淮泗经商，年老时命长子继业，并对他说："职虽为利，非义不可取也。"④这是一种高度的职业自觉。这种自觉可以说代表了绝大多数徽商的共识。明嘉靖万历间婺源人李大嵩在云间（今上海）、白下（今南京）经商多年，他向继承的人传授所谓的经商秘诀就是："财自道生，利缘义取。"⑤也是将"义"放在首位。道光时黟县人舒遵刚更是如此，他曾对

---

① 光绪《婺源县志》卷33《人物志·义行》。
② 《论语·为政》。
③ 《孟子》卷7《离娄章句上》。
④ 《汪氏统宗谱》卷3《行状》，明刊本。
⑤ 《婺源三田李氏统宗谱·环田明处士李公行状》，明万历刊本。

人说：

> 圣人言，生财有大道，以义为利，不以利为利。国且如此，况身家乎！人皆读四子书，及长习为商贾，置不复问，有暇辄观演义说部，不惟玩物丧志，且阴坏其心术，施之贸易，遂多狡诈。不知财之大小，视乎生财之大小也，狡诈何裨焉！吾有少暇，必观《四书》《五经》，每夜必熟诵之，漏三下始已。句解字释，恨不能专习儒业，其中义蕴深厚，恐终身索之不尽也，何暇观他书哉！

"以义为利，不以利为利"，可以说是徽商的行为准则。明歙商胡山经营粮业，有一年运粮至嘉禾，正逢饥荒，"斗米千钱"，同行者有人建议在米中掺杂一些沙石和霉米，这样即可赚大钱，胡山坚决不同意，他不愿赚这个昧心钱[①]。清代婺源商人汪源茂开店营业，有一朋友拿出数百两银子假托源茂之名放在店中生息，此事其他人都不知道。忽然一天朋友暴卒，"伙未悉其故，以银归茂，茂不受，召其子还之"。[②]婺源商人江灵裕一生重义好施，"尝贾于温州，总理茶务。有恒泰银号沿市籍未销，误兑四千金，裕悉返之"。不仅如此，族中有人欠灵裕一笔钱，此人死后，"其妻将田偿，裕念薄田数亩，孤孀且不能度活，坚不受"。[③]这方面的事例太多了。

(四)以质求胜

徽商讲求"诚""信""义"，那么商品质量实际上就是"诚""信""义"的必然要求，或题中应有之义。

以质求胜，首先表现在商品的质量上。前述胡雪岩在胡庆余堂大厅上悬挂的"戒欺"匾额，提出制作中草药，"采办务真，修制务精"，这就是确保药品的质量，所以另一匾额上又写道："真不二价"。由于胡庆余堂生

---

① 李维桢：《大泌山房集》卷73《胡仁之家传》，明万历三十九年刻本。
② 光绪《婺源县志》卷34《人物志·义行》。
③ 光绪《婺源县志》卷35《人物志·义行》。

产的中药货真价实，质量上乘，所以在群众中享有崇高的信誉。明万历间休宁人汪一龙，字正田，精通中医药，在芜湖西门外大街，"创立正田药店，垂二百余年，凡九世皆同居"。为什么他的药店能够经营二百余年，就是因为该店"慎选药材，虔制丸散""对症取服，应效神速"。深得老百姓的信任，不仅"四方争购之"，就是"每外藩入贡者，多取道于芜湖，市药而归"[①]。

胡开文墨店制作的墨也是如此，乾隆年间，绩溪人胡天注在休宁创立胡开文墨店，呕心沥血，精益求精，经过几代人的不懈努力，在近200年的历史中不断发展，誉满全球。就是因为胡开文的创始人胡天注生前立下了一个重大原则，以后历代传人都坚决贯彻了，这就是分家不分店，分店不起桌，起桌要更名。从而确保了墨品的质量。

三、以极大的热情，自觉投身到各种文化事业中

徽商文化自觉的表现之三是：以极大的热情，自觉投身到各种文化事业中。经商是为了赚钱，而文化事业是耗钱的，两者是矛盾的。所以很多商人对文化事业是不屑一顾的。而不少徽商却对文化事业诸如收藏、刻书、戏剧、书法、医学、教育都倾注了极大的热情，表现出高度的文化自觉。这种自觉不仅仅是自己的兴趣使然，更是对文化的一种敬畏，对文化价值的肯定，对文化传承的责任担当。

盐商鲍廷博家有"知不足"藏书斋，立志精选善本刊刻《知不足斋丛书》，几十年如一日，一直连续刊刻二十六集，自己已86岁高龄。翌年辞世后，其子士恭又刻了二十七、二十八两集也辞世，廷博孙正言再续刻二十九、三十两集。《知不足斋丛书》问世后，不仅受到皇帝的嘉赏，更受到广大士子的热烈欢迎。时人如此评述："歙县鲍渌饮廷博辑刻《知不足斋丛书》，久为艺林推重，约而言之，盖有数善：全书三十集，都二百余

---

① 民国《芜湖县志》卷58。

种，搜罗之富，实罕其比；所辑各种，或旧刻脱讹而此独完好，或中土久佚而传自海外；无陈陈相因之弊，且皆学者必需之书，采辑之善，允推独步。"①时人曾论刻书之难有三："所据必善本而后可，一难也；所费必多资而后可，二难也；所校必得人而后可，三难也。"②尽管有三难，但鲍氏子孙知难而上，尤其是"梨枣之材，剞劂之匠，遴选其良，费而勿靳。生产斥弃，继以将伯（向人求助），千百锱铢，咸归削氏。犹复节衣减食，裨补不足，视世间所谓荣名厚实、快意怡情者，一切无堪暂恋，只有流传古人著述，急于性命。"③把"流传古人著述"，看成是"急于性命"的大事，没有高度的文化自觉精神，能做到吗？盐商马曰琯也是如此，出于对文化事业的热爱，他不但大量藏书，也将一些珍贵著述付梓。为了把更好的版本贡献给社会，他极其认真地进行校对，"珠帘十里，箫鼓不至，夜分不息，而双灯炯炯，时闻洛诵，楼下过者多窃笑之。"④这没有高度的文化自觉精神，能做到吗？

清代嘉、道年间两淮总商鲍志道之子、收藏家鲍漱芳以另一种方式表现了自己的文化自觉。他们父子收藏了唐、宋、元、明诸多名家书法40余件，这是旷世瑰宝。怎样才能让它们永久保存并能让人利用呢？鲍漱芳欲将它们勾勒上石，为此重金延请扬州名匠党锡龄（字梦涛）等精雕细刻，生动再现了原作的精神风貌。鲍漱芳死后，其子鲍冶亭、鲍钧亭继续这项工程，这就是著名的《安素轩石刻》，共300多方。它始于嘉庆二年（1797），成于道光四年（1824），历经3代、28个春秋。《安素轩石刻》大部分是按真迹或原作勾摹刻制的，且皆有名人题跋，许多是首次见诸刻石，其中唐勾本王羲之《兰亭集序》、李邕书《出师表》、苏东坡诗、米芾小楷、赵孟頫书《老子》等，都是极其珍贵的艺术品。可以说，《安素轩石刻》是我们今天弥足珍贵的文化遗产。现扬州天宁寺内陈列的175方石

① 鲍廷博辑，鲍祖志续辑：《知不足斋丛书》，民国十年上海《古书流通处启》，据清鲍氏刊本景印。

② 顾广圻：《思适斋集》卷12《知不足斋丛书》序，清道光二十九年徐渭仁刻本。

③ 顾广圻：《思适斋集》卷12《知不足斋丛书》序，清道光二十九年徐渭仁刻本。

④ 全祖望：《鲒埼亭集外编》卷17《丛书楼记》，清嘉庆十六年刻本。

刻，乃鲍氏后人、画家鲍娄先于新中国初捐献。可见鲍氏家族为保护和传承祖国宝贵的文化遗产，弘扬书法艺术立下了不朽的功绩。

其他诸如徽商倾囊收藏、捐资助学、兴办家班、助士刻书、养士研学等举措无不表现了徽商的文化自觉。

四、秉承正确的财富观，勇于社会担当

徽商文化自觉的表现之四是：秉承正确的财富观，勇于社会担当。徽商致富后，如何对待这些财富？是奢侈挥霍，还是求田问舍？毋庸讳言，这样做的徽商也是有的。但大多数徽商还是能够正确对待自己的财富的，尤其是在赈灾救荒、扶贫济困以及赞助社会公益事业方面，勇于社会担当。他们在家乡或在经商地架桥济渡、铺路利行、年夜散银、义田助学、义山埋骼等，在历史上留下了无数的记载。他们做这些事是不是一时心血来潮，或恻隐偶动呢？不是的。他们的这些行为完全建立在他们的文化自觉上。徽商贾而好儒，深受儒家文化的影响，儒家思想已成为他们自觉的指导思想，是他们一切行为的起点和归宿。那么，儒家的哪些思想在影响着徽商呢？

"积而能散"。《礼记·曲礼》曰："积而能散，安而能迁。临财毋苟得，临难毋苟免。"明代歙商黄崇敬在扬州业盐致富后就说过："积而能散，《礼经》明训。"于是他做了大量的公益事业[1]。"积而能散"的思想对徽商的影响极大，可以说徽商热心公益、回报社会的行为就是来自儒家的这一思想。

天命观。儒家思想是讲天命的，孔子就说："君子有三畏：畏天命，畏大人，畏圣人之言。"[2]认为天是无所不知的，人间的行事一定要按照天的意志去办。天的意志实际上就是天道，它是不可违背和抗拒的，否则

①《歙县棠塘黄氏宗谱》卷5《明处士竹窗黄公崇敬行状》，明嘉靖四十一年刊本。

②《论语·季氏第十六》。

"获罪于天，无所祷也。"①那么，什么是天道或天命？"子贡曰：'夫子之文章，可得而闻也，夫子之言性与天道，不可得而闻也。'"②连子贡也不清楚天道究竟是什么，所以后世人们只有按照自己的标准去理解了。清代学者魏禧曾有一大段话就说到了人和天的关系：

> 人者天地之心，人不善，则天地之心病；心病则耳目贸乱，血脉荣卫交错，而百病作。是以有日蚀星变，山崩地震，水溢旱干之症，人民横死，盗贼发生，牛马鸡狗鱼鳖林木卉草金石之物，皆不遂其性。故曰："天不生善人，天道灭；人不行善事，人性绝。"

接着他又写道：

> 人性本善也，善存于心，不见于行事，是贮五谷之嘉种而不舂渐以爨也，其实与穷饿而死同。

意思是说，人性本来是善良的，但如果善仅存于心中，而不去付诸行动做善事，那就好比积贮了很多五谷良种而不去煮饭供人享用，这与穷饿而死是没有区别的。他又进一步写道：

> 且夫天下之人至众矣。穷困者众，何以吾独丰于财？愚者众，何以吾独智？盖天地者，万物之父母，天下众人，天之众子也。天以此子为贤，故丰之，使恤众子之贫；故智之，使教众子之昏。父母以众子之故，独厚此子，而此子乃弃众子而不恤，封其财，私其智，骄吝横生，视众子者，乃草木鸟兽之不与，我同类则为父母者，安之乎？抑怒而夺其所厚乎？且人之夭折死亡者常也，饥寒兵寇刑狱疾病无不足以杀人，吾何以独生于世，是天将使之救众子之死也。故人生而不行善，则其去死人也无几何矣！

---

① 《论语·八佾第三》。
② 《论语·公冶长第五》。

就是说，天下人是非常多的。穷困的人那么多，为什么独独我富有？愚笨的人那么多，为什么独独我聪明？天地是万物的父母，天下众人都是上天的儿女。天认为这个人贤能，所以有意让他富足起来，以抚恤其他贫穷的儿女；上天有意让这个人聪明，是让他教育其他愚笨的儿女。上天这个父母为了众多子女的缘故，对你特别宽厚，让你富足，让你聪明，是为了帮助、教育其他儿女。而你却弃众子而不顾，独享自己的财富和智慧，既骄傲又吝啬，把上天的其他子女看成是草木鸟兽一般，我们同类人能看得下去吗？或者说不会怒而夺取你的一切吗？况且人生在世，夭折死亡是常有的事，饥寒、兵寇、牢狱、疾病无不可以叫人死，你为什么能独生于世，是上天让你拯救众子啊。所以人生而不行善，则与死人也差不多了。

上述话虽然很长，但核心就是说，你的富裕是上天给的，上天让你富裕不是让你去享清福，而是让你去帮助穷人。这是上天交给你的任务，是你义不容辞的责任。你如不去帮助穷人，说不定哪天上天就会收走你的财富，让你一无所有。[①]

这种思想实际上代表了很多人对人天关系的理解，徽商可以说也是这样。徽商鲍士臣就认为："傥来之物，侈用之是谓暴天，吝用之亦为违天，惟其当而已矣。"在他看来，意外赚来的钱，浪费奢侈就是"暴天"，吝啬、舍不得帮助别人就是"违天"，"暴天"和"违天"都要得罪天，所以他不仅"终其身衣服饮食之奉无所加其旧"，而且大力帮助别人，从事社会公益事业。[②]绩溪章策"精管（仲）刘（晏）术，所亿辄中，家日以裕"。但他慷慨好义，力行善举。他曾说："造物之厚人也，使贵者治贱，贤者教愚，富者赡贫，不然则私其所厚而自绝于天，天必夺之。"[③]可以说徽商之所以那么热心社会公益事业，正是出于对"天"的敬畏心理。

---

① 魏禧：《魏叔子文集外篇·文集》卷10《序》"善德纪闻录叙 为闵象南作"，见《宁都三魏全集》，第255—261页。

② 《歙县棠樾鲍氏宣忠堂支谱》卷21《鲍先生传》，清嘉庆十年刊本。

③ 《绩溪西关章氏族谱》卷26《例授儒林郎候选布政司理问绩溪章君策墓志铭》，清宣统刊本。

义利观。儒家关于义利的系列论述是徽商的重要指导思想。"不义而富且贵，于我如浮云。"[1]"见利思义，见危授命。"[2]"子曰：'德之不修，学之不讲，闻义不能徙，不善不能改，是吾忧也。'"[3]对于孔子的这些论述，徽商都是耳熟能详的。所以徽商尽管成天与钱打交道，但他们并没有忘记义，意识到"职虽为利，非义不可取也"[4]。在义利关系上，徽商是能够遵循儒家的原则的。因此，当获得一定的利之后，怎么去支配它？他们首先就想到义。清代道光年间的黟县商人舒遵刚，他深受儒家义利观的影响，曾说过一段很深刻的话：

> 钱，泉也，如流泉然。有源斯有流，今之以狡诈求生财者，自塞其源也。今之吝惜而不肯用财者，与夫奢侈而滥于用财者，皆自竭其流也。人但知奢侈者之过，而不知吝惜者之为过，皆不明于源流之说也。圣人言，以义为利，又言见义不为无勇。则因义而用财，岂徒不竭其流而已，抑且有以裕其源，即所谓大道也。[5]

他把以义为利作为生财之大道，把"吝惜而不肯用财者"和"奢侈而滥于用财者"，都认为是自竭财源之流，而"因义而用财"正是所谓"大道"。正是本着这样的认识，他才见义勇为，散财助人。

"满招损"。满招损，也是儒家思想。《尚书·大禹谟》就说道："满招损，谦受益，时乃天道。"这实际上含有朴素辩证法思想，指出了满和损是可以互相转化的。为了避免满招损，就必须在满的时候要拿出财富帮助别人，这是天道。被誉为"大善人"的徽商闵象南就是这样想的。当他大力行善时，有人劝他留些财富给后代，他说："扑满有入无出，吾惧其扑，

---

① 《论语·述而第七》。
② 《论语·宪问第十四》。
③ 《论语·述而第七》。
④ 《汪氏统宗谱》卷3《行状》，明刊本。
⑤ 《黟县三志》卷15《舒君遵刚传》，清同治九年刊本。

故不敢满，且吾子孙固未尝贫也，使至于扑，欲求为中人产得乎？"[①]扑满，为我国古代百姓储钱的一种陶制盛具，类似于今天的储蓄罐。古人将钱装满后，则将其敲碎取之。"满则扑之"，故名"扑满"。闵象南致富后，就是"惧其扑，故不敢满"，所以他要大力行善。同时他也认为，留给子孙的财富多了，不是好事，也怕他们"满则扑之"，那时就是想维持一个中人之产也是不可能的。应该说很多徽商也都是这样想的。因为徽商是有文化的、有理性的，事物的道理他们是非常明白的。

五、不少徽商能够认清形势，自觉实现转型

徽商文化自觉的表现之五是：认清形势，自觉实现转型。鸦片战争以后，中国社会发生了千古未有之大变局。外国商品充斥国内市场，外国资本也进入中国市场，新型的现代企业开始兴起。中国社会开始转型。面对这一大变局，有的人懵懂无知，浑然不觉；有的人无可奈何，不知所措；也有的人抱残守缺，我行我素。但也确有一些徽商能够认清大势，顺应时代发展的需要，毅然转型，表现出高度的文化自觉。在上海的一批徽商及其子弟，主动学习外语，与洋人打交道，先后成为我国早期的买办商人，为我国的对外贸易做出了贡献。还有一些徽商放弃数百年一以贯之的传统经营方式，走进一个完全陌生的领域，开始创办企业。20世纪初，当电灯传到我国以后，在芜湖经营的徽州绩溪商人吴兴周就敏锐地看到了这一新生事物。他克服种种困难，到上海取经，经过几年准备，终于在1906年与几位同仁创办了安徽第一家发电厂——"芜湖明远电灯股份有限公司"，委托德国西门子洋行承办厂房设计、设备购买和安装，1908年底送电。当时程宝珍是董事长、大股东，也是徽商，吴兴周任经理。这一举措就充分反映了他们的文化自觉。

再如晚清徽州休宁的茶商周聿修，长期在汉口经营茶叶。但他是位很

---

① 魏禧：《魏叔子文集外篇·文集》卷10《序》"善德纪闻录叙 为闵象南作"，见《宁都三魏全集》，第255—261页。

有远见的商人，鉴于当时的国内外形势，他决心把独子贻春（1883—1958）培养成知晓中外的洋务人才，不惜重金聘请教师在家教授贻春英文，终于在庚子前后考入美国教会在上海创立的圣约翰书院攻读中学，以后才得以赴美深造。回国后1913年10月继监督（后改称校长）唐国安为清华学堂即清华大学的校长。这位茶商就表现了高度的文化自觉。

还有一些徽商投资开矿、购买轮船、创办银行等，自觉地适应了社会发展的趋势。但遗憾的是这只是少数，多数徽商未能认清社会发展的趋势，随之转型，仍然固守着传统的经营行业和经营方式，表现出文化自觉的缺失，因而不可避免地衰落下去。

六、余　论

徽商为什么会有这种文化自觉？就是因为徽商是"贾而好儒"的商帮，是有文化、有信仰的商帮。一个人如果文化素养高了，他思考问题、分析问题，就会富于理性，就能抓住事物的关键，一般不会失误。经商就需要这样的理性。商业活动非常复杂，市场形势虽不像现在瞬息万变，也是变化无常，需要准确判断；经商要和顾客打交道，很多问题需要正确处理；商业团队内部关系也需要妥善协调；等等，这些都需要理性对待。有理性就能正确地分析一个事物、一种行为的利弊得失，从而作出正确的判断，在一定程度上表现出某种先知先觉。徽商之所以大多发展较快，应该说与他们善于处理这些问题是有关的。但是，仅有文化还不行，还得要有信仰。有信仰，才能有敬畏，才能自觉地去践行。文化和信仰，两者具备，才能升华为文化自觉。这是徽商与其他商帮最大的区别所在。当然，世界上没有纯而又纯的事物。作为一个延续数百年的大商帮，并非说徽商的每一个个体文化自觉性都是一样的，也不是说徽商在任何问题上都表现出高度的文化自觉，这是毋庸讳言的。

徽商精神　历久弥新

　　徽商以其经商人数众、商业资本大、活动范围广、经营行业多、延续时间长创造了历史上的奇迹。如今，徽商虽已成为历史，但徽商精神却是历久弥新，值得我们发扬光大。徽商精神主要体现在以下几点：

　　尚信崇义。尚信，即尊崇诚信，这是市场交易的第一要义。徽商认为，"人宁贸诈，吾宁贸信"。无论对顾客还是对同伙，皆以诚信为本，严格按照契约办事。史上留下无数徽商"尚信""敦信"的佳话。徽商就是凭借"诚信"闯天下，赢人心。徽商不仅尚信，而且崇义。他们认为，"职虽为利，非义不可取也"，主张"财自道生，利缘义取"，当义利不能兼顾时，宁可失利，不可失义。不义之财决不得，昧心之钱决不赚。所以，徽商卖药，"采办务真，修制务精""真不二价"；大灾之年，徽州粮商决不囤积居奇，掺劣售假，而是平价出售。

　　重教兴文。徽商贾而好儒，高度重视教育。"富而教不可缓也，徒积资财何益乎？"这已成为徽商的共识。他们一旦致富，就购图书、建书屋、聘名师，为子弟创造良好的读书环境。徽商强调，读书应以"立品为先"，教育子弟"存好心、行好事、说好话、亲好人"。这样，子弟将来若能跻身仕途，为官就能清慎廉；如果进入商界，作贾也能义为先。为了培养高端人才，他们或创办书院，或资助讲学，或捐设基金，补助贫寒士子。正是由于徽商的鼎力襄赞，明清时期徽州书院多，延续久，培养了一代代文化精英和商业精英，他们又一代代创造了精英文化，丰富了我国传统文化的宝库。徽商特别钟情文化事业，酷爱收藏典籍、文物，大量刊刻优秀古籍，建筑园林，雅集诗会，研究戏剧，赞助文人，等等，又推动了各种文化事业长足的发展。

敢为人先。徽商敢于开拓创新，为天下先。明初政府实行"开中法"，徽商不畏艰险，千里迢迢，运粮赴边，参与开中，成为最早的盐商；为了经营木材、粮食、绸布，徽商可谓岭南塞北，饱谙寒暑之劳；吴越荆襄，频历风波之险。他们开拓了全国市场，促进了商品经济的繁荣。徽商创造了灵活的经营方式和运营机制：委托制、合伙制、合股制、经理制、津贴制、小伙制以及阴俸、阳俸等，最大限度地调动了各类人员的积极性，促进商业的发展。在社会转型时期，第一批买办中有徽商，第一批地产商中有徽商，不少徽商还创立新业，重铸昔日辉煌。

勇于担当。徽商有强烈的社会责任感。他们积而能散，"富好行其德"，慷慨解囊，倾心公益、慈善事业。无论在外地还是家乡，赈灾济贫，架桥铺路，义不容辞。他们建义仓、办义学、设义渡、置义山、立义田等，见义必为，唯恐不及。徽商"遍将膏泽洒人间"，表现了少有的社会担当精神，为维护社会稳定、促进社会和谐做出了巨大的贡献。

当今社会，继承、发扬、光大徽商精神，对推动社会主义现代化建设，培育和践行社会主义核心价值观，仍有重要意义。

论徽商的价值观

徽商以其经商人数众、经营行业多、活动范围广、商业资本大、持续时间长在历史上写下了浓墨重彩的一章。正是由于徽商的出现，给当时的中国经济注入了新的活力，极大地推动了商品经济的发展，尤其是促进了长三角经济的繁荣。徽商对文化事业的钟情倾心，发挥了文化"酵母"的特殊作用，又推动了文化的发展和繁荣。

今天，徽商虽然已成为历史，但徽商精神却仍熠熠生辉，它是徽商留给我们的宝贵精神财富。总结、继承、发扬徽商精神，对推动今天社会经济的发展仍有重要意义。尤其是徽商所形成的价值观更是我们今天培育社会主义核心价值观的重要资源。

一、孝悌为本的家庭观

孝悌，就是孝敬父母，友爱兄弟。这是儒家思想中十分重要的观念，也是中华民族极为重视的价值观。它是维系家庭稳定乃至社会和谐的重要基础。孝悌为本的家庭观，首先在徽州族规、家训中得到充分体现。《休宁洪氏家谱·继述堂记》写道："夫孝者，天之经也，地之义也。"《古歙义成朱氏祖训·祠规》则说："百行之原莫大于孝。"也有的说："敦孝弟。

父母一本，本不可薄；兄弟同谊，谊不可乖。"①还有的把孝弟提到人之"大行"的高度来强调："崇孝弟。属毛离里亲恩罔极，连枝共干手足最亲。故非满腔和顺而依依孩慕，则于亲必不能事；非因心广爱而恋恋一脉，则于长必不能敬。大行有亏，余才不足观矣，此之不可不崇。"②徽州几乎所有的族规、家训中都把孝放在首位。对于为何尽孝、怎样尽孝都有详尽的规定。

宗族观念极强的徽商自然将此内化为自己行动的准则。很多徽人之所以踏上商途，为了尽孝就是主要动因。歙县许文广，家境贫寒，靠母亲绩麻供养家庭和供他读书，文广一日泣曰："吾为人子不能养母，顾使母养耶！我生之谓何？"乃弃儒经商。虽经营江湖，每年必一归或两归省亲。③显然，他是为了"养母"才去经商的。明中期歙人江璠在家中生活拮据的情况下，自请于父曰："大人幸无恙，儿何不东走吴，西走越，北走淮泗，取四方甘毳佐大人一日养，而坐令自窘为？"乃挟资游江淮间，又经常买些土产，岁时致之二尊人及王母。④明嘉万间休宁人查杰也是出于孝亲的需要而走上经商之路。他说："吾诚不忍吾母失供养，故弃本而事末，倘不唾手而倾郡县，非丈夫也。"⑤可见，在徽商看来，尽孝是天经地义、义不容辞的责任，是他们弃儒弃农经商的动力。

徽人出门经商，当然无法朝夕在身边孝养双亲，这个任务就由妻子承担下来，由于孝悌为本的家庭观已深入人心，所以徽州出现无数躬行孝道的徽商妇。正如史料记载："女子自结缡未久，良人远出，或终身不归，而谨事姑嫜，守志无怨。"⑥休宁汪天赋妻朱氏"日勤女红，操井臼以事舅

---

① 《绩溪姚氏家规》，《中国家谱资料选编》第9册，上海古籍出版社2013年版，第538页。

② 《婺南云川王氏祠规、新增条规》，《中国家谱资料选编》第8册，上海古籍出版社2013年版，第138页。

③ 《新安歙北许氏东支世谱》卷8《柏源许公行状》，明嘉靖六年稿本。

④ 《歙县溪南江氏族谱·明故处士前塘江公行状》，明隆庆刊本。

⑤ 《休宁西门查氏祠记·查灵川公暨配汪孺人行状》，明万历刊本。

⑥ 许承尧：《歙事闲谭》卷8，黄山书社2001年版，第258页。

姑，其舅姑甚宜之。"她还极力劝说丈夫外出经商："君第去，吾为君侍养，必当而父母心，君无反顾。"汪天赋后以贾起家，人们都说朱氏立了首功。[1]清代歙县人许景弃儒经商，由于生意小，利息微，寄给家里的钱连温饱生活都维持不了，"妻（饶氏）则滫败蔬代餐饭，而以饭饭其舅姑，时复市甘脆以进舅姑。"公婆私下交谈说："新妇孝，家其兴乎！"[2]休宁胡氏孝敬婆婆的事迹更加感人。胡氏25岁时丈夫金腾茂病逝，婆婆徐氏在堂无恙，而遗孤子明诚，仅周岁。金家本就贫困，腾茂死后更雪上加霜。胡氏只得日夜纺织，赡老养小。儿子渐长，无钱读书，胡氏就亲自教他，课督甚力。儿子成人后就让他经商。不久，"姑徐老病，坐卧床蓐中，家无婢媪，节妇（指胡氏）日夜扶掖起居，凡饮食搔抓，下讫浣濯溲溺之役无不亲之，如是垂十年而姑始殁"。可想而知，十年来胡氏所付出的艰辛真是常人难以想象，但她"无怨言亦无怠色"，并说："妇道宜然。"认为这是一个媳妇应该做的。婆婆临终前，拉着媳妇的手，哭着说："吾无以报女（汝），愿女（汝）得新妇（指胡氏未来儿媳妇），异时所以事女（汝）者，如女（汝）事我，我可慰于地下矣。"[3]婆婆的一番话为胡氏的"孝"做了最好的注脚。徽人经商并非人人都能赚钱，更非短期内就能赚钱，暂时赚不到钱怎么办？仰事俯育的重任就落在商妇身上，她们凭借自己勤劳的双手，纺纱绩麻，养家糊口。史载："（徽州）女人犹称能俭，居乡者数月，不占鱼肉，日挫针治缝纫绽。黟祁之俗织木棉，同巷夜从相纺织，女工一月得四十五日。徽俗能蓄积，不至厄漏者，盖亦由内德矣。"[4]徽商妇正因为做出了巨大的牺牲和奉献，孝事双亲，才使徽商无后顾之忧，大展身手的。

悌也是家庭伦理的重要方面。兄弟虽同气连枝，有手足之情，但在养生送死、分家析产这样的问题上也易产生矛盾。悌就是矛盾的化解剂。

---

① 《休宁西门汪氏宗谱》卷6《处士天赋公配朱孺人节妇行状》，清顺治十年刊本。

② 郑虎文：《吞松阁集》卷31《许母饶安人家传》，清嘉庆刻本。

③ 汪琬：《尧峰文钞》卷35，《四部丛刊》景林佶写刻本，第416—417页。

④ 康熙《徽州府志》卷2《风俗》。

《绩溪坦川汪氏家训》说得好："人家兄弟胸中常要把两个念头退一步想：当养生送死时，譬如父母少生一个儿子；当分家受产时，譬如父母多生一个儿子。如此想念，则忿气争心自然瓦解。"真作"退一步想"，还有什么问题不好解决？这种观念也化为徽商的具体行为。清初歙县商人许时清怎么看待分家呢？他说："分产不足羞，可羞是分而争产。兄弟间只可论情，不可论理。论理则争比，侮慢日起；论情则和，和则乖戾不生。"①分产论理，就应诸子均分，但诸子贫富不同，这时就应论情，富者少分，贫者多分。说得多好，真是至理名言。很多徽商就是根据这种情和理处理兄弟关系的。清黟县商人程尚隆生九岁而孤，十四岁就贾，供养家庭和兄长读书。久之家渐裕，母使析产，他说："兄食指繁，必合乃相济。"就是说兄长家人口多，分家对他不利，坚持不分。直到母逝后十年，兄之子女皆已婚嫁，老屋实在太小了，才不得已分家。②歙县盐商程肇都弟弟开周夫妇早殁，遗孤五岁，肇都扶养教诲无异己子。尤为难能可贵的是，待侄子长大后，肇都分家，"出己资而中分之，侄子以半，二子共分其半。谕其子曰：'非我于汝等薄也，所以慰先灵也。'"③这实在难能可贵！

翻开徽州的家谱、家训、方志，徽商孝悌事迹数不胜数。正是孝悌为本的家庭观深入人心，认真践行，所以在徽州，老有所养，老有所居，老有所乐，兄弟和睦，极少出现父母老而无养、老而受虐或者兄弟阋墙的现象，因而家庭充满脉脉温情，和谐安定。家庭是社会的基本细胞。家庭和谐，社会才能稳定。徽州社会之所以在数百年来保持着稳定的状态，孝悌之道的有效践行应是重要原因之一。

---

① 《歙县涧州许氏宗谱》卷8《时清公行述》。

② 同治《黟县三志》卷154《程君默斋传》，《中国地方志集成》安徽府县志辑第57册，江苏古籍出版社1998年版，第542页。

③ 延丰：《重修两浙盐法志》卷25《商籍二·人物》，浙江古籍出版社2012年版。

二、立品为主的教育观

徽商重视教育，众所皆知。"富而教不可缓也，徒积资财何益乎？"[①]明代徽商鲍棨的话可谓至理名言，也是徽商共同的心声。所以数百年来，只要徽商致富了，就迫不及待地购买书籍、建构书屋、延请名师教育子弟。

读书难道仅仅就是为了将来蟾宫折桂、光宗耀祖吗？徽商可不是这样认为的。读书要以"立品为主"，这是他们的教育观。清歙县商人许浩谆谆教子曰："作文以读书为主，读书以立品为主……勤读书而不知立品，譬之敝箧败簏亦尝贮典籍其中，人能使敝箧败簏不沦于粪壤芜秽者哉？"[②]绩溪商人章策训勉已是诸生的儿子耀庚："尤以立品为先，词章为末，务崇实学，勿骛虚名。"[③]清代黟县商人胡作霖，尝教其子曰："读书非徒以取科名，当知作人为本。"[④]可见，教育子弟立品、做人是徽商的共识，他们都极其重视子弟的品德教育。

立品就是要做好人。清代康熙、乾隆间歙县大盐商吴钖，平生仁心为质，晚年谆谆教育儿子说："我祖宗七世温饱，惟食此心田之报。今遗汝十二字：存好心，行好事，说好话，亲好人。"又说："人生学与年俱进，我觉'厚'之一字，一生学不尽亦做不尽也。"[⑤]归根到底就是要做一个好人。

儿子做了官，有人沾沾自喜、趾高气扬，甚至还想利用这一关系捞到

① 《歙县新馆鲍氏著存堂宗谱》卷2《柏庭鲍公传》，清刊本。

② 汪惟宪：《积山先生遗集》卷9《许藻园行状》，清乾隆三十八年汪新刻本。

③ 《绩溪西关章氏族谱》卷26《例授儒林郎候选布政司理问绩溪章君策墓志铭》，清宣统刊本。

④ 民国《黟县四志》卷14《胡在乾先生传》，《中国地方志集成》安徽府县志辑第58册，江苏古籍出版社1998年版，第300页。

⑤ 吴吉祜：《丰南志》第5册《皇清附贡生诰授资政大夫候选道加四级恩加顶带一级又恩加一级议叙加六级显考嵩堂府君行述》，民国稿本。

好处，但徽商却不忘教诲儿子尽职尽责，做个好官。清代嘉庆年间歙县商人许仁，有四个儿子，第三子许文深曾为海南巡检（从九品官），赴任之际，许仁特意写了一首《示儿》长诗：

> 昨读尔叔书，云尔赴广东。父亲为尔喜，我心殊忡忡。
> 此邦多宝玉，侈靡成乡风。须知微末吏，服用何可丰。
> 需次在省垣，笔墨闲研攻。懔慎事上官，同侪互寅恭。
> 巡检辖地方，捕盗才著功。锄恶扶善良，振作毋疲癃。
> 用刑慎勿滥，严酷多招凶。勿以尔是官，而敢凌愚蒙。
> 勿以尔官卑，而敢如聩聋。我游湘汉间，声息频相通。
> 闻尔为好官，欢胜列鼎供。况承巨公知，宜副期望衷。
> 勉尔以篇章，言尽心无穷。①

儿子接到这首诗后，自然非常感动，史载许文深"官佛山时，常悬座右，故能廉洁自守，民情爱戴"。显然他是牢牢记住了父亲的教导并努力践行的。《松心文抄》云："小琴（许文深字）官粤三十余年，九龙司、五斗司、沙湾司三任巡检，勤于缉捕，所至咸得民心。去任之日，士民沿途阻钱，去后犹称道不衰。"他没有辜负父亲的谆谆教诲，成为一位造福一方、口碑甚佳的好官。

即使儿子做了大官，父亲也不忘告诫。歙县盐商吴锜的两个儿子吴绍澥、吴绍浣先后成进士，绍澥授武英殿总校官，这是朝廷对他的信任。吴锜得知后立即去信告诫儿子："汝膺是职，人以为喜，我以为忧。古云校书如扫落叶，汝宜竭心力图之，未求邀功，先求免过。"希望他以高度负责的精神做好工作。绍澥接到信后，"铭之衣带间不敢忘"。②盐商汪应庚的儿子汪起，于雍正六年（1728）除授刑部湖广司郎中，应庚立即寄书京邸，诫之曰："刑法至重，鞫讯维严，哀矜勿喜，汝为司属，宜殚心明慎，

---

① 许承尧：《歙事闲谭》卷7《许静夫示儿诗》，黄山书社2001年版，第223页。
② 吴吉祜：《丰南志》第5册《皇清附贡生诰授资政大夫候选道加四级恩加顶带一级又恩加一级议叙加六级显考嵩堂府君行述》，民国稿本。

无偏执，无袒徇，务期研求再四而后安。"①勉励他做个明慎公正的法官。

习近平总书记指出：家庭"是人生的第一所学校"②。良好的家教形成良好的家风，影响人的一生。明清时期，徽州人中进士者一千多人，且多为徽商后代，他们无论是在朝廷任阁臣尚书，还是在边陲当县令教谕，绝大多数都能做到清、慎、廉，或心系苍生，为民请命；或体恤民情，关心民瘼；或廉洁奉公，尽职尽责。与此同时，更多的徽商子弟奔赴商场，他们重信崇义，以正道营商，才使先辈事业代代相传。这一切不能不是徽商"立品为主"的家庭教育、家风影响的结果。

男儿要立品，女儿也不例外。良好的家教把徽州女人塑造成贤惠、坚强、勤劳、刻苦的女性。歙县商人吴廷枚寓居江苏东台安丰镇，女儿出阁时，他没有大操大办，作为商人，他不是没钱，但他并没有为女儿准备丰厚的嫁妆大摆阔气，而是写了一首《嫁女》诗赠送女儿：

> 年刚十七便从夫，几句衷肠要听吾。
> 只当弟兄和妯娌，譬如父母事翁姑。
> 重重姻娅厚非泛，薄薄妆奁胜似无。
> 一个人家好媳妇，黄金难买此称呼。③

吴廷枚教育女儿到了夫家后，要把妯娌当成自己的兄弟一样和睦相处，对待公婆要像对待父母一样孝敬。夫家的亲戚很多，都要热情相待。我给你的嫁妆虽然不多，但比没有要强吧。你要知道，如果别人夸你是人家的一个好媳妇，这是黄金也买不到的啊。短短几句诗表现了一个商人不跟风摆阔、崇尚孝义的思想境界。

---

① 《歙县汪氏谱乘·光禄寺少卿汪公事实》，清乾隆抄本。

② 习近平：《习近平在2015年春节团拜会上的讲话》，《人民日报》2015年2月18日。

③ 嘉庆《东台县志》卷30《传十一·流寓》，清道光十年增刻本。

三、虽富犹俭的生活观

对于大多数徽商来说，经过几年、十几年或者几十年的拼搏奋斗，都能致富，有的甚至达到巨富。富裕后怎么生活？向来有两种态度，一种是奢侈无度，随心所欲；一种是虽富犹俭，不忘本色。徽商富甲一方，众所周知，但徽商极其勤俭，也声闻遐迩。顾炎武说："新都（指徽州）勤俭甲天下……男子冠婚后，积岁家食者，则亲友笑之，妇女亦安其俗而无陌头柳色之悔。青衿士在家，间走长途而赴京试，则裋褐至骭，芒鞋跣足，以一伞自携而咨舆马之费。问之，则皆千万金家也。"①可是这种"俭"在某些封建文人的笔下，却成了"吝"的典型，在明清小说中成了讽刺的对象。文人甚至把他们的事迹编到笑话中，清程世爵《笑林广记》中有一则写道："徽人多吝。有客苏州者，制盐豆置瓶中，而以箸下取，每顿自限不得过数粒。或谓之曰：'令郎在某处大唉。'其人大怒，倾瓶中豆一掬，尽纳之口，嚷曰：'我也败些家当吧。'"吃一掬盐豆就是败家当，也真够"吝"的了，但换个立场看，这不正是徽商"俭"的体现吗？

徽商的勤俭是有传统的。徽州的家训就特别强调这一点："传家两字，曰读与耕；兴家两字，曰俭与勤；安家两字，曰让与忍；防家两字，曰盗与淫；败家两字，曰嫖与赌；亡家两字，曰暴与凶。"这是《绩溪西关章氏家训》中的话，此训是章氏祖先、唐代官至太傅、宋代追封为琅琊王的章忠宪王所拟，数百年来都一直被章氏宗族奉为圭臬。有的家训则谆谆阐述为什么要勤俭，如《绩溪积庆坊葛氏族谱·家训》规定："人之处家在于勤俭。盖勤以开财之源，俭以节财之流，此生财大道也。……泛观物理，飞而禽口之属，走而蝼蚁之微，亦朝作暮辍，以足其生，何以人而不如物哉？且费用过侈，甚为害事。近世风俗奢靡，饮食务新奇稀尚华艳，室宇求高大靓丽，量入为出之道懵然不知。吾恐山林不能供野火，江河不

① 顾炎武：《肇域志·江南十一》，《续修四库全书》史部第588册，上海古籍出版社2002年版，第361—363页。

能实漏口，举赢宁保其可久哉？晋傅咸云：'奢靡之费，甚于天灾'，真达识也。故子孙必须勤俭，方能不坠家声。"

族规、家训是祖宗留下的训条，后人必须恪守。事实上绝大多数徽商对勤俭二字是身体力行的，并且形成了优良的传统，一代代传下去，所以给顾炎武留下"新都勤俭甲天下"的好印象。歙县商人许景夫妇家中贫穷，两人艰苦奋斗，终于以商发家。但妻子饶氏教育子弟说："十生一耗者，富一生；十耗者，饿十生。十耗者蠹，恃富者蠹，忘蠹者饿，故贫富常相代。吾习于贫，谂此必人各以力自食，食乃安且久。"①黟县商人胡作霖生平尝以"勤""俭""和""忍"四字自矢，自父殁后，守先人之业三十余年，不取薪金，不置私产，布衣蔬食，早起晏休，殊为人所难。尤其是家人奉养，稍从丰腴，则曰："非吾志也，如此反失吾意。"②勤俭之德，至老不衰。

难能可贵的是一些富商仍能坚持勤俭美德。清乾隆年间歙县棠樾鲍志道，字诚一，在扬州业盐，其时，两淮盐业正如日中天，巨商大贾相继涌现。一些盐商在钱囊丰满以后，慢慢滋长了一种奢靡之风，他们"竞尚奢丽，一婚嫁丧葬，堂室饮食，衣服舆马，动辄费数十万"。争奇斗异，不可殚述。志道作为两淮总商，家道富裕，但他对这种奢侈现象极为不满，在家中以勤俭相戒，决不让家人受此影响。史载："诚一拥资巨万，然其妻妇子女，尚勤中馈箕帚之事，门不容车马，不演剧，淫巧之客，不留于宅。"另一身任总商的徽州人郑鉴元，也是富埒王侯，但也坚决反对当时扬州弥漫的这种奢靡之风。他和志道两人"互相倡率，而侈靡之风至是大变"③。康熙年间的歙县大盐商江演，家中十分富有，曾受康熙的接见。平时对社会公益、赈灾济贫事业，总是慷慨解囊，"捐千万缗无所吝"，但自己却"处家至俭，一布袍屡浣不易，一茧被数十年不更制，非筵宴，尝

① 郑虎文：《吞松阁集》卷31《许母饶安人家传》，清嘉庆刻本。
② 民国《黟县四志》卷14《杂志·文录·胡在乾先生传》，《中国地方志集成》安徽府县志辑第58册，江苏古籍出版社1998年版，第300页。
③ 李斗：《扬州画舫录》卷6，中华书局1960年版，第150页。

蔬茹，无脓鲜之奉，有齐晏子风"。①

感人至深的是素有"闵善人"之称的闵世璋（字象南）。象南自少孤贫，九岁废书，努力自学，识得儒家大义。成人后为了谋生，"遂走扬州，赤手为乡人掌计簿，以忠信见倚任。久之，自致千金"。有了这些资本后，又积累了丰富的商业经验，他自己开始经营盐业，若干年后，终于"累资巨万"，成了一名大富商。他没有去尽情享受，"岁入自家食外，余尽以行善事"。②济世几十年，善事数不清。他曾对人说："吾生平不博弈，不美食炫服，不游倡优，无他嗜好也。"他的居室很小，也没有园林之娱，凭他的财富重建一幢豪华别墅简直易如反掌，可当别人劝他建房时，他却说："视吾居不蔽风雨时何如？且久与之习，如故人，不忍弃也。"③富裕如此，却勤俭一生，真是令人景仰！

四、重信崇义的伦理观

信和义是儒家思想中重要的伦理准则。人与人交往，如果不讲诚信和道义，人际关系就会变得紧张。经商如果失去诚信和道义，那就没有道德底线，坑蒙拐骗甚至谋财害命的事就会发生。这是非常可怕的。

在封建社会，法律固然能约束人们的行为，保护人们的某些权利，但由于封建法律很难执行，加上维权的诉讼成本太高，人们普遍有一种"惧讼"心理。所以在平时的经常性的商业活动中，人们更多地选择道德上的自我约束。诚信和道义之所以受到社会重视，就是这个原因。徽商作为一个商帮，之所以能延续数百年，其中一个重要原因就是坚持了重信崇义的商业伦理，一纸契约就是极强的自我约束。这也是徽商精神的光辉之处。

徽商重信。诚信是他们坚守的商业道德之一。歙商吴南坡云："人宁

① 《歙县济阳江氏族谱》卷9，清道光十八年刊本。

② 魏禧：《魏叔子文集外篇·文集》卷10《序》，见《宁都三魏全集》，第255—261页。

③ 许承尧：《歙事闲谭》卷28，黄山书社2001年版，第996—997页。

贸诈，吾宁贸信，终不以五尺童子而饰价为欺。"①明代歙商许镇，"尝挟资游淮扬间，不屑屑于规利，而信义所孚，人不忍欺，浸浸乎将自埒于陶、猗矣"②。道光时绩溪商人章正浩，"往衢州贸易，以信义著闻，基业日隆，家道渐裕"③。歙商鲍廷玙贾于湖北之武穴镇，"诚信笃实，为人排难解纷，人多敬服"④。出身于经商世家的许璇，"以信义行市中，不出阛阓，而远近归之如流，家益大起"⑤。清绩溪商人胡雪岩，经营中极其重信，他在杭州开了一个胡庆余堂药店，自制中药出售。在大堂里，悬挂着一块不寻常的"戒欺"匾，胡雪岩专门写了一段话："凡百贸易均着不得欺字，药业关系性命，尤为万不可欺。余存心济世，誓不以劣品弋取厚利，惟愿诸君心余之心，采办务真，修制务精，不至欺予以欺世人，是则造福冥冥，谓诸君之善为余谋也可，谓诸君之善自为谋亦可。"史籍中有关这类重诚守信的记载不胜枚举。

徽商重信不仅仅表现在对待顾客上，对待其他人也是如此。清黟县商人金华英善于经营，其友范某有子不善治生，范某临终前曾将数十两银托付华英经纪，将来好接济他的儿子。此事没有第三人知道。不几年，范子果耗家资，生活无着，华英屡屡赒之。待华英病重时，"召范子至，具道范翁付托意，以金归之，则获利千矣。范子感涕，卒守成业"⑥。从当初几十两银增值为上千两银，充分体现了金华英重"信"的可贵品德。清代婺源商人毕周通，重诚守信，邻村故旧王某病重，其子初喜尚幼。王某将毕周通请到病榻前，将六十余两银托付给他经营，将来再给其子。此事无人知晓。周通回家后，另立一簿，记其年月数目。初喜长大后，果然苦无生

---

① 《古歙岩镇镇东磡头吴氏族谱·吴南坡公行状》，清抄本。

② 《许氏统宗世谱》第5册《明故梅轩许公行状》，明嘉靖刊本。

③ 《绩溪西关章氏族谱》卷24，清宣统刊本。

④ 民国《歙县志》卷9《人物志·义行》，《中国地方志集成》安徽府县志辑第51册，江苏古籍出版社1998年版，第371页。

⑤ 《重修古歙东门许氏宗谱》卷10，清乾隆二年刊本。

⑥ 同治《黟县三志》卷6（下）《人物志·质行》，《中国地方志集成》安徽府县志辑第57册，江苏古籍出版社1998年版，第112页。

计，日事樵采。周通知道初喜已经成人，"乃置酒约其叔与喜至，出簿，权子母（本利）如数畀金。闻者骇为奇事"。①信用在徽商看来，比生命还重要。清代黟县黄美渭是个商人，"幼时，父为盐典商，家颇饶裕。有戚汪某贷公款颇巨，浼渭父作保"。谁知后来太平天国运动爆发，汪某已变成极贫，根本无法偿还所贷公款。其时美渭父已去世，按说，这笔钱既非美渭所贷，也非美渭担保，完全可以置之不理，但"渭念信用所关，谋于兄弟代还之"。②光绪年间黟县商人吴羲，在上海业丝，兼充英怡和公司买办，由于他重诚守信，中外商人咸倚重焉。光绪末，吴羲捐银六万两于江苏无锡县（今无锡市）建钢桥，并与承建方订好协议。当时一战爆发，工料腾贵一倍有余，地方绅士劝其放弃钢桥，改建洋式木桥两座，这样可赢余四万两银。羲认为废止协议，乃信用所关，婉谢曰："议定而悔，如信用何？县造桥，善举也，于善举中而自利焉，诉诸良心亦不之许，不敢闻命。"卒如前议。③

清婺源詹谷为人十年守典，完璧归赵的事更为感人。詹谷在崇明岛上经商，由于他诚实可信，被徽人江某聘到典铺任掌柜。某年江某回乡探亲，谁知太平天国运动战起，"崇邑孤悬海外，道途梗塞近十年"。这十年中，主人音信杳无。而詹谷恪守着诚信，没有卷款"跑路"，而是"竭力摒挡，业仍大振"。十年后主人之子找来，"谷将历年出入市籍（账簿）交还，涓滴无私，崇邑之人咸服其公直。某子亦深感焉，临行，薪俸外加赠四百金，辞不受，惟殷殷部署后来肆务，悉当乃归"。④

徽商崇义。经商就是为了谋利，可以说徽商无时无刻不遇到义和利的矛盾。那他们如何处理这个矛盾呢？明代徽商汪忠富经商致富，晚年命长

---

① 光绪《婺源县志》卷33《人物志·义行》，清光绪九年刊本。

② 民国《黟县四志》卷7《人物志·尚义》，《中国地方志集成》安徽府县志辑第58册，江苏古籍出版社1998年版，第95页。

③ 民国《黟县四志》卷7《人物志·尚义》，《中国地方志集成》安徽府县志辑第58册，江苏古籍出版社1998年版，第95页。

④ 光绪《婺源县志》卷33《人物志·义行》，清光绪九年刊本。

子继承己业，并对他说："职虽为利，非义不可取也。"①同宗的汪忠浩晚年把商事交付诸子时也教导他们："汝曹职虽为利，然利不可罔也，罔则弃义，将焉用之?"②黟县商人舒遵刚，精权算，善权衡，年未三十即能创业，然与市阛狡诈之类完全不同。他曾对人说："圣人言，生财有大道，以义为利，不以利为利。国且如此，况身家乎!"③明婺源商人李大嵩，不愧是经商高手，贾于云间、白下，又在皖城业盐，在姑孰开典。别人向他请教经商诀窍时，他说："财自道生，利缘义取。"④这都说明，徽商在处理义利关系时，始终是把义放在第一位的，崇义已成为他们的准则。

尽管"义"看不见、摸不着，却化为徽商的一个个具体的行动。清休宁人吴鹏翔，侨寓汉阳，是位粮商。某年汉阳大灾，鹏翔适运川米数万石至，如按时价出售，可获利数倍，但他"悉减值平粜，民赖以安"。又尝买胡椒八百斛，后发现有毒，售者愿退款，而"鹏翔卒与以直而焚之，盖惧其他售而害人也"。⑤此举在常人看来傻到极点，但在他那里，这就是"义"。清婺源商人詹元甲，弃儒服贾，尝客皖省，经营磁铺。他质实渊雅，深得时任太守陈其崧信任。某年当地大灾，陈拿出库银二十余万两，请元甲到外地采办米粮，救济灾民。元甲既至其地，逆旅主人曰："此地买米，例有抽息，自数百两至千万两，息之数视金之数。今君挟巨贸可得数千金，此故例，无伤廉。"面对几千两银子的"回扣"诱惑，元甲毫不为动，说道："今饥鸿载途，嗷嗷待哺，予取一钱，彼即少一勺，瘠人肥己，吾不忍为。"⑥在他看来，不义之财，一钱也不能要。明代歙县商人胡山在嘉禾（今嘉兴）经营粮业，某年当地大灾，"斗米千钱"，胡山粮仓中还存有大量粮食，同行要他在米里掺上霉米和沙子，这样可赚大钱，胡山

① 《汪氏统宗谱》卷3《行状》，明刊本。

② 《汪氏统宗谱》卷31《行状》，明刊本。

③ 同治《黟县三志》卷15《舒君遵刚传》，《中国地方志集成》安徽府县志辑第57册，江苏古籍出版社1998年版，第544页。

④ 《婺源三田李氏统宗谱·环田明处士李公行状》，明万历刊本。

⑤ 嘉庆《休宁县志》卷15《人物志·乡善》，清嘉庆二十年刻本。

⑥ 光绪《婺源县志》卷34《人物志·义行》，清光绪九年刊本。

认为这有悖于义，"持不可"，坚决以好米出售。平时他耳提面命其子孙曰："吾有生以来惟膺天理二字，五常万善莫不由之。"他还把居室命名为"居理"。[①]明休宁人吴佛童很善于经营，有一年当地大灾，而他此前积贮了很多粮食，有人劝他囤积居奇，可赚大钱。但佛童却说："使吾因岁以为利，如之何？遏籴以壑邻，是谓幸灾，天人不与。"乃尽发仓中粮食平价售出。[②]

徽商崇义不仅表现在经商中的商业道德上，更表现在致富后的大量义举上。数百年来徽商所从事的义举真可谓恒河沙数，不可尽述，这在方志、宗谱中彰彰可考。他们一心为善，建义仓、办义学、设义渡、建义桥、置义山、立义田等，见义必为，唯恐不及。无数徽商通过大量的善举向世人诠释了"义"的真谛。

五、积而能散的财富观

一个人致富后，如何使用自己的财富，反映了他的财富观。有的人奢侈无度，纸醉金迷；有的人求田问舍，建房造墓；有的人守财如奴，传子传孙。这些人有一个共同点就是钱是我赚的，有钱就可任性。他们对穷弱群体冷若冰霜，对社会公益、慈善事业置若罔闻。徽商致富后，当然少不了求田问舍，扩大投资；建房盖屋，改善居住条件，但他们同时都会拿出相当的财富来从事社会公益和慈善事业。史籍中关于这方面的记载俯拾皆是。

在社会公益方面，最突出的是修路、架桥。徽州地处万山之中，崇山峻岭，峰峦叠嶂，人们外出，必须循着羊肠小道，翻山越岭，其艰难常人难以想象。不少徽商当年深有体会，所以在他们致富后就拿出巨资修路。

---

① 李维桢：《大泌山房集》卷73《胡仁之家传》，《四库全书存目丛书》集部第152册，齐鲁书社1997年版，第263页。

② 汪道昆：《太函集》卷62《明故处士新塘吴君墓表》，黄山书社2004年版，第1290页。

典型者如程国光修箬岭石路。箬岭界宣歙间，为歙、休宁、太平、旌德要道，其高径二十里，逶迤倍之。程君国光自为诸生时，由歙县赴省城乡试，道常出此。那时非常贫穷，一橐一伞，恒自负载。由于山路太难走，自上岭以至平地要休息几百次才能到达。他也亲眼看见道行者之难，心窃悯之。当时他已立志修岭上下道，然力不从心。后五举不售，遂儒而兼贾。"生计稍裕，即决意为之剃莽凿石，铲峰填堑，危者夷之，狭者阔之，几及百里。以歙石易泐不可用，本山石不足，复自新安江辇载浙石青白坚久者补之。"①而且，此工程"咸自履勘，不假手于人。盖蓄数十年心力，甫得就焉。"②歙县东部与绩溪接壤的新岭也是险隘尤难名状，明末江演随父避难时深有感触。江演经商致富后立志整修此道，"公请于督抚，捐金开凿，凡驿汛、寺观、茶庵之设，四五年间约费数万金。由是往来络绎，坦夷自由，迥非昔比"③。清代黟县商人胡学梓，富甲一方，但"性喜济人，及修治道路桥梁，计所费八万金，郡人多称道之"④。徽州在明清时期桥路等基本设施的修建与完善，基本上都与徽商有关。扬州盐商多富，他们所做的社会公益事业也最多，不胜枚举，所以扬州流传一句谚语："好事做不过盐商。"

在赈灾济贫的慈善事业方面，徽商更是表现非凡。这方面的事例也不计其数。有的徽商拿出寿金行善，有的徽商"每腊月除夕，袖金过穷者之门，暗中投赠，不使人知。"⑤有的徽商几十年如一日，资助穷人。荦荦大者，如康乾时的盐商汪应庚，虽非常富有，"而处心积虑，常以汲汲济人利物为心。……在扬则施棺椟、给絮袄、设药局、济回禄、拯溺舟、育遗

① 道光《徽州府志》卷3。

② 民国《歙县志》卷15《艺文志·新修箬岭道记》，《中国地方志集成》安徽府县志辑第51册，江苏古籍出版社1998年版，第651—652页。

③ 《歙县济阳江氏族谱》卷9，清道光十八年刊本。

④ 嘉庆《黟县志》卷15《艺文志·国朝文》，《中国地方志集成》安徽府县志辑第56册，江苏古籍出版社1998年版，第523—524页。

⑤ 道光《徽州府志》卷12《人物志·义行》，《中国地方志集成》安徽府县志辑第50册，江苏古籍出版社1998年版，第10页。

婴；海啸为灾，作糜以赈；江湖迭涨，安集流离；时疫疠继作，更备药饵，疗活无算。复运米数万石，使其得哺以待麦稔，是举计存活九万余人"[1]。前述"闵善人"闵世璋在扬州业盐，号称素封，"力善数十年不倦，无几微近名之意"。他捐资首倡同仁在扬州建育婴社，二十余年存活三四千人；捐资置船募驾，长年救援江中覆溺者；疫疠大作，免费施药百日，所费千金；扬州水灾，世璋捐资为倡，同仁响应，施粥赈灾半年，每日就食四万余口，存活不可胜记；灾后死者枕藉，世璋又施棺埋骸；扬运河距南门五里处，盐艘粮船及他巨船过者，每遭破坏，为害数百年，人倾数千万金，至丧生命。某年河涸方知河底有巨楠无数植其下。世璋出金号于众曰："有能起一大桩者，予一金，小者金递减。"人争趋利，凡三日起一百六十余桩，自是舟患永绝。其他善事更多。而且世璋为德，"多自隐讳，或假名他人，或辞多居少，事恒不彰"。但只要来到扬州，士君子及里巷行旅之人，其可指而口颂者说不尽、道不完。[2]

徽商无论在家乡还是外地，对公益事业和慈善事业都表现出极大的热情。这类记载，不绝于书。这绝不是他们偶动恻隐之心或一时心血来潮，而是反映了他们的一种积而能散的价值观。

徽商精神哪里来？筑就徽商精神的基石是信仰。徽商信仰什么？

一是信仰上天意志。这是封建社会人们的普遍认识。《尚书·蔡仲之命》："皇天无亲，唯德是辅。"皇天只眷顾那些有德的人。在如何对待财富问题上，徽商认识到，能够致富，这是上天的眷顾。但致富后不能只顾自己享受，而要帮助穷人，这也是上天的旨意。天意不可违，违了就要受惩罚。乾嘉时绩溪商人章策就曾说："造物之厚人也，使贵者治贱，贤者教愚，富者赡贫，不然则私其所厚而自绝于天，天必夺之。"[3]所以他慷慨好义，力行善举。前述粮商吴佛童在灾年时，别人劝他囤积居奇，他就认

---

① 《歙县汪氏谱乘·光禄寺少卿汪公事实》，清乾隆抄本。

② 魏禧：《魏叔子文集外篇·文集》卷10《序》，见《宁都三魏全集》，第255—261页。

③ 《绩溪西关章氏族谱》卷26《例授儒林郎候选布政司理问绩溪章君策墓志铭》，清宣统刊本。

为这样做违背天意，"天人不与"，上天和百姓都不会赞成的。清歙人汪士嘉经商日裕，抱义好施，做了很多好事，他说："人凭地理，我凭天理耳。"①明休宁人查道大经商吴楚间，中年致富，他曾辟一室曰"慎斋"。有人问他为什么取此名，他说："天道忌盈，可不慎乎。"②徽商鲍士臣就认为："傥来之物，侈用之是谓暴天，吝用之亦为违天，惟其当而已矣。"③在他看来，浪费奢侈就是"暴天"，吝啬、舍不得帮助别人就是"违天"。"暴天"和"违天"都要得罪天，所以他不仅"终其身衣服饮食之奉无所加其旧"④，而且大力帮助别人，从事社会公益事业。可见，"天"是徽商至高无上的信仰，也是至高无上的权威，一定要按天意、天道、天理行事。

二是信仰儒家思想。贾而好儒是徽商的重要特点，儒家思想当然是他们崇奉的思想。徽商的很多实践都是自觉遵循儒家思想的。孝悌、诚信、义利等范畴都是儒家反复强调的，比如"孝弟也者，其为仁之本与""人而无信，不知其可也""民无信不立""见义不为，无勇也""义，人之正路也""积而能散""见利思义"等。儒家的这些说教徽商是耳熟能详、铭记在心的。明代歙商黄崇敬致富后，"周穷恤匮，慕义如渴，至老不倦"。为什么能够如此？他说："积而能散，《礼经》明训。"⑤他正是遵循儒家思想行事的。婺源商人汪拱乾，极善经商，赚了很多钱，"而自奉菲恶，无异穷约时。""并诫诸子，不得鲜衣美食，诸子亦能守成。"但只要别人有急告借，他一定援手相助。在他的影响下，诸子也都念念不忘助人为乐。当他晚年时，诸子在一起商议，希望劝说父亲"积而能散"，谁知父亲听后大喜，说："吾有是念久矣，恐汝辈不克体吾志耳，是以蓄而不发。今

---

① 厉鹗：《樊榭山房集·文集》卷7，《四部丛刊》景清振绮堂本，第306—307页。

② 《休宁西门查氏祠记·城西善士世宏查君墓志铭》，明万历刊本。

③ 《歙县棠樾鲍氏宣忠堂支谱》卷21《鲍先生传》，清嘉庆十年刊本。

④ 《歙县棠樾鲍氏宣忠堂支谱》卷21《鲍先生传》，清嘉庆十年刊本。

⑤ 《歙县竦塘黄氏宗谱》卷5《明处士竹窗黄公崇敬行状》，明嘉靖四十一年刊本。

既能会吾意，真吾子也！"①于是拿出箧中借券数千张，共计八千多两银，然后尽召所有借款人前来，当众焚之。清代道光年间的黟县商人舒遵刚，他深受儒家义利观的影响，曾说过一段很深刻的话：

> 钱，泉也，如流泉然。有源斯有流，今之以狡诈求生财者，自塞其源也。今之吝惜而不肯用财者，与夫奢侈而滥于用财者，皆自竭其流也。人但知奢侈者之过，而不知吝惜者之为过，皆不明于源流之说也。圣人言，以义为利，又言见义不为无勇。则因义而用财，岂徒不竭其流而已，抑且有以裕其源，即所谓大道也。②

他认为"吝惜而不肯用财者"和"奢侈而滥于用财者"，都是自竭财之源流，"因义而用财"正是所谓生财之"大道"。正是本着这样的认识，他才见义勇为，散财助人。

三是信仰朴素真理。徽商有文化，具有理性，明白事物转化的道理。"君子之泽，三世而斩""富不过三代"，这是富与贫的转化；勤俭兴家，奢侈败家，这是兴与败的转化。这些都被千百年来无数事实所证明。这种转化其实就是朴素辩证法。如何避免事物向坏的方面转化？徽商始终保持着一种高度的警醒。前述大盐商闵世璋从生活中的"扑满"就悟出了"满则扑"的道理。扑满是古代的陶制储蓄罐，罐上开一小口，平时有零钱就放进去，但倒不出来，待储蓄罐装满钱后，人们只好把它"扑"碎取钱。当闵世璋长期行善时，有人就劝他"宜节啬布施，留财以遗子孙者"，但世璋却说："扑满有入无出，吾惧其扑，故不敢满，且吾子孙固未尝贫也，使至于扑，欲求为中人产得乎？"③"吾惧其扑，故不敢满"，他知道"满"

---

① 谢国桢：《明代社会经济史料选编》中册《登楼杂记》，福建人民出版社1980年版，第100页。

② 同治《黟县三志》卷15《舒君遵刚传》，《中国地方志集成》安徽府县志辑第57册，江苏古籍出版社1998年版，第544页。

③ 魏禧：《魏叔子文集外篇·文集》卷10《序》，见《宁都三魏全集》，第255—261页。

就要转化为"扑"。为了防止这种转化，财富就不能太"满"。很多徽商都是服膺这种朴素的真理，并指导自己行动的。

有信仰，才有敬畏之心，才会表现出一种文化自觉，心悦诚服地去践行。人生在世，如果没有信仰不仅可悲，更加可怕。当今社会某些人之所以物欲横流，诚信缺失，道德沦丧，孝道不讲，崇奢鄙俭，做事没有任何底线，就是因为没有信仰，没有敬畏了。没有敬畏，私欲就可极度膨胀，甚至丧尽天良，什么事都敢做，任何钱都敢赚。这是社会大隐患，不能不引起我们的深忧。从这个意义上说，借助徽商的重要资源，重建人们的信仰，培育社会主义核心价值观实在是当务之急。

本文与朱小阳合作

文化在徽商兴起中的作用

　　明清时期的徽商是驰骋全国的著名商帮。徽商前后延续数百年，对当时的政治、经济、文化都产生了重要的影响。这样一个闻名全国的大商帮，究竟是如何兴起的？学界曾进行过热烈的探讨。关于这个问题，不少学者认为是综合因素决定的：（1）徽州山多田少，耕获三不赡一，民人不得不远徙他乡，求食四方；（2）徽州境内水路交通发达，方便经商；（3）徽州地处经济发达地区附近，尤其是宋室南迁杭州后，政治经济中心南移，为徽商兴起创造了条件；（4）徽州自然资源（竹木等）丰富，为徽商互通有无提供了物质基础；（5）徽商"贾而好儒"，官商结合等。也有的认为一是徽民素称勤劳，不辞山高路远。二是经商方式多样：走贩（长途贩运）；团积（囤积居奇，贱买贵卖）；开张（广设典肆，开展竞争）；质剂（经营典铺）；回易（以所多易所鲜）。三是经营项目广泛，除盐、典、茶、木外，还有布匹、丝绸、粮油、陶瓷、漆器、药材、茶馆、钱庄，以及南北杂货、京广百货等。四是资本筹措和运用灵活。五是徽人宗族、同乡观念重，结成徽帮，有利竞争。也有学者认为宗族势力在徽商形成和兴起过程中的作用不可低估，因为徽人经商的原始资本，大多与宗族有关；徽商所雇佣的伙计，大多为族人。由于宗族势力在资金与人力上的支持，徽人经商的势力经久不衰。徽商的兴起得力于宗族势力，徽商在商业竞争中的进一步发展，更离不开宗族势力的支持。还有学者指出，对徽商来说，最幸运的是，在离徽商不远处就是全国经济和文化最发达、人口最稠密的一个大市场——长江三角洲。有这样一个稳定的大市场，是徽商兴起的重要条件①。前贤这些观点无疑大大深化我们对这一问题的认识。2005年栾成显先生发文指出，商品和市场乃至地理环境不是徽商兴衰的决定性因素。徽州文化在徽商崛起的过程中起了重要作用。徽商的成功铸就了徽州文化的辉煌。儒家文化的负面影响为徽商衰落的内在因素。经济与文化互动是徽商兴衰的一个重要启示②。栾先生第一次提出徽州文化是徽商兴起的重要因素，对我们很有启发。本文正是受此启发，再谈一些未尽之言，就教于学界。

对一个国家、一个社会、一个地区、一个群体、一个人来说，文化始终是灵魂，无时无刻不在潜移默化地影响着人们的言行。徽商也决不例外。但这一点往往被人们所忽视。在论及徽商兴起的原因时，明清时人几乎一致认为是田少人多的因素。如康熙《徽州府志》载："徽之山大抵居十之五，民鲜田畴，以货殖为恒产。"③直到民国时，人们还是那样认为："吾徽居万山环绕中，川谷崎岖，峰峦掩映，山多而地少。遇山川平衍处，人民即聚族居之。以人口孳乳故，徽地所产之食料，不足供徽地所居之人口，于是经商之事业以起，牵车牛远服贾。今日徽商之足迹，殆将遍于国中。"④以上说法不无道理，但并没有解决如下问题：全国之大，像徽州这样"民鲜田畴"的地方不在少数，但为什么没有兴起一个全国著名的大商帮？为什么徽州人能够"不辞万里游"，"持筹徧九州"？而这正是文化的力量。

一、观念的解放是徽人走出深山的重要推动力量

观念从来就是行动的先导。改革开放后我国之所以发生翻天覆地的变

---

① 参阅王世华：《徽商研究：回眸与前瞻》，《安徽师范大学学报》（人文社会科学版）2004年第6期。

② 栾成显：《经济与文化互动——徽商兴衰的一个重要启示》，《安徽师范大学学报》（人文社会科学版）2005年第4期。

③ 康熙《徽州府志》卷2《风俗》。

④ 吴日法：《徽商便览·缘起》，民国八年刊本。

化，就是因为中共十一届三中全会和邓小平南方谈话彻底打破了长期禁锢人们思想的旧观念，蕴藏在民众中发展经济的巨大潜力像火山爆发一样产生了巨大能量，创造了人间经济奇迹。徽商的兴起也是这样。在封建社会，士农工商是固化的社会等级序列，重农抑商是历代王朝的基本国策。人们不到走投无路、万般无奈的时候是不愿走商途，"逐蝇头"的。但是明代中叶王阳明心学在徽州的传播，大大促进了人们思想观念的解放，成了徽人经商的重要推动力量。

阳明之学一反朱子的"格物致知"论，提出"致良知"学说，提倡独立思考。他认为即使是愚夫愚妇只要去除蒙蔽，也能获得"良知"，成为"圣人"。最难能可贵的是，他提出："古者四民异业而同道，其尽心焉，一也。"[①]他甚至还说："虽经日作买卖，不害其为圣为贤。"[②]王学兴起后，王学高徒通过培养徽州弟子或亲往徽州通过讲会、会讲诸形式大力传播王学，迅速传遍徽州，可以说掀起了一个思想解放高潮。[③]

在王学的影响下，徽人从思想观念上说，当时在三点上取得了突破：

一是认为贾业不是"贱业"。

传统社会重农抑商的结果，造成了"贱商"的观念，在人们心目中从商总是一种低贱行为，商人的形象也常常成为讽刺嘲笑的对象。但在王学的影响下，这一观念在徽人中得到扭转，很多人认为经商"治生"是天经地义的事，并不低贱。例如明中期歙县人黄崇德，起初一心要走科举之路，但他父亲文裳公对他说："象山之学以治生为先。"象山是指陆象山，即南宋著名思想家陆九渊，王阳明的心学就是继承并发扬了他的学说，称陆王学派。文裳公的意思是说陆九渊也主张把"治生"放在第一位。既然

---

① 王阳明：《王阳明全集》卷25《节庵方公墓表》，上海古籍出版社1992年版，第941页。

② 王阳明：《王阳明全集》卷32《传习录拾遗》，上海古籍出版社1992年版，第1171页。

③ 关于王学在徽州的传播情况可参阅李琳琦：《明中后期心学在徽州的流布及其原因分析》，载《第九届明史国际学术讨论会暨傅衣凌教授诞辰九十周年纪念论文集》。

这样，"公（黄崇德）喻父意，乃挟资商于齐东"。①嘉靖年间婺源人李大祈也说："丈夫志四方……即不能拾朱紫以显父母，创业立家亦足以垂裕后昆。"②在他看来，男子汉大丈夫如果不能科举入仕为父母争光，那么通过经商致富，"创业立家"，也足以为后人树立榜样。这种认识显然已经大大进步了。有这种认识的人当时比较普遍，嘉靖年间歙县人许伴先，就是遵父命经商，他常对人说："人之处世，不必拘其常业，但随所当为者。士农工贾，勇往为先，若我则贾业者也。或辞利涉之艰，则大事去矣，奚以充其囊橐，裕身肥家乎。"③在他心目中，士农工贾不管哪一行，只要勇于去践行就是好的。

二是认为服贾不负于务农。在传统社会，"农"居第二，"商"居末位。从社会地位来看，经商不如务农。所以人们一讲到商人，就会以"奸"字冠之，所谓"无商不奸"。商人的形象是不好的，这也是人们不愿经商的原因。但在明中叶，有的徽州人就不这样看了。明代徽人江次公在劝他的长子一凤经商时就说："耕者什一，贾之廉者亦什一，贾何负于耕，古人非病贾也，病不廉耳，若第为廉贾。"④意思是说，务农只能取得十分之一的利润，如果那些廉洁的商人也只赚取十分之一的利润，那么就品德说来，经商有什么不如务农？古人非议的不是商人，而是那些贪婪的商人。你只要做个廉贾就行了。

三是认为贾不负于儒。在传统社会，士居首端，商居末位，已是定论。但正是在这样一个问题上，一些徽州人又有了全新的看法。明代歙县人程澧少孤，家境艰难，后远游经商，终"以计然策起富"，他就常说："澧故非薄为儒，亲在儒无及矣，藉能贾名而儒行，贾何负于儒？"即是说，我不是看不起读书为儒，但父亲离世，母亲在上，我无法读书为儒啊。如果我名义上是个商人，但实际上是按儒家的思想指导我的经商行

① 《歙县竦塘黄氏宗谱》卷5《明故金竺黄公崇德公行状》，明嘉靖四十一年刊本。

② 《婺源三田李氏统宗谱·环田明处士松峰李公行状》，明万历刊本。

③ 《歙县许氏世谱·西皋许公行状》，明隆庆抄本。

④ 汪道昆：《太函集》卷45《明处士江次公墓志铭》，黄山书社2004年版。

为，经商又有什么不如为儒呢？明代徽人吴肖甫年轻时随父经商，他就认为做到商名儒行就是儒，"岂必儒冠说书乃称儒耶！"①难道非要头戴儒冠、口说诗书才是儒吗？从这些话语中，我们可以看出，他们是何等气魄，何等自信！尤其是徽州的一副楹联："读书好，营商好，效好便好；创业难，守成难，知难不难。"联语将读书和营商相比较，只要效果好，两者就不分什么高低。这种认识在数百年前真正是石破天惊的呐喊！

解除了轻商贱商的紧箍咒，大批徽人理直气壮、堂堂正正地踏上了从商之途。

二、"能寒暑，恶衣食"的山民品格铸就了徽人的创业精神

徽州处于万山之中，环徽皆山也。这里川谷崎岖，峰峦掩映。就生活条件而言，山区民众与湖泊地区或平原地区的民众相比，艰难多多。湖泊地区人们以船代劳，平原地区民众以车代步，而山民则不行，万事必须躬自操劳，而且付出更多，回报更少。史料记载了徽人的辛勤，"农力最为勤苦，缘地势陵绝，厥土驿刚而不化。水湍急，潴蓄易枯，十日不雨，则仰天而呼；一雨骤涨，而粪壤之苗又荡然矣。大山之所落，力垦为田，层累而上，十余级不盈一亩。刀耕火种，望收成于万一。"②而且就这样，也是"耕获三不赡一"，真可谓"为力最劳，为享最薄"。

一方山水养一方人。千百年来，恶劣的生活环境世代锤炼着这里的民众。早在宋代，淳熙《新安志》就记载，这里的人们"勤于山伐，能寒暑，恶衣食"③。环境造就了徽州人吃苦耐劳的品格，并且内化成一种精神。外出创业正是需要这种精神。徽人大都"小本起家"，到处是人生地不熟，要想干出一番事业，没有这种精神是决不行的。徽商正是发扬了这种精神，他们的艰苦常人难以理解，甚至被封建文人讥讽为"吝啬"。有

---

① 吴吉祜：《丰南志》第5册《光裕公行状》，民国稿本。
② 许承尧：《歙事闲谭》卷18《歙风俗礼教考》，黄山书社2001年版。
③ 淳熙《新安志》卷1《风俗》。

这么一则笑话："徽人多啬。有客苏州者，制盐豆置瓶中，而以箸下取，每顿自限不得过数粒。或谓之曰：'令郎在某处大啖'。其人大怒，倾瓶中豆一掬，尽纳之口，嚷曰：'我也败些家当吧。'"①这种情况我认为绝非杜撰，肯定有其生活原型。明清小说中，只要写到徽商，大多予以讽刺、嘲笑：别看他家事万贯，臭猪油几坛，碗里只漂几颗油星子。可见这是一个普遍现象。这些文人把这说成"吝啬"，可是我们换一个立场来看，不正是徽商艰苦创业精神的生动写照吗？

同时我们还应看到，对创业者来说，艰苦倒是其次，险恶更是防不胜防。商海闯荡，绝非平湖荡舟。虽然在徽州家谱中我们常常看到，徽商外出"不数年资大起""居数年，颇获利""经营数年，渐丰裕"，但这都是对成功者的表扬，而失败者往往在家谱中很少见到，但在其他文献中却屡见不鲜。事实也是如此，外出经商，各种情况都可能发生，被盗、被抢、被杀、病死、淹死、折本，都是司空见惯之事。面对这样的情况，如果后人望而生畏，止步不前，则徽商也就不存在了。徽人所具有的文化品格，使他们不畏艰险，勇往直前。史载："徽之俗，一贾不利再贾，再贾不利三贾，三贾不利犹未厌焉。"②正是这种万难不屈、百折不挠的精神，成就了徽商。

而且，我们还要看到徽商妇的巨大作用。在徽州，"土著或初娶妇，出至十年、二十年、三十年不归，归则孙娶妇而子或不识其父"③。当然，能够回来已是万幸，还有不少人就客死在外了。丈夫远出，家中的一切都交给了妻子。有的要自食其力，有的还要仰事俯育，担子更重。她们为了撑起这个家，过着难以想象的痛苦生活。"汪于鼎洪度作《新安女史征》言：吾乡昔有夫娶妇甫三月即远贾，妇刺绣为生，每岁积余羡易一珠以记岁月，曰此'泪珠'也。夫还，妇殁已三载，启视其箧，积珠已二十余

① 张亚新、程小铭校注：《明清笑话集六种》，中州古籍出版社2012年版。
② 《祁门倪氏族谱》卷下《诰封淑人胡太淑人行状》，清光绪刊本。
③ 魏禧：《魏叔子文集》卷17《江氏四世节妇传》，见《宁都三魏全集》。

颗。"①"能寒暑，恶衣食"也化为徽州女人的内在品格，所以徽州女人也特别能吃苦。史载："女人犹称能俭，居乡者数月，不占鱼肉，日挫针治缝纫绽。黟祁之俗织木棉，同巷夜从相纺织，女工一月得四十五日。徽俗能蓄积，不至厄漏者，盖亦由内德矣。"②徽商妇的吃苦耐劳在很大程度上解除了在外创业的徽商们的后顾之忧。徽商的功勋章确实应有徽商妇的一半。

三、宗族文化成为徽商成帮的粘合剂

徽州是一个移民社会，自从中原移民将北方的宗族制度移植到徽州后，由于朱熹和历代大儒的提倡，再加上千百年来徽州山区封闭的自然环境，宗族制度不断得到加强，宗族文化得到持续稳定的发展，乃至徽州社会成为一个宗族社会。正如时人所说："新安各姓聚族而居，绝无一杂姓搀入者。其风最为近古。出入齿让，姓各有宗祠统之，岁时伏腊，一姓村中千丁皆集，祭用朱文公家礼，彬彬合度。父老尝谓新安有数种风俗，胜于他邑：千年之冢，不动一抔；千丁之族，未尝散处；千载之谱系，丝毫不紊。主仆之严，数十世不改，而宵小不敢肆焉。"③

这样的文化背景对徽商兴起起到了很大作用。宗族文化实际上成了徽商成帮的粘合剂。通常情况下，徽人经商先是一人出去闯荡，当他在一个地方发现商机，并初步成功后，一般是首先邀请自己的兄弟、同宗的兄弟前来，或合作或独自经营。同宗之人有着共同的血缘关系，知根知底，具有较强的向心力，很容易抱成一团，结成帮伙，这比自己一人单打独斗自然要强很多倍。正如时人所说："夫两邑（指休宁和歙县）人以业贾故，挈其亲戚知交而与共事，以故一家得业，不独一家食焉而已。其大者能活千家百家，下亦至数十家数家，且其人亦皆终岁客居于外，而家居者亦无

① 民国《歙县志》卷1《舆地志·风土》。
② 康熙《徽州府志》卷2《风俗》。
③ 赵吉士：《寄园寄所寄》卷11，清康熙刊本。

几焉。"①徽州其他各县也无不如此。当然，这里的千家百家、数十家数家，不能理解为由先驱者养活的意思，而是说在先驱者的引导下，这些人也得以在外地创业谋生了。

在这方面，盐业的经营最为明显。由于盐业销量非常大，需要的人也很多，所以先期在扬州或杭州站稳脚跟后，他们就大批引来本宗族的人加盟，久而久之，形成了一个个宗族的势力。史载："徽人在扬州最早，考其时代，当在明中叶。故扬州之盛，实徽商开之，扬盖徽商殖民地也。故徽郡大姓，如汪、程、江、洪、潘、郑、黄、许诸氏，扬州莫不有之，大略皆因流寓而著籍者也。"②在扬州"莫不有之"的徽州大姓，实际上就是徽州的若干个宗族群体，他们以宗族为纽带结成团伙，在扬州经营盐业。由于他们人多势众，又同宗同族，所以在很大程度上主宰着扬州的盐业。

由于在外徽商有较强的宗族文化背景，团结意识、互助意识都很强。这一特征连外地人顾炎武都看出来了，他走遍很多地方，发现徽州人与其他地方的人不同："新都（徽州）人……商贾在外，遇乡里之讼，不啻身尝之，醵金出死力，则又以众帮众，无非亦为己身地也。"③这种"以众帮众"的精神正是宗族文化的体现。

同时我们还应看到，徽商利用这种宗族文化不仅共同克服遇到的困难，而且还团结起来开展竞争，自然往往获胜。如明代金陵（今南京），"当铺总有五百家，福建铺本少，取利三分四分。徽州铺本大，取利仅一分二分三分，均之有益于贫民。"④虽然我们不好说在南京的徽州典铺都是同一宗族人所开，但这几百家典铺肯定是分属几个不同宗族的徽州人所开，宗族文化绝对是起了作用的。他们低息的统一行动自然赢得了广大的顾客。

---

① 金声：《金太史集》卷4《与歙令君书》，清道光二十八年袁江节署求是斋刊本。

② 陈去病：《五石脂》（不分卷），见《江苏省地方文献丛书》，江苏古籍出版社1999年版。

③ 顾炎武：《肇域志》第3册，上海古籍出版社2004年版。

④ 《金陵琐事剩录》卷3，引自谢国桢：《明代社会经济史料选编》中册，福建人民出版社1980年版，第200页。

四、较高的文化素质助推徽商走向成功

徽州在朱熹的影响下，形成了重教兴学的优良传统。人们特别重视教育，乃至出现"十家之村，不废诵读"[①]的现象。徽州很多家谱都显示了对子弟教育的高度重视。如徽州《黄山岘阳孙氏家规》在"端蒙养"条中就规定："凡人非上智，未有不由教而善者，如古妊妇有胎教之法，《礼·内则》有始学之教，皆不可不知。即今常情，教小子者，能言教之称呼及唱喏，务从容和顺，不可教以戏谑诙笑。四五岁教之谦恭逊让，以收其放逸之心，温和安静，以消其刚猛之气，有不识长幼尊卑者，诃禁之。七岁则入小学，读《蒙童杂字》《孝经》等书，即与训解，教以孝弟忠信礼义廉耻，以养其心，教以洒扫应对进退，以养其身，教以忠孝、诗章、歌咏，以养其性情。稍长而聪明者，出就外傅，渐次读《语》《孟》等书，庶几少成若天性，习惯如自然，而大人之本实立矣。"对小孩每个年龄段的教育内容都做了明确规定。《新安王氏家范十条》在"重家学"条中也指出："天下之本在国，国之本在家，家之本在身。诚意正心，所以修身也。故大学之道，必首之以明德。《易》曰：蒙以养正，圣功也。所谓养正者，教之以正性也。家塾之师，必择正学端严、可为师法者为之。苟非其人，则童稚之学以先入之言为主，教之不正，适为终身之误。若曰童稚无知，不必求择明师，此不知教者也。"特别强调了为孩子"择师"的重要性，必须选择"正学端严、可为师法"者作为孩子的老师。以上都说明徽州人对孩子的童蒙教育高度重视。一是正品行，二是学文化。徽州谚语："前世不修，生在徽州；十三四岁，往外一丢。"虽然十三四岁就出去学徒，但此前在家已学习了五六年甚至七八年了。这一阶段的学习非常重要，不仅端正了品行，而且学到了文化，同时也养成了学习的习惯。加上学徒期间又继续学文化，这样在二十岁左右独自创业时确实是一个有文化

---

① 光绪《婺源县志》卷3《风俗》。

的商人了。很多人走上商途还孜孜不倦地学习，史籍上关于这方面的记载比比皆是。如歙商江遂志，"虽舟车道路，恒一卷自随，以周览古今贤不肖治乱兴亡之迹"。[①]徽商吴彦先，"虽隐于贾，暇辄流览史书，与客纵谈古今得失，即宿儒自以为不及"。[②]休宁商程良锡，"昼则与市人昂毕货殖，夜则焚膏辰书弗倦"。[③]说他们是儒商毫不为过。

经商有无文化，结果迥异。清代戏剧家李渔在谈到"学技"与"学文"的关系时，曾提出过精到的见解，他说："学技必先学文……通天下之士农工贾、三教九流、百工技艺皆当如是观。……明理之人学技与不明理之人学技，难易判若天渊。然不读书不识字，何由明理？故学技必先学文。"[④]这里的"文"应该泛指文化，学文化之所以重要，就在于有了文化就能明白事理。对于徽商来说，有文化至少给他们带来三个好处：

第一，有文化的徽商善于汲取历史上的经验指导自己。中国历史古籍记载了丰富的从商经验，尤其是司马迁《史记》中的《货殖列传》，总结了很多先秦杰出商人的经商理论，被后世经商者奉为圭臬。《货殖列传》几乎成了很多徽商的必读书，从中汲取了大量营养，范蠡、端木赐、白圭、计然等这些商界翘楚，无不是徽商学习的楷模。如明末歙商程致和，"行白圭治生之学，以美恶占岁，以弃取伺人。能薄饮食，忍嗜欲，节衣服，与用事僮仆同苦乐。趋时观变若猛兽鸷鸟之发。以生以息，凡廿年而业振。于是乎徙鸠兹、据喉冈，大规利便，凡十年而素封。问其何以致此，则究竟仁强智勇之守，孙吴伊间之谋也"。[⑤]显然他从历史上汲取了丰富的经验，取得了极大的成功。明代歙商汪士明也是如此："去之贾广陵，日赋诗行酒为乐。而公好学滋甚，渔猎百家，尤长左氏《春秋》。明习世

---

① 《歙县济阳江氏族谱》卷9《明光禄丞乡饮大宾应全公原传》，清道光十八年刊本。

② 吴吉祜：《丰南志》第5册《明处士彦先公行状》，民国稿本。

③ 《休宁率东程氏家谱》卷11《明威将军程天庞甫小传》，明万历元年刊本。

④ 李渔：《闲情偶寄》卷7《声容部》，清康熙刻本。

⑤ 《歙县褒嘉里程氏世谱·寿文·奉贺致和程老先生六十荣寿序》，清康熙十一年刊本。

故，所亿屡中，不侵然诺。同人有难，尝以身覆护唯谨，人推为祭酒。即有积怨深怒，片言立解。其忍嗜欲，与僮仆同苦乐如白圭，能择人而任时如范蠡。贾乃大起，什伯其父。"①绩溪章绪毓"甫冠，师端木，法计然，贸易徽浙，持筹屡中，不十数年遂起其家"。②明中叶歙商许莲塘，"喜慕文艺，涉猎经史。……师范蠡计然之策，择人任时。能薄饮食、忍嗜欲、节衣服，与用事僮仆同苦乐"。不久，"以善富名称素封"③。从这些例子可以看出，有文化的徽商确实善于从历史上汲取宝贵的经验，科学判断决策，指导自己的事业走向成功。

第二，有文化的徽商善于汲取儒家学说中的思想道德资料，建立了自己良好的商业道德，为成功崛起提供了保证。长期儒家文化的熏陶，加上重教兴学的传统，"贾而好儒"成了徽商的重要特色。儒家学说中含有丰富的思想道德资料，尤其是关于诚、信、义、利的说教非常多。

关于"诚"，《孟子》卷13《尽心章句上》曰："万物皆备于我矣。反身而诚，乐莫大焉。强恕而行，求仁莫近焉。"就是说万物我都具备了。反躬自问诚实无欺，便是最大的快乐。尽力按恕道办事，便是最接近仁德的道路。《孟子》卷七《离娄章句上》又曰："诚者，天之道也；思诚者，人之道也。"

关于"信"，也是儒家重要的道德规范之一。《论语·为政》曰："人而无信，不知其可也。"所以孔子以文、行、忠、信四项内容教育学生。《论语·颜渊》曰："民无信不立。"《论语·学而》曰："与朋友交，言而有信。"所以孔子还多次强调"主忠信"，就是说一个人要以忠信为主。

尤其关于"义""利"之辨，孔孟之道特别强调"义"的重要，始终把"义"放在第一位。《论语·里仁》曰："君子喻于义，小人喻于利。"《论语·为政》曰："见义不为，无勇也。"孔子最担忧的就是："德之不修，学之不讲，闻义不能徙，不善不能改。"（《论语·述而》）。《孟子》

---

① 李维桢：《大泌山房集》卷69《汪内史家传》，明万历三十九年刻本。
② 《绩溪西关章氏族谱》卷26《国子监生章公绪毓墓表》，清宣统刊本。
③ 《歙县许氏世谱》第5册《明故处士莲塘许君行状》，明隆庆抄本。

卷七曰："义，人之正路也。"义，是人类最正确的光明大道。要见义勇为，见利思义，而决不能见利忘义。

徽人在从小启蒙阶段对这些孔孟之教可以说都是耳熟能详的，长大从商后又贾而好儒，一般都能将这些教导奉为信条而身体力行。他们建立了自己良好的商业道德，以诚待人，以信接物，以义为利，以质求胜。关于这方面的记载在家谱、方志中可以说俯拾皆是。商人天天和"利"打交道，但他们能较好地处理义利关系。徽商汪忠富在将自己的商业交给儿子时特别嘱咐："职虽为利，非义不可取也。"①利以义取可以说是绝大多数徽商的共识，所以在实践中出现过无数宁可失利、不可失义的事迹。良好的商业道德树立了徽商的"良贾"形象，从而获得顾客以及当地百姓的认可，为徽商事业的成功提供了保证。

第三，文化也使徽商得以建立良好的商政关系，突出表现在亲近政要和通晓政策两方面。在亲近政要上，文化成了徽商与官员关系的润滑剂。首先，贾而好儒的徽商在很大程度上摆脱了商人原有的铜臭气味，滋生了一种文人书生的儒雅气象。如清休宁商金鼎和，"躬虽服贾，精洽经史，有儒者风"②。婺源人程执中经常教育子弟："读圣贤书，非徒学文章掇科名已也。"就是说读书不是仅仅为了参加科举，掇取功名，更重要的是提高自己的素质。在他的影响下，他的弟子中"虽营商业者，亦有儒风"③。婺源商孙大峦在吴越经商，但他贾而好儒，"多闻往古嘉言懿行，开拓心胸，故能扫尽市井中俗态"。可见，读书使他扫尽商人的"市井俗态"，所以在别人看来，他"虽不服儒服、冠儒冠，翩翩有士君子之风焉"。④像这样的例子非常多，可以说在徽商中已是普遍现象，所以明代学者谢肇淛才说："新安人近雅而稍轻薄"⑤，戴震也说徽州人"虽为贾者，咸近士风"⑥。

---

① 《汪氏统宗谱》卷3《行状》，明刊本。

② 康熙《休宁县志》卷6《人物志·笃行》。

③ 《婺源县志稿》，抄本。

④ 《婺源湖溪孙氏宗谱》卷1《萃峰孙公传》，清刊本。

⑤ 谢肇淛：《五杂组》卷4，明万历四十四年潘膺祉如韦馆刻本。

⑥ 戴震：《戴震集》（上编）文集卷12《戴节妇家传》，上海古籍出版社2009年版。

这样，"近雅"的徽商与官员就好沟通了。在传统社会，官商之间之所以有着不可逾越的鸿沟，很大程度是商人的"俗"与官员的"雅"之间差别太大。因为封建社会的官员，哪怕只是一个小小的七品县官，也无不都是进士出身，而能够在激烈的竞争中蟾宫折桂者谁不是饱读诗书、满腹经纶？与这样的人打交道，没有文化那就非常困难了。而徽商有文化，"近士风"，他们中的很多人也是熟读经史，吟诗填词，与文人相比也毫不逊色。著名者如盐商程晋芳，清代大诗人袁枚对他极其赞赏，说他："平生绝学都探遍，第一诗功海样深。"①盐商鲍志道一首《夕阳》诗，赢得众多文人的青睐，以至称鲍志道为"鲍夕阳"。文化就成了官商之间的润滑剂，很多徽商与官员士大夫结成了亲密的关系，有的甚至成了莫逆之交。正德年间休宁商黄桂阳，字思馨，在浙江德清经商，被誉为良贾，"宪副谈君时英、侍御蔡君信之乐与之交，祠部程君松亟称之曰：'孰谓思馨贾人哉。'"②在这些官员心目中，从未将黄桂阳看成商人，已经刮目相看了。他的儿子黄佐完全继承了父风，在湖边建一"雪亭"，"宾客往来，则壶觞歌咏以款致，之必尽其情。士大夫之好闲适者，车马络绎，即郡县官过其地亦必访询，遂或留宿，以故题雪亭之胜者，纚纚盈卷册，可谓以礼待宾客矣"③。明中期祁门李愚谷在吴经商，"乐与贤士大夫亲，故随所在吴士大夫咸愿与之游，若孟河马公、梅林胡公，皆同业南雍者也，始相与放浪形骸之外，后相忘富贵利达之余，公亦无求荣焉。学士华鸿山亲题公之像赞'吴中名公，如金冰涯'。申瑶泉、王剡川诸公日与公诗酒山水间，同乡如潘直源、游让溪、洪觉山诸公尤与公相知而雅者也"④。像这样的徽商很多。歙商吴自宽"受贾山东淮海间，折节为俭，居常不通宾客，其所绍介则皆有名公卿。乔尚书宇引处士为布衣交欢甚。处士客尚书所，尚

① 袁枚：《小仓山房集》小仓山房诗集卷27，清乾隆刻增修本。

② 黄治安纂修：《休宁古林黄氏重修族谱》卷10《文苑二·思馨桂阳公暨配金孺人合葬墓志铭》，清乾隆三十一年刻本。

③ 黄治安纂修：《休宁古林黄氏重修族谱》卷10《文苑二·赠文林郎雪亭天佐公墓志铭》，清乾隆三十一年刻本。

④ 李宸藻等纂修：《祁门理田李氏宗谱·理田愚谷李公行状》，清雍正四年刻本。

书手书处士赞辞归之"①。

在封建社会，一切资源和有关信息都掌握在政府官员手中，徽商与官员既然有着这样的关系，当然能够方便地得到一些资源和信息，对商业发展自然非常有利。而且在遇到诉讼时，也能得到官府的支持，从而最大限度地减少损失。他们和文人学者的亲密关系，也可以借助他们进行宣传。

在通晓政策方面，突出表现在盐商身上。众所周知，国家的盐业政策非常复杂，甚至连盐政官员有的对国家盐业政策的演变、盐斤从生产到出售的各个环节也不甚了然。作为商人如果不懂这些，根本无法涉足盐业。徽州商人之所以在两淮盐业中独占鳌头，并担任总商，与他们熟读历史，通晓国家盐业政策的演变是分不开的。明代中期歙商黄莹，别号云泉，在两淮业盐，当时盐政官员对盐商甚严，不少假颜色，"惟翁同曹耦白事，文雅拔俦等，词气温直，辄中肯綮，闻者往往心异之，言辄听。有所弛张捐予，多其建白。以是数十年两淮称首商，必曰云泉翁云"②。稍后一些的黄锜也是如此，所提建议往往切中肯綮，盐政官员无不采纳："君虽商而博涉《左传》史家言，每偕俦耦白鹾司必推君对，君侃侃然发中要领，气劲而词温，所咨禀多见听。"③这正是文化带来的结果。更有甚者如清代徽州盐商鲍简锡，既有文化，又悉盐法，且办事公道，"视鹾诸宪，总理盐法，诸道皆引为知己"④。正因为政府官员如此信任，所以盐业总商往往就是非他们莫属。清代徽商汪燧，"鹾使者知其才，举为浙甲商"⑤。盐商江春之所以能在两淮盐业长期任总商，也是因为他"练达明敏，熟悉盐法，司鹾政者咸引重推为总商。才略雄骏，举重若轻，四十余年规划深远"⑥。显然，文化在其中起到了重要作用。

① 汪道昆：《太函集》卷47《明故处士吴克仁配鲍氏合葬墓志铭》，黄山书社2004年版。

② 《歙县竦塘黄氏宗谱》卷5《黄公莹传》，明嘉靖四十一年刊本。

③ 《歙县竦塘黄氏宗谱》卷5《节斋黄君行状》，明嘉靖四十一年刊本。

④ 《歙县新馆鲍氏著存堂宗谱》卷2《仲弟无傲行状》，清刊本。

⑤ 民国《歙县志》卷九《人物志·义行》。

⑥ 民国《歙县志》卷九《人物志·义行》。

徽州仕宦文化与政治文化建设

安徽传统文化中蕴藏着丰富而宝贵的政治文化建设资源，博大精深的徽州文化更是如此，认真整理和研究这份遗产，对于我们加强政治文化建设、形成良好的政治风气和政治生态，是有重要意义的。

历史上几次中原大移民给徽州带来了中原儒家文化，使一向"鲜知礼节"的古徽州，开始由"尚武"转向"尚文"，风俗日益趋向文雅，人们开始重视读书了。所以入宋以后，终于出现了"名臣辈出"的局面，明清更为可观。

两宋期间，徽州出了783名进士，明清时期更多达1303名进士，他们都在各级政府做官，数百年来创造了以清正廉洁、刚正不阿、勤政爱民、兴利除弊为特色的仕宦文化。

一部《新安文献志》，记载了141位名宦的事迹。他们或则高风亮节，或则气节凛然，或则政绩显著，或则学问渊博，代表了徽州仕宦的整体形象。

到了明清，随着徽商的兴起，对教育的高度重视，徽州仕宦更多。由于这一时期社会经济繁荣发展，社会风气趋向奢靡，外界的各种诱惑越来越大。但徽州官员总体上经受住了各种严峻的考验。他们"出为廉吏者什七"，大多清廉自律、洁身自爱。他们中的许多人，"常禄外，秋毫无取"，决不以权谋私、以势敛财。如明祁门人孙怡，历官刑部郎中，"时人称之曰'一官清彻骨，三尺法无私'"。歙县方扬，明后期任陕州知州，一到任则首先惩治大猾一人以示警。他与僚佐约："常禄外以一钱入者，公议不相假"；与胥吏约："以一钱入者，公法不汝贷"。众人"肃然奉行"。歙县吴苑，清康熙年间擢为国子监祭酒，国子监旧有潜规则：国子监生初入监，要缴"到监之费"；毕业要缴"出咨之费"。吴苑知道后说："师道也，而以市道交可乎？"所谓"师道"，即为师之道；所谓"市道交"，即金钱买卖关系。为师之道怎么能变成金钱买卖关系呢？因此他把这些潜规则"尽涤除之"。王茂荫曾任户部右侍郎、兵部左侍郎、吏部右侍郎等职，可谓位高权重，但他不住官邸，不带家眷，长期住在徽州会馆里。"京宦三十载，恒独处会馆中……未尝携眷属。"

在这些人的头脑里，做官不是为了发财，而是报君报国。因此，说来真难以置信，他们虽官居八座，却两袖清风。如孙怡，"丁母忧，卒于家，囊无余蓄"。明代歙县程琠，"世世为廉吏"，死时"至不能买山葬，葬县郊义冢地"。明鲍道明，官至巡抚、大理寺卿、户部左侍郎、南京户部尚书等职，可是财产只是"屋仅二椽，殁而子孙有贫乏不能自存者"。明代少保兼太子太保、礼部尚书、武英殿大学士的许国，死后也是"室无余藏"。清乾隆七年（1742）进士、休宁人汪鼎金，"居官七年，没之日，贫无以殓，制府陈公初斋周恤之橐，始得归"。

除廉洁自律外，明清徽州仕宦还具有"骨鲠棱棱，奋不顾身"的刚正不阿的品质。他们不避斧钺，犯颜敢谏；不附权臣，傲然自立；不畏邪恶，勇于抗争。那些出任地方官的徽州人，也能勤政爱民，造福一方。他们有的劾贪止暴，为民除害；有的兴利除弊，赈灾恤民；有的兴学育才，致力文教。这方面的事迹班班可考。

所有这些表现，都反映了一种文化。为什么徽州官员能够形成这样的仕宦文化？这也不是偶然的。

首先，是程朱理学的长期熏陶。儒家文化对徽州影响很大，尤其是程朱理学可以说是在徽州深入人心。作为东南邹鲁，"读朱子之书，服朱子之教，秉朱子之礼"，程朱理学成了他们真正的信仰。理学提倡"存天理、灭人欲"，所有过分的欲望都要消灭，这已成了他们的信条。这样就树立了儒家所倡导的价值观、义利观、理欲观。面对各种各样的诱惑，尤其是钱财的诱惑，他们就能够把持得住。这就是心中有信仰，行为有底线，凡事有规矩。

其次，是优良家风的世代影响。徽州是个宗族社会，人人都生活在宗族中。这里宗族制度十分牢固，族规、家法很严，如雍正《休宁茗洲吴氏家典·家规八十条》就对子孙今后如何做官提出了严格的要求："子孙有发达登仕籍者，须体祖宗培植之意，效力朝廷，为良臣，为忠臣，身后配享先祖之祭。有以贪墨闻者，于谱上削除其名。"如有贪墨，谱上除名，这就等于开除族籍，处分是相当严重的。绩溪《程里程叙堂世谱》卷12《庭训》载："盖所谓义者，乃天地间正大之理，以之决死生，则临难无惧；以之衡取予，则见利不贪，轻财重义，则伦理无伤，疏财仗义，则贫寒戴德。公义所在，勿以私恩而徇情，大义所存，勿以怨仇而戕众。""义"就是天理，至高无上。心中有"义"，就能临难无惧、见利不贪。族规家法影响了每个家庭的家风，对个人的成长影响很大。清嘉庆歙人许仁，在汉口经商，当他得知第三子许文深将为海南巡检（从九品官）时，在儿子赴任之际，许仁特意写了一首《示儿》长诗，其中有几句对文深做官提出了严格要求："巡检辖地方，捕盗才著功。锄恶扶善良，振作毋疲癃。用刑慎勿滥，严酷多招凶。勿以尔是官，而敢凌愚蒙。勿以尔官卑，而敢如聩聋。"儿子接到这首诗后，自然非常感动，史载许文深"官佛山时，常悬座右，故能廉洁自守，民情爱戴"。可见，家风的影响是很大的。

再次，是"立品为先"的教育结果。徽州十分重视教育，徽商有句名言："富而教不可缓也，徒积资财何益乎？"这已成为徽州人的共识。但徽州人重教又是以"立品为先"。清歙商许浩谆谆教子曰："作文以读书为主，读书以立品为主……勤读书而不知立品，譬之敝箧败篓亦尝贮典籍其中，人能使敝箧败篓不沦于粪壤芜秽者哉？"绩溪商人章策训勉已是诸生的儿子耀庚："尤以立品为先，词章为末，务崇实学，勿骛虚名。"清代黟县商人胡作霖，尝教其子曰："读书非徒以取科名，当知作人为本。""非关因果方为善，不为科名始读书。"可见，教育子弟立品、做人是徽州人的共识，他们都极其重视子弟的品德教育。由于从小树立了良好品德，将来一旦为官，必能做到清、慎、廉。

论明清徽商的职业教育

　　明清时期，随着商品经济的持续发展和繁荣，商人队伍不断扩大，形成了十余个大的商帮。①作为在全国商界执牛耳的大商帮徽商，也是在这一时期崛起并壮大起来的。处于万山丛中的徽州，随着人口的不断增长，早在明代就已经是"七山半水半分田，两分道路是庄园"。迫于生计，徽州人只得走出深山，迈向商海。当然，经过百折不挠的奋斗，有的人失败倒下了，有的人胜利立足了。榜样的力量是无穷的。前行者的成功，极大地鼓舞了后来者，大批徽人纷纷踏上商途，"到中流击水，浪遏飞舟"。到了明代中叶，正如时人所说："大抵徽俗，人十三在邑，十七在天下。"②有的地方经商人数更多，像歙县就有人指出："予邑（歙县）编氓，贾居十九。"③很多人家都是父业子继，形成一个个经商世家。

　　既然是父业子继，这就出现了二代、三代传承问题。新的一代虽然继承了父辈的事业，但他们不仅没有父辈的经商经验，更没有父辈艰难创业的深切体会，如何能够继承父辈的精神，发扬光大父辈的事业，这是父辈徽商不得不考虑的问题。职业教育也就顺理成章地提上了日程。尽管当时并没有职业教育的概念，但向后辈传授经商经验和技能，培养他们艰苦奋斗的精神，塑造他们完美的人格，这些事情实际上父辈徽商都是在一代一

---

① 参阅张海鹏、张海瀛主编：《中国十大商帮》，黄山书社1994年版。

② 王世贞：《弇州山人四部稿》卷61《赠程君五十叙》，明万历刊本。

③ 《歙县虬川黄氏宗谱·云景黄翁六十寿序》，清道光刊本。

代坚持实践的。而这一切实质上就是职业教育。

关于徽商的职业教育，目前学界已有一些论述，但还有深入研究的空间[①]。本文拟根据有关资料再作探讨，以就教于方家。

一、职业意识的觉醒

在长期的封建社会，重农抑商始终是历代统治者的不二国策。因此，商人的社会地位始终处于四民之末，"无商不奸"不仅成了历代社会的普通认识，而且商人的形象在文人创作的小说、戏剧中大多是人们讽刺嘲笑的对象。在这样的社会氛围下，经商成了很多人为了求生的最后的无奈选择。因此，旧的思想观念如果不能突破，经商就始终不能成为人们理直气壮的事业。

随着商品经济的发展，必然引起意识形态的变化，这一变化终于在明代中叶的思想界首先呈现出来。从南宋到明中叶，由于统治者的支持和提倡，理学一直是思想界的一统天下，大思想家王阳明受到陆九渊"心学"的影响，并将"心学"发扬光大，反对朱熹的"格物致知"说，认为"理"就在自己"心"中，"外心以求理，此知行之所以二也；求理于吾心，此圣门知行合一之教"。因此，他提出著名的"四句教"："无善无恶心之体，有善有恶意之动，知善知恶是良知，为善去恶是格物。"尤其是他对士农工商"四民"的认识："古者四民异业而同道，其尽心焉一也。"[②]第一次将工商与士相提并论。王阳明甚至更通俗地向普通大众指

① 学界虽没有直接论述明清时期的职业教育，但涉及商业教育的论文已有多篇。李琳琦早在1998年就在《从谱牒和商业书看明清徽州的商业教育》中第一次论述了徽商的商业教育，见《中国文化研究》1998年第3期。其后有宗韵的《明清徽商家庭商业教育述略》，见《安徽史学》2006年第3期；2016年汪婷婷的硕士学位论文《明清徽商商业教育研究》，见中国知网；张海英的《从明清商书看商业知识的传授》，见《浙江学刊》2007年第2期。另柴国珍的《明清山西商业教育摭论》专门论述了山西商人的商业教育，见《太原师范学院学报》（社会科学版）2004年第4期。

② 王阳明：《王阳明全集》卷25《节庵方公墓表》，上海古籍出版社1992年版，第941页。

出："虽经日作买卖，不害其为圣为贤。"①这在当时真是空谷足音。王阳明的"心学"理论在社会上产生了极大的影响，他的学生和信徒先后到徽州讲学，传播王学，王学又在徽州起到了极大的思想启蒙作用。

正是在王学的启蒙下，徽州人解放了思想，挣脱了陈腐的旧观念的束缚，职业意识觉醒了。他们在三个方面获得了认识上的突破：

第一，认为贾业不是贱业。嘉靖年间歙县许侔先接受父命去从商，营运于荆楚之间。他就曾对人说："人之处世，不必拘其常业，但随所当为者。士农工贾，勇往为先，若我则贾业者也。或辞利涉之艰，则大事去矣，奚以充其囊橐，裕身肥家乎。于焉苦其心志，劳其筋骨，以致富有。"②在他看来，"士农工贾，勇往为先"，四业是平等的，并没分什么高低，只要勇于去做，就能领先。贾业并没有什么不好，如果当初放弃贾业，"则大事去矣"，哪来今天的囊橐充盈，"裕身肥家"？显然，他不仅不认为贾业是贱业，而且还为当初选择了贾业而自豪。也是嘉靖时期，歙县人黄崇德当初就有志于举业，希望通过读书出人头地，但他父亲告诉他："象山之学以治生为先。"③象山即南宋的哲学家陆九渊，他和王阳明都是心学的代表人物，他们的学说在徽州影响很大。治生就是谋划生计，生在徽州。要谋生也只有经商了。在黄崇德的父亲看来，经商谋生为先，这是先哲们说的话。崇德理解了父亲的意思，乃弃儒从贾，挟资前往山东经商，经过几年奋斗，成了大贾。旋即又去两淮经营盐业，最终成为盐商"纲首"。

类似这样的人当然不止黄崇德一人，嘉靖万历时歙人江遂志也是如此。他自幼即雅意读书，希望通过科举之路光大门楣，可是"家计萧然"，"渐不能给朝夕"，他反复考虑后说："什一中人，殊可自振，安在屈首牖

① 王阳明：《王阳明全集》卷32《传习录拾遗》，上海古籍出版社1992年版，第1171页。

② 《歙县许氏世谱·西皋许公行状》，明隆庆抄本。

③ 《歙县竦塘黄氏宗谱》卷5《明故金竺黄公崇德公行状》，明嘉靖四十一年刊本。

下作庸腐生，冀不可知之遇乎？"①"什一中人"即是指商人。意思是说商人都能自己振作，我怎么能整天读书，做一个"庸腐生"，去期望那个根本不可知的目标呢？于是毅然弃儒从商。江遂志比起那些家徒四壁、箪食瓢饮，仍坚持苦读的人来，观念已是大不同了。在他看来，家计萧然、不给朝夕，仍然读书就是"庸腐生"，与其做一个"庸腐生"，不如做一个能够"自振"家业的商人。比他更早一些的徽人许太明，幼而聪慧，父亲初欲其习举业，后考虑到他身体不佳，乃命其经商。太明并不认为这是怆惜之事，反而说："人在天地间，不立身扬名，忠君济世，以显父母，即当庸绩商务，兴废补弊。"②如果一个人不能通过举业立身扬名，就应慷慨从商，兴废补弊。经商并不是什么低贱的事。

不仅男子有这样的认识，有的女子见识也很高。明正德年间，休宁程锁的父亲去世，父亲曾在外经商，尚有一些债权，可是程锁去讨债时却空手而返，但是他家又欠其他乡人的钱，"乡人踵门收债者无宁日"，母亲只好变卖妆奁还债。从此家境日衰，生理日艰。而程锁因尝受经文，仍心心念念对着书本，希望将来有朝一日蟾宫折桂。他母亲对他说："仰事俯育为生人事，功名身外物也，奈何以外物轻身命，堕先业乎？"③她头脑中并没有士农工商的尊卑之别，认为"功名身外物"，"仰事俯育"是每个人的责任。正是在她的引导下，程锁"承志服贾，起家累巨"。无独有偶。歙人吴士奇回忆，他的从祖鸿胪公嘉、万间之所有从商就得益于妻子的开导，妻子对他说："白首穷经，非人豪也。"④在妻子看来，死读书并非人中豪杰，有志男子就应闯出一番事业。

第二，业贾并非不如务农。在传统社会，由于统治者的宣传和提倡，人们总认为务农才是"正经"活，经商总有点"旁门左道"的味道，人们不在万不得已的情况下是不会走上从商之道的。这种观念在明中叶的一些

① 《歙县济阳江氏族谱》卷9《明光禄丞乡饮大宾应全公原传》，清道光十八年刊本。

② 《歙县许氏世谱》第5册《明故青麓许公行实》，明隆庆抄本。

③ 《休宁率东程氏家谱》卷11《程母吴孺人传》，明万历元年刊本。

④ 吴吉祐：《丰南志》第5册《从祖母朱状》，民国稿本。

徽商那里被冲破了。歙县许大兴，弘治嘉靖年间人，从高祖以来，世代务农，从未经商。有一天他突然悟道："予闻本富为上，末富次之，谓贾不若耕也。吾郡保界山谷间，即富者无可耕之田，不贾何待？且耕者什一，贾之廉者亦什一，贾何负于耕，古人非病贾也，病不廉耳。"①在他看来，以前人们之所以尊重农人而鄙视商人，就是因为农人一年到头辛苦劳作，付出十分，只获取一分的报酬，而那些奸商却获得相当农人几倍十几倍的报酬，这是很不公平的。但如果商人也像农人一样，只取十分之一的利润，那商人就和农人一样了。古人并非鄙视商人，而是鄙视那些贪图暴利的奸商。于是他理直气壮地携资业盐，"声名奕奕然盛矣"。

第三，商人并非不如士人。在传统社会，读书就可成为"士"，士为四民之首，商为四民之末，所以"士"的社会地位远高于"商"。但在明中叶以后，这一观念又发生了变化。在徽州一些人家厅堂都悬挂着一副对联："读书好，营商好，效好便好；创业难，守成难，知难不难。"该联语将读书与营商并列，并且认为这都"好"，只要效果好就是好事。这种观念在此前是不可想象的，是极其大胆的。充分反映了他们思想观念的解放、职业意识的觉醒。嘉、万间徽商程澧在经商有成后就常常感叹："藉能贾名而儒行，贾何负于儒？"②就是说，我现在名义上虽然是商人，但如果我一切按儒道行事，又有什么不如儒者呢？万历时徽商吴肖甫也说："岂必儒冠说书乃称儒耶！"③难道非要头戴儒帽、口述诗书的人才是儒吗？言下之意，自己虽然是个商人，没有所谓的"儒冠说书"，但他自认为懂诗书、行儒道，就是一个儒者。他的观念甚至比程澧更进一步了。明代歙县吴良儒九岁时父亲病故，家道中落，成人后他起初很想业儒，但母亲希望他从商以赡家。他想了一夜，终于想通了道理，第二天对母亲说："儒者直孜孜为名高，名亦利也。藉令承亲之志，无庸显亲扬名，利亦名也。

---

① 《新安歙北许氏东支世谱》卷8，嘉靖六年稿本。

② 汪道昆：《太函集》卷52《明故明威将军新安卫指挥佥事衡山程季公墓志铭》，黄山书社2004年版，第1102页。

③ 吴吉祜：《丰南志》第5册《光裕公行状》，民国稿本。

不顺不可以为子，尚安事儒？乃今自母主计而财择之，敢不惟命。"①他认为，业儒就是为了成名，成名就可带来利益，名就是利。如果秉承母亲之命从商，虽然不能显亲扬名，但赚取了利润，利也是名。业儒和从商实际是相通的。认识一旦飞跃后，他就心安理得地走上了经商之路，终于成为一个著名商人。难能可贵的是，他的母亲在他发家后，竟然笑着说出这样的话："幸哉！孺子以贾胜儒，吾策得矣。"②她认为如今经商发迹了，真是"以贾胜儒"，当初的决策完全正确。在那样的时代能有这样的认识可谓石破天惊！

综上所述，普通男子甚至妇女都有这样崭新的观念，说明当时职业意识的觉醒在社会基层绝非寥若晨星，至少在歙县和休宁已是较为普遍了，否则就不会出现"十三在邑，十七在天下"甚至"十九在商"的局面了。

当然，思想观念的突破、职业意识的觉醒并非使社会一夜之间就有突变，旧的认识仍然是有市场空间的。就在人们成批"下海"时，仍有一些人坚守旧观念。如嘉靖间歙人江珮，自己和仲弟从商，叔弟和季弟读书。有一次，叔弟在县官举行的考试中失利，父亲就打算让他弃儒服贾，叔弟也在犹豫，江珮就力劝道："夫农之望岁，固也。奈何以岁一不登而辍耕乎，且吾业已悔之，汝复蹈吾悔耶？"③显然江珮的观念完全是传统的。同时期的歙商吴烈夫已经经商多年，但其思想仍然认为"商贾末业，君子所耻"④。但从总体上来说，有这样观念的人还是不多的。

一个有趣的现象是，我们在翻阅徽州宗谱中的人物传记时会发现，只要传主是明代中叶开始经商，多会记载对经商的认识，反映那个时代新观念的出现是新现象，引起人们的重视。而到清代宗谱中的传记就基本没有这类记载了，说明人们已普遍接受新的观念，反映了徽州社会职业意识的

① 汪道昆：《太函集》卷54《明故处士溪阳吴长公墓志铭》，黄山书社2004年版，第1143页。

② 汪道昆：《太函集》卷54《明故处士溪阳吴长公墓志铭》，黄山书社2004年版，第1143页。

③ 《歙县溪南江氏族谱·撰述·故处士沙南江公墓志铭》，明隆庆刊本。

④ 吴吉祜：《丰南志》第5册《存节公状》，民国稿本。

普遍觉醒。

二、职业教材的编写

明清时期徽商职业教育的最大亮点是职业教材的编写，开创了在没有职业学校的情况下培训职业人才的新途径。

众所周知，父辈传授、师傅培养、自我感悟自然能够造就职业人才，甚至是商界高端人才，但这些途径毕竟只是凭借个人的力量。而绝大多数人的知识结构、经历经验、能力水平都是有限的，远远不能适应商业发展的需要。正是在这样的情况下，职业教材——商业书的编写和出版应运而生。

明清时期出版的商业书很多，张海英对此进行了系统的梳理，为后人研究提供了极大的方便。根据她的介绍，明清时期的商业书主要有：明代：黄汴《一统路程图记》八卷，隆庆四年刊；陶承庆《商程一览》二卷（《华夷风物商程一览》），万历间刊；余象斗《新刻天下四民便览三台万用正宗》，万历二十七年刊；周文焕、周文炜《新刻天下四民便览万宝全书》三十五卷，万历间刊；壮游子《水陆路程》，万历四十五年刊；商浚《水陆路程》八卷，万历四十五年刊；程春宇《士商类要》六卷，天启六年刊；李晋德《新刻客商一览醒迷天下水陆路程》（文中简称《客商一览醒迷》），崇祯八年刊；憺漪子《士商要览》三卷，崇祯间刊；鼎镌《商贾指南》（主要内容为余象斗《新刻天下四民便览三台万用正宗》中的《商旅门》）。清代：康熙间冯琢珩《辨银谱》；崔亭子《路程要览》二卷；乾隆年间赖盛远《示我周行》全三卷附续集；吴中孚《商贾便览》八卷；王秉元《生意世事初阶》（抄本）；王秉元《贸易须知》，光绪刊本；清末杨树棠抄本《杂货便览》；民国间重刊的《生意经络》（内称《贸易指南》，主要内容为王秉元的《贸易须知》）①。当然，上述介绍并非囊括无遗，

---

① 张海英：《明清商书及研究情况介绍》，见 http://www.360doc.com/content/12/0406/00/834422_201275368.shtml。

如明代休宁商人程大位著、万历年间刊行的《直指算法统宗》、清代浙江杭州新安惟善堂编的《典业须知录》、民国八年歙县商人吴日法编纂并出版的《徽商便览》、徽商编写的《便蒙习诊》（抄本）等，它们也都应属商业书的范畴，实际上也都是商业职业教材。

回顾明清时期的商业职业教材的编写，我们可以得出如下认识：

第一，在众多的商帮中，早在明代后期徽商就最先编写了一批职业教材，这是一个史无前例的创新。据管见所及，早在隆庆四年（1570）黄汴就编写了八卷本《一统路程图记》（又名《新刻水陆路程便览》《图注水陆路程图》）。在中国历史上，针对官员的职业教材出现很早，这就是历代的官箴。[①]北宋前期喻皓的《木经》和北宋后期李诫编写的《营造法式》可谓建筑行业的职业教材。但针对商人的职业教材此前一直未见面世。尽管中国的大商人在先秦就已崭露头角，他们也有很多经营理念和从商经验，《史记·货殖列传》中曾有过介绍，但还是局限于只言片语的语录，成系统的著作恐怕还没有。明代后期的徽商黄汴第一次编写了商人职业教材。他在《一统路程图记》自序中写道：

> 余家徽郡万山之中，不通行旅，不谙图籍，土狭人稠，业多为商。汴弱冠随父兄自洪都至长沙，览洞庭之胜，泛大江，溯淮、扬，薄庚燕都。是年河冰彻底，乃就陆行，自兖至徐，归心迫切，前途渺茫，苦于询问，乃惕然兴感，恐天下之人如余之厄于歧路者多也。后侨居吴会，与二京十三省暨边方商贾贸易，得程图数家，于是穷其闻见，考其异同，反复校勘，积二十七年始成秩。[②]

由上可知，黄汴此书历经二十七年方编好刊刻印行。该书分为八卷，罗列了143条水陆路程，这些路程不但记地名、间距，而且有关道路险夷、

---

① 见《官箴书集成》，黄山书社1997年版。

② 《一统路程图记序》，见杨正泰：《明代驿站考》（增订本），上海古籍出版社2006年版，第199页。

风俗美恶、物产丰歉、牙侩好坏乃至沿途食宿注意事项等，都有说明。例如卷一第四条路"北京至陕西四川路"，除了路程外，还写道："陕西栈道，自凤县四百二十里至褒城县，乔木夹道，有虎豹，无盗，皆大山，缘坡岭行，有缺处，以木续之，成道如桥，即栈道也。非若剑阁悬崖峭壁之险，一路有店舍，岩穴亦可宿，亦有带釜而炊者，种火以待来人……"卷五"南京由漕河至北京路"条又有说明："仪真闸通上江运舡，五坝过客货，须临大江，昼夜无盗，盐商时聚，地无所产。楠木商人聚于对江。自本县至淮安皆平水。邵伯之北，湖荡多，人家少，西高而东卑，水大之年，最怕西北风，巨浪能倒塘岸，舡不能过。贼有盐徒，晚不可行。舡户不良，宜慎……"卷七"湖口县由江西城至广大水"路，特加说明："湖口县不可艭船，怕西北风，南康官造一塘，取于泊舟。庐山在目，瓜蠡狂风，必不可过。自湖口至于康郎山，盗贼不时而有，江中强盗得财便休，惟此湖贼凶贪无厌，杀人常事……"这样的说明就非常有价值。类似的文字书中还有很多。

此书的刊刻起码说明两个问题，一是黄汴早在刚开始经商不久就认识到"程图"的重要，就是一个"有心人"了，经过二十七年的努力，终于编成此书。二是黄汴高度的责任感。他编书不只是为了供自己使用，而是要刊刻出版，让更多的人受益。他博采广收，"穷其闻见，考其异同，反复校勘"，所以此书价值很高。他的好友、苏州吴岫评价说："是书也，士大夫得之，可谓四牲览劳之资；商贾得之，可知风俗利害。入境知禁，涉方审直，万里在一目中，大为天下利益，实世有用之书。"①出版后在社会上影响较大，不断被他书引用转载。

第二，在明清时期出版的林林总总的商业书或职业教材中，徽商编纂的最多。自黄汴的《一统路程图记》刊刻后，休宁商人程大位又编纂了《直指算法统宗》，这是一本专讲珠算的教材。天启年间徽商程春宇又出版了《士商类要》。据时人歙县方一桂的序中所说：程春宇"早失所天，甫

---

① 《一统路程图记后序》，见杨正泰：《明代驿站考》（增订本），上海古籍出版社2006年版，第292页。

成童而服贾，车尘马迹，几遍中原，故土俗之淳漓，山河之险易，舟车辐辏之处，货物生殖之区，皆其目中所阅历；至于天文、世代、古迹、遗墟，又悉心推测访求，或得诸故老之传闻，或按残篇之记载，旁搜广摭，不啻若铁网取珊瑚，靡所漏佚。今虽倦游税驾，息影风尘，然一腔觉世深情，郁而不吐，则无以写照送怀，于是取生平睹记，总汇成编"①。几乎就在同时，徽商憺漪子天启六年（1626）又出版了《天下路程图引》，如他自己所说："余编水陆路程，自一至五十三为大江以南，五十四至一百为大江以北，又经纬之各省州县，凡疆理山川之缪辖，关津驿舍之次第，皆可按程计里，纵横贯穿，回环往复，分率参合，无一牴牾，如躔度交会而辰宿次舍不失分寸，如营卫周布而经络节穴不差毫发。"②全书记载明代水陆路程一百条，沿途各地的气候、物产、风景、名胜、食宿等也多有涉及，也是经商的必备参考书。到了清代，除了其他人编的商书外，徽商还编了很多职业教材，像《便蒙习论》（抄本）、休宁商佚名《江湖绘画路程》（抄本）、新安惟善堂徽州老典商写的《典业须知录》《典务必要》《当行杂记》、歙县芳坑茶商江耀华所撰的《做茶节略》、在沪经商垂六十载的徽人余鲁卿晚年总结自己毕生经验写成的五万余言的《经历志略》。民国期间徽商吴日法又编纂了《徽商便览》。可以说在众多的商帮中，只有徽商编纂的职业教材最为丰富。这不仅说明了徽商不愧为贾而好儒的商帮，很善于总结经商的经验，及时将它们形诸文字，同时也说明徽商对职业教育的高度重视，把它视为不可或缺的教育。

第三，随着徽商事业的发展，徽商越来越重视专业教育和培养，一批技术含量较高的专业教材相继出现了，这是职业教育的进一步发展。如果说最初的一批职业教材如《一统路程图记》《天下路程图引》是适应了当时徽商长途贸易的需要，那么当商业发展到一定程度后，徽商开始重视专

① 《一统路程图记后序》，见杨正泰：《明代驿站考》（增订本），上海古籍出版社2006年版，第299页。

② 杨正泰校注：《天下水陆路程　客商一览醒迷　天下路程图引》，山西人民出版社1992年版。

业教育了。徽商所从事的行业中，有的从业技术和要求较高，如做粮食生意的一定要知道各种粮食谷物的辨别、保管、运输以及各地的丰歉，做木材贸易的也要知道各种木材的识别、用途、运输的技术方法。尤其是典当业和茶业。典业最重要的是识货，凡金银、玉器、首饰、古董、绫罗绸缎、衣服杂物，林林总总，可以说产地不同，年代不同，品相不同，价值就不同，没有相当的经验和技术，是很难辨别的。更别说还有不少骗子以赝冒真，以次充好，其手段之高明令人咋舌了。在这种情况下，仅凭一个人的经验显然不够了，如能集中众人的经验，编成教材，让更多的业内人士受到教育，那结果就会大不一样。制茶也是技术含量高的行业，茶叶从收购到制成，中间有十几道环节，涉及的人员也非常多，只要一道环节出现问题，就会影响茶叶的销售，甚至造成亏损。正是基于这样的情况，徽商编写了一批专业技术教材。如《直指算法统宗》《典业须知录》《典务必要》《当行杂记》《看茶节略》《做茶节略》等，这些教材都是编撰者毕生经验的结晶，加上其他同行的经验，可以说是非常难得的教材。

三、职业道德的培养

任何一个行业都有自己的职业道德，否则市场就混乱，行业必衰败。这早已被历史所证明。在封建社会，虽然政府没有规定各行各业的职业道德，但封建政府制定的法律却规定了各行各业的从业人员不能触犯的底线。换句话说，政府没有规定从业人员应该怎么做，但规定了从业人员不能怎么做。正是在这样的前提下，各行各业都形成了自己的职业道德。职业道德虽然没有强制约束力，但人们普遍认识到职业道德不可或缺。商业自然也有它的职业道德，大多徽州人都认识到经商必须坚持商业道德，所谓"君子爱财，取之有道"。这个"道"就是商业道德。徽人既然毅然决然走上商途，那么如何才能培养应具备的商业道德呢？

徽商主要通过以下途径来培养：

一是长辈传授。这是徽商培养职业道德的主要途径。徽州俗谚："前世不修，生在徽州；十三四岁，往外一丢。""丢"到哪里呢？一种情况是随父辈、兄辈或亲戚经商，他们的言传身教，促使徽商逐渐形成商业道德。明嘉靖万历间婺源李大鸿，三岁丧父成孤，既长从诸父贾金陵、龙都间。①所谓"诸父"就是伯父和叔父。徽人汪忠浩在父亲病故后，家道中落，"乃聚余资，与伯氏为贸易计，远游淮泗间"②。绩溪章必林，"家故贫乏，偕仲兄佐伯兄外贸，寓于杭"③。他们都是跟随兄长从商。正德间休宁人金瑭起初在南京国子监读书，"既长，公释业归，则从父贾淮海"④。歙县许诞年十四跟随父亲"挟囊东游，商于太平郡"⑤。像这类跟随父兄、亲戚从商的徽人很多，平时长辈的言传身教，必然使他们受到潜移默化的影响，自然培养了他们的职业道德。如大商人汪忠浩就告诫即将接班的儿子说："汝曹职虽为利，然利不可罔也，罔则弃义，将焉用之？"⑥意思是说，经商当然是为了谋利，这是职业的需要，但利不可"罔"取，即通过不正当的手段获取，"罔"取就丢掉"义"了，这怎么行呢？更早一些的商人汪忠富也对经商的长子说："职虽为利，非义不可取也。"⑦明中后期休宁商程参随父程子镖在两淮业盐，就深受父亲的影响。"父任椎直，得鲁（程参之字）逡逡下人，人多附之。"⑧父亲为人朴实，程参也谦恭待人，所以人们都愿依附他们。后来生意做得很大。程参虽是商人，但人们评价他"操行出入诸儒"。他自己也说："吾父以朴示子孙，

---

① 《婺源三田李氏统宗谱·恩授王府审理正碧泉李公行状》，明万历刊本。
② 《汪氏统宗谱》卷31《行状》，明刊本。
③ 《绩溪西关章氏族谱》卷24《家传》，清宣统刊本。
④ 汪道昆：《太函集》卷46《明故太学生金长公墓志铭》，黄山书社2004年版，第969页。
⑤ 《歙县许氏世谱》第5册《邻溪行状》，明隆庆抄本。
⑥ 《汪氏统宗谱》卷31《行状》，明刊本。
⑦ 《汪氏统宗谱》卷3《行状》，明刊本。
⑧ 汪道昆：《太函集》卷48《明故处士程德鲁墓志铭》，黄山书社2004年版，第1026页。

即参不贤，愿师吾父朴。"①可见，徽商职业道德的养成，父辈传授功不可没。

二是在店中当学徒。如大盐商鲍志道，"年十一即弃家习会计于鄱阳"②，显然也是去做学徒。黟县舒遵刚，"君之习商于饶仅十四龄耳"③，以刊刻《知不足斋丛书》而闻名的大商人鲍廷博也是学徒出身，"少习会计，流寓浙中"。④类似这样十来岁就外出当学徒的现象在徽州十分普遍。乃至在徽州流传的《桃源俗语劝世词》中就有专门对这些学徒说的话："不要变，不要睖，纵有生意不长远。……收起心来重进店，安分守纪帮依家，和气决不讨依厌。朝早起，夜迟眠，忍心耐守做几年，嬉戏供鸟一切事，都要丢在那傍边。"这些学徒年纪较小，可塑性强，学徒生活非常清苦，这对养成艰苦奋斗的品质很有帮助。店中规矩、师傅管教又极严，几年培养下来，在长辈师傅的教导下，一般都能养成良好的生活习惯和职业道德。歙县汪处士，自小在上海学习典业，后自己开典，日渐饶裕，很多子弟随之经营。他治垣屋，"部署诸子弟，四面开户以居，客至四面应之，户无留屡。处士与诸子弟约：居他县，毋操利权；出母钱，毋以苦杂良，毋短少；收子钱，无入奇羡，毋以日计取盈。于是人人归市如流，旁郡邑皆至。居有倾乃大饶，里之富人无出其右者"⑤。可想而知，职业道德在诸子弟身上得到了很好的传承。

三是对历史经验的记取和自己的深刻感悟。徽商贾而好儒，他们无论在长途贩运途中或坐店经营的晚上，大多手执一编，读史学文，从历史书中汲取经验。黟县商人舒遵刚，年未三十即能创业，他极其爱好学习，经商"有少暇，必观《四书》《五经》，每夜必熟诵之，漏三下始已。句解字

① 汪道昆：《太函集》卷48《明故处士程德鲁墓志铭》，黄山书社2004年版，第1026页。

② 《歙县新馆鲍氏著存堂宗谱》卷2《中议大夫大父凤占公行状》，清刊本。

③ 同治《黟县三志》卷15《舒君遵刚传》，《中国地方志集成》安徽府县志辑第57册，江苏古籍出版社1998年版，第544页。

④ 钱泳：《履园丛话》卷6《渌饮先生》。

⑤ 汪道昆：《太函集》卷28《汪处士传》，黄山书社2004年版，第1026页。

释，恨不能专习儒业，其中义蕴深厚，恐终身索之不尽也"。他从中悟出了很多道理，经商就和市寰狡诈之徒不同，非常注意职业道德，他曾说："圣人言，生财有大道，以义为利，不以利为利。国且如此，况身家乎！人皆读四子书，及长习为商贾，置不复问，有暇辄观演义说部，不惟玩物丧志，且阴坏其心术，施之贸易，遂多狡诈。不知财之大小，视乎生财之大小也，狡诈何裨焉！"又说："钱，泉也，如流泉然。有源斯有流，今之以狡诈求生财者，自塞其源也。今之吝惜而不肯用财者，与夫奢侈而滥于用财者，皆自竭其流也。"①歙商鲍直润，佐父经理盐业，平时贸易不占小利，有人对此有意见，他说："利者人所同欲，必使彼无所图，虽招之将不来矣。缓急无所恃，所失滋多，非善贾之道也。"②这番道理显然是他悟出来的。徽商中为什么有那么多廉贾？因为他们深知贪贾是不能持久的，廉贾更久，廉贾归富的道理徽商是清楚认识到的，所以他们能够正确地处理本与利的关系，形成良好的职业道德。

如何处理义利关系是经商职业道德的试金石。正是在这块试金石面前，徽商彰显了自己独特的价值观。③

徽商职业道德的培养还有一条渠道就是得之于职业教材。明清时期不少商书——职业教材中都特别强调职业道德。经商首先就要守法。一些教材特别强调这一点，如程春宇的《士商类要》卷2《为客十要》第一条："凡出外，必先告路引为凭，关津不敢阻滞。投税不可隐瞒，诸人难以胁制。此系守法，一也。"明李晋（留）德《客商一览醒迷》也写道："爱身须守法，保有在安常。"就是说："要求辱不加身，凡事依理守法。欲保不失所有，切戒妄想贪求。"④该书在另一处也说："货至榷场，必须实报，

---

① 同治《黟县三志》卷15《舒君遵刚传》，《中国地方志集成》安徽府县志辑第57册，江苏古籍出版社1998年版，第545页。

② 《歙县新馆鲍氏著存堂宗谱》卷2《中议大夫大父凤占公行状》，清刊本。

③ 王世华、朱小阳：《论徽商的价值观》，《北京联合大学学报》（人文社会科学版）2016年第2期。

④ 杨正泰校注：《天下水陆路程　客商一览醒迷　天下路程图引》，山西人民出版社1992年版，第304页。

毋为小隐，徼幸欺瞒，查出倍罚，因小失大。间有船户求赂走关，客图便宜胁从。及至追至，本钱倾丧，为商幸毋为此。"（以下引用不注出处者均见该书）经商就是为了赚钱，但君子爱财，取之有道。此书写道："钱财物业，来之有道，义所当得者，必安享永远。若剥削贫穷，蒙昧良善、智术巧取、贪嗜非义，虽得之，亦守之不坚。""与人交际，刻薄取利，锱铢不饶，握算贫人，逼至鬻卖。纵然致富万金，捐财施舍，造桥建寺，徒慕外福，亦无功德，以其本心无仁厚也。"作者提出："厚利非为我利，轻财方是吾财。"他进一步解释道："经营贸易及放私债，惟以二三分利息，此为平常无怨之取。若希七八分利者，偶值则可，难以为恒。倘存此心，每每欲是，怨丛祸积，我本必为天夺而致倾覆也。"教育商人要本心仁厚，不能刻薄贪婪，要舍得施与，"吝己不好施与者，其性多贪，所入亦狭，常恨不足。大度广布博济者，其心多仁，所处亦宽，必自有来"。待人、接物、持家，一定要做到"和"与"俭"，所谓"和能处世，俭能治家"，"不勤不得，不俭不丰"，要"居安思危"，"难成者事业，易散者钱财"，"路钱勿负，恩债必偿"。就是说："出外与各口岸店肆，赊借银钱酒饭之类，切不可负。恐一旦重逢，体面何存，再遇缺乏，谁肯赊借？又恩德之债，尤当加倍奉偿。"凡此种种，无非教育商人要诚信、勿贪、和气、仁义、勤俭、报恩等，这都是为商应具备的商业道德。这些职业教材流传甚广，相信不少徽州商人都会看到读到，这对建立他们的商业道德应是大有裨益的。

四、职业技能的传授

经商贸易看起来很简单，似乎只要懂得算账就行了。实际上远不是这样。要想成为一名成功的商人，除了具备一定的文化素养和职业道德以外，还必须具备相应的职业技能。徽商之所以能够持续发展数百年，而且成为全国的著名商帮，很多徽商奋斗十几年二十几年就能成为中产以上的大商人，这与他们具有较高的职业技能是分不开的。

徽商的职业技能通过什么渠道传授的呢？一般来说，有以下几种渠道：

一是亲人培养。很多徽商从小就跟随父亲或兄弟或亲戚在外经商，自然父兄亲人会手把手地培养他们的职业技能，天长日久，耳濡目染，他们只要勤奋好学，悟性又强，经过若干年的努力，都能成为一名"良贾"。歙县商人王子承在蜀地经商四十多年，由于他讲求忠信，"务推赤心望入人腹，不招而集，不约而坚，蜀人蚁附之，片言可市，无评价，无求良，无干利权，无畔盟主。甚者若家人父子，聚族质成。言出惟行，无抗无坠。久之则雠结待命，孚若豚鱼，来则交臂受成，去则喁喁内向。忠信行于蛮貊，固非虚言。"①事业获得空前成功，而且"诸弟诸子从之游，分授刀布，左提右挈，咸愿与之代兴，各致千万有差"。尤其是他的长子跟随他多年，不仅领会他的商业道德，而且学到了他的经商技能，他晚年就不无得意地说："长子世纲，尝从老夫戮力起蜀，命之受蜀故业，庶几习蜀事而餍蜀心。"②能够"习蜀事而餍蜀心"，就是不仅熟悉自己的事业，而且得到蜀人的拥护。清歙人程廷柱，"随父侧奔驰江广，佐理经营"。在父亲的言传身教之下，很快掌握了经商的技能，并能独当一面，所以父亲命他"总理玉山栈事，增置田产"，以后又"创立龙游典业、田庄"。③很显然，程廷柱已成为一个成功的商人。清绩溪人章传仁，"偕兄弟兴贩稻粱于宛陵"，贩稻粱也是有技术含量的，弄不好也要亏本，但他善于判断形势，做出决策，所以"亿（决策）每多中"，"不数十年，遂以起其家"。④可想而知，与他一起经商的兄弟也会掌握很多经营技能。如果他们各自独立经商，相信也会是一名优秀的商人。

二是师傅指导。从小在店中学徒的徽商，他们的经商职业技能大多得

① 汪道昆：《太函集》卷17《寿域篇为长者王封君寿》，黄山书社2004年版，第369页。

② 汪道昆：《太函集》卷17《寿域篇为长者王封君寿》，黄山书社2004年版，第370页。

③ 《歙县程氏孟孙公支谱·程廷柱传》，清道光抄本。

④ 《绩溪西关章氏族谱》卷24《家传》，清宣统刊本。

自师傅的指导。在店中学徒，一般来说是技术含量较高，非师傅指导很难掌握的技能，如典铺、绸布店等。徒弟能否学到真本事，主要看你是否"有心"。俗话说"凡事留心皆学问"，师傅们迎来送往的礼貌态度、待人接物的言谈举止、经手买卖的方法技巧等，只要处处留心，就能学到很多东西。歙人鲍直润，"十四赴杭习贾，贾肆初入者惟供洒扫。居半年，虑无所益，私语同辈曰：'我曹居此，谁无门闾之望，今师不我教，奈何？请相约，如有所闻，必互告勿秘，则一日不啻两日矣。'师闻而嘉之，遂尽教"[①]。见到如此好学的徒弟，哪位师傅不愿意"尽教"呢？他学徒期满后，又辅佐父亲经理盐业，"课贵问贱，出入罔不留意。遇事必询，询必和其辞色，虽厮仆亦引坐与语，以故人多亲之。市价低昂，闻者莫之或先"[②]。处处留意，又虚心求教，经商本领不断提高，终成一位著名商人。为了使事业后继有人，有的师傅将自己毕生的经验总结出来，教给徒弟。例如，清代一位终身业典的徽州典商在晚年就将自己的经验写成《典业须知录》[③]，获得同仁一致赞许，并由杭州新安惟善堂资助刊印，"分送各典，使习业后辈，人人案头藏置一本，得暇熟玩"，领会其中精神。该书中就有很多技能传授的内容，如《炼技》篇：

> 学生晨起，添砚水，磨墨，整理账桌废纸断绳，扫地帚灰。各事做毕，一要齐在柜内，谨候开门。见票寻货，若起落人后，一事未理，典长见之，必加斥责。再，柜上收下银洋，抹净盖印，必先学看，辨其色面花纹之正否，听其声音之好否，真假之分别，认真习学，自然看出而益精矣。晚上学搁取票结取，总覆当出。但算盘书字银洋，件件要精，五者缺一，吃亏非小。况典业之中，进出之大，人皆谓大行大业。见闻多广，天然出色，事事皆能。若不能如此，被人误议，背后嘲笑。混充场面，摇摆人前，顾影自思，亦知愧否！

①《歙县新馆鲍氏著存堂宗谱》卷2《中议大夫大父凤占公行状》，清刊本。
②《歙县新馆鲍氏著存堂宗谱》卷2《中议大夫大父凤占公行状》，清刊本。
③《典业须知录》，抄本，现藏哈佛大学哈佛燕京图书馆。

又如《细心》篇：

> 早晨归包，务必认真，不可将就，虚行做事。现今存箱包多，架上务要整齐。铜、锡等物，须得摆好，不可损伤。切莫贪懒，勤力惜物，可获延身。倘若贪懒，糟蹋人家货物，天损阴德。包弄有牌落也，务望认真追查挂好。地下小票，随手捡入字篓。每逢包层，概设字篓以便而放。且归回楼，必须看明某字千百号头，归于原处。切勿贪懒，因其项仓费事，随意乱归，以了门面。收票复到，忘记何处，误事不小。凡挂牌等事，务要细心，认真对准小票号头、当本件数，不可乱挂，一或错误，因错误赔累非轻。

再如《扼要》篇：

> 凡写账缺，极重之任，非儿戏也。宜于早起，端整当簿。随将付出当，过数明白，并要留心票上年月字号无错，随手添好日子。每逢初一，最宜留心，尤恐误用上月之票。无事切莫走开，耐坐少过，倘遇要事，央人代庖，须知责任非轻。若遇粗心，见账上无人，坐下代写，夹张重出，日子写错，关系非轻，望加意焉。

这些都是非常具体的指导，也是作为师傅对徒弟职业技能的最好指导。

另外，《典业须知录》中还有《典中各缺慎言择要》篇，对典中的每个岗位如典东、执事、司楼、管首饰、掌头、副楼、副业、学徒甚至厨房上灶下灶、打更司务等各岗位都有明确的规范要求。对写当票、卷包等工作也特别提到了注意事项。

可以想见，如果典中各人都能对这些从业技能勤学勤练，铭记在心，绝对能够成为一名称职的典铺从业人员。

三是教材传授。徽商职业技能的获得，相当一部分是得之于职业教材。如明代徽商程春宇选辑的《士商类要》，从书名看似乎主要是给士人看的，但从内容看，则完全是给商人看的。其中就有不少经商技能的传授。对出门行贾的一系列环节都交代得清清楚楚。

出门。卷2《客商规略》写道："夫人之于生意也，身携万金，必以安顿为主，资囊些小，当以急趋为先。但凡远出，必先告引（指领取路引）。搭伴同行，必须合契，若还违拗，定有乖张，好胜争强，终须有损。重财之托，须要得人，欲放手时，先求收敛。未出门户，虽仆妾不可通言；既离家庭，奔程途而贵乎神速。"同卷《为客十要》："凡出外，先告路引为凭，关津不敢阻滞。投税不可隐瞒，诸人难以协制。此系守法，一也。"

乘船。《客商规略》："若搭人载小船，不可出头露面，尤恐船夫相识，认是买货客人。"怕船夫贪财，顿生歹心。《船脚总论》说得更详细："且以雇船一事，必须投牙计处，询彼虚实，切忌贪小私雇，此为客之第一要务也，虽本地刁钻之人，尚难逃其术，何况异乡孤客哉。如新下水，新修捻，件物家伙不齐整，或齐整家伙，与船大小不相对，乃借来之物。及邋遢旧船，失于油洗，人事猥衰，必是少债船也。其看船之法，须是估梁头，算仓口，看灰缝干湿，观家伙齐整，方可成交。谚云：'雇船如小买。'诚哉斯言也。"《为客十要》："凡行船，宜早湾泊口岸，切不可图快夜行。"如果你雇船运粮，更要仔细检查船仓（舱），"后仓马门、梁眼、梁缝，于补缺的小板，防是活印子，俱要先用封条贴过，方许铺仓"。"受载之时，各仓俱记小数，不可听其混装，常观前后，照管两傍。"防止船家做各种手脚。

住店。《为客十要》："凡店房门窗，常要关锁，不得出入无忌。铺设不可华丽，诚恐动人眼目。此为谨慎小心。"《买卖机关》："有物不可离房，无事切宜戒步。"就是说："鼠窃之徒，有心窥探，或暗通己仆，结为内应，伺主他出，即潜入盗偷，故房门常宜关锁，出门宜早回也。"

投牙。明清规定，客商买卖货物，必须经过牙行，不得私自交易。如何识别牙人？同卷《买卖机关》写道："投牙三相：相物、相宅、相人；入座试言：言直、言公、言诈。"所谓相物，就是观察牙行所用物件。经验是"物古不狼，老实节俭"。具体说就是："凡观人家所用物件，不可因其古旧，即以为贫，非狼藉破坏不堪，必老实俭朴好人家也。"所谓相宅，即观察牙行居宅。经验是"宅新而焕，标致奢华"。具体说就是："人家居宇精致，物件研明，分外巧样，是好奢华之人，内囊必无积聚。"所谓相人，就是看牙人衣着服饰。经验是"百结鹑衣，贫穷之辈""异装服饰，花子之流"。那怎么试言呢？作者也一一传授，"问价即言，大都不远。论物口慢，毕竟怀欺"。"相见恭而席丰，货快有价。跟随缓而款略，本少且迟。"具体说，"牙人初会，恭敬出于分外，酒席破格丰盛，仆从欢腾，快意甚炽，则知货有价而锋快也。客到主家，仆不甚紧随，款待疏略，不以为意，非货迟滞，而因本少也"。

如果是贩运粮食，作者在《杂粮总论》篇又有详细指导。"欲贩芝麻、菜子，须问油价如何。"这就是经验，油价高，可贩；油价低，不可贩。作者还明确指出，某处芝麻、菜子质量高，出油率如何，某处芝麻、菜子质量差，不可购买。"糙米须看糠之粗细、皮之厚薄、开手软硬、谷嘴有无，再看颗粒饱满、干硬无稻者为高。""小麦清深皮厚者面少，饱有皮薄者面多。""菉豆全青者皮厚，取芽菜最高；蜡皮者皮薄，洗真粉第一。""黄豆无灰土、肥圆寡净、精神沉重者，多油；青花黑杂、有㿉毛衣、土珠、破损者，油少。"至于这些粮食到哪去买较好，书中又一一做了交代。在《经营说》中作者再次总结了一些原则："黄豆买精神，圆稳无灰干可籴。芝麻估油汁，黄尖有串润休贪。米无水脚方宜积，麦有空头莫买他（它）。子花算衣重，无黄囊姜瓣者可置。棉布要白净，看子眼紧密者为良。油若昏沉终有假，饼多砂土不为佳。"

在《贸易赋》中，作者提出作为一名商人的最高境界："贵莫贵于顺天，大莫大于得地，重莫重于知人，神莫神于识物，巧莫巧于投机，妙莫妙于遇时。气宜清健，性要图灵。求财虽赖于万物，妙用全仗乎一人。有眼力者，识人识物；有口才者，辩是辩非；有心智者，知成知败，为人身之至宝，实贸易之真宗。三者贤，江湖散诞之仙。三者拙，途路奔忙之子。"

类似这样的内容书中还有不少，我相信，作为一名商人如果认真阅读此教材，一定会得到不少感悟，迅速成熟起来。

明清时期，这方面的职业教材很多，不少都有职业技能的传授。被誉为"明清时期商业文化的代表作"①的吴中孚辑《商贾便览》，就有不少此方面的内容。卷2《工商切要》中关于"学徒称呼须知"写道：

> 子弟投师学贸易，先分尊卑称呼。行铺正主为师，并有总管，及正店官带徒者，此皆专管专教之师，本称老师。同事中有年长过我二十以上者，均当以老师老伯称之。年长十岁以上者，以老叔称之。年长数岁及先后学徒，年长者皆以老兄称之。惟后来学徒，年小于我者，方可以老弟呼之。一切来往客友，总以尊长贵重称之。无紧急事，不可高声呼尊长之名。常时须平吉和容，称呼答应乃为善也。

关于"学徒任事切要"，说得更明白：

> 初入门数日，当侍立众店官之侧，或立久方许坐。从低末之处，眼看前班伙徒每日所执一切之事，谨记在心。此数日递茶装烟谅可，过了十数日，行主老师及店官渐有逐事吩咐，授执跟学。
>
> 大约清早起来，相帮下小店门板，开光窗门，打扫各处灰尘，抹洗各局上及桌凳物件污迹，捡齐各处要用小物件及样货，照原铺摆，自洗面燃神位香灯拜揖，耳听店主及师长卧起，即侍候梳洗茶烟。到库房门外间发各草簿物件，捧入局内放置原处。
>
> 早餐摆定桌凳，安放碗箸。有客侍候，上酒饭茶烟之事。若师长吩咐吃饭，虽一面自己吃饮，眼仍要顾客酒饭茶烟之事。餐毕捡拾碗箸等物抹净桌。
>
> 上午听店长吩咐，或入局侍立侧末，跟众伙执习轻便之事，莫乱说话；或命走动，有事听明记心，即开步就去，小心慎重，做来回

---

① 陈学文：《明清时期商业书及商人书之研究》，"中华发展基金"管理委员会、洪叶文化事业有限公司联合发行，1997年，第197—222页。

复。中饭及下午各事照前，或有余闲，不得闭眼偷睡，恐客忽至，要奉茶烟。即无客至，亦须寻问些轻便之事去做。

傍晚各处灯台油烛上好，安放妥当原处，相帮捡拾外局上各物件，上小铺门板，关闩好窗门，点神位香灯拜揖。夜餐后，各事毕，候过师长，不得即进房安睡，须到闲静处，或自一人、或邀伙徒同习算盘，或学字信，必要做过半个时久，方许就寝。

总须晏眠起早，莫懒惰好吃。遇天雨之日，众伙闲坐时，方可请教师长看银水、学算盘、讲书信及生意各事。其由生而熟，自拙而精，皆在留心观听，思慕之勤，神到自明矣。

这些教导都是从细微处入手，对于一个尚未成年的学徒来说，是非常切合实用的，如照此去做，就不会手足无措、动辄得咎了。

同卷对于欲开行铺的人也有很具体的技术指导。首先选地点，"行铺马头择闹热"：

凡开行铺须择当市马头聚集之所，取舍自有机风，来往人繁，贵贱可得权通。买卖既大，高低亦能合售，果是公平交易，客顾必定源源。若或吝惜租金，愿居冷市，即肯十买九卖，难得舍近取远。不顾闹中现成之处，而慕冷街静巷之家，恐未必也。惟有独行专卖，或作囤货栈所，庶几可矣。

地点选好了，建什么样的铺面，也有讲究，"行铺屋宇要坚牢"：

凡开行铺，屋宇必要土库高楼，不但火烛无虞，且盗贼亦难侵害。即在小本开店，门壁尤要坚固。店高柱大，规模恢宏，人加神气，生意必兴。旧店柱小，日怕风雨，夜怕贼撬，倘一疏失，悔之不及。

如何经营行铺，作者提出要有规模，要立章程：

凡开行铺，无论大小要有规模，章程人物整齐。屋虽旧小，必要打扫灰尘，局橱桌凳不华，务在洗抹洁净。家伙或可简省，必须坚固得用。规模纵小，摆设合宜，取则便手，放物不移。掌总掌局，管钱管银。重设副正，繁有帮人。收进发出，内查外寻。访探行情，辨货贵真。走水采买，脱陈留新。经手赊账，责成取身。司厨司杂，粗工学生。熟识接客，主人待宾。敬公罚私，强去和留。奖勤责怠，褒智教愚。始终如一，行店可兴。至于京苏楚粤，谋大事繁，不同慎者，宁安朴实，智者必扬才情。

行铺开办，必须用人。用人不当，生意必败。作者提出："因人授事，量能论俸"：

行铺事繁，用人必多。授执合宜，诸凡妥帖。贤愚倒置，事必乖张。第一在管总，统事库房；次则内外店官，买卖水客，访市辨货，接对客友，查收各账；又次则寻船、下货，管栈出入，收拾货物；又次则杂物粗工炊爨等事。授事论俸，无不各适其宜。至于忠公勇往，尽义竭力，此则又在褒奖敬酬之列也。

凡此种种，均是十分具体的指导，对一名初涉商途的人来说是非常有用的。对于如何开店经营、如何与顾客打交道，也都有所指导。另外作者长期从事粮食贸易，积累了很多经验，对如何分辨五谷及菜子质量高低、产地品种差异都有详细的介绍。

典当行业公认技术含量最高，职业技能也显得最重要。所以这方面的教材就特别珍贵。如果说《典业须知录》主要是指导典铺学徒的行为规范，而较少涉及看货识货的具体技术的话，那么《典务必要》和《当行杂记》①两书则基本上都是谈看货辨货的具体专业技术了。《典务必要》分珠论、宝石论、论首饰、毡绒、字画书籍、布货、皮货、绸绢等篇，每篇又分很多细目，介绍了各种物品的产地、规格、价目与辨别真伪的法则。《当行杂记》分当行论、看衣规则、看金规则类、看珠宝规则类、看铜锡类、看磁器规则、看字画谱等各篇，每篇之内又详细介绍各地各种产品的辨认法则。该书作者年十五即入当行，"每有所见闻者，偶即抄记之，积之渐多……经久凑成一本"。作者所抄者，"重在看物之真假，辨物之时古，评物之高低，知物之土产、地道、成全、制造，无有不记"。因此内容十分丰富。如能熟记这些内容，再加上自己的实践经验，职业技能就会大大提高。

当然，一些技术含量较高的行业，职业技能的培养往往采取秘密的方式进行，特别是典当业和制墨业。比如《典务必要》和《当行杂记》之所以我们今天只能看到稿本或抄本，就是因为两书中都有较多的看货辨货的技术要领和秘诀，主要在本铺职工内部传播，一般是不刊刻出版的。胡开文、程君房、方于鲁、曹素功等的制墨技术包括后来的张小泉制剪技术也只是在家庭内部代代传授，而不公开传播的。这与其说是私有制下的技术封锁，毋宁说是对知识产权的保护，我认为是无可厚非的。

五、余　论

明清时期的职业教育得到了长足的发展，其重要表现之一，就是大批职业教材——商业书的编纂、出版。这些教材出版后又被别人转抄、综合、再版，在社会上产生了广泛的影响。

明清职业教育是我国历史上的新现象，可以说是开了我国大规模职业

---

① 丁红整理：《典务必要》（稿本），齐思整理：《当行杂记》（抄本），均见中国社会科学院近代史研究所、近代史资料编辑室编：《近代史资料》总第71号，中国社会科学出版社1988年版，第88—145页。两书作者都佚名，从"无徽不成典"的谚语和徽商"贾而好儒"的特色来看，作者可能是徽州典商，有待考证。

教育的先河。虽然，历代官箴书的出现，也算是职业教育的一种形式，但它主要还是做官规范方面的教育，还不能算是真正意义上的职业教育。宋代出现的《营造法式》也可算是建筑行业的职业教材，但它也是单一的建筑技术方面的传授，也很难算是真正意义上的职业教育，而且上述两种规模都极其有限。只有明清商业界才是真正意义上的职业教育，它既有职业教材的出版，又有职业道德的培养，还有职业技能的传授。而且规模大，受众多。从这些职业教材的内容来看，它所传播的绝大多数都是正能量。很多教材都强调作为一名商人首先要守法，如实缴税，要遵守商业道德，还提出了不少做人的行为规范。所以明清职业教育的发展，对提高商人的职业素养、繁荣商品经济、净化商品市场，都是有重大意义的。

在明清的职业教育中，徽商表现得十分突出，他们高度重视职业教育，不仅较早地编写了职业教材，而且在明清职业教材中，徽商编写的教材数量在所有商帮中也最多。当然，徽商的职业教育，不仅仅是依靠教材，更多的是父兄传授、师傅培养。徽商能够代代相传、后继有人，又出现了那么多优商良贾，延续数百年之久，重视职业教育是重要原因之一。

名与责：徽州妇女守节的"经"与"权"

——以《新安女行录》《新安女史征》为例

新安号称"闺门邹鲁"①，这是封建社会非常高的美誉。由此可知，徽州节烈妇女最多。清代徽州人赵吉士说："新安节烈最多，一邑当他省之半。"②《新安女行录》的作者亦言："郡志载四百余人，录入名贤文集、诗篇传述者指不胜屈，郡邑给额旌门，几于比屋可封。"③细究起来，可能谁也说不出一个具体的数字。这种现象十分奇特，很值得研究。关于徽州节烈妇女问题，前人已有不少成果④，分别从不同的角度论述了徽州节妇出现的原因、类型及行为方式、守节依靠、宗教信仰、宗族控制、社会公益活动等，深化了我们对徽州节妇的认识。但这一问题仍有探讨的空间。我们看到，在徽州有的妇女以身殉夫，有的妇女却并未身殉，为什么她们

① 程云鹏：《新安女行录》卷14《敕建节孝祠记》，见董家魁校注：《〈新安女行录〉〈新安女史征〉》，安徽师范大学出版社2018年版，第101页（以下凡引自此书者，均直接标注为第××页）。

② 赵吉士：《寄园寄所寄》卷2《镜中寄》，黄山书社2008年版，第62页。

③ 程云鹏：《新安女行录·凡例》。

④ 王传满于此发表了多篇文章，主要有《对明清徽州妇女守节依靠的研究》，《晋中学院学报》2009年第6期；《徽州地理人文环境与明清徽州节烈现象》，《青岛大学师范学院学报》2008年第3期；《徽州女祠与节烈妇女》，《阿坝师范高等专科学校学报》2008年第3期；《妇女节烈旌表制度的建立与沿革及其影响》，《武汉科技大学学报》（社会科学版）2008年第5期；《明清时期战乱等暴力因素与徽州节烈妇女》，《宝鸡文理学院学报》（社会科学版）2008年第6期；《明清社会贞节观念的强化及其实践——以明清徽州为中心的考察》，《唐山学院学报》2009年第1期；（接下页）

都被称为节妇？换句话说，殉夫就是守"经"，守封建道德之"经"，不殉，就是用"权"，即"权变"。那么，丧夫之妇在什么情况下守"经"？在什么情况下用"权"？徽州地方知识精英又是如何看待妇女"守经"与"权变"的？他们的思想对妇女的命运影响如何？本文拟从这个角度并以《新安女行录》和《新安女史征》两书为例，对这一问题进行探讨。

《新安女行录》现藏于美国国会图书馆，二十卷，四册，似属孤本，为歙县程云鹏所编撰。程云鹏，字华仲，号分斋、凤雏，别号香梦书生、章堂先生，歙县岩镇人，生活在清康熙、雍正年间。由于先辈在湖北经商，程云鹏寄籍江夏县，长大后攻举子业，但科场不顺，最后仅为湖广武昌府江夏县岁贡生候补训导，乃以授徒为业，兼以行医。一生著作很多，多已散佚。②他曾在歙县老家守先人庐墓期间，自忖"穷谷病叟，身享太平，思报国恩，独惟文章"，于是编撰了《新安女行录》。"是集尽载诸淑

---

① （接上页）《明清徽州妇女节烈行为的主观因素》，《大连大学学报》2009年第2期；《明清徽州节烈妇女的家庭义务》，《中共合肥市委党校学报》2009年第3期；《明清徽州知识精英对节烈妇女事迹的张扬》，《湖南第一师范学院学报》2009年第6期；《民间大众口头称颂与明清徽州节烈风气》，《巢湖学院学报》2009年第5期；《明清徽州妇女明志及保节方式》，《淮北煤炭师范学院学报》（哲学社会科学版）2009年第5期；《明清时期徽州地区宗族势力对节烈妇女的控制》，《中华女子学院山东分院学报》2009年第6期；《明清徽州节烈妇女的孝道、母道和妇道述评》，《商丘师范学院学报》2009年第11期；《明清徽州节烈妇女的宗教信仰》，《中国石油大学学报》（社会科学版）2010年第1期；《明清徽州节烈妇女类型及贞节行为方式》，《温州职业技术学院学报》2010年第2期；《明清徽州妇女节烈现象与徽州社会》，《南都学坛》（人文社会科学学报）2010年第1期；《明清徽州节烈妇女的牌坊旌表》，《文山学院学报》2010年第2期；《明清徽州节烈妇女的社会公益与慈善活动》，《理论建设》2014年第6期。另见周致元：《论明清徽州妇女节烈风气的综合动因》，《徽州社会科学》1995年第1—2期；周致元：《明清徽州妇女节烈风气探讨》，周绍泉、赵华富主编：《'95国际徽学学术讨论会论文集》，安徽大学出版社1997年版；陈九如：《明清徽州妇女节烈观的成因》，《淮南师范学院学报》2001年第4期；王晓崇：《徽州贞节牌坊与节烈女性》，《社会科学评论》2007年第3期。

② 参见童岳敏：《美国国会图书馆藏〈新安女行录〉述略》，《安庆师范学院学报》（社会科学版）2016年第6期；赵敏：《美国国会图书馆藏孤本〈新安女行录〉》，《图书馆杂志》，网络出版时间：2017-05-03，网络出版地址：http://kns.cnki.net/kcms/detail/31.1108.G2.20170503.0644.006.html；《新安女行录》卷19《懿孝程孺人行状》，第132—134页。

德，其文或传或赞，或志、铭、诔、状、墓、表、堂记、寿叙、祭章及杂作小纪，有一端可表见，皆为撰录。""是书备国史采用，故只列家讳，不叙亲族，以示大公。唯称孺人，以从乡俗。"①为了确保所录人物事迹的真实性，"或有传闻，或由请托，必袖米徒步履其境地而核实以书，否则宁阙而不录。"②可知其著书态度是很严谨的。此书共收入文章127篇，记录了徽州一府六县350多位妇女的事迹。雍正八年（1730）程云鹏逝世，《新安女行录》已完稿，但未付梓，直到二十年后的乾隆十五年（1750），其外孙吴宽为之作跋并付梓传世。

《新安女史征》不分卷，一册，清代汪洪度编撰。汪洪度，字于鼎，号息庐，又号黄萝，歙县千秋里（今松明山）人，明代文学家、兵部左侍郎汪道昆曾孙。出生于清顺治三年（1646），髫年即工制举业，尝偕弟文治公读书焦山，一试而见赏于学使者，名俱首列，时人有"二汪"之称。不幸屡踬场屋，试皆不售，故终身未入仕途。他专精古学，旁及诗词书画，时人誉其无一不臻其极。清康熙年间，歙县县令靳治荆修县志，曾延请汪洪度编撰山水志。他还著有《息庐集》六卷、《黄山领要录》二卷等。

汪洪度曾对其侄孙汪淳修说到编撰《女史征》一书的目的："吾乡妇德自古称奇，但苦寒者多，无力显扬，故我作《女史征》一书，以补旌表所不逮。"③此书于清康熙四十五年（1706）刊刻出版。后来其家不戒于火，诗文刻板皆毁。乾隆三十七年（1772），其侄孙汪淳修号默人重刻。《新安女史征》共收入文章47篇，"凡其乡之苦节奇行，并据其实而登于篇"④。

《新安女行录》和《新安女史征》集中记载了徽州妇女的贤孝节烈、贞静婉嫕之德，是研究徽州节妇极重要的资料。

---

① 程云鹏：《新安女行录·凡例》，第9页。
② 程云鹏：《新安女行录·叙》，第5页。
③ 汪洪度：《新安女行征·序》，第152页。
④ 汪洪度：《新安女行征·序》，第150页。

一、名声大于生命：徽州妇女守节之"经"

作为"闺门邹鲁"的徽州，在理学思想的长期浸润下，"新安奉程朱之遗教，人人自奋于春风化雨中"。[①]"女子从一而终""饿死事小，失节事大"这些观念深入人心，尤其是深入妇女之心。正如一首诗歌写道："女身虽甚柔，秉性刚似铁。读书虽不多，见理亦明决。女子未字人，此身洁如雪；女子既字人，名分不可亵。"[②]名分既定，如果违背了，名声就要受到极大影响。丈夫去世，如果改嫁，就是违背了"从一而终"的古训，也就违背了名分，必处处受到歧视。这已经成为一种风俗。正如方志所载："彼再嫁者，必加之戮辱，出必不从正门，舆必毋令近（进）宅。至穴墙乞路、跣足蒙头，儿群且鼓掌，掷瓦石随之。"[③]这虽是祁门县的情况，实际上徽州六县无不如此。俗能移人，贤者不免。一种现象一旦成为风俗，成为文化，人们就很难抗拒，不得不迁就服从这种风俗和文化。

在女人看来，丈夫就是自己的"天"，所谓"夫者，天也"。[④]丈夫去世，对妻子而言，无疑是天塌下来了。第一想法就是以身殉夫，以维护自己的名声，这是妇女的最高追求，也是妇女守节之"经"。所谓"经"，就是恒久不变、必须遵循的道理。因此，不少徽州妇女在得知自己丈夫去世的消息后，首先选择身殉，随夫而去。《新安女行录》和《新安女史征》中记载了不少这种事例。

徽州"罗田方以仁继妻黄氏，明经史，善属文，夫殁嘉禾"。显然，方以仁可能在嘉禾（今浙江嘉兴）经商而故，消息传来，黄氏亲自将丈夫灵柩扶归故乡，同时载一鹤随。通过卜兆确定葬地后撰文告夫，自己则

---

① 程云鹏：《新安女行录·序》，第6页。
② 光铁夫编：《安徽名媛诗词征略》，黄山书社1986年版，第184页。
③ 《祁门县志》卷5《风俗》，清同治十二年刻本。
④ 班昭：《女诫》，见张福清编注：《中国传统训诲劝诫辑要·女诫》，中央民族大学出版社1996年版。

"刺鹤顶血饮而死，鹤亦悲凄呜咽死其侧"。①休宁曹文清病重，其妻王氏精心侍奉，欲以身代，求替不得，丈夫刚死，就开始绝食，"薔然七日不遽绝，投缳乃绝"。②

当时，妻子殉夫的方式多以绝食为主。如绩溪瀛川人、胡弘育妻章氏，当弘育病重时就许以身殉，弘育亡后，她恸绝复苏，强起经纪丧葬事，嘱家人筑虚圹，悉出房中物置舅姑侧，号啕百拜。拜毕，长跪叔与娣前，请解老人忧，诸姻娅姒娌来丧次者咸拜别，然后乃闭户，从此不见家人，"绝粒十二日死"。③汪祥麟妻洪氏奉翁命，随夫迁居泰州富安场经商，夫病，躬侍汤药无遗力。夫亡不即徇，而奉榇归乡里，告诸妯氏曰："嗣续承祧，冢子责也。其若何？"祥麟弟梦麟曰："长子无儿，次子不得有后。有吾在，嫂何忧？"承祧大事既然解决，于是裣衽上堂拜翁姑曰："妇不幸襄夫子大事，老人赖叔与诸姒贤，侍养当无缺。"又拜叔与诸姒曰："祸福不可以常计……吾非有所慕于烈之名，盖欲正而毙尔。"话虽这样说，实际上还是为了追求"烈"之名，遂饿十二日死。④叶氏适溪南吴懋辉。懋辉酷嗜书，昼夜寒暑诵读，不自爱惜，遂成疾不治。叶氏痛心疾首，从此水浆不入。当家人强欲扶齿灌之米饮，她竟然咬舌进血，大呼曰："天乎！天乎！妾不欲秽吾肠，故不敢自毒；不欲污吾颈，故不令自刃。若迫我甚矣，不能从容待尽矣！"第二天，出箧中零星物，托人分给诸姻族。令小婢进纸笔，述意丈夫朋友驰书报父母，自署名纸尾曰："十九岁不孝女某白。"然后长号拜堂上媪姑，更缟素殓服，嘱家人但提已盖棺，不许殓人复安袭衣裳，日入，目乃瞑。⑤

还有身为侧室也为丈夫殉命的。康熙年间，澄塘吴楚卒于家，侧室谢氏并未立即殉夫，因为其时经商吴楚的长子未归，谢氏说："予与主君约死尔，暗庐杯盘，谁侍主君者？且主母畴夕遗命聘予，而予得左右主君，

① 程云鹏：《新安女行录》卷3《黄烈君传》，第33页。
② 程云鹏：《新安女行录》卷3《草市二曹妇传》，第32页。
③ 程云鹏：《新安女行录》卷8《绩邑胡烈妇章氏传》，第59页。
④ 程云鹏：《新安女行录》卷12《汪烈妇传叙》，第88页。
⑤ 程云鹏：《新安女行录》卷18《叶烈妇墓表》，第122页。

幸无滋罪戾以报主母知。傥主君书册什器散亡,而漫贻家人累也,如典守何?"原来,她要亲手将丈夫留下的"书册什器"等贵重物品交给在楚地经商的长子。待长子自楚归来并完璧归赵后,"遂闭户密纫所服衰绖,麻履襟带,整环而逝"。①

甚至许婚未嫁者也为丈夫身殉。江宁诸生陈梦鹤,为子式玠议婚,闻歙之富川汪龄女贤,于是两家议定婚姻。尚未出嫁,式玠病,汪氏忧形于色,暗焚香吁天曰:"彼清白吏,宜昌厥后,某虽未成妇,其身可代也。"后父母潜闻式玠讣告,戒家人勿言,遣妹妹与其同起居。家人举动引起汪氏怀疑,后终于私讯小婢子得实,抵暮母归,强颜迎侍如常。是夜,自经于室。②

还有未嫁夫殁,誓归夫家守志殉夫。黟县叶氏许字同邑卢氏子,未嫁而夫殁,请归庐守志。父母曰:"尔翁姑且亡,谁为尔荫?"叶氏曰:"人各有志,未可强也。"卢家众妇迎之,临夫枢而哭,反拜翁姑,检夫床席而安焉,并为未嫁丈夫服丧。三年丧毕,设饮馔哭诸墓,食祭饭一盂,乃绝粒。父母劝之,贞女曰:"昔者有言矣,人各有志,未可强也。"遂绝粒而死。③

更有甚者,蒋氏已许配歙县槐塘程继濂为未婚妻,议婚后继濂从其父贾长沙,蒋父母待之十余年,音耗无一至也。父母知道这门婚事靠不住,打算改议,暗中与妁媒相谋。蒋氏知道后,长跪请于父母,矢以死待,遂不能强。复待之十余年,终不至,女郁郁成疾以死。仅仅一纸议婚书,蒋氏就痴等了二十多年,可见她为了保住名分,守"经"意识是多么坚定。未死时,父延医来视,女坚拒之。及父欲诊其脉,亦纳手不出,问其故,曰:"儿未适人,此手岂可为人执邪?"④七十年后槐塘又出了一个与此类似的节女。槐塘程氏幼许字碣田蒋氏子,未婚而蒋氏子殁,女闻讣,临丧

---

① 程云鹏:《新安女行录》卷15《吴明经侧室谢氏殉烈记》,第107页。
② 程云鹏:《新安女行录》卷1《贞烈汪大姑传》,第18页。
③ 程云鹏:《新安女行录》卷10《叶贞女传》,第75页。
④ 汪洪度:《新安女史征》不分卷《二贞女传》,第168页。

哭奠，归即自经，母救得解，屡劝之。对曰："母欲儿姑缓死，必坐卧小楼，悬绳以通食饮，然后可。"母只好从之。从此以后，程氏独居楼中整整二十八年，足不履地，手织纴以赡饔飧。此间惟闻姑病，一往视汤药，姑病愈即返。死之日，戚属登其楼，见床铺、桌子、板凳都坏了也从不让人来修理。[1]

女子从一而终，意味着女子就是丈夫的附属品。既然生命属于丈夫，身体更是丈夫之外的任何人都不得染指。上述蒋氏因已许嫁，自己生病了甚至也不让自己亲生父亲执手诊脉。这种强烈的排他性使得女子不仅在丈夫死后以身殉夫，即使在丈夫未死时当自己身体受到他人侵犯或者有可能受到侵犯时也会为夫而殉。这在政权更迭或社会动乱时较为普遍。如：1644年，甲申大变，清军以雷霆之势攻克京城，翰林院检讨休宁人汪伟与妻耿氏同时从容自经。[2]1645年，清军攻克扬州，时程宇与妻吴氏正侨居扬州，清兵大肆屠杀，一片混乱，程宇死于兵，长子同遇难，次子程汲年仅十四，被清兵砍伤坠城下乱尸中得免。吴氏携幼女仓皇出，闻夫死，乃避舍与幼女同时自经死。[3]另方志上还有大量的记载，此不赘。

从以上例子看来，丧夫之妇都没有子嗣（上述程宇妻吴氏是特例），在当时的文化氛围下，改嫁受到非议，存活又会被视为不贞不节，极大地败坏自己的名声，那么毫无选择，只有一条路可走，就是殉身。即使不能殉身，像上述程继濂妻蒋氏独居小楼二十八年，悬绳以通食饮，也是活着的"死"人。理学杀人，正在于此。

二、生命服从责任：妇女守节的权变

女子从一而终，夫死身殉，这固然是守节。但是，在《新安女行录》和《新安女史征》中，我们也看到大量这样的事例，就是丈夫死后，妻子

---

① 汪洪度：《新安女史征》不分卷《二贞女传》，第168页。
② 程云鹏：《新安女行录》卷3《耿夫人殉难传》，第31页。
③ 程云鹏：《新安女行录》卷3《诰赠贞烈吴恭人传》，第27页。

并没有去身殉，并且活了很久，也同样受到各级政府的旌表或表彰，也同样受到乡人的崇敬和爱戴。如：

歙县唐模许昌贞妻吴氏，自小以孝称于家庭，嫁给许昌贞后，"入门而姑病在寝，即解装入侍汤药，姑卒，又竭力奉继姑"，同时还要服侍年已八十的祖姑，无少懈。然而就在此时许昌贞去世，遗孤甫月余，在这天塌之变面前，吴氏哀怀戚戚，而在姑前又不敢显露，强颜欢笑，侍姑抚子，对子起昆严加管教，起昆也非常努力，入学后负文誉，吴氏谆谆教诲："尔读书须上不负国家培养，下不辱尔先人，吾死何恨？"吴氏励节二十三年，终将起昆培养成人。雍正元年（1723），皇帝敕下建坊祠祀，以示褒劝。①

歙县长寿项氏嫁给环溪朱安世甫数旬，安世即去毗陵经商，一年后就去世了，项氏闻讣，数恸绝。灵柩返乡，项氏已绝食六日，誓以身殉。舅姑及家人劝之不可，又迎来项母泣谕之无效，于是舅姑大号曰："老人丧子又丧妇，老人尚犹旦夕延不可矣。"恸绝倒地，气息不出。项氏抚摩姑，良久声出。项氏这才改口说道："吾罪也夫，吾过也夫。自今以始，舅姑事，吾事尔。"乃弃华襦，躬操作，称未亡人三十一年，并立怀瑾作为丈夫的后嗣。②

黄氏嫁给宋文烈后，文烈思欲光大其门，昼夜诵读，发奋科场。黄氏殷勤侍奉，委曲承顺。过了两年，生子广岑，文烈的文章也大进。就在全家充满希望之时，文烈却屡困科场，忧郁之下，一病不起。临终之际，对黄氏说："吾有母未能事，吾兄固未成人也。守事之间，尔知所择，吾目瞑矣。""守"就是守节殉夫，"事"就是侍奉老母。显然，文烈希望黄氏在二者之间做出正确选择。此时黄氏仅二十一岁，受丈夫之托，担起事姑重任，同时抚养孤子，直至他成家。就这样历十六年三十七岁而卒。康熙六年（1667）议准："民妇三十岁以前夫亡守节，至五十岁以后完全节操者，题请旌表。"康熙三十五年（1696）题准："节妇自三十岁以内守节，

① 程云鹏：《新安女行录》卷1《旌节许母传》，第17页。
② 程云鹏：《新安女行录》卷18《朱节母墓碣铭》，第124页。

至五十岁者，即行旌表，过五十岁者，将迟延缘由报部。"雍正元年（1723）又谕："节妇年逾四十而身故，计其守节，已逾十五载以上者，亦应酌量旌奖。"①黄氏虽然由于死得过早，不够政府旌奖条件，但人们仍然将其视为节妇。②

歙县潜口汪氏，嫁潭渡许懋华。许家故饶，寻中落。懋华挟策游淮扬，经理故业，不久病故于淮扬，此时汪氏年仅二十有五，闻讣即不欲生，考虑到姑已年迈，怀中儿甫三龄，乃不敢死。当是时，故乡寇盗充斥，居民多奔窜，社会动荡不安，汪氏茕茕一身，幸赖汪氏之兄同心教育，孤子赖以成人并成家。然而不久孤子又卒。在这沉重打击面前。汪氏硬是挺了下来，抚养两个孤孙，当户六十六年。③

以上数例，都是妻子在丈夫死后并没有立即身殉，尽管有的听到丈夫死讯后也想以命殉夫，但在别人的劝说下终于改变了主意。为什么？这就涉及"经"与"权"的问题。

"经"与"权"是千百年来中国传统文化特别是儒家思想中的重要概念。所谓"经"，就是永恒不变的原理原则，所谓"权"，就是贯彻原则时的适当变通，即权变。中国儒家思想在长期的实践中逐渐认识到，守经与权变，都是维护原则不可或缺的方面，也就是我们今天所说的原则性与灵活性相结合。孟子就说过这样的话："男女授受不亲，礼也；嫂溺，援之以手者，权也。"④这就是守经与权变的关系。妇女守节也是如此。妻子殉夫，在封建道德看来，这是"守经"，但当夫有子嗣之时，正如黄氏之舅所说："死与延宗祧孰重？死则而夫将不祀。"这样就有了比"死"更重要的事——抚孤续宗。这时妇女的生命就应服从责任，并毅然担负起这一责任。

---

① 以上均见昆冈等修，刘启端等纂：《钦定大清会典事例》卷403，《续修四库全书》史部第804册，上海古籍出版社2002年版。
② 程云鹏：《新安女行录》卷8《宋节孝黄孺人家传》，第61页。
③ 汪洪度：《新安女史征》不分卷《许节母传》，第177—178页。
④ 《孟子·离娄上》。

为什么抚孤比殉夫更重要？孟子说过："不孝有三，无后为大。"[1]尽管对这句话学界有不同的解释，但民间绝大多数还是理解为没有后代（主要指男性），宗祀烟火断绝，是对父母及先辈最大的不孝。所以男子"娶妻本为继嗣"，如妻子不生或没生男孩，男子一般会再娶，直到有男孩出世为止。有了男孩，就意味着宗祧有了延续。如果这名男子一生没有儿子，那就必须生前在宗亲下辈中寻找一位男性宗亲过继承祀，作为自己的后嗣。如果男子生前未能确定后嗣，那死后就由父母或宗族确定。这是家庭高于一切的大事。所以，当男子死亡，如果有了儿子，妻子殉夫，儿子必然无人抚养，一旦出现意外，就意味着宗祧烟火断绝，这可是大事。抚孤续宗，责任重大。这时妻子就不能殉夫，而应挑起抚孤重任，以延续宗祧。这就是守节的"权变"。

对于"守经"与"权变"的关系，当时人就有这方面的认识：

歙县程尚交娶了丛睦汪氏为妻，由于没有子嗣，乃立尚交公之兄予襄公之子文焕为子，文焕生而颖异，汪氏十分喜爱。谁知程尚交不幸早逝，汪氏首先想到以身殉夫。这时堂上翁程熙承对她说："妇人殉夫，义也，非经也。公甫文伯之母、孟子之母、陶侃之母，要以能成子令名斯已耳。文焕非尔出乎，实为尔后矣。"[2]这番话对她触动很大。"妇人殉夫，义也，非经也。"这就是说，殉夫只是"义"，而不是"经"，也就是说不是非死不可。还有超过"义"、比"义"更重要的东西，这就是责任，抚孤之责比殉夫更重要。于是汪氏偕文焕生母谢安人一心抚养教育文焕。文焕感泣，学益进。待长大后又鼓励文焕经商，而家事操理得井井有条。至诸孙济济，能读先人遗书，长孙玉图莹声黉序，汪氏喜曰："吾始愿不及此，吾可以报尔父地下矣。"卒年五十有八。汪氏虽然没有殉夫，但她尽到了自己的责任，把嗣子抚养成人，使程尚交后代得以延续，同样是守节，受到人们的爱戴。可见，在丧夫妇女面前，生命必须服从责任。

类似情形还有不少：

---

① 《孟子·离娄上》。
② 程云鹏：《新安女行录》卷3《汪节母程安人家传》，第30—31页。

鲍氏瑶枝及笄嫁给程家蔚，家蔚读书，不善治生，"凡饔飧膏火，悉取办母十指所出。"过了数年，家蔚去世。鲍氏痛不欲生，要以身殉。但两个孤儿长秀、长康皆在襁褓，怎能撒手而去？乃断然拒绝族人改嫁的劝诱，极人世艰辛抚养两孤，终将两孤培养成人，先后成家立业，并繁衍了后代，延续了程家的烟火。鲍氏年过八十无疾而终。而此时，"子姓衣冠文物之盛，几甲一乡"。"先是，一室中仅母子三人耳，称觞日身所出者几百余人，郡邑大夫以迄荐绅三老，车马声填里巷。"鲍氏以一人之功，延续了程家宗祀，时人都认为其厥功甚伟，堪称节妇！①这就说明了一个道理：妇人丧夫后，殉与不殉，取决于宗祧的需要，如果负有延续宗祧之责，那生命必须服从责任。再看一例：

歙西贞白里郑良槐、良栻兄弟皆娶于黄，良槐妇为伯姒，良栻妇为叔姒。新婚不久，良槐死于兵难，伯姒年二十有六，有身数月矣，恸夫死非命，将捐躯以殉。舅以大义谕之，谓："死与延宗祧孰重？死则而夫将不祀，今若既有身，安知天不锡之男以延宗祧也。"伯姒虽勉强承命，但舅知其志甚烈，又未知将所生是男是女，只好编了一通谎话说，昨天卜者说所举当男，但初生数年不能见其母，必无自乳，然后可。及分娩，家人报之曰："男也。"急令抱送乳媪家，弗令见。过了六年母亲才见到孩子，乃是女也。伯姒仰天而悔曰："吾早知天不予吾夫以后也，何若速死之为愈乎？"擗踊痛哭，欲捐躯以殉。舅从容语之曰："无庸也。若叔姒今又举一子矣。吾即令为若嗣，而夫不且无后而有后乎？"伯姒至此方知舅为己夫宗祧计，用心良苦，感激流涕，捐躯之念始不复萌，矢以抚孤为己任，而孤即叔姒所生第二子星焕。然而数年，良栻与舅姑相继逝，家益中落，良栻之孤星燧仅十二龄。从此两位妯娌同心协力抚养教育两个孤儿星焕和星燧，凭借双手以赡朝夕，培养两孤读书。"织作声与咿唔声无寒暑昼夜不少休，邻里闻之凄然。识者早卜其家必兴矣。"迨两孤长而授室，虽儒也仍令服贾，克勤克俭，家果复兴。伯姒八十一龄寿终，叔姒七十九龄辞

---

① 汪洪度：《新安女史征》不分卷《柏颂》，第179页。

世,两人和睦同居五十余年,号称郑氏双节。①

歙县仇门也有类似情形。汪氏年十八适仇国高,八年而国高殁,子成彦甫三龄,汪抚之长,为娶妇项氏,生子二人立礼、立祁,女一人。汪顾之色喜曰:"仇氏宗祐,其可无忧矣乎。"迨成彦贾维扬,家渐起。想不到没多久成彦又病故。妻项氏经旬不食,誓以死殉。汪持其袂劝曰:"而舅(国高)见背时,吾方抱而夫(成彦)自乳,门以内依毗鲜期功之戚也,使令乏三尺之童也,凭十指所入以饲而夫朝夕,吾采稆代粟,心固甘之。忧危空乏,视若今日何如?若死,我非不能以抚而夫者抚而子,顾筋力竭矣。假一旦填沟壑,此藐然者,将谁恃耶?"在婆婆的劝说下,项乃不敢死,黾勉持家。把两个孤儿立礼、立祁培养成人。时人称其为两世贞节。②

当然,守节抚孤甚至还要侍上,是极其艰辛的。丈夫去世,意味着家庭的顶梁柱倒了,正常的经济来源突然绝了。寡母要肩负仰事俯育的重任,其间的千难万苦常人难以想象。

如歙龚氏年十八归程瓒,瓒故巨族,而家独贫,又抱夙疾,龚氏安然无怨怼。结婚四年程瓒死,龚氏绝粒几危,翁媪谓之曰:"尔冢妇也,如志徇身得矣。吾两人衰老何依?吾儿一子一女何鞠?"固示孺人大义,遂不敢死。谁知不数月,孤又夭折。然龚氏上有翁姑,下有一女,仰事俯育责任重大,必须活下来。可想而知后面的日子是多么艰难:"衣百结,并日一食,犹供甘旨博堂上欢。窃暗中悲啼,不忍伤翁媪心。"龚氏"乃执针察线奉两老人,不妄受人咄嗟之惠,闺阁之外不一履"。两老人先后殁,岁时奉祀哭奠不忘。就这样为两老人送终,把孤女养大。③

明嘉靖年间,游氏嫁婺源大坂汪琏,谁知相夫四年,遗孤十日,称未亡人。既而翁媪死于疫,遗孤又死于寇,这时唯有孤侄汪珣。游氏忍痛将汪珣抚养成人,并授室生三子:汪升、汪阶、汪址。不久,侄汪珣再亡,

① 汪洪度:《新安女史征》不分卷《贞白里郑氏双节传》,第189页。
② 汪洪度:《新安女史征》不分卷《仇门两世贞节传》,第194—195页。
③ 程云鹏:《新安女行录》卷4《苦节程孺人传》,第32页。

其妻年少，游氏乃独自肩起全家重担，"一家之食指视焉，祀墓之禋祀视焉，三党之姻戚视焉，怠则债，倨则怨，宽则藐，饥寒困迫而谨廪当门"，教育其三个侄孙。族人又议定以汪升为汪琏之后，汪琏宗祀又得以延续。正因游氏为汪氏宗祀做出了重大贡献，所以她的事迹写入郡志，学使者及郡邑皆旌其门，缙绅先生著有诗文载诸家乘。[1]

三、知识精英与妇女的命运

那么从《新安女行录》和《新安女史征》中，徽州程云鹏、汪洪度这样的知识精英是如何看待"守经"与"权变"的呢？

首先，他们热烈歌颂妇女的"守经"即殉夫者。前述罗田方以仁继妻黄氏，夫死后刺鹤顶血饮而死，鹤亦悲凄呜咽死其侧。程云鹏深情地赞道："甚哉！禽莫灵于鹤，而人莫灵于黄氏也。鹤乎鹤乎！可以人而不如乎？"[2]言下之意，鹤都能为主人而死，那女子为什么不能为丈夫殉身呢？澄塘吴复贞，许字程观凤。凤随父经商死，吴氏虽然是侧室女，闻讣后缝纫衣衸革带自经。程云鹏也赞道："志不阈于年也，人不绝于微也，天地有正气，自生而具也。"[3]把这种殉身赞为"天地正气"。歙县方氏许配本县朱世邃，十三年未谋夫面，绝食五日而死。程云鹏感叹道："呜呼！从容就义，振古所难。贞女字朱氏，十三年未谋夫面，于归而死，圣人之所谓正命也。彼欲嫁者宁无愧于贞女欤？"[4]孟子说："尽其道而死者，正命也"。[5]程云鹏认为朱氏之死是"尽其道而死"，故被誉为"正命"。其他的知识精英也是如此。清代绩溪章氏嫁曹鼎立，婚甫一年，鼎立远贾。原定盛夏言归，谁知二竖为灾，遽尔作古。章氏闻讯，绝食六日而死。周濂专门为此写了一首长诗，其中写道："呜呼！此真巾帼之丈夫，闺阁之豪杰。

① 程云鹏：《新安女行录》卷7《婺源汪节母游孺人传》，第56页。
② 程云鹏：《新安女行录》卷3《黄烈君传》，第33页。
③ 程云鹏：《新安女行录》卷3《贞烈吴女传》，第33页。
④ 程云鹏：《新安女行录》卷10《方贞女传》，第76—77页。
⑤ 《孟子·尽心上》。

故非称为节，特名之曰烈……三从四德世可风，孰不懔然心敬肃。书罢忽闻天籁鸣，悲风撼动女贞木。"①而且地方精英为她请旌于朝，征诗于野，结果海内征诗盈轴。这都说明了知识精英们对待妇女守经的态度。

同时，他们也充分肯定妇女守节上的"权变"。丈夫去世，妻子并未身殉，而是担负起仰事俯育的重任，撑起了一个家庭。这种做法也得到了知识精英的充分肯定和赞扬。他们不仅将她们的事迹写成传记，广为传播，而且为她们向各级政府请求旌表。程其猷先娶王氏，生子女皆夭折，程娶侧室吴氏，生一女二子。谁知其猷病故，两位妇女同心鞠养三个孩子，教子裕父克家。两人益相亲厚，上慈下敬，里党以为难。后王氏殁，两子娶妇有孙，但长子伟又卒。孤孙长者五龄，次方遗腹，次子俣事业未振，子尤幼怙，吴氏含辛茹苦，抚孤成人。死后虽未获旌典，但学使韩城张公却表之门曰"慈节可旌"，充分肯定吴氏的行为。程云鹏对两氏事迹也大加赞赏，认为"妇人女子守其一节，固无异于孤忠纯孝，亦常自生于忧患，至老死而不辞"，所以特地为她们写了《慈节二程母传》。②

不仅抚孤成立受到称赞，即使抚女成人也受到称赞。休宁陈昌言娶许氏，早卒无子，只有二女，许氏历尽千辛万苦，将二女培养成人。在汪洪度看来，这也是守节。他认为："夫殁时，年二十有六，家无余积，止生二女，抚育之，长为择配，且治家严肃，动必循礼，巫祝尼媪罔敢过其门，可不谓节乎？念生不逮事舅姑，夫未终子职，岁时伏腊事死之仪，必诚必敬，至老不衰，轮支众祀。值岁大饥，粢盛牲醴享祀丰洁，悉取办于女红之所入，可不谓孝乎？"③认为许氏体现了"节"和"孝"，表现出对守节"权变"的理解和肯定，这也是对延祧责任的高度重视。

这种延祧的责任，已经化为不少妇女的自觉意识。歙县闵氏嫁给同里方兆圣，兆圣在外经商，谁知"业日益落，抱伊郁疾而终"。留下二子一

---

① 《绩溪城西周氏宗谱》卷18《诗·曹烈妇诗》，清光绪三十一年刻本。
② 程云鹏：《新安女行录》卷2《慈节二程母传》，第22—23页。
③ 汪洪度：《新安女史征》不分卷《书节孝陈母传后》，第198—199页。

女，闵氏没有想到去殉夫，而是说："吾责重矣，先人之遗惟此。"①于是吃尽千辛万苦，将子女抚养成人，使兆圣宗祧得以延续。王正宸妻程氏，二十岁时丈夫去世，其时她已有孕在身，她也没有选择去殉夫，而是说："吾宁惶惑忐忑而冀生乎？娠在身，责攸重。"②显然认识到抚孤延祧的责任重大。歙县程瑱死时，其妻王氏年二十九，绝粒哭三日夜不休，而其舅姑亦悲且废食，三个孤儿哭而哀。后来"王氏忍泣拜堂下，愿负荷夫子责，不敢贻老人忧"。③这些妇女之所以没有殉夫，因为她们都意识到抚孤延祧是自己义不容辞的责任。

知识精英曾经讨论，究竟是殉死难，还是守节难？程云鹏曾问枫楼学士曰："妇人夫死，殉难乎？守难乎？"学士曰："均难也。白日幽光，阴房鬼火，谁乐就之？苦雨凄风，漫漫长夜，谁愿耽之？然人不以难也，各行其是尔。"④汪洪度却认为："死易节难耳，人岂无激于一时义愤，不难舍生取义者。至于节则虽迫于义，而实本乎情，既为妇者所为也。若未成妇矣，情与义两何所处哉？故女而死者容有之，女而节也盖寥寥已。"⑤显然，对殉身和守节，无论认为"均难"也好，抑或认为"死易节难"也罢，都说明了知识精英并没有歧视守节的权变者。所谓苦雨凄风，漫漫长夜，确实反映了守节者的痛苦。正因为守节的妇女忍受了巨大的常人难以忍受的煎熬，抚子或女，孝养二老，她们的贡献绝不亚于以身殉夫者，甚至更大。这种守节者的权变自然应该得到充分肯定和赞扬。

在知识精英看来，守节也有不同的境界。程云鹏就说过："妇人一节非难，而抚孤为难，匪抚孤之难，而时有不幸。孤且凶亡而与灭继绝，不坠先人一线之绪，以开百世之宗，则非寻常妇人所得而施其用也。"⑥正因如此，前述婺源大坂汪珵孺人游氏，相夫四年，遗孤十日，不久孤子又死

① 程云鹏：《新安女行录》卷6《方母闵孺人家传》，第50页。
② 程云鹏：《新安女行录》卷15《王节母程氏建坊记》，第106页。
③ 程云鹏：《新安女行录》卷17《节母程母墓志铭》，第117页。
④ 程云鹏：《新安女行录》卷3《草市二曹妇传》，第32页。
⑤ 汪洪度：《新安女史征》不分卷《二贞女传》，第168页。
⑥ 程云鹏：《新安女行录》卷7《婺源汪节母游孺人传》，第56页。

于寇,游氏独掌家秉,"一家之食指视焉,祀墓之禋祀视焉,三党之姻戚视焉,怠则偾,倨则怨,宽则藐,饥寒困迫而谨廪,当门教育其犹子"。犹子娶妇生子后,犹子又亡,游氏又同侄媳共同抚养侄孙,终于"不坠先人一线之绪,以开百世之宗",其功莫大焉。所以程云鹏认为:"叔亡而更抚其子以昌厥宗,虽谓孺人为汪氏之姜嫄也可。"[1]姜嫄,帝喾之妻,传说她于郊野践巨人足迹怀孕生后稷,成为周朝的祖先。程云鹏将游氏比作姜嫄,可见对她评价之高。

守节还有更高境界,这就是不仅要抚子成人,更要教子成善。正如程云鹏所说:"妇人一节非难,而能不偾先人遗荫为难。教其子取富贵非难,而令乡里称善人为难。"[2]徽州很多守节妇女都做到了这一点,她们含辛茹苦,抚子成长,同时教育他们立品成人,即使不能读书为官,但只要能够自食其力、一心向善即可。例如,程茂忠妻吴氏、程瑞云妻汪氏两人同宗,又是邻居。各自丈夫去世时,吴年二十七,汪年二十八。皆有子三人,也都家贫业落,但两人并未自甘下流,而是吃尽千难万苦,将子培养成人,虽"佃田佣作以养母",既不富也不贵,但获得世人称赞。程云鹏也认为这样的守节确实值得赞叹。[3]

知识精英对妇女守经殉夫的颂扬,配合政府的旌表、理学思想的浸润,推动大批丧夫妇女走上了绝路。如康熙年间歙呈坎罗氏嫁岩镇潘氏,家贫糊口四方。舅殁,廷谏归,两年后病故。妇年二十六,恸绝复苏,将夫敛毕,闭户自经,解救不死。又乘间跳楼,臂折又不死,绝食九日乃死。死后,"吊者赙者不绝于道,阖镇诸绅士耆老出资卜地,将其与夫合葬,郡邑大夫率众设祭三日,观者数万人,皆嗟叹以为荣。"可想而知,"郡邑大夫率众设祭三日,观者数万人",其影响多么惊人,难怪以后"数月,邑中死烈者若而人"。[4]也难怪徽州的烈妇不计其数了。

---

① 程云鹏:《新安女行录》卷7《婺源汪节母游孺人传》,第56页。
② 程云鹏:《新安女行录》卷8《临河二程母传》,第63页。
③ 程云鹏:《新安女行录》卷8《临河二程母传》,第63页。
④ 汪洪度:《新安女史征》不分卷《潘烈妇碣文》,第182—183页。

知识精英对守节权变的充分肯定，为她们请旌，为她们立传，为她们宣扬，也对丧夫的妇女产生了积极的影响。使她们在人生最重要的关头选择了一条存活之路，不仅挽救了很多丧夫妇女的性命，也避免了家庭的二次甚至连锁灾难，使得老有所依，孤有所护，更重要的是宗祧得以延续。例如吴氏嫁给鲍炌后，炌肆力于学，不事生产，吴氏代综家秉。后生一子，然而没过几年，鲍炌病卒，吴氏年仅三十二，虽欲相从地下，念舅姑别无息子，遗孤廷望甫五龄，乃忍死奉养舅姑。其后舅又纳妾，连生两子。想不到逾年姑去世，又逾年，舅、庶姑相继去世，所遗三孤皆幼，吴氏涕泪交流，抚两叔及一子而维持调护之，终将三孤培养成人，子孙繁衍，此枝鲍氏得以兴旺。①可知妇女的抚孤续祀，对社会的发展和稳定是有利的。但是，我们也应看到守节妇女在尝尽人间苦楚的同时，也在精神上付出了难以想象的巨大的牺牲。

总之，丧夫之妇要么为名殉夫，要么为宗担责，否则就要受到歧视甚至唾弃。妇女对自己的命运一点自主权也没有，这正是封建社会妇女的极大悲哀。

明清时期像程云鹏、汪洪度这样的知识精英对守节权变的认可和赞扬，固然值得肯定，但并没有超越封建思想雷池一步。主要表现在他们对丧夫妇女改嫁的不认可。无论是《新安女行录》或是《新安女史征》，那么多的妇女传记，没有一篇传记是丧夫改嫁的，反而充满了对拒绝改嫁者的肯定。显然他们是不认可妇女改嫁的，这是他们的历史局限性。

比程云鹏晚生几十年的徽州人俞正燮，就比他们进步得多。俞正燮极力反对未婚女子守贞：

> 后世女子，不肯再受聘者，谓之贞女，其义实有难安。未同衾而同穴谓之无害，则又何必亲迎？何必庙见？何必为酒食以召乡党僚友？世又何必有男女之分乎？此盖贤者未思之过。②

---

① 汪洪度：《新安女史征》不分卷《鲍母吴孺人传》，第202页。
② 俞正燮：《癸巳类稿》卷13《贞女说》，清道光日益斋刻本。

他认为非难妇女改嫁,是对妇女不公:

> 妇无二适之文,固也。男亦无再娶之仪。圣人所以不定此仪者,如礼不下庶人,刑不上大夫,非谓庶人不行礼,大夫不怀刑也。自礼意不明,苛求妇人遂为偏义。

他接着愤慨地说道:

> 而深文以罔妇人,是无耻之论也。[1]

所以他主张:

> 其再嫁者不当非之。不再嫁者敬礼之,斯可矣。[2]

如果说汪洪度、程云鹏等知识精英关于守节的思想还停留在封建思想的经权窠臼的话,那么俞正燮的思想已经冲破了儒家之"经",显露出近代思想解放的晨曦了。

---

① 俞正燮:《癸巳类稿》卷13《节妇说》,清道光日益斋刻本。
② 俞正燮:《癸巳类稿》卷13《节妇说》,清道光日益斋刻本。

徽商文化补论

自20世纪90年代以来，随着商品经济的蓬勃发展，商业文化、企业文化逐渐引起学者的关注。由今思古，为了总结历史经验，古代商人尤其是明清时期的商帮文化成了人们研究的对象。徽商是明清时期的著名商帮，徽商文化的研究也就应运而生。最先提出徽州商人文化概念的是唐力行先生。他早在1992年就发表《论徽州商人文化的内涵、特征及其历史地位》[①]一文，指出徽州商人文化内涵极其丰富，"徽州商人文化熔铸理学并杂揉宗族文化和通俗文化，其内涵是极为丰富的，举凡科技、艺术以至饮食、建筑等，无不包罗其中"。并指出徽州商人文化的基本特征：（1）科学性与实用性；（2）封建性和伦理性；（3）通俗性；（4）广泛性。尽管其中的观点还有可商榷之处，但毕竟第一次探讨了徽州商人文化问题，是难能可贵的。1998年周晓光、李琳琦二人在先师张海鹏的指导下，推出《徽商与经营文化》[②]专著，详细论述了徽商的经营文化，该书分别阐述了徽商关于效益、竞争、质量、信誉、信息、人才等方面的观念，并结合丰富的历史资料，介绍了徽商的经营方式、经营中的心理活动、对经营环境的营造，介绍了徽商的"徽骆驼"精神和商业道德等。虽然此书不是专门论述徽商文化，但已涉及徽商文化的重要内容。1999年先师张海鹏先生发表

---

① 唐力行：《论徽州商人文化的内涵、特征及其历史地位》，《安徽史学》1992年第3期。

② 周晓光、李琳琦：《徽商与经营文化》，上海世界图书出版公司1998年版。

《论徽商经营文化》^①一文，在理论上系统论述了徽商经营文化，他提出了徽商六大经营观念，即效益观念、质量观念、名牌观念、信誉观念、法律观念、途程观念。文中还论述了徽商的社交文化和店堂文化，令人耳目一新。

21世纪以来，人们对商帮文化兴趣更浓，冠以"徽商文化"的文章不计其数，却鲜有从理论上深入探讨"徽商文化"的，而且概念混淆不清所在多有。2013年唐力行在回答《安徽日报》记者采访时，谈到徽州商人文化的基本特征，又重申了自己二十年前的观点。^②除此之外，学术界几乎没有专门探讨徽商文化的文章。这种不正常的沉寂局面终被一次学术座谈会所打破。2015年11月，光明日报社、中国社科院历史研究所、中共安徽省委宣传部、中共江西省委宣传部联合在安徽歙县举办了"徽商文化与当代价值"学术座谈会，国内一大批学者踊跃与会，并贡献了一批颇有价值的学术论文。会后，《光明日报》发表了一组学者在座谈会上的发言摘要^③，学者大多围绕徽商文化某一方面阐述了自己的观点。真正专论徽商文化的是叶显恩的《徽商文化刍议》，不久他又发表专文《论徽商文化》将其观点详加论述^④。文中指出，（1）破"荣宦游而耻工贾"的旧俗，立尊商重利的"新四民观"，是徽商文化的基石。（2）贾而好儒，贾儒结合，互相为用，是徽商文化的一大特色。（3）"徽骆驼"精神是徽商文化的支柱。（4）诚信可通天理，诚信是徽商文化的核心。（5）创新精神是徽商文化的灵魂。同时也论及了徽商文化的局限性。无疑此文是迄今为止论述徽商文化的最重要的文章，涉及徽商文化最重要的几个问题，很多观点发人深省。

由于徽商这一群体经商人数众、延续时间长、活动范围广、经营能力强、商业资本大，在我国历史上确为罕见。徽商创造的商业文化内涵也极

---

① 张海鹏：《论徽商经营文化》，《安徽师范大学学报》（人文社会科学版）1999年第3期。

② 详见《安徽日报》2013年11月4日。

③ 详见《光明日报》2015年12月29日。

④ 叶显恩：《论徽商文化》，《江淮论坛》2016年第1期。

为丰富，此前一些学者虽然有所论述，但也只是论及徽商文化的核心部分，并非涉及全部，关于徽商文化尚有研究空间，故不揣谫陋，略加申说，不敢续貂，聊作补论。

一、几个认识误区

叶显恩先生指出："关于商业文化，没有经典定义。笔者的理解是，传统社会的商业文化是随着商品交换的产生而出现的，在商业实践中，由长期养成的贾道、商业伦理，以及从业人员的品德、经营理念、业务技能等所铸成的商业道德和行为取向，包含商道，商业伦理，商业理念，以及网络系统、组织规程、营销观念等。"①作者的理解是正确的。那么徽商文化呢？它的定义是什么？为了理解这个问题，我们先要理解"文化"的定义，《辞海》给文化的定义为："从广义来说，指人类社会历史实践过程中所创造的物质财富和精神财富的总和。从狭义来说，指社会的意识形态，以及与之相应的制度和组织机构。"尽管目前学界关于文化的定义众说纷纭，但我认为《辞海》的定义还是可以接受的。在这个基础上，我们是否可以给徽商文化下一个定义，简略地说，徽商文化就是徽商群体在长期的商务活动中所创造的物质财富和精神财富的总和。当然，徽商文化的内涵极其丰富，这在后面我们将详加论述。只有概念清楚了，问题讨论才会有前提。

打开中国知网，如果输入"徽商文化"的关键词进行搜索，可以找到一千余篇文章。但这些文章极少从理论上研究徽商文化的，相反出现不少概念混乱、认识模糊的误区，有必要给予澄清。

将徽州文化等同于徽商文化。陈美桂认为："徽商文化是地域文化、观念文化、制度文化、商业文化、生态文化的总称，它包括徽商的生活和经营区域、商业活动、商业道德、学术、教育、医疗、饮食、建筑、戏剧

---

① 叶显恩：《论徽商文化》，《江淮论坛》2016年第1期。

等，可谓蔚为大观。以徽商、徽剧、徽菜、徽雕和新安理学、新安医学、新安画派、徽派篆刻、徽派建筑、徽派盆景等文化艺术形式共同构成的徽学，更是博大精深，成为中国最具代表性的地域文化之一。"①有的学者干脆宣称，徽州文化就是徽商文化。孟森、杨波在《徽州商人文化的兴起与明清江南学术的转变》一文中说："徽州是朱熹故乡，理学之风浓厚，故人们常把徽州文化称之为新安理学。但深入研究徽州文化时，却深切地感受到近世徽州文化并非理学，而是商人文化。理学的转换机制被商人整合为商人文化，显示了传统儒学的包容性、延续性和内在转换机制。"②他们都是将徽州文化等同于徽商文化，把两者混为一谈。其实，徽州文化和徽商文化是两个不同的概念。徽州文化博大精深、光辉灿烂。什么是徽州文化？根据先师张海鹏的说法："其主要内容有：新安理学、新安医学、新安文献、新安画派、新安宗族、新安商人（徽州在晋代为新安郡，后人常沿用这一郡名），以及徽州书院、方言、礼俗、戏剧、民居、谱牒、土地制度、佃仆制度、契约文书以及徽派朴学、版画、篆刻、建筑、盆景，乃至徽墨、徽砚、徽笔、徽纸……这些以'新安'或'徽'为标志的文化'特产'，反映了当日的徽州是商成帮、学成派，并由此而构筑了'徽学'这座地域文化大厦。"③而徽商文化是徽商群体创造的文化。徽州文化无疑包含了徽商文化。徽商文化只是徽州文化的重要组成部分，但不能等同于徽州文化。

将徽商等同于徽商文化。卢君在《我国商帮文化的比较研究》④一文中论及徽商文化时，讲了三个特点：（1）典型的儒商；（2）经营方式比较灵活；（3）"徽骆驼"式的吃苦耐劳。这完全说的是徽商的情况。与此类似，知秋在《徽商文化漫谈》⑤一文中论及徽商文化的形成与发展时也写

---

① 陈美桂：《论徽商文化与现代保险服务业的契合》，《上海保险》2016年第4期。

② 孟森、杨波：《徽州商人文化的兴起与明清江南学术的转变》，《商业文化》2008年第6期。

③ 张海鹏：《徽学漫议》，《光明日报》2000年3月24日。

④ 卢君：《我国商帮文化的比较研究》，《商业时代》2012年第2期。

⑤ 知秋：《徽商文化漫谈》，《现代商业》2015年第4期。

道："徽商的文化与商帮一样，他们的形成都是一个渐进的过程，追寻着徽商文化的发展轨迹，不难发现徽商文化的形成标志。第一个标志是徽商结伙经商现象的普及化；第二个标志是"徽"与"商"二字联合成词，成为特定的能为广泛大众所接受并使用的名词，这贯穿着徽州人经商的整个历程。"这都是把徽商与徽商文化视为同一概念。徽商是历史时期徽州商人的概称，徽商只是一个经商群体。而徽商文化是徽商这个群体创造出来的物质财富和精神财富的总和。这二者是不同的概念。就好比中国人是中国人，中国文化是中国文化，中国文化虽然是中国人创造的，但决不能认为中国人就是中国文化。

将胡适作为徽商文化的代表。有学者指出："辛亥革命后封建势力的复辟，证明了对传统文化来一次革命的重要性和迫切性，于是一场轰轰烈烈的思想启蒙运动开始了。徽州商人文化随之进入一个新的历史阶段，其代表人物则是胡适。"[①]将胡适作为徽商文化的代表，我认为这个观点是欠妥的。胡适虽然出身于徽商家庭，他的成长得力于经商家庭的资助，他在思想上对徽商是同情、支持的，某些观点也是与徽商文化契合的，但他作为中国新文化运动的旗手，无论如何也不能说他代表了徽商文化。如果说胡适是徽商文化的代表，实际上贬低了胡适的历史地位。

二、徽商文化的内涵

徽商文化究竟包涵哪些内容？这是我们必须要搞清楚的。此前一些学者虽然就此进行了不少阐述，但主要围绕徽商文化的精髓、核心，也就是围绕徽商文化的精神层面进行论述，这无疑是十分必要的。但徽商文化的内涵绝不仅仅是这些，还有其他不少丰富的内容值得我们去研究。

根据学界多数对文化结构研究的共识，文化可分为三个层面：物质层面、制度层面、精神层面。我认为，徽商文化也可从这三个层面进行

---

① 唐力行：《论徽州商人文化的内涵、特征及其历史地位》，《安徽史学》1992年第3期。

分析。

从物质层面而言，徽商在商务活动中虽然大多数从事的是长短途贩运贸易，如盐商、木商、粮商、丝绸商等。也有大量徽商是坐贾开店。无论行商或坐贾，一般是不会创造物质成果的。但也有一些徽商从事的行业是创造物质成果的，如制墨业，无论是明代程约（别字君房）、方于鲁的墨业，还是清代胡开文、曹素功的制墨业，他们都创造了极其优秀的物质文化成果。明代著名画家董其昌曾称赞程君房的墨："百年以后，无君房而有君房之墨；千年以后，无君房之墨而有君房之名。"①可知程君房制造的墨质量是多好！同样地，胡开文墨号由于坚持用易水法制墨，时人形容其墨："坚如玉，纹如犀，色如漆。"徽商也有制药的，明万历休宁人汪一龙，字正田，"迁居芜湖西门外大街，创立正田药店，字号永春，垂二百余年，凡九世皆同居。慎选药材，虔制丸散，四方争购之，对症取服，应效神速。每外藩入贡者，多取道于芜湖，市药而归。"②由于他"慎选药材，虔制丸散"，中药饮誉四方，乃至影响到国外。无独有偶，近代胡雪岩在杭州创办"胡庆余堂"国药店，本着"采办务真，修制务精"的理念制药，获得市场高度认可，人们赞誉："北有同仁堂，南有庆余堂。"即便是棉布业，徽商从收购毛布时就严把质量关，无论踹布染布，都是一丝不苟，精心加工，所以他们加工的布也是行销四方，获得好评。如徽州汪氏在苏州设益美字号加工棉布发卖，由于注重质量，"布更遍行天下"，"二百年间滇南、漠北无地不以益美为美也"。③此外还有张小泉剪刀数百年来畅销宇内，徽商所创造的徽菜更成为全国八大菜系之一。徽商所建造的园林、宅第以及附着其中的三雕，都是建筑中的精品。诸如此类，毫无疑问，都应视为徽商创造的物质财富，自然是徽商文化不可分割的一部分。

从制度层面而言，徽商更是在长期的商务活动中创造了很多商业制度。商业不是个人行为，尤其是当商务发展到一定程度或相当规模时就必

---

① 董其昌：《容台集》文集卷1，明崇祯三年董庭刻本。
② 民国《芜湖县志》卷58。
③ 许元仲：《三异笔谈》卷3。

须建立一定的制度来约束大家的行为了。徽商正是在这样的条件下建立了一系列的制度。例如：

合伙制。当一个人经商资本不足时，往往就联合几个人合伙经营。这一制度早在明代就有了。嘉靖年间，休宁程锁因经商资本不够，"乃结举宗贤豪者得十人，俱人持三百缗为合从，贾吴兴新市"。[①]显然这就是合资制。合资经商中关于资金的使用、每人的利益分配都会有严格的规定。例如程锁就是这样，"长公与十人者盟，务负俗攻苦，出而即次，即隆冬不炉，截竹为筒，曳踵车轮，以当炙热。久之业骎骎起，十人者皆致不资"。如果合资经商各人所投资的资本金不同，则各人在最终利润中所分得的利益也是不同的，这些都在事先的契约中规定得非常明确。这在徽州文书中都有大量例证。

经理制。经理一词，我国古已有之，通常作为经书的义理、常理、管理之义。作为职业管理人的概念是从西方传来的。[②]其实质就是所有权和经营权的分开。如果从这一点说，徽商早就做到这一点了。俞樾《右台仙馆笔记》中记有歙县大典商许翁，十几代经营典铺，可以追溯到明末清初，随着业务的扩大，已发展为四十多所典铺，遍布江浙一带，很显然许翁及其先辈不可能亲自去经营每一个典铺，肯定要聘请人管理经营，这实际上就是所有权与经营权的分离，应该就是经理制了。再如休宁人汪栋，出身商业世家，先辈在苏州府平望镇留有一典铺，汪栋因忙于举业，无暇顾及典铺，于是"择贤能者委之"。[③]这位聘请的"贤能者"当然就是经理了。清初休宁人朱文石"尝客芜阴（芜湖），有族人者丰于财，悉举以托翁（朱文石）而身他去。"明清改朝换代之际，社会动荡不安，文石克服

---

① 汪道昆：《太函集》卷61《明处士休宁程长公墓表》，黄山书社2004年版，第1266页。

② 一般认为，职业经理人最早起源于美国。1841年10月15日，因为美国马萨诸塞州的铁路发生一起两列客车迎头相撞的事故，社会公众反响强烈，认为铁路企业主没有能力管理好这种现代企业。后在州议会的推动下，对企业管理制度进行了改革，选择有管理能力的人来担任企业的管理者。

③ 《休宁西门汪氏大公房挥金公支谱》，清乾隆四年刻本。

千难万苦，身几濒死，终于将店铺完璧归赵。①朱文石显然也是职业经理人。所以若以徽商来看，职业经理人的出现至少要比美国早二百年。

津贴制。这是两淮徽州盐商所创立的补贴制度。明清时期两淮之盐大多供销湖广口岸，盐商必须通过长江水道将盐运往湖广。长江航运，一遇风浪，波涛汹涌，难免有覆舟之虞，一旦罹难，政府还要责其补运，则无不倾家荡产。两淮总商鲍志道鉴此，"建议一商舟溺，则群商攒（赞）助，谓之津贴。当事者义之，下其法为令"。②即是说，如有一舟覆溺，大家给予赞助，使其不致一蹶不振。这充分体现了徽商"以众帮众"的精神。这一建议受到盐政当局的认可，并著为法令，看来是有效地执行了。我相信这一制度受到了广大徽州盐商的欢迎。

在分配制度方面，如果是独资经营，当然所有利润归独资者所有。但随着商业的发展，资本构成方式多样化，资本所有者和实际经营者也出现分离，在这种情况下，如何分配才能兼顾各方面的利益，最大限度地调动所有人员的积极性，分配制度就显得格外重要了。徽商在长期的商务实践中根据各种不同情况，创造了相关分配制度。主要有：

正余利制。即将利润分为正利和余利两个部分，所谓正利，就是在资本所有权和经营权分开的情况下，经营者每年都要按照事先约定的数字向资本所有者支付的利润。所谓余利，就是正利之外的利润。根据不同情况，余利或为经营者所有，或为经营者与资本所有者共同分配。③正余利制在清代又叫官利制，两者异名而实同。④

月折制。这是徽州典铺每月给员工的一种生活补贴。又称"月酒""火食""伙食""福食"。据学者研究，月折并非给典铺所有员工，只给柜友与学生两类员工，而且根据岗位不同，数量有所区别。⑤

---

① 《新安月潭朱氏族谱》卷22，民国二十年木活字本。
② 《歙县棠樾鲍氏宣忠堂支谱》卷21《中宪大夫肯园鲍公行状》，清嘉庆十年刊本。
③ 参阅王裕明：《明清徽州典商研究》，人民出版社2012年版，第334—335页。
④ 参阅王裕明：《明清徽州典商研究》，人民出版社2012年版，第338—341页。
⑤ 参阅王裕明：《明清徽州典商研究》，人民出版社2012年版，第341—344页。

津贴制。此与两淮徽州盐商实行的津贴制不同，此是专指徽州典铺每年从利润中提取一定比例的数额分配给内部职工，根据职位的不同，津贴也有所区别。这实际上是对员工的一种奖励。[①]

阳俸。又称养俸，胡庆余堂的员工，只要不是辞职或被辞退，年老体弱无法工作后，仍发原薪，直到去世。

阴俸。对有大贡献的雇员，去世后由胡庆余堂按原薪一定比例发给遗属，直到遗属生活好转后为止，相当于抚恤金。

功劳股。胡雪岩从赢利中抽出一份特别红利，专门奖给贡献大的员工，功劳股是永久性的，一直拿到去世。

小伙制。这是在浙江兰溪徽商布店的创新，即允许店员有小伙生意，即福利。店员推举一人主持做生意，经营业务不能与本店相同。如布店员工小伙生意就不能经营布匹一类，于是就经营南北货或新安金丝琥珀蜜枣，在桐油、柏油上市时又经营油类项目。小伙生意因系店内员工兼职，没有工薪及房租等支出，资金又由店内无息借垫，在经营好的年景往往接近员工的全年工资，个别年份也有超过的。另外，布店员工年终还能分到零头布，所谓零头布就是布店开售每匹布之先，把布头前的一块商标剪下不出售，留给员工年终分配，也叫机头布，合0.5米左右。徽商布店员工年终每人可分得机头布少则十几斤，多则几十斤，这也是一笔可观的福利。这些办法既不会影响布店的经营，也可提高员工的收入，但又不增加自己的经营成本，可谓一举三得。

总之，徽商为了充分调动员工的积极性，发展自己的商务，根据不同的行业，不同的岗位，不同的贡献，在分配上创造了各种制度。事实证明，徽商之所以能够持续发展，这些制度起了相当大的作用。

传续机制。这也是徽商文化中的闪光之处。任何一家企业都面临着代际传续问题，尤其是中国封建社会父辈遗产诸子均分的制度，是每位父辈在生前都不得不慎重考虑的问题。徽商同样如此。土地、房产、资金都好

---

① 参阅王裕明：《明清徽州典商研究》，人民出版社2012年版，第344—345页。

处理，唯有技术含量高的手工制造业的店铺如何分割，确实是一大难题。徽商凭借自己的智慧妥善地解决了这一难题。胡开文墨业就是这样。乾隆中叶墨商胡天注在休宁创办胡开文墨号以后，由于制作上精益求精，墨号一举成功，所创制的"苍珮室"墨享誉四方。很快就又在屯溪镇开设一门市部，只销售不生产，墨品全由休宁胡开文墨庄供应。胡天注有八个儿子，其中长子及三、四、五子先后病故，六子患病不省人事，长期卧床，七、八两子俱幼，自然墨庄由二子胡余德掌管。但胡天注立下一个重要遗嘱，即将来任何时候，"分家不分店，分店不起桌，起桌要更名"。即是说，家产可以分割，但墨庄不能分割，只能由二房执掌。店中资本除去成本外，按八股均分。屯溪分店只能售墨，不准起桌造墨。将来如果哪位后代一定要起桌造墨，必须更名，不准用"胡开文"招牌。虽然这个问题在胡余德一代并不突出，但到胡余德晚年便面临重大抉择了。因为胡余德也有八个儿子，如何分割遗产？胡余德坚持了父亲的遗嘱，从而避免了墨店的拆分，维护了"胡开文"的声誉。经过一百多年的努力，到第四代传人胡贞观手中时，"胡开文"又有了大发展，但随着胡氏子孙蕃衍增多，其他房派子孙纷纷要求起桌造墨，又不愿放弃"胡开文"这块金字招牌。为了缓解族内矛盾，又不违背"祖制"，胡贞观又想出了一个办法：后人如要起桌造墨，又要打"胡开文"招牌的话，必须在"胡开文"之后加上"×记"二字，以示区别，休城老店"苍珮室"商标决不允许其他人使用。充分反映了胡贞观灵活性和原则性相结合的管理才能。于是，"胡开文源记""胡开文亨记""胡开文利记""胡开文贞记"等墨品先后问世。胡氏传人的智慧成功地解决了技术含量高的企业的传续机制问题，是一笔宝贵的文化财富。

商业经验。这无疑也是徽商文化的重要组成部分。徽商在长期的商业实践中积累了极其丰富的商业经验，他们往往把这些经验付诸文字，以便保存下来，传给后人。如新安惟善堂徽州老典商写的《典业须知录》，其中分为敦品、保名、勤务、节用、务买、远虑、虚怀、防误、炼技、细心、惜福、扼要、体仁、防弊、择交、贻福、达观、知足、谆嘱六字、出外谋生当守五戒、典中各缺慎言择要、典规择要、典业竹枝词①等二十八个部分，内容非常丰富，可以说是几代人开典的经验总结，具有极高的价值。类似的还有《典务必要》，内分幼学须知、珠论、宝石论、论首饰、炉瓶、锡、毡绒、字画书籍、布货、皮货、绸绢等各部分②；《当行杂记》介绍了看衣规则、看金（银）规则、看珠规则、看铜锡类、看磁器类、看学画谱等③。这些经验不仅在当时极富指导意义，即便在今天对我们识别古玩也极具参考价值。还有歙县芳坑茶商江耀华所撰的《做茶节略》④以及徽商黄汴所著《天下水陆路程》和憺漪子所辑《天下路程图引》两书中，均包含丰富的行商经验。尤其是在沪经商垂六十载的徽人余鲁卿晚年总结自己毕生经验，写成五万余言的《经历志略》一书，更具有极高的文化价值。

从精神层面而言，这是徽商文化中最为精彩的部分，叶显恩和唐力行两位先生都进行了很好的论述。本文特对徽商的价值观作补充如下：

农贾观。传统社会，士农工商，千年不改。商人始终处于四民之末，农排在第二位，得到国家的支持和肯定。但徽州社会，"七山半水半分田，两分道路和庄园"，务农已难乎为继，工也出路甚窄，科举之路就更不必说了，在这种情况下，只有从商。残酷的现实迫使徽州人突破固有的四民观，为经商制造合理舆论。加上明代中期王阳明的学说传到徽州，造成很大影响，他们完全摒弃了传统的观念，勇敢地为从商正名。徽商还认为贾决不负于农。正德、嘉靖年间的歙商许大兴就说："予闻本富为上，末富次之，谓贾不若耕也。吾郡保界山谷间，即富者无可耕之田，不贾何待？

① 转引自曲彦彬：《典当研究文献选汇·中国典当手册副编》，哈佛大学汉和图书馆藏抄本，第945—964页。

② 中国社会科学院近代史研究所、近代史资料编辑室编：《近代史资料》总第71号，中国社会科学出版社1988年版，第42—87页。

③ 中国社会科学院近代史研究所、近代史资料编辑室编：《近代史资料》总第71号，中国社会科学出版社1988年版，第88—145页。

④ 转引自张海鹏、王廷元主编：《徽商研究》，安徽人民出版社1995年版，第596—599页。

且耕者什一，贾之廉者亦什一，贾何负于耕，古人非病贾也，病不廉耳。"①他认为，只要做个廉贾，那么经商绝不比务农地位低。嘉、万时婺源商李大祈也说："丈夫志四方……即不能拾朱紫以显父母，创业立家亦足以垂裕后昆。"②

士贾观。四民社会，士为首，商为末，商岂能和士比肩？但徽商勇敢地发出了贾不负于儒的呐喊。婺源商李大鸿说："人弗克以儒显，复何可以雄视当世？有语之阳翟其人，埒千乘而丑三族，素封之谓，夫非贾也耶！"③认为即使不能以儒光宗耀祖，也可以像阳翟那样，以素封之财雄视当世。这已经看不出一点商贾的自卑感，而是显示了一种富贾的自豪感了。明中期歙人程季公也说："藉能贾名而儒行，贾何负于儒？"④就是说，虽然是个商人，但如果能处处按儒道行事，这样的商人一点也不愧于儒士。歙商吴肖甫力劝读书的儿子经商也说："岂必儒冠说书乃称儒耶！"⑤认为难道非要头戴儒冠、口述诗书才是儒吗？胡汝顺也说过类似的道理："端木氏曾不以货值贬，儒奚必青衿乃称丈夫耶？"⑥所谓端木氏就是端木赐（子贡），他是个大商人，却是孔子的得意门生。所以胡汝顺就认为应该像端木赐一样，难道非要穿着青衿才是大丈夫吗？

商贾观。这里包含两层意思，一是怎样看待商人？二是怎样做个商人？前者上述已经涉及，概括地说，在徽商看来，贾不负于农，贾也不负于儒。至于怎样做个商人，徽商的观念尤值得称道。他们以诚待人，以信接物，以义取利，坚持商业道德，这方面徽商的言论不胜枚举。在经商策略上，他们牢记我国古代商祖白圭的话："吾治生产，犹伊吕之谋，孙吴

---

① 《新安歙北许氏东支世谱》卷8，明嘉靖六年稿本。
② 《婺源三田李氏统宗谱·环田明处士松峰李公行状》，明万历刊本。
③ 《婺源三田李氏统宗谱·恩授王府审理正碧泉李公行状》，明万历刊本。
④ 汪道昆：《太函集》卷52《明故明威将军新安卫指挥金事衡山程季公墓志铭》，黄山书社2004年版，第1102页。
⑤ 吴吉祐：《丰南志》第5册《光裕公行状》，民国稿本。
⑥ 李维桢：《大泌山房集》卷73《胡处士传》，《四库全书存目丛书》集部第152册，齐鲁书社1997年版，第270页。

用兵，商鞅行法。"并且身体力行。经商如何才能获利？道光时黟县商人舒遵刚的一段话可以说代表了徽商的共识，他说："圣人言，生财有大道，以义为利，不以利为利。国且如此，况身家乎！人皆读四子书，及长习为商贾，置不复问，有暇辄观演义说部，不惟玩物丧志，且阴坏其心术，施之贸易，遂多狡诈。不知财之大小，视乎生财之大小也，狡诈何裨焉？"[①]徽商正是秉承这样的商贾观才促使商务获得大发展。

义利观。关于徽商的义利观，王廷元早在1998年就有过较深的论述[②]，这里略作补充。如何看待义利？在利与义面前，大多徽商能够做到两点：一是以义取利。正德、嘉靖时人汪忠富就有明确的认识，他命自己儿子经商时对他说："职虽为利，非义不可取也。"[③]商人汪忠浩也诚勉自己儿子："汝曹职虽为利，然利不可罔也，罔则弃义，将焉用之？"[④]二是见义勇为。数百年来徽商这方面的事迹史不绝书，他们赈灾济贫，架桥铺路，置义田，设义仓，立义渡，建义学、义冢，等等，难以尽述。当然，这要花费相当的资金，徽商怎么认识这个问题呢？舒遵刚的一段话做了回答："钱，泉也，如流泉然。有源斯有流，今之以狡诈求生财者，自塞其源也。今之吝惜而不肯用财者，与夫奢侈而滥于用财者，皆自竭其流也。人但知奢侈者之过，而不知吝惜者之为过，皆不明于源流之说也。圣人言，以义为利，又言见义不为无勇。则因义而用财，岂徒不竭其流而已，抑且有以裕其源，即所谓大道也。"[⑤]因义而用财，是生财之大道。这样的义利观，即使在今天也是有着重要意义的。

财富观。如何看待财富？赚了钱怎么用？这是对每位商人的考验。徽商致富后怎么对待财富呢？乾嘉时绩溪商人章策就曾说："造物之厚人也，使贵者治贱，贤者教愚，富者赡贫，不然则私其所厚而自绝于天，天必夺

① 同治《黟县三志》卷15《舒君遵刚传》。
② 王廷元：《论徽州商人的义利观》，《安徽师大学报》（哲学社会科学版）1998年第4期。
③ 《汪氏统宗谱》卷3《行状》，明刊本。
④ 《汪氏统宗谱》卷31《行状》，明刊本。
⑤ 同治《黟县三志》卷15《舒君遵刚传》。

之。"①他认为自己之所以致富，是上天的眷顾，但这财富一定要帮助穷人。如果你"私其所厚"，只顾自己奢侈享受，那么"天必夺之"。徽商鲍士臣就认为："偿来之物，侈用之是谓暴天，吝用之亦为违天，惟其当而已矣。"②赚来的钱既不能浪费，也不能吝啬，一定要用在适当的地方。所以他大力从事公益事业。被人誉为"闵善人"的徽州盐商闵世璋致富后，办育婴堂，收养弃婴，赈灾济贫，设义渡，治道路，建桥梁，做了无数的好事。当别人劝他钱财为何不自己享受或给儿子留下时，他以"扑满"作比喻，扑满就是古代陶制储蓄罐，平时存放零钱，由于只有一个入口，只进不出，待储蓄罐装满后必须将罐"扑"碎，才能取到钱。他说："扑满有入无出，吾惧其扑，故不敢满，且吾子孙固未尝贫也，使至于扑，欲求为中人产得乎？"③他具有一种朴素辩证法思想，知道财富"满"了后就会转化。他的这种思想其实也是众多徽商的共识。

三、徽商文化的特点

关于徽商文化的特点，虽然叶显恩、唐力行、范金民诸位先生都有精彩论述，但我还是觉得意犹未尽，聊作补充。

徽商是封建性的商帮，这在学术界已是大家的共识，那么徽商文化自然是封建性的文化，这也是没有疑义的。但徽商文化作为封建性的商帮文化，却呈现出自己不同于其他商帮的特点。

崇儒。徽商的最大特色是"贾而好儒"，因此徽商文化表现出强烈的崇儒性。儒学是徽商文化浓重的底色。这在徽商文化的核心——精神层面得到充分反映。无论是徽商的人生观、世界观还是价值观，都深深地打上儒家的烙印。"新安为朱子阙里，而儒风独茂"，人们"读朱子之书，服朱

---

① 《绩溪西关章氏族谱》卷26《例授儒林郎候选布政司理问绩溪章君策墓志铭》，清宣统刊本。

② 《歙县棠樾鲍氏宣忠堂支谱》卷21《鲍先生传》，清嘉庆十年刊本。

③ 魏禧：《魏叔子文集外篇·文集》卷10《序》，见《宁都三魏全集》，第255—261页。

子之教，秉朱子之礼，以邹鲁之风自待，而以邹鲁之风传之子若孙也"。[1]
儒家思想是徽商言行的指导思想。即便在明中叶徽商突破朱子学说，信奉
阳明之学，走出大山，踏上经商之途后，也没有否定朱子，很多徽商会馆
中仍然供奉着朱熹的牌位，说明朱子仍是他们心目中的偶像。思想上的崇
儒，决定了行动上的好儒，表现在五点：一是经商之暇，手不释卷。正如
舒遵刚所言："吾有少暇，必观《四书》《五经》，每夜必熟诵之，漏三下
始已"。[2]很多徽商也都是这样。二是以儒道经商，所谓"贾名而儒行"。
三是亲近儒家学者、官员，甚至结为挚友。四是捐纳为官，跻身仕林。五
是重视教育子弟，尽可能走上仕途。所有这些，都是徽商文化特点的
反映。

品高。文明无高下，文化有优劣。徽商文化中虽然也有糟粕，如有的
穷奢极欲，有的偎红拥翠，这些都应当摒弃。但从总的方面而言，徽商文
化的品位还是很高的。他们最初不畏艰难险阻，运粮输边；在倭寇肆虐之
时，他们采取各种方式抗击倭寇；在外国殖民者入侵中国时，他们慷慨捐
资，抵御外敌；在自然灾害来临时，他们又慨然解囊，赈济灾民；等等，
这些都表现出徽商的四民观，可以说达到了那个时代的最高水平。他们
"富而教不可缓""立品为先"的教育观，他们"积而能散"、虽富犹俭的
财富观，他们以诚待人、以信接物、以义取利的商业道德，他们勇于开拓
市场、万难不屈的"徽骆驼"精神，等等，都表现出很高的文化品位。在
制墨、制砚、校书、刻书等方面所追求的精益求精，更表现出一种工匠
精神。

创新。这也是徽商文化的一大特色。关于此点，栾成显先生作了精彩
的论述[3]。他们开拓了国内外市场，在制度设计上发明了经理制、股份制
以及保险。无论在实践上、观念上还是在制度上，徽商文化都体现了可贵
的创新精神。

---

① 雍正《休宁茗洲吴氏家典·序》。
② 同治《黟县三志》卷15《舒君遵刚传》。
③ 栾成显：《徽商的开拓创新精神》，《光明日报》2015年12月29日。

开放。徽商文化不是封闭性的文化。徽商足迹遍天下，他们每到一处，都与当地人相处得很好，很快能够融入当地的文化中，并能在当地入籍，这就证明他们能够较好地解决文化适应问题。不仅把徽州的文化传播到外地，也能吸收外地的文化。使徽商文化呈现出开放的特色。

活变。徽商经商，无论行商还是坐贾；无论从事盐业、典业、茶业、木业还是从事绸布业、粮食业、饮食业；无论是当老板还是受聘用，在经商行业的选择上，都是相机而行，随我活变。就是说，只要市场需要，只要有钱可赚，他们就会侧身其间。在商业文化上表现出高度的活变——灵活应变特色。

毫无疑问，徽商是封建性的商帮，徽商文化从性质上说自然是封建性的，更有它的局限。徽商文化的局限，叶显恩、唐力行两位先生的文章都有阐述，我完全同意，故不赘。

木与林:如何评价徽商捐助公益慈善事业的行为

——与卞利先生商榷

明清徽商是驰名全国的大商帮,前后延续数百年。他们经商致富后,热心赞助社会公益慈善事业,在历史上留下了无数的记载。他们的"义举"也赢得了社会大众的广泛赞许。这基本上已成为学界的共识。但近年卞利先生发表了大作《利益攸关:明清徽商捐助社会公益慈善事业的目的和动机》①(以下简称《动机》),提出了不同的看法。虽然作者过去也像学界多数同仁一样,"同样从正面充分肯定了其积极意义",但由于他在收集和阅读了大量徽州本土及域外文书、文集、方志和杂记等史料后,认识发生了转变,"发现不少徽商在热心捐助社会公益慈善事业的背后,隐含着与自身切身利益密切相关的功利性动机与攫取商业暴利的目的,甚至在经营过程中存在着严重偷税漏税的不法行为"。于是他发出了疑问:"明清时期的徽商果真是勇于担当社会责任的'贾而好儒'的儒商良贾吗?隐藏在徽商慷慨捐助社会公益和慈善事业的背后,是否还有另外的动机与目的?记录明清时期徽商义商良贾形象的文献是否真实可靠?"作者引用了一些资料,证实了他的疑问,由此得出结论:"徽商对公益和慈善事业的慷慨捐助与自身利益密切关联";徽商所谓的"贾而好儒"实在是附庸风雅,"在附庸风雅的同时,取得和利用这些文人雅士及当地官员的支持,为其攫取巨额商业利润进行利益输送";记载徽商乐善好施的家谱、方志,

---

① 卞利:《利益攸关:明清徽商捐助社会公益慈善事业的目的和动机》,《中国社会经济史研究》2017年第4期。

是因为得到徽商的资助而采用了"曲笔书法"，文人表扬徽商的传记、墓志铭也是因为"笑纳了徽商不菲的润笔费而不得不写下言不由衷的溢美之词而已"。①

卞利先生是一位很优秀、极勤奋的学者，也是笔者的好友，但由于这关系到明清徽商的基本形象问题，不能不辩。真理总是越辩越明。本着探讨真理的精神，草成此文，想围绕上述三个问题谈一谈自己的看法，如有不妥之处，请卞利先生和学界同仁不吝赐教。

一、徽商捐助公益、慈善都是为了自身利益或趋炎附势吗？

《动机》一文认为："明清时期徽商对社会公益和慈善事业出手大方的捐助，与自身的切身利益密切关联""主要还是利益驱动"。作者以两淮总商江春为例，认为"江春对公益慈善事业的捐助，正是为了寻求最高统治者的支持，把持两淮盐业的支配地位和垄断优势"。这一观点无可厚非。明清时期，两淮盐商（包括两浙盐商）是个特殊的商人群体，他们正是在政府的支持下，获得了盐业的垄断经营权，从而攫取了巨额的利润。说他们捐助公益慈善事业，"与自身的切身利益密切关联"，江春作为总商就更不必说了，这是符合事实的。但作者推而广之，认为"明清时期的徽商在经商地慷慨捐资用于道路、桥梁、园林、学校、书院和城市等基础设施建设，并大力资助慈善事业，或是出于趋炎附势，迎合当地官员的需要，这就是所谓的'广挟金钱，依托势要，钻求札付。'""当学界不断用'贾而好儒''儒商''义商'来称赞徽商捐助社会公益慈善事业义举之时，我们不要忘记，明清时期的徽商慷慨捐助社会公益和慈善事业的背后确实隐藏着巨大的商业动机。"这就是不问青红皂白，一棍撂倒一大片。因为徽州盐商虽然极其富有，但他们只占徽商总数的极小部分。大量从事其他行业的徽商也捐助了很多公益和慈善事业，他们也是"利益驱动"吗？这就

---

① 以上观点均见卞利：《利益攸关：明清徽商捐助社会公益慈善事业的目的和动机》，《中国社会经济史研究》2017年第4期。

要具体分析了。试举几例：

徽州"箬岭界宣歙间，为歙、休宁、太平、旌德要道，其高径二十里，逶迤倍之，大约道险涩南北合百里"。虽是几县要道，但极其难走，"行其间者，蓁莽塞天地，藤蔓翳日月，涧水茟石之碍路者，随地皆是。且不特此阴翳晦莽，则蛇虺穴之，狼虎窟之，盗贼奸宄窃发者，亦必于此焉。统计一岁中，颠而踣以迄遭援噬攫杀、利刃白棓殒毙者常接踵。两府皆视为畏途，然舍此则无别道"。歙县程国光为诸生时，由歙县赴会城乡试，道常出此。那时他还很穷，"贫甚，一囊一伞，恒自负戴。盖自上岭以至平地，凡数百休乃得至焉"。作为一个青年人过此岭也要休息几百次，更何况其他人了。他"目见行道者之难，心窃悯之，自诸生时，已立志修岭上下道，然力不及也"。后来他五举不售，乃儒而兼贾，终于积攒了一笔资金，发愤修筑此路，他亲力亲为，"剃莽、凿石、铲峰、填堑，危者夷之，狭者阔之，几及百里。以歙石易泐不可用，本山石不足，复自新安江辇载浙石青白坚久者补之。长七八尺至四五尺不等，皆随道之广狭筑之，咸自履勘，不假手于人。盖畜（蓄）数十年心力，甫得就焉。卉莽去则搏噬者无所容，道路夷则奸宄亦无可托足。于是行者始不避昼夜，不虑霜霰霖雨，往反（返）百里，均若行庭宇间。又虑道渴力乏之无所憩也，岭半本有旧刹，狭陋过甚，复兴工庀材筑楼数十楹，自此行者有所憩，渴者有所饮，暮夜者有所栖宿"[1]。请问，程国光花费巨资修筑此路，是"趋炎附势"吗？是"利益驱动"吗？更不知道这背后隐藏着什么"巨大的商业动机"？

清乾隆年间，浙江富阳周维城做了很多好事，当别人称赞他时，他却说："吾愧吴翁、焦翁。吴翁者，徽州人，贾于富阳，每岁尽，夜怀金走里巷，见贫家，默置其户中，不使知也。"[2]类似举动在徽商中经常出现。"曹汝宏（歙县人），邑诸生。散财以济贫困，善诱以造人才。每腊月除

---

① 洪亮吉：《更生斋集·文甲集》卷4《新修箬岭道记》，清光绪三年洪氏授经堂增修本，第56—57页。

② 张惠言：《茗柯文编·二编》卷下《周维城传》，清同治八年刻本，第38页。

夕，袖金过穷者之门，暗中投赠，不使人知。"①歙县江承东在汉阳经商，"乾隆辛酉岁，棚民猬集汉口，承东密遣子侄，于除夕每棚暗给银钱，同辈有仿而行之者，全活甚众"②。请问，当这些普通的商人除夕之夜怀金济贫、"不使人知"时，他们有什么"利益驱动"？又趋什么炎？附什么势？又隐藏着什么"巨大的商业动机"？

歙县商人孙仕铨，在宛陵经营，"近居有溪，旧架木桥以通南北，水涨木坏，人以舟济，多覆溺。捐四千缗独成石梁，列屋其上，行者息者皆便之，称为'孙公桥'"。③我们能说孙仕铨是为了"趋炎附势"，或是受到什么"利益驱动"才捐资建桥的吗？

像这样的例子真是不胜枚举。不仅普通徽商如此，很多徽商妇也是这样。黟县吴蓁在沪上经商多年，并将其老母迎来上海奉养。民国二年（1913），其母七十大寿，沪上友人商议届时要隆重为蓁母祝寿。蓁母得知后，对蓁说："祝嘏虚文也，慈善实益也。余与汝去乡久，独不念故乡父老兄弟行者无所憩，炎暑雨雪道路无所庇荫乎？汝其扩此筵资多为亭以翼之，以承吾志。"要求吴蓁省下筵资再加上自己的钱到故乡修建路亭。蓁遵母命，回到家乡，拿出两千两银，"择中途之要者，筑亭十有二所"。亭筑好后，母亲又说："有举莫废，古之训也，岁月迁流，风霜剥蚀，亭讵能终无坏哉？汝其捐资修葺，求所以永久之。"于是吴蓁又回到故乡，"捐田数亩以为善后之费"。④这位徽商母亲的高尚行为能说是"趋炎附势""利益驱动"吗？

即使普通的盐商也不是都像江春一样，去"迎合当地官员的需要"，

---

① 道光《徽州府志》卷12《人物志·义行》，《中国地方志集成》安徽府县志辑第50册，江苏古籍出版社1998年版，第10页。

② 乾隆《歙县志》卷13《人物志三·义行》，《中国地方志丛书》华中地方第232号，成文出版社1975年版，第960—961页。

③ 佘华瑞：《岩镇志草》第4册《义行传》，《中国地方志集成》乡镇志专辑第27册，江苏古籍出版社1992年版，第160页。

④ 民国《黟县四志》卷11《政事志·亭宇》，《中国地方志集成》安徽府县志辑第58册，江苏古籍出版社1998年版，第262页。

当然更没有像《动机》一文作者所说的"广挟金钱，依托势要，钻求札付"，例如：歙县盐商闵世璋（字象南）致富后，专门行善，他做了哪些好事呢？可以说真是说不清：

> 康熙间岁凶，饥民载道，募米赈粥，即为首倡，就食者赖之以苏。他郡闻风，挈老携幼而至者甚夥，乃请于当事设厂分赈焉。寒者给之絮衣，病者与之汤药。一人不得其所，终夜环走，若有所失。数年来，岁屡歉，而扬民无流亡沟壑者，借其力也，以故淮南北寻有"善人"之誉。三藩之变，福、浙妇女多罹兵难，维扬城郭间多闽越音，一闻之恻然，即捐金为赎，完其夫妇以千数。郡中贫家育子不能字，多弃之者，倡建育婴堂，募乳妇、收遗孩以抚之，数十年存活者以万计。善人之名遂走天下矣，而其心正未有艾也。设药局于市，贫不能延医者，悉令就治。岁疫，道路死亡枕藉，具棺椁，置义冢，给资殓埋于土，而后即安。设救生船舣江上，以防风波之变。每遇舟覆，令两岸渔舠飞棹往拯，获生者予一金，死者半之，具棺以葬，而后即安平居。见贫不能娶者，则能囊以助之。负不能偿者，即焚券以谢之。葺养济院，使鳏独有归，仍月给钱粟以赡。他如修学宫、创文楼、建桥梁、治道路，凡有裨于地方者，俱殚力以为之。自奉甚薄而好施予，笋舆中尝多置金钱以行，值褴褛于道者，辄散给之。每出，恒数十百辈围绕号呼，莫不各如其请。远近闻其名者，皆手额焉。①

闵世璋对公益、慈善事业如此不遗余力，而对自己却"悭吝"得很。他尝对人说："吾生平不博弈、不美食炫服，不游倡优，无他嗜好也。"他的居室既卑又狭，更无园亭之娱，所坐卧小室，不忍目睹，有人劝其撤材新之。象南曰："视吾居不蔽风雨时何如？且久与之习如故人，不忍弃也。"②从闵象南的所作所为来看，能说他做这些义行是"趋炎附势"或受

---

① 陈鼎：《留溪外传》卷8《义侠部·闵善人传》，国家图书馆藏清康熙三十七年自刻本，第6—7页。

② 许承尧：《歙事闲谭》卷28，黄山书社2001年版，第996—997页。

什么"利益驱动"吗？

至于徽商在桑梓故里更是捐助了大量的公益和慈善事业。如歙县汪景晃，"年二十二，弃儒术，操百缗以往贾于浙之兰溪，及艾而归里，则尽传家事于其子，而一以施济为己事。里党间茕独无以为生，计月授之粟；其寒无礼襦，则于冬日授之衣。暑而荷担于道路，为水浆以济其喝渴。病卧不得医，储药物以救其疾苦。力不能亲师，建馆舍，延儒生，以诱其来学。死而手足不掩形，赠以棺椁，而里之赖以殡敛者，至三千余人"①。婺源清华江铉耀一家从康熙到道光数代坚持修桥："里中高奢渡为七省往来孔道，康熙年公祖人创建石梁绵亘数十丈，郡侯朱实记其事，载邑志。屡圮于水，踵志募修者前乾隆壬子则公之父，今道光癸未则公之侄，公两次襄事其间，盖有费苦心者。"②像这类例子不胜枚举。

正是有无数像他们一样的徽商对桑梓的捐助，才使得桑梓乡亲一次次遇到灾难时，不致饿殍遍地，而是一次次渡过了难关；族众遇到困难时，也不致坐以待毙；家乡的道路、桥梁才得以改善。这些泽惠大众的行为，本应值得大大提倡和歌颂，然而《动机》一文的作者却认为："徽商对桑梓故里公益和慈善事业的捐助，也体现出了浓厚的利益关系，那就是为了光宗耀祖，获得当地官府和宗族的支持。特别是捐助宗族纂修族谱、创建祠堂、兴办学校、铺设桥梁道路的举动，在某种程度上都有为自身扬名、为宗族争光的目的。"竟然认为是不值得肯定的。我真不明白，"光宗耀祖""为宗族争光"有什么不好？"获得当地官府和宗族的支持"又有什么错误？难道给列祖列宗丢脸抹黑，一切都和政府、宗族对着干才好吗？真是匪夷所思！

总之，在《动机》一文作者看来，徽商对公益和慈善事业的一切捐助行为都是"目的与动机"不纯，或者是趋炎附势，或者是为了讨好官府，或者是为了扩大影响，或者是为自己扬名，都不值得肯定。那么，请问，世界上有纯而又纯、不含任何目的的捐助吗？改革开放40多年来，港商霍

① 刘大櫆：《海峰文集》卷7，清刻本，第144—145页。
② 《婺源济阳江氏宗谱》卷2《铉耀公传》，清光绪六年刻本。

英东先生通过自己创立的霍英东基金会、霍英东体育基金会、霍英东番禺建设基金会等机构，分别以独资、合资、捐赠、低息贷款等方式，在内地兴建了数百个项目，总支出90多亿港元。以他自己的名字冠名基金会，还不是为了扬名？但2018年12月18日，党中央、国务院授予霍英东先生改革先锋称号，颁授改革先锋奖章。截至2018年7月，香港著名企业家、慈善家田家炳先生在中国范围内已累计捐助了93所大学、166所中学、41所小学、约20所专业学校及幼儿园，捐建乡村学校图书室1800余间、医院29所、桥梁及道路近130座，以及其他文娱民生项目200多宗。但他也有个要求，所有建筑必须以"田家炳"冠名，难道因为这一点，就说他为了扬名，动机不纯，而完全否定他的义举吗？比尔·盖茨宣称，百年后将自己所有资产全部捐出，还不是为了扩大影响吗？按照《动机》一文作者的逻辑，这些都是带有一定的目的，动机是不纯的，当然是不值得颂扬的。这不觉得荒唐吗？

世界上任何人的行为都是有动机和目的的。既然徽商不是为了趋炎附势，有的甚至不是为了扬名，更不是为了"利益输送"，那是什么原因促使他们为公益和慈善事业慷慨解囊呢？

首先，儒家思想的影响是最主要的原因。绝大多数徽商从小就受到儒家思想的教育，成人后仍将儒家思想作为自己的行动指南，乃至形成贾而好儒的特点。儒家的一些说教可以说在很多徽商头脑里已经根深蒂固了。比如：

上天意志的服膺。古人都认为：天意，就是天的旨意。它无所不能，神通广大，始终在默默注视着人们的一举一动。所谓"举头三尺有神明"，遵从天意行事，就会得到上天的支持，就会得到好报。这种好报可以表现在现世各个方面，也可以福泽后代。如果违背了天意，上天就会用各种方式惩罚你，或者祸及儿孙。我们千万不要低估天意在古代人心中的分量。很多人总是自觉不自觉地按天意去行事。什么是天意，那就靠各人去理解了。乾嘉时绩溪商人章策就曾说："造物之厚人也，使贵者治贱，贤者教愚，富者赡贫，不然则私其所厚而自绝于天，天必夺之。"①意思是说，造物主（天）之所以让一部分人成为贵人、贤人和富人，绝非只是宠爱这些人，而是要让贵人去更好地治理卑贱的人，让贤人去教育那些愚昧的人，让富人去帮助那些贫穷的人。如果贵人、贤人、富人不是这样做，而是独自享受上天的眷顾，那么天必将这些全部夺回。某年灾荒，休宁粮商吴佛童家中还库存不少粮食，别人劝他暂时不要出售，囤积居奇，以卖高价，但吴佛童却说："使吾因岁以为利，如之何？遏籴以壑邻，是谓幸灾，天人不与。"所谓"天人不与"，就是如果幸灾乐祸，抬高粮价，天意和老百姓都不会同意的。"乃尽发仓廪平贾（价）出之。"②歙县人鲍士臣在外经商，由于诚信至上，深受民众信任，得以致富。他经常接济穷人，力行善事。他曾说："侥来之物，侈用之是谓暴天，吝用之亦为违天，惟其当而已矣。"③就是说经商得来的钱，奢侈享乐，这是对天的不恭敬；吝啬不用，也是违背了天意。很多徽商之所以大行善举，正是基于这种天意观念。

仁义思想的指引。"仁者爱人""见利思义""见义不为无勇""积而能散"等儒家观点，虽然是只言片语，却是徽商的行动指南。明代歙县盐商黄崇敬"治赀能择人任时，取与有义"，致富后，"周穷恤匮，慕义如渴，至老不倦"，被人称为"义士"。为什么能够如此？他就服膺"积而能散，《礼经》明训"的教诲。④婺源商人汪拱乾，极善经商，赚了很多钱，不仅自己艰苦朴素，"并诫诸子，不得鲜衣美食，诸子亦能守成"。但一旦别人有急难，他一定援之以手。在他的影响下，诸子也都念念不忘助人为乐。当他晚年时，诸子在一起商议，希望劝说父亲"积而能散"，谁知父亲听

① 《绩溪西关章氏族谱》卷26《例授儒林郎候选布政司理问绩溪章君策墓志铭》，清宣统刊本。

② 汪道昆：《太函集》卷62《墓表七首·明故处士新塘吴君墓表》，黄山书社2004年版，第1290页。

③ 《歙县棠樾鲍氏宣忠堂支谱》卷21《鲍先生传》，清嘉庆十年刊本。

④ 《歙县竦塘黄氏宗谱》卷5《明处士竹窗黄公崇敬行状》，明嘉靖四十一年刊本。

后大喜，说："吾有是念久矣，恐汝辈不克体吾志耳，是以蓄而不发。今既能会吾意，真吾子也！"①父子想到一起了，于是拿出箧中借券数千张，共计八千多两银，然后尽召借款人前来，当众焚之。清婺源人俞焕，"以资雄吴楚间"，但他于饶州、苏州、金陵输建会馆，于芜湖立蝀矶庙、修鲁港堤，在金陵施槥、置义冢、捐修城工，晚年折券弃债不下六万金，遵循的也是儒家"积而能散"的教诲。②

其次，是恻隐之心的驱使，就是见到遭受灾祸或不幸的人自然会产生一种同情之心。孟子说："恻隐之心，人皆有之。"③很多徽商对慈善事业的捐助，实际上是受恻隐之心所驱使。歙县商人程公琳，先世由歙迁桐乡。"康熙四十七八年，大疫，死者枕藉，公于县治之城隍庙、青镇之密印寺设局施棺，掩埋至万余口。后此局设至三十余年，未尝辍。"④歙人江承燨在湖南洞庭经商，"康熙甲午、乙未间，洞庭飓风伤人无算，承燨募人收捞灾尸数百，予埋予祀。"⑤他们在灾难面前，显然是动了恻隐之心，才做出上述行为的。

再次，是父母之命的指示。不少徽商捐助公益慈善事业属于这种情况。黟商洪潮公去世后，其妻江氏率二子经营，"家业隆隆然起"。江氏七十二岁那年，二子准备给母亲贺寿。江氏得知后，对二子说："城内外道路失修，行人多嗟叹。尔辈能以历年余利用修道路，强于为我称觞矣。"结果，"二子遵命修治，费至三万金之巨，今城内外石路如砥之平，即孺人所命修者也"。⑥据《申报》载：民国六年（1917），徽商程霖生捐京直奉水灾赈款洋三千元，又捐汴晋湘鲁水灾洋一千五百元、妇孺救济会洋五

① 《登楼杂记》，见谢国桢：《明代社会经济史料选编》中册，福建人民出版社1981年版，第100页。

② 光绪《婺源县志》卷32，国家图书馆藏清光绪九年刊本，第1页。

③ 魏雯编著：《国学必读哲学经典·孟子·告子章句上》，西苑出版社2011年版，第164页。

④ 光绪《桐乡县志》卷15《人物志下·义行》，《中国方志丛书》华中地方第77号，成文出版社1970年版，第575页。

⑤ 乾隆《歙县志》卷3《人物志三·义行》，第964—965页。

⑥ 《黟县环山余氏宗谱》卷19《洪潮公德配江氏孺人》，民国六年刻本。

百元，共计五千元，而这一切也都是遵循母亲遗命。①海阳居安里黄仲公一生赈灾、修路、造桥，非常热心公益慈善事业。他就曾对别人说："生平所为，亦因吾父继行之耳。父有义路，因为此路；父有横塾亭，因构诸屋舍；父有竭埭，因有桥梁之作。羹墙之感，讵有既哉？"②可见父亲对他影响之深。

最后，是朴素真理的启发。历史中、生活中都蕴藏着很多朴素的真理，尤其是事物的转化规律。像国家的盛和衰、家庭的兴和败、个人的塞与通等，在一定条件下都是可以转化的。徽商大多有文化，而且贾而好儒，他们对这些道理当然是明白的。像徽商闵象南就从生活中的"扑满"悟出了金钱"一满就扑"的道理。扑满是古代的陶制储蓄罐，罐上开一小口，平时有零钱就放进去，但拿不出来，待储蓄罐装满钱后，人们只好把它"扑"（砸）碎取钱。当闵象南长期行善大行义举时，有人就劝他"宜节啬布施，留财以遗子孙者"，但象南却以扑满为例说："扑满有入无出，吾惧其扑，故不敢满，且吾子孙固未尝贫也，使至于扑，欲求为中人产，得乎？"③正是受到这一朴素真理的启发，他不愿财富太满，所以才勇于为善，以利济为己任。我相信很多徽商都是这样。

卞利先生不仅认为徽商捐助慈善公益事业目的和动机不纯，甚至一口咬定他们偷税漏税。他在文中说："明万历三十五年（1607），河南巡抚沈季文就曾针对在河南从事典当业经营的徽商税负极低（实际上是偷税漏税）现象，专门向明神宗上疏，建议对徽商课以重税，云：'……今徽商开当遍于江北，资数千金，课无十两，见在河南者，计汪充等二百十三家，量派银二千六百余两，抵其全数，足免贫民。盖取之富商者，不过割其羡余；征之微末者，则如腴其膏脂。'数千金的资本，竟然纳税不到1%，这显然是偷税漏税的行为。沈季文的建议，可谓打击徽州典当商人偷

---

① 《申报》（上海版）第16085号，1917年11月23日第10版，第10页。

② 吴子玉：《大鄣山人集》卷33《黄仲公传》，《四库全书存目丛书》集部第141册，齐鲁书社1997年版，第631—632页。

③ 魏禧：《魏叔子文集外编·文集》卷10《序》，见《宁都三魏全集》，第261页。

逃税款的劫富济贫之举。"作者的结论也太轻率了。偷税漏税在任何朝代都是犯法行为，都是要受到法律严惩的。如果徽州典商真的偷税漏税，河南巡抚沈季文完全有权力立马查抄典铺、逮捕典商，何必还要绕一大弯向皇帝上疏？要知道，"资数千金，课无十两"，这不是典商偷税漏税，而是国家政策规定的啊。所谓"资数千金"，是指典铺的资本至少有数千两银子，这和贩运商有数千两银的商品不同，贩运商的商品卖出就能变现，典铺的资本金当然不能立马变现，也就不能和商品同样征税。所以，典税是比较少的，"资数千金，课无十两"正是反映了这种情况。清承明制，典税也很轻。据学者统计，乾隆十八年（1753），全国共有当铺一万八千零七十五座，收典税九万零三百七十五两；嘉庆十七年（1812），全国共有当铺二万三千一百三十九座，收典税十一万五千六百九十五两。[①]每个典铺年平均缴税也只有五两，确实很低。政策就是如此规定，如说不公平，只能是政策问题，非要把偷税漏税的帽子扣在徽州典商头上，这不冤枉吗？沈季文就看到政策的问题，所以才上疏神宗，建议加大对典商的税收，免去贫民的税收。

二、徽商"贾而好儒"是附庸风雅吗？

卞先生在文中否认徽商的"贾而好儒"，他大段引用胡益民先生的话："在徽学研究界，有一种很流行的说法是：作为群体的徽商有着'贾而好儒'的特点。这不是误会，即系夸张……揆诸历史而律以现实，贾而好儒（文化）者实在'几希'。由附庸风雅而后玩出名堂的固不乏其人，但那一开始大多也是一种投资行为，并非目的，更非'性格特点'。如将'贾而好儒'理解为'贾而好官'，则无论其为古为今，则庶近之。关于所谓'贾而好儒'，今人的说法倒不如身在其中的汪道昆本人'迭相为用'，即

---

① 据罗炳绵：《近代中国典当业的社会意义及其类别与税捐》，《"中央研究院"近代史研究集刊》第7期，1978年6月，转引自曲彦斌：《中国典当史》（图文典藏版），九州出版社2007年版，第46页。

官与商互相利用的说法那样直捷而爽快。特别需要指出的是，汪道昆所说的'儒'，也就是官僚或预备官僚，与今天业已成为独立的文化事业的从业者是完全不能等同的。"无疑，作者是同意胡益民先生的观点的。

关于徽商"贾而好儒"的问题，我在2004年的一篇文章《也谈"贾而好儒"是徽商的特色——与张明富先生商榷》①中做了详细的阐述，在这里就不重复了。我只想强调，无论在明代还是清代，无论是徽州学者还是其他地方的学者，对徽商的看法基本上是一致的。明中后期福建长乐人谢肇淛，在朝廷、地方都做过官，而且为官期间历游川、陕、两湖、两广、江、浙各地名山大川，可谓广闻博识，他曾将徽商与晋商作一比较，认为："新安人近雅而稍轻薄，江右人近俗而多意气。"②所谓"新安人近雅"，也正反映了徽商"好儒"的特点，否则，"雅"从何来？明代徽州人汪道昆是朝中显宦，他也是徽商后代，和徽商过从甚密，自然对徽商亦知之甚深。他曾指出："新都（徽州）三贾一儒……贾为厚利，儒为名高，夫人毕事儒不效，则弛儒而张贾；既侧身飨其利矣，及为子孙计，宁弛贾而张儒。一弛一张，迭相为用。不万钟则千驷，犹之转毂相巡，岂其单厚计然乎哉，择术审矣。"③贾与儒"迭相为用""转毂相巡"，不正是"贾而好儒"的最好注释吗？清代著名思想家戴震也有徽商家庭背景，甚至自己就经过商，对徽商可谓身在其中了，他曾指出："吾郡少平原旷野，依山为居，商贾东西行营于外以就口食。然生民得山之气质，重矜气节，虽为贾者，咸近士风。"④徽商如果不是"贾而好儒"，能够"咸近士风"吗？这些学者对徽商整体性的评价，我们怎能视而不见、置若罔闻呢？

---

① 王世华：《也谈"贾而好儒"是徽商的特色——与张明富先生商榷》，《安徽史学》2004年第1期。

② 谢肇淛：《五杂组》卷4《地部二》。按：《五杂组》书名过去讹为《五杂俎》，应纠正，见《五杂组》"出版说明"，上海书店出版社2001年版。

③ 汪道昆：《太函集》卷52《海阳处士金仲翁配戴氏合葬墓志铭》，黄山书社2004年版，第1099页。

④ 戴震：《戴震集》（上编）文集卷12《戴节妇家传》，上海古籍出版社1980年版，第257页。

上述所引汪道昆的话就是说，徽州人经商是为了厚利，业儒是为了名高。当业儒不成时，就弃儒经商，当经商致富后，为子孙长远之计，宁可让他们弃贾业儒。这就是一弛一张，迭相为用。不做官就经商，哪里是单单钟情于经商呢？所谓"择术审矣"，就是说究竟选择服贾还是业儒的策略，其实是很谨慎的。令人费解的是，卞利先生从上述汪道昆的话中竟然得了这样的结论："汪道昆是明白无误地把徽商捐助社会公益和慈善事业当作一种'术'即生意经来经营的。"曲解史料到了如此地步，实在令人匪夷所思。

《动机》一文认为：徽商"在巨额捐助的背后，却隐藏着徽商只可意会、不可言说的动机与目的，这就是在附庸风雅的同时，取得和利用这些文人雅士及当地官员的支持，为其攫取巨额商业利润进行利益输送"。在这里涉及两个问题：一是徽商是不是附庸风雅？一是徽商利用文人雅士及当地官员支持，是不是"为其攫取巨额商业利润进行利益输送"？

何为附庸风雅？就是为了装点门面，抬高身份，结交知识分子，装作文化人的样子。或者是本来不懂，但也跟着别人搞一点诗词歌赋、琴棋书画等风雅的事。那么徽商是不是这样的人呢？卞先生特别提到了两处，即汉口和扬州。我们就以扬州为例吧，卞利先生说在扬州，"徽商不惜重金资助文人的学术文化事业，'盛馆舍，招宾客，修饰文采'"。显然指的是马曰琯马曰璐兄弟、程晋芳和江春等人。马曰琯"合四方名硕，结社韩江，人比之汉上，题襟玉山雅集"[1]"所与游皆当世名家。四方之士过之，适馆授餐终身无倦色"[2]。程晋芳也是如此，"饶于资，喜读书，蓄书五万卷。丹黄皆遍，性又好客，延揽四方名流。与袁大令枚、赵观察翼、蒋编修士铨，为诗歌唱和无虚日"[3]。江春就更不必说了，"性尤好客，招集名流，酒赋琴歌，不申旦不止"[4]。他们与文人官员过从甚密、诗酒唱和，

① 杭世骏：《道古堂全集·文集》卷43《墓志铭》，清乾隆四十一年刻光绪十四年汪曾唯修本，第347页。

② 李斗：《扬州画舫录》卷4，中华书局1960年版，第86—89页。

③ 江藩：《国朝汉学师承记》卷7，清嘉庆十七年刻本，第76—77页。

④ 袁枚：《小仓山房诗文集·文集》卷31《书书后·诰封光禄大夫奉宸苑卿布政使江公墓志铭》，上海古籍出版社1988年版，第1862—1864页。

是附庸风雅吗？他们虽然都是商人，但他们的文化水平可绝不一般啊。马曰琯"诗骨清峻，闭户湛思，辄压侪偶"，著诗十卷，有《沙河逸老集》行世。[1]程晋芳更是不简单。据清代大学者、诗人袁枚说："君学无所不窥，经史子集、天星地志、虫鱼考据俱宣究，而尤长于诗，古文醇洁，有欧、曾遗意。所著《周易知旨》《尚书今文释义》《左传翼疏》《礼记集释》各若干卷，《勉行斋文》十卷、《蕺园诗》三十卷。"[2]甚至有诗赞他："平生绝学都探遍，第一诗功海样深。"[3]江春也是"善属文，尤长于诗"，[4]著《黄海游录》《随月读书楼集》。这样的人说他们是文化人，毫不为过，为什么只因为是商人身份，只要一与文人交往就是附庸风雅呢？是不是作者偏见太厉害了？

那么，他们与这些官员、文人交往，是不是"为其攫取巨额商业利润进行利益输送"呢？江春作为总商，自然有巨大的利益，但这些利益并非与他交往的官员文人给的，而是制度给的。即便如此，江春晚年非常凄凉，欠了国家很多税款，"公以乾隆五十四年（1789）积劳致疾卒，年六十九，卒之日，家无余财，赐帑未缴，鬻产及金玉玩好以足数"[5]。程晋芳，家本素封，然"不善治生，家事皆委之仆人，坐此贫不能供饘粥，以至责户剥啄之声不绝于耳。而君伏案著书若无事者，然后乞假游西安，卒于巡抚毕沅署中"[6]。他并没有通过与文人官员交往获得巨大的利益。马曰琯也是如此。

---

① 杭世骏：《道古堂全集·文集》卷43《朝议大夫候补主事加二级马君墓志铭》，第347—348页。

② 袁枚：《小仓山房诗文集·文集》卷26《墓志·翰林院编修程君鱼门墓志铭》，第1713—1715页。

③ 袁枚：《小仓山房诗文集·诗集》卷27《古今体诗一百十八首·仿元遗山论诗》，第689页。

④ 同治《续纂扬州府志》卷15《人物志七·流寓》，《中国地方志集成》江苏府县志辑第42册，江苏古籍出版社1991年版，第833—834页。

⑤ 阮元：《淮海英灵集·戊集》卷4，清嘉庆三年小琅嬛仙馆刻本，第429—430页。

⑥ 江藩：《国朝汉学师承记》卷7，第76—77页。

事实胜于雄辩。研究历史一定要凭事实说话，具体问题具体分析，绝不能一看到商人与文人交往就人云亦云说什么附庸风雅、利益输送这类不着根柢的话。"嘤其鸣矣，求其友声。"他们与文人的交往，完全是一种惺惺相惜，出于对中国传统文化的强烈爱好。由于他们的雅集，催生出那么多优秀的诗篇，丰富了中国传统文化的宝库，又出现了多少文坛佳话，这是多么好的事啊！

徽商的文化水平之高，绝不是上述几人的专利，很多名不见经传的徽州普通商人，所作的诗也令人刮目相看。徽商吴廷枚，歙县人，寓居江苏东台安丰镇，一年女儿出嫁，虽是商人，但他并没有为女儿准备丰厚的嫁妆大摆阔气，而是写了一首《嫁女》诗赠送女儿：

> 年刚十七便从夫，几句衷肠要听吾。
> 只当弟兄和妯娌，譬如父母事翁姑。
> 重重姻娅厚非泛，薄薄妆奁胜似无。
> 一个人家好媳妇，黄金难买此称呼。[①]

嘉庆年间的徽商许仁，字静夫，来往芜湖、汉口经商，有一年他的第三子许文深为海南巡检（从九品官），赴任之际，许仁特意写了一首《示儿》长诗，诗云：

> 昨读尔叔书，云尔赴广东。交亲为尔喜，我心殊忡忡。
> 此邦多宝玉，侈靡成乡风。须知微末吏，服用何可丰。
> 需次在省垣，笔墨闲研攻。懔慎事上官，同侪互寅恭。
> 巡检辖地方，捕盗才著功。锄恶扶善良，振作毋疲癃。
> 用刑慎勿滥，严酷多招凶。勿以尔是官，而敢凌愚蒙。
> 勿以尔官卑，而敢如聩聋。我游湘汉间，声息频相通。

---

① 嘉庆《东台县志》卷30《传十一·流寓》，国家图书馆藏清道光十年增刻本，第9页。

闻尔为好官，欢胜列鼎供。况承巨公知，宜副期望衷。

勉尔以篇章，言尽心无穷。①

这两首诗都出自名不见经传的普通徽商之手，无论从思想境界还是写作技巧来看，恐怕都不亚于满腹诗书的文人。许多徽商还有著作问世，许仁就著有《丛桂山房诗稿》，吴廷枚也著有《鸥亭诗钞》。

徽商之所以大多数文化水平较高，是其来有自的。徽州在朱熹的影响下，早就形成了重视教育的优良传统。徽商就曾说过："富而教不可缓也，徒积资财何益乎？"②尽管徽州男子"十三四岁，往外一丢"，但此前一直在家接受教育，如果从六岁启蒙算起，到"往外一丢"时，也学习了七八年，可以说奠定了今后学习的基础，尤其是养成了读书的习惯，那就不管在哪里，都能坚持读书，当然文化素质能够得到不断提升。如前述许仁经商之余，仍孜孜不倦读书，"夜执卷吟哦，每至烛见跋（尾）始休"；歙商江遂志，"虽舟车道路，恒一卷自随，以周览古今贤不肖治乱兴亡之迹"③。休宁商程天庞，"昼则与市人昂毕货殖，夜则焚膏辰书弗倦"④。这类现象绝不是孤立的或少数的，而是绝大多数徽商都是如此。尤其值得注意的是，徽州人贾与儒"迭相为用"，当徽商致富后，一定会安排子弟中资质稍聪明者走读书科举之路，为他们创造极好的条件，甚至延聘西席，隆礼有加，或是慕名投师，立雪杨门，这些人可以说已具备了相当高的文化水准，有的甚至名震一方。当然他们当中只有极少数幸运儿春风得意，蟾宫折桂，绝大多数人由于种种原因，或者心强体弱，难以胜任举业；或者父业需要子继；或者折戟科场，铩羽而归。他们为了生活，最后都不得不弃儒服贾，一搏商场了。

例如：徽人柯明颖，"天资敏悟，雅称其名，幼从世父立性受四子书，

① 许承尧：《歙事闲谭》卷7《许静夫示儿诗》，黄山书社2001年版，第223页。

② 《歙县新馆鲍氏著存堂宗谱》卷2《柏庭鲍公传》，清刊本。

③ 《歙县济阳江氏族谱》卷9《明光禄丞乡饮大宾应全公原传》，清道光十八年刊本。

④ 《休宁率东程氏家谱》卷11《明威将军程天庞甫小传》，明万历元年刊本。

通其大旨。世父每摩其顶曰：'此吾家千里驹也，吾得如丁觊传书足矣。'顾公颇羸弱，父以独子，故遂不令竟学。稍长入上川某典肆习业典"。①歙人程世璨，"生有夙慧，读书通大义，工书法，见者以奇童目之。遭家中落，喟然叹曰：'学莫大于治生。吾亲之甘旨不可缺也。'遂弃帖括挟研桑之术，以奔走大江南北"②。休宁黄敬，"甫成童，负笈游水部诸心斋之门，授简著经生义，大见奇赏，后以家务繁冗，（父）雪亭公诏（召）其释儒而商"③。休宁黄佐虞，"幼攻举子业，弱冠食饩，屡试辄列前茅，旋贡入成均，其所著制义皆缒幽凿险，直入金罗之室，总制查公深加器重，拔置钟山书院，识者咸以远大目之"。可惜的是他怀才不遇，"抱经济才，不获大展"，无奈经商。④婺源江宏治，"幼就塾，聪敏力学，不逐群儿戏，塾师咸器重之。比长，应郡院试，不数科补博士弟子员，旋赴棘闱，满拟桂苑高攀、翔登云路，讵父郡庠时埏公即世，遂绝意进取，偕昆季在浮之景镇开设磁土行"⑤。更有甚者，歙县方匏舫，"世以儒起家，然亦时时远服贾，用故有禺策在章门，代修业而息之"。"君之父怡园及伯兄圣述名善祖者，皆妙笔札，意语悉天出，而以治产积居先后侍鹿村市隐，故不得专一思虑攻文词"，独匏舫好读书，承家学，"作为歌诗及他文，动辄倾一座"。所以"逾冠补博士弟子，南康李阁部时督学，特以无双士期之"。然而命途多舛，"三踏省门，侥得之而失者再，自是颇倦于进取"，不得不操计然策。⑥同族方汝梓也是如此，"少颖异有俊才，教谕公奇之，授之诗，方君学诗辄通大义，为文突骋奔放，下笔叠叠数千言立就，一时奇俊之士咸推毂方君，即方君亦自谓一第可俯拾也。乃屡试有司竟不售，比壮逡循

① 《新安柯氏宗谱》卷2，民国十四年版。
② 《新安大程村程氏支谱》卷下《文献附录程含光君传》，清乾隆五年刻本。
③ 《休宁古林黄氏重修族谱》卷10《文苑二·双塘进公行状》，清乾隆三十一年刻本。
④ 《休宁古林黄氏重修族谱》卷12《澹中书屋记》，清乾隆三十一年刻本。
⑤ 《婺源济阳江氏宗谱》卷3《铉治公偕介纯公合传》，清光绪六年刻本。
⑥ 《歙淳方氏柳山真应庙会宗统谱》卷19《家匏舫先生传》，清乾隆十八年刻本。

俯仰,弗克肆力于学……遂与仲氏挟资遨游青齐梁宋之间"。①像这种现象在徽州非常普遍。这么多的文化人最终都加入徽商群体中,难怪戴震说徽商"虽为贾者,咸近士风"了。

"腹有诗书气自华"。由于徽商自身文化素质较高,所以在他们身上总流露出一种儒者气象。徽人饶元馨"虽寄迹鱼盐",但"资性过人,喜观书史,临法帖,以故发语挥毫,有儒者气象"②。休宁商黄道德,别人评价他"其衷恬然,其行粹然,其品卓然,虽业贾而不竞锥刀之末,饶有儒者气象,是足以风世矣"③。黄大纪"弱冠善读书,已而操奇赢遨游湖海二十余载,所致几巨万。财愈丰,而心愈下,褆躬端饬,雅有儒者风。所与游多四方知名士,客旅中每遇烦剧葛藤不解者,咸推公为祭酒而听处分焉,片言解纷,远近詟服"④。尤其是歙人黄筿,是个普通的木商,可他"博览群籍,好文学,《左》《国》《庄》《骚》《史》《汉》诸书,讽诵如流。兼通天官、堪舆、六壬、演禽、奇门诸术"。这样的人却"屡秋试不售,贩木湖南,星餐水宿,仍治旧业。有《虚船诗集》二卷,文一卷"。连许承尧都称其"诗有才气"。⑤因此,非要说徽商是什么附庸风雅,确实是严重的偏见。

三、族谱、方志、文集中的徽商记载都是溢美之词吗?

《动机》作者在文中最后指出:"我们注意到,记载有关明清时期徽商'贾而好儒'、乐善好施、捐助社会公益和慈善事业的原始文献史料,大都出自徽商所在家族纂修的谱牒、徽州本土地方志和一些文人的文集,而族谱、方志本身扬善隐恶的曲笔书法,是造成对捐助社会公益和慈善事业的徽商一边倒称赞的始作俑者。更何况徽州很多名门望族谱牒的纂修和刊印

---

① 《歙淳方氏柳山真应庙会宗统谱》卷19《环墅方君行状》,清乾隆十八年刻本。
② 《安徽淳源饶氏重修族谱·明经名世公传》,清乾隆三十九年刻本。
③ 《休宁古林黄氏重修族谱》卷9《仲纯道德公传》,清乾隆三十一年刻本。
④ 《休宁古林黄氏重修族谱》卷9《左泉大纪公传》,清乾隆三十一年刻本。
⑤ 许承尧:《歙事闲谭》卷3《黄可堂诗》,黄山书社2001年版,第77页。

开销大部分都是来源于徽商的资助呢？至于明清知名官员、文人、学者不惜笔墨赞誉徽商的善行义举，则大多是笑纳了徽商不菲的润笔费而不得不写下言不由衷的溢美之词而已。"这就涉及一个重要问题：族谱、方志和文集中关于徽商的记载究竟是否可信？诚然，卞利先生认为："徽州很多名门望族谱牒的纂修和刊印开销大部分都是来源于徽商的资助"，这是事实。我们知道，纂修家谱可是一个巨大的系统工程，要花费大量的人力、时间，自然更需要大量的财力。即使按宗族人头出钱，所得也是很有限的，远远不能满足修谱的需要，必须依赖族人捐款。徽商捐款也就是情理中的事，家谱中也有大量的记载。徽商捐款后希望将自己先人的行状、传记、墓志铭、寿序之类载入家谱，流传后世，这也是情理中的事。这些行状、传记、墓志铭、寿序之类自然是徽商花了"不菲的润笔费"而请知名的官员、文人、学者写的，这也是事实。因此，在这些名人笔下，对传主隐恶扬善、有一些溢美之词也是情理中的事。但是，我们历史研究切不可因此就对这些文字嗤之以鼻，弃而不顾。因为撇开一些溢美之词，其中很多资料还是可用的，除了传主的生卒年月、世系概况、家庭情状、行商经历这些客观事实都可信以外，那些捐助社会公益慈善事业的行为也是难以"溢美"的。

例如，《重修古歙东门许氏宗谱》记载了明后期歙商许禾致富后捐助公益慈善的事迹："复念族之贫不能自业者颠连而靡告也，谋于季弟叔孺，就郭东治垣屋七十楹，居旁营塾舍，割常稔之田七十亩，市肆六楹，岁收田租偿直，择族之长而贤者掌计而时出纳之。卜窑头墓地一区为营域，以待死而无所归者。凡衣食廪饩、婚娶椹瘵，给各有差，略如范氏故事。诸以不足来告，咸有以应之。"[①]这难道值得怀疑吗？我认为无论你捐多少钱修谱，也不可能无中生有地编造这些事实给传主贴金。再如歙商方迁曦事迹："瀹潭之北有汪洋港，去郡治十五里，舟道斜迤，下多巨石，善舟者过此犹或危之。公悯其劳且剧，召（招）工开凿，曲尽筹划，三阅岁而港

---

① 《重修古歙东门许氏宗谱》卷10《许氏义田宅记》，清乾隆二年刊本。

始通。沿涯无路,则曳舟者尚未脱险,公复伐石筑堤,直抵箬岭麓。频(濒)河建亭,以便行人之憩息。"①这是出于《歙淳方氏柳山真应庙会宗统谱》的记载,我认为绝不可能是作者为了给传主"溢美"而凭空杜撰的,因而也是完全可信的。

再看文集关于徽商的记载,也不是完全不可信。例如明代学者吴子玉在《黄仲公传》中记载了商人黄侃修桥事:

> 桥在古城溪之湝,故县治神皋也,一日高公道其地云宜桥,莫有应者。乃属之县语曰:"闻县有嗜义如黄某者,使出而首功一二,则是役可十全矣。"县以谕之仲公,仲公对曰:"既首而趋二,谁与其八?主君之命,愿输家之全以十完也。"邑大夫丁公至勉劳之,遂竣功,凡万余资。里人请题桥名,仲公曰:"渭水之桥以崔公名,由刺史崔公亮以冥感浮木成也。通门之桥以皋桥名,由皋伯通居之得名也。今侃无能如伯通,而郡君侯有崔公之化,敢以高公名。"②

这样的记载,我们有什么理由怀疑它的真实性呢?再如,汪道昆写了一篇《乡饮三老传》,专门记载了商人汪徽寿的"义行":

> 郡治河西之浒,故有太平桥,岁久浸圮,郡县下其议完缮,计八百缗。岁洊饥,议遂寝。丈人躬诣郡县,请受功。"嗟乎,父老劳矣!无已太劳。"唯唯应曰:"徽寿犬马之年,幸有余力。"曰:"费巨矣,无已太费。"唯唯应曰:"即不给,不难破产以共。"二大夫义之,乃许从事。自惟诸义举直一手一足之勤,譬之桔槔,其润肤寸。里中故凿渠通水利,自石沙滩至古城关,其名苇墟,经十里而近,迄今淤塞不治,浸以病农。在昔德翁首倡之,则先世也。丈人务修祖服,兴农功,财用悉取诸橐中,为闾里率。于是聚石鸠工,操畚荷锸,淤者

---

① 《歙淳方氏柳山真应庙会宗统谱》卷19《明故处士南滨方公行状》,清乾隆十八年刻本。

② 吴子玉:《大鄣山人集》卷33《黄仲公传》,第632页。

浚，壅者疏，瑕者栽，啮者筑，为防为匮，启闭以时，浸假与万户三农共之，庶几乎百年之利也。①

同样地，传记出于著名学者官员之手，很可能也是收受了可观的"润笔费"，但我们有什么理由怀疑它的真实性呢？

方志更是如此。方志的编纂一般是政府行为，一套编写班子也是政府组建的。修志经费一般是政府筹措，当然也接受捐款。既是政府行为，自然要确保它的公信力，因此，即使你捐了款，也不可能为你捏造或夸大事实以入志的。虽不能说方志的所有记载都准确无误，但起码关于人物事迹的记载还是可靠的。如徽州各县方志中的"孝友""质行""尚义"部分所记载的信息我认为是可信的。如嘉庆《黟县志》载："汪志善，黄陂人，亦灌子。居乡仗义，正统三年（1438）戊午，邑大饥，输谷千石以赈，又尝建双溪桥。"②这难道不可信吗？民国《歙县志》载："汪泰护，字本亨，稠墅人。家故饶，勇于为义。初年操资贾毗陵，值岁祲，出谷振之。后里中饥，输粟六百石。"③"徐行，路口人。贾芜湖……芜湖故无城，奉院司檄议筑江防，司马以行好义委任其事，迄底于成。复捐千金，独造南城井干之楼。"④类似的记载在方志中非常多，如此具体的事实，怎么可能是为了"溢美"而编造出来的呢！

总之，我认为无论是家谱、文集或者方志中关于徽商的记载，隐恶扬善是可能的，在某些主观性评价上"溢美"也是可能的，但绝不可能编造具体事实为传主贴金。我们千万不要用现在的某些无行文人去比照古人，现在的某些文人已堕落到令人不齿的程度，为了稿费、为了名誉或者为了

---

① 汪道昆：《太函集》卷38《传六首·乡饮三老传》，黄山书社2004年版，第830—831页。

② 嘉庆《黟县志》卷7《人物志·尚义》，《中国地方志集成》安徽府县志辑第56册，江苏古籍出版社1998年版，第219页。

③ 民国《歙县志》卷9《人物志·义行》，《中国地方志集成》安徽府县志辑第51册，江苏古籍出版社1998年版，第346页。

④ 民国《歙县志》卷9《人物志·义行》，第351页。

自己的利益,什么假话都敢说,什么假事都敢做。古代文人尤其是那些著名的学者、官员或文人可不是这样,他们还是讲究"品"和"格"的。无中生有、胡编滥造的事,他们是不会干的。何况写出来的东西刊行以后,是要经过众人和时间检验的,他们要对自己的名誉负责。因此他们关于徽商的记载除去少数主观评价可能有"溢美"成分以外,其他内容尤其是关于捐助公益慈善的记载,我认为完全是可信的。颇感奇怪的是,卞利先生一方面指出家谱、文集、方志中关于徽商的记载多为"溢美之词",不可信,另一方面却笃信明清笔记小说中关于徽商的记载和评述。他甚至引用清代沈起凤《谐铎》卷7《鄙夫训世》中的文字来讽刺徽商。只要是严肃认真的学者都会知道《鄙夫训世》中的文字完全是调侃性的,怎能作为评价徽商的根据?明清小说中确有一些故事讽刺徽商,一是讽刺徽商吝啬。如《型世言》卷26写徽商吴尔辉:"做人极是啬吝,真是一个铜钱八个字,臭猪油成坛,肉却不买四两。凭你大熟之年,米五钱一石,只是吃些清汤不见米的稀粥。"清中叶话本小说《雨花香》之《铁菱角》说徽商汪于门"性极鄙啬","一钱不使,二钱不用,数米而食,秤柴而炊";一顶毡帽"戴了十多年,破烂不堪,亦不买换";"身上穿的一件青布素袍,非会客要紧事,亦不肯穿,每日只穿破布短袄。"因而人们给他起了个"铁菱角"的绰号。不仅小说这样,甚至文人把徽商的吝啬也编到笑话中:"徽人多吝。有客苏州者,制盐豆置瓶中,而以箸下取,每顿自限不得过数粒。或谓之曰:'令郎在某处大啖。'其人大怒,倾瓶中豆一掬,尽纳之口,嚷曰:'我也败些家当吧。'"[①]这些描述看起来徽商真是吝啬到极点,但如果我们换一个立场来看,这不正是徽州人艰苦朴素的生动写照吗?另一类是关于徽商的情色之事,这倒符合一部分徽州商人的实际。这也是徽商最为人诟病的地方。但对那些封建文人的描述,我们是否也应考虑另一种因素,会不会酸葡萄心理作祟?在他们心目中,商人作为四民之末,向来被人瞧不起,如今竟然腰缠万贯,强烈的心理失衡难免会流露在笔头,以浇胸中块垒。

---

① 陈如江、徐侗纂集:《明清通俗笑话集》,上海人民出版社1996年版,第96页。

卞先生依据明清小说中的材料，竟然得出结论："这一现象至少说明，明清时期的徽商在当时文人学士和民众心目中的形象并非如徽州本土文献描述的那样光鲜。这也难怪明清江南地区的文人和民众对徽商恨之入骨了。"这恐怕只是作者的臆想吧。明清小说中除了对徽商的负面描写外，也有不少关于徽商的正面描写呢，如《醉醒石》卷4说徽客程翁"做人朴实，与人说话，应允不移。与人相约在巳刻，决不到午刻""应人一百两，决不到九十九两"。这不正是徽商诚信的写照吗？《二刻拍案惊奇》卷15说某徽商见一妇人欲投水寻死，急忙相劝阻拦，并赠银纾难。当晚妇人来谢，则拒不开门，后听说是夫妇同来，才肯开门相见。小说中还记载了不少徽商乐善好施的事。如《醒世恒言》卷32有徽商韩翁帮助落难秀才黄某事；《警世通言》卷11有徽商陶公援救落难苏知县事；《初刻拍案惊奇》卷4记徽商程元玉替素昧之人代付饭钱；等等。请问这些能说"明清江南地区的文人和民众对徽商恨之入骨"吗？①鄙见所及，倒是和卞先生的结论相反，有史料记载："（金陵）当铺总有五百家，福建铺本少，取利三分四分。徽州铺本大，取利仅一分二分三分，均之有益于贫民。"②这是出于江南文人周晖的记载，怎么能说"对徽商恨之入骨"呢？再如，吴德旋（1767—1840），字仲伦，江苏宜兴人，是道地的江南学者，著有《初月楼闻见录》十卷、《续闻见录》十卷，据其自序，是书所录"皆吴越、江淮事，意在阐扬幽隐"，以记有清一代文人逸事为主，亦间及其他，或采自载记，或凭诸传闻。恰恰就是此书，记载了不少徽商之事。如关于闵世璋，"字象南，歙西岩镇人。少孤贫，九岁废书……遂走扬州。赤手为乡人掌计簿，以忠信见倚任。久之，自致千金，行盐策，累资巨万。自是遂不复贾。岁入，自家食外，余尽以行善事，故管财利数十年而产不更饶"。而且书中特别指出："象南为德多自讳，或假名他人，或辞多居少，事恒不彰。然士君子及里巷行旅之人，指其事而口颂之者不胜既。"③这里明明白白写道："士君子

---

① 参阅刘艳琴：《明代话本小说中的徽商形象》，《明清小说研究》2004年第4期。
② 《金陵琐事剩录》卷3，转引自谢国桢：《明代社会经济史料选编》中册，第200页。
③ 许承尧：《歙事闲谭》卷28《闵象南 吴幼符》，黄山书社2001年版，第996页。

及里巷行旅之人，指其事而口颂之者不胜既"，怎么能说"江南地区的文人和民众对徽商恨之入骨"呢？吴德旋同时还记到另一位徽商："其时同县长林里人吴自充幼符，亦业盐策而慷慨好施与。……方病亟时，取负券，悉焚之。"①这些记载，赫然在目，显然是带有颂扬的口吻，凭什么非要说"明清江南地区的文人和民众对徽商恨之入骨"呢？

还有，我们都知道，江南是徽商最主要的聚集地，江南的所有城市甚至乡镇都能看到徽商活跃的身影。徽商不仅在这里经商，而且有不少徽商也在当地落籍。落籍可不是一件容易事，如果不能很好地融入当地社会，甚至为当地社会做出大量好事，地方官府和民众也不会同意你入籍的。如绩溪人洪良滨在安徽繁昌经商数十年，"及清光绪间，值繁邑重修文庙，乃与弟涉公捐资襄助，因得转入繁籍"②。既然那么多徽州商人能够在当地落籍，何以能说"江南地区的文人和民众对徽商恨之入骨"呢？

四、余论

历史研究是一门实证性科学，所谓论从史出，就是一切凭史料说话，我们的任何观点都必须建立在坚实的史料基础之上。胡适先生曾在给弟子罗尔纲的信中说过："我近年教人，只有一句话：'有几分证据，说几分话。'有一分证据只可说一分话。有三分证据，然后可说三分话。治史者可以作大胆的假设，然而决不可作无证据的概论也。"③因此我们研究历史问题，必须尽可能充分占有资料，资料占有越充分，在此基础上得出的结论就越有可能接近历史真相。但对任何资料，我们都要加以辨别，不能轻易相信也不能轻易否定。辨别就是分析，要分析资料出于何人之手？在哪些方面可能会影响历史的真实？用其信者，去其疑者。如果因其有疑者，连信者也加以否定，那就是倒洗澡水把小孩也倒掉了。对待徽州家谱、方

---

① 许承尧：《歙事闲谭》卷28《闵象南　吴幼符》，黄山书社2001年版，第997页。
② 《坦川洪氏宗谱》卷2，民国刻本。
③ 魏邦良：《大师课徒》，九州出版社2016年版，第90页。

志、文集中关于徽商的记载，我们就应采取这种态度。对江南文人关于徽商的描述，也应采取这种态度。同时，对任何史料我们都不能曲解臆断，一定要正确地解读。而且要全面地收集史料，对己观点有利的资料固然要用，与己观点相反的资料尤其不能有意忽视，宁可修正自己的观点，也不能选择性地使用资料。

世界上任何一个事物都是极其复杂的，都不可能纯而又纯的。徽商也是这样，作为一个延续数百年的大商帮，传续一二十代，前后总人数恐怕也有几百万人，这样的人群里恐怕什么样的人都有。赚钱的、亏本的、被骗的、骗人的、坚持商业道德的、摒弃商业良心的、好儒的、信佛的、见利思义的、见利忘义的等，无不能找到相应的例证。这才符合事物发展规律。我在2004年的一篇文章《也谈"贾而好儒"是徽商的特色——与张明富先生商榷》中曾写道：列宁有一段教导非常重要，他在分析1914—1918年的战争时曾指出："要知道，能够证明战争的真实社会性质，确切些说，证明战争的真实阶级性质的，自然不是战争的外交史，而是对各交战国统治阶级的客观情况的分析。为了说明这种客观情况，不应当引用一些例子和个别材料（社会生活现象极端复杂，随时都可以找到任何数量的例子或个别的材料来证实任何一个论点），而一定要引用关于各交战国和全世界的经济生活基础的材料的总和。"①所谓"材料的总和"，就是整体趋势。那么，我们究竟应该怎样评价徽商呢？这就要看主流、看整体趋势。就好比一片树林，整体上看郁郁葱葱，生长旺盛，但如果我们发现其中也有病树、枯树，从而否定了整体树林，那就不对了。对徽商也一样，同时代人之所以说徽商"近雅""咸近士风"，当然是从整体趋势而言的。同样地，我们说徽商热心捐助公益慈善事业，也是从整体趋势而言的。

本文与张剑合作

---

① 《帝国主义是资本主义的最高阶段》法文版和德文版序言，《列宁选集》第2卷，人民出版社1960年版，第732—733页。

大历史中的小人物

——以《福熙自述》为例

　　明清时期的徽商长期以来受到学者们的关注。经过众多学者的艰辛探索和研究，在徽商发展史上，关于徽商的许多重大宏观问题，诸如徽商兴起的原因、徽商的经营方式、徽商的性质、徽商的特点、徽商与文化的关系、徽商衰落的原因等，学界大多取得共识。随着学界对徽商研究的深化，人们已经不满足于对徽商的一般认识，而是更希望了解徽商发展尤其是个体徽商发展的具体情形，把徽商当作一个个有血有肉的"人"，了解他们的喜怒哀乐、悲欢离合，以及发家或衰落的人生轨迹。然而，由于中国历史上，史家从来轻视甚至拒绝平民百姓历史的书写，因此要想从历史典籍中发现小人物的历史，几乎是不可能的。关于徽商更是如此。好在有方志和家谱，其中记载了大量关于徽商的个人资料。但是方志中的记载也只寥寥数语，如果说给徽商画像的话，也只能说是画了一个侧面速写，实际面貌是看不清的。家谱中的传记、行状、墓表、墓志铭之类，远比方志记载详细，记载了传主的一生，以及他的父母、配偶及子孙的情况，这无疑是研究徽商的重要资料，但对传主的历史来说，也只是给他画了一个轮廓，很多情况还是如雾里看花一般，有的甚至连传主经营什么行业也不清楚，更遑论其他一些细节了。可知，要想"还原"个体徽商的历史，仅依靠上述这些典籍是行不通的。

　　可喜的是，徽商贾而好儒，他们文化素质较高，不少人还有相当程度的文化。有文化的人总喜欢通过文字记录自己的经历和经验、抒发自己的感想，甚至写下自己的心理活动，因此留下了大量的文书资料，这是弥足珍贵的。一些学者就利用这些宝贵的文书资料对徽商开展了各种研究，做出了可喜的探索。他们利用徽商留下的文书资料，或则还原某个徽商的一段时期的情况，或则勾勒出某个徽商的心路历程，使我们加深了对有血有肉的徽商的认识。

笔者最近读到一篇《福熙自述》，也是一份徽商留下的弥足珍贵的资料。《福熙自述》出自《婺源庆源詹氏宗谱》，这部族谱是民国年间的抄本，现藏上海图书馆。《福熙自述》就是詹福熙年老时写的关于自己一生的从商经历，虽然只有二千九百余字，却是徽州文书中笔者看到的唯一一篇比较完整的自述资料。自述从学徒一直写到1949年他将店务交给儿子詹永匡管理止。关于徽商的自述或回忆，目见所及自然不止此一篇，如余之芹的《经历志略》就是一篇珍贵资料。余氏年高德劭，在沪经商垂六十年，民国十年（1921），在他73岁那年，虽仍在典铺供职，但乘工作之余，"乃将平生经历之事实，随心想到之处，书于小册之中。每阅报纸载有国事不免有所感触，因亦拟有论说数篇，志在有益于后辈，俾知经历之艰苦也"，[1]从而写下了这篇《经历志略》。虽然此篇三万七千多字，但真正谈自己身世经历的不过三千余字，而其中写从商具体情况的内容并不多，还是看不到他在从商道路上的曲折。相比而言，《福熙自述》就更详细了。此前，何建木曾对《福熙自述》有所研究，[2]勾勒出他的一生，总结了他的特点，但对他在发展中的一些关键细节却忽略了，而这又恰恰是很重要的。本文就是在前人研究的基础上尽量揭示一些细节，从中我们可以看到在大历史中，一个徽商小人物如何从一名学徒，历经曲折艰辛，最后创得一份家业的过程。

---

① 余之芹：《经历志略》，自序。
② 何建木：《从〈福熙自述〉透视民国时期徽商的命运》，《寻根》2013年第9期。

一、徽州人的宿命

詹福熙是徽州婺源庆源詹氏人。据光绪《婺源县志》载："我婺山多田少，西南稍旷衍，东北则多依大山之麓，垦以为田。"[①]庆源位于婺源县东北部的段莘乡，这是一个有1300多年历史的古村落。东与浙江开化县只隔一条马金岭，东北与休宁五城仅隔一座五龙山。这里高山峡谷，泉水清澈。所谓"水不通舟陆不车"，素有"小桃源"之称。至今，在庆源村进村水口还保留着詹福熙在民国发家后所建的一幢私宅，占地900平方米，屋前设有过溪桥、下水埠。虽然这里山清水秀，但生活条件还是很差的，史载："农终岁勤劬，亩不获一口之入。土瘠而硗，犁仅一咫。"[②]如此恶劣的生存条件，逼迫人们只得另谋生路。与徽州其他县一样，外出经商似乎就是宿命。幸好这里可擅山林之利，又三面与饶州接壤，可资其有余补不足。县志载谓："岁概田所入，不足供通邑十分之四，乃并力作于山，收麻蓝粟麦佐所不给，而以其杉桐之入，易鱼稻于饶，易诸货于休。走饶则水路险峻，仅鼓一叶之舟；走休则陆路崎岖，大费肩负之力。故生计难，民俗俭。"[③]尽管如此艰难，但商业仍不失为一条生路。光绪《婺源乡土志》载："四乡风气不齐，东北乡人多服贾于长江一带，输入苏杭。"[④]显然，经商已是这里的风俗和传统。詹福熙就是生活在这样的环境之中。

据《福熙自述》载，他也出生在一个商人家庭，祖父詹兴魁曾与族人合伙在江苏之崇明邦镇开了一个四盛南货店，后来他祖父传给了他的父亲良盛公，估计这个店的收入并不高，恐怕仅仅足以糊口而已。不幸父亲在店中因病去世，而此时福熙出生才四个月。这一年是光绪十三年

---

① 光绪《婺源县志》卷3《风俗》，清光绪九年刊本。
② 光绪《婺源县志》卷3《风俗》，清光绪九年刊本。
③ 光绪《婺源县志》卷3《风俗》，清光绪九年刊本。
④ 光绪《婺源乡土志》第6章《婺源风俗》，清光绪三十四年活字本。

（1887）。[①]

那个时代，作为一个家庭，丈夫对于妻子而言就是"天"，妇失所天，无异于顶梁柱折了，多少人承受不了这种打击，也就采取各种方式自尽，随丈夫而去。我们在方志中看到那么多的烈女，大多属于这种情况。但詹福熙的母亲不能死，她有三个儿子，小儿子还在襁褓之中，怎能撒手不管？只能做个未亡人，含辛茹苦，独立撑起这个家了。

从自述中可以推断出，这个家庭原来并不富裕。婺源这里，"十家之村，不废诵读"，读书风气很浓。一般来说，家里如有两三个儿子，必定要让一个儿子读书，其他经商，这在徽州是非常普遍的现象。可是詹福熙家不是这样。他长兄焕溁继承父亲职业，在崇明四盛南货店受业，二兄焕滨在江西华埠学业，两人都没有走上业举咕哖之路。显然，生存比读书更重要。

徽州谚语："前世不修，生在徽州。十三四岁，往外一丢。"这是绝大多数徽州男儿的宿命。像著名大盐商鲍志道，当初家中一贫如洗，11岁即被迫离家到鄱阳跟人学会计。前述著名典商余之芹在《经历志略》中也说自己13岁就出门学生意了。詹福熙四个月丧父以后，依赖慈母辛勤鞠养，到12岁（光绪二十四年，1898年）还是出门学生意了。他在自述中写道：

> 年十二承姑丈汪亮卿托其堂侄再喜表兄带余到申学业。而谋一学生缺亦非易易，因我婺在申经营者少，创业者更少，故而不易。[②]

之所以"到申学业"，就是因为1843年《中英五口通商章程》签订后，上海开埠，从此迅速崛起，商机较多。但由于"婺在申经营者少，创业者更少"，所以要找一个学徒工作也非容易，必须辗转托人才能如愿。我们在徽州人的通信中经常看到请人代谋职业事。如：

---

① 詹望梅：《詹氏精英谱》"詹福熙"条，湖南益阳文汇堂出品2010年版，第335页。

② 《福熙自述》，以下凡不注出处者均此。

□□仁兄大人阁下：

想然客祉绥和，百凡畅遂为颂。但弟在申，依然如旧，祈勿锦注耳。启者，今具函无别，因尔（而）令弟某馆生意于某日歇手，至今未有机缘，况申江耽搁而开销甚大，故望尊处可能代谋一枝，如无生意或寄盘费与伊返里才好，倘有生意，亦望寄洋来申，以应赴芜川资用也。余无他述，持此布亚，并候财安。

弟□□顿[1]

又如：

□□贤弟见启：

前接正月间手书及□儿等抵署，询悉起居迪吉，深以为慰。闻欲往外寻事以最好，事不宜再延，轻车就熟，自不待言。而来信乃有欲予或汉口或颍郡代谋一事，毋乃计之相左手（乎）？颍郡素无火腿行业，而汉口虽有此业，人地生疏，何从代觅？申江乃吾弟自幼熟悉地方，腿业最多，且有旧同事可以荐引，如能实心图事，不想游手好闲，无论薪资多寡，甘心俯就，以申地火腿业之多，何患无人用我？特恐恶劳喜逸，声价昔高，仍是从前故态，则人终不敢过问矣。予与弟均年近五十，百无一成，以后纵稍能自立志，恐岁月亦觅无多，言之痛心，愿与弟及时共勉之也。此达。即颂近祺。

兄□□顿[2]

两封信都是在申徽州人托人谋业，反映了当时求业确实困难。詹福熙跟随姑父堂侄再喜表兄来到上海，由于一时找不到招收学徒的店，也只好

---

① 王振忠主编：《徽州民间珍稀文献集成》第20册《清光绪绩溪上川胡氏〈信实通商〉》，复旦大学出版社2018年版，第7页。

② 王振忠主编：《徽州民间珍稀文献集成》第20册《清光绪绩溪上川胡氏〈信实通商〉》，复旦大学出版社2018年版，第28页。

就在再喜表兄所服务的同顺昌毡毯店等候，同时再辗转托人想办法。可以想见，几乎所有关系都用上了，一直等了将近半年，"始由余五坤君转托周宏来君举荐于三马路昼锦里甡元丝庄，拜周玉麟先生为业师。而荐余之余五坤君亦我婺之汪错人，业绒线。周宏来君，上海人，亦受业余之业师也"。

起关键作用的还是婺源老乡余五坤，因他是汪错人，汪错应是汪搓之误。婺源汪搓村也是一个小乡村，离庆源不远。余五坤在上海业绒线，究竟是老板还是伙计不清楚，他再辗转找到上海人周宏来，周正在三马路昼锦里甡元丝庄里工作，是学徒还是伙计也不清楚，反正他向他的师傅周玉麟先生举荐了詹福熙，周玉麟慨然应允，收下詹福熙为徒。福熙终于有了饭吃，也有了住处。正式的学徒生活开始了。

二、学徒生涯

学徒生涯是艰苦的。虽然《福熙自述》中没有记下学徒的情况，但关于学徒的生活在很多资料中都有记载，我们可以推想出詹福熙的学徒生涯状况。

学徒是一个商人成长中非常重要的必经阶段。因为在这个阶段徒工不仅能在师傅的言传身教下学到基本的专业本领和技能，更重要的是通过学徒规矩的严格约束，培养自己良好的习惯和品质，从而为以后的发展甚至自己创业打下基础。如果在学徒期表现不好而被辞退，那今后几乎没有商店愿收他，他也就很难找到工作了。所以每一个青少年在学徒期间总是胆颤心惊、如履薄冰的。学徒的父母更是经常在家书中反复叮咛嘱咐。如：

□□我儿知之：

前接来信已悉，当即付谕，复知悉由江湾聚源代寄也，谅应投到矣。兹焕兄荣里，询知一切，欣悉儿体平安，颇喜为悦。但儿年已二八，正当自立之时，今既蒙焕兄没（指？）引学业霞川店中，诸事无论大小必须向前，此为学生分内之事，切不可稍忽。闲暇之时，勤操书算乃要。倘有客时，只宜敬茶奉烟，万勿多言，务宜静听，以观进退交接之仪而已。恐有不到之处及不知之事，可于焕兄尊前请教，我已再三拜托其照应，况在同乡，必蒙青目。今托其带出长挂乙（一）件、夹褪裤乙（一）双、信解乙（一）本、干粮乙（一）色，内和健皮在内，至祈照收。有便来婺，信宜勤寄，家中平安，不必系念。春末夏初，身体千万自重，别无他嘱也。今乘近好。

壬戌□□廿六□□字谕[1]

另一封父亲给儿子的信中这样写道：

某某小儿入目：

但汝进店受业以来，不卜听先生教训否？诸事抢先，切莫怠惰，夜来公事毕，须要习学书字算盘，不知者请教前辈先生，苟求生意一道，谨守店规为要。……

父示[2]

从这些同时代的父母给儿子的信中，我们可以看到父母亲的谆谆教诲和良苦用心。虽然《福熙自述》中没有写到母亲对他在学徒期间的教育，但可想而知，母亲一定会通过各种方式和途径对福熙进行告诫的。正因为学徒时期的重要，所以有些人特地总结了对学徒者教育的具体规条，非常细致，非常实用。比如，学徒初进店后对店中的同事如何称呼？这对一个十几岁的少年当然是很重要的。吴中孚辑《商贾便览》中专列"学徒称呼须知"，其中写道："子弟投师学贸易，先分尊卑称呼。行铺正主为师，并有总管，及正店官带徒者，此皆专管专教之师，本称老师。同事中有年长我

---

① 王振忠主编：《徽州民间珍稀文献集成》第17册《民国婺源黄氏〈信〉》，复旦大学出版社2018年版，第457—459页。

② 王振忠主编：《徽州民间珍稀文献集成》第17册《晚清或民国歙县少雁方记〈信稿〉》，复旦大学出版社2018年版，第346页。

二十以上者，均当以老师老伯称之。年长十岁以上者，以老叔称之。年长数岁及先后学徒，年长者皆以老兄称之。惟后来学徒，年小于我者，方可以老弟呼之。一切来往客友，总以尊长贵重称之。无紧急事，不可高声呼尊长之名。常时须平吉和容，称呼答应乃为善也。"①这种教导确实是很及时且实用的。至于学徒应怎样做事，该书讲得非常明白：

初入门数日，当侍立众店官之侧，或立久方许坐。从低末之处，眼看前班伙徒每日所执一切之事，谨记在心。此数日递茶装烟谅可，过了十数日，行主老师及店官渐有逐事吩咐，授执跟学。

大约清早起来，相帮下小店门板，开光窗门，打扫各处灰尘，抹洗各局上及桌凳物件污迹，捡齐各处要用小物件及样货，照原铺摆，自洗面燃神位香灯拜揖，耳听店主及师长卧起，即侍候梳洗茶烟。到库房门外间发各草簿物件，捧入局内放置原处。

早餐摆定桌凳，安放碗箸。有客侍候，上酒饭茶烟之事。若师长吩咐吃饭，虽一面自己吃饮，眼仍要看顾客酒饭茶烟之事。餐毕捡拾碗箸等物抹净桌。

上午听店长吩咐，或入局侍立侧末，跟众伙执习轻便之事，莫乱说话；或命走动，有事听明记心，即开步就去，小心慎重，做来回复。中饭及下午各事照前，或有余闲，不得闭眼偷睡，恐客忽至，要奉茶烟。即无客至，亦须寻问些轻便之事去做。

傍晚各处灯台油烛上好，安放妥当原处，相帮捡拾外局上各物件，上小铺门板，关闩好窗门，点神位香灯拜揖。夜餐后，各事毕，候过师长，不得即进房安睡，须到闲静处，或自一人、或邀伙徒同习算盘，或学字信，必要做过半个时久，方许就寝。

总须晏眠起早，莫懒惰好吃。遇天雨之日，众伙闲坐时，方可请

---

① 吴中孚辑：《商贾便览》卷1《工商切要》（中孚新增）"学徒称呼须知"，转引自王世华：《薪火相传：明清徽商的职业教育》，北京时代华文书局2018年版，第257页。

教师长看银水、学算盘、讲书信及生意各事。其由生而熟，由拙而精，皆在留心观听，思慕之勤，神到自明矣。[1]

学徒如果都能按照这样的要求去做，那么将会是个优秀的学徒，一定能得到师傅的悉心教导和同事们的帮助。

从后来的情况来看，詹福熙学徒期满后又继续在店中留任，并获得师傅即老板的高度信任，可知詹福熙在学徒期间的表现是很好的。

学徒期一般是五年，这五年福熙恐怕都没有回家过。直到第五年中，也许是学徒期满了，他才请假回乡探母。这次回乡，他将面临人生又一个重大抉择。

按照徽州惯例，孩儿在学徒期满后一般都要回家结婚成家，因为婚后男子还要出门经商，这样家中双亲就有人照顾了，自己也无后顾之忧，可以一心在外打拼了。所以福熙回到家，母亲就和他正式提起此事："尔手足三人，长兄焕溁在崇明四盛受业，娶回峰汪亮卿姑丈之长女为室，虽育男女，均未成养。二兄焕滨在江西华埠学业，未二年而得不治之症，扛送回家，未几亡故。"

福熙兄弟手足三人，按说这样的家庭何愁人丁不旺？然而恰恰相反，长兄娶了姑父家的长女，实际就是自己的表姐妹，过去只知这是亲上加亲，哪知近亲结婚于后代不利呢？所以长兄虽然育有男女，竟然均不幸夭折。二兄在江西学业，不到两年又患病亡故。而且据母亲说，詹家自其父以上数代单传，本以为到福熙一代手足三人，真庆幸有余，谁知又出现这样的情况，其母不能不发出"何詹门之德簿（薄），抑我之命簿（薄）耶"的感叹！

在这种情况下，福熙问母亲有何训教？母亲说："依年龄论，尔年尚幼，而初涉商业，亲事可缓说。依景况家道论，又宜早订婚事。"也确实，

---

① 吴中孚辑：《商贾便览》卷1《工商切要》（中孚新增）"学徒任事切要"，转引自王世华：《薪火相传：明清徽商的职业教育》，北京时代华文书局2018年版，第257—258页。

福熙12岁学徒，五年后回家才17岁左右，就要谈婚论嫁，是早了，但"景况家道"又不允许延迟。母亲的目的很清楚："一可了吾之愿，二尔亦可努力向营业方面进取。"

面对这种状况，福熙反复陈情恳辞，希望推迟，但母亲就是不允。最后几乎是下了命令："尔之长嫂系亲上亲，未能时在我家，况我年老多病，无人照应，故汝须依我言，今次必须在家定妥亲事，数年后回来迎娶，斯时方慰吾心。"事情到了这种地步，已无转圜余地，好在要等数年后才结婚，福熙只好应允，这样，"母始欢悦"。

同意定亲，但新人是谁还是未知数。福熙母亲多方托人四处访求，终于找到莘源汪小棠公之长女比较合适，此时汪小棠公已作古。于是介绍人带着福熙面见未来的岳母，岳母对这未来的女婿非常满意，于是"择吉定矣"。三年后福熙20岁左右，回来迎娶，正式结婚。

徽州风俗，"新婚之别，习为故常"。福熙结婚后，了了母亲的心愿，母亲也有了依托，自己已无后顾之忧，自然很快就又外出了。他怎么也没有想到，不久的将来，自己将又面临一场艰难的抉择。

三、一波三折中的选择

福熙学徒期满后仍留在上海牲元丝庄工作，显然师傅兼老板周玉麟对他很满意。至于具体承担什么工作，我们不得而知。就在福熙婚后返申不久，他家的祖业——由祖父与人合伙开创的江苏之崇明邦镇的四盛南货店，经营了三代，在他长兄焕溁手里倒闭了，当然他长兄可能不是店主，只是股东之一。究竟为何停业，并不清楚。不过历时三代的祖业毁于一旦，不能不令人扼腕。这样长兄只能回到家乡，然后致信福熙，希望他能为自己谋一份工作。福熙这时已经过20岁了，本职工作以及待人接物各方面都成熟起来，所以颇得师傅周玉麟的信任，对周师傅的家庭情况也很了解。他知道，周师傅的二女婿在上海福州路开了一家中西大药房，于是他向周师傅提出能否将自己长兄焕溁安插其中，想不到周师傅慨然应允。经与女婿商量，让福熙长兄焕溁在中西大药房司理外账。因药房在经营过程中与其他个人或单位难免会发生一些账务，其中既有债权也有债务，确实需要专人打理此事。这是一份很好的工作，而且待遇不低。长兄的工作顺利得到解决，福熙全家都非常高兴。正是因为中西大药房是师傅女婿所开，所以此事一说即通，连福熙自己也承认："否则谈何易也。"福熙似乎轻描淡写地把此事的成功归结为熟人，但从中我们更应该看到福熙与师傅的关系非同寻常，经过多年的考察，师傅已经对福熙青眼相看了。

其实，周玉麟之所以对詹福熙如此信任和关照，是别有所图的。随着年龄的增长，他逐渐感到经营这个甡元丝庄有点力不从心了，于是像其他业主一样，子承父业，他乃把丝庄交给长子周敬庵接理。他何尝不知，这个长子无论能力和品行皆不理想，必须要物色一位得力助手，经过长期考察，他认为詹福熙确是不二人选。在他还没有完全抽身前，实际上就已经让他长子介入管理丝庄了，同时也让福熙部分协助其子管理了。好在师傅还在，大事由师傅决断，所以福熙也就不觉得什么。但有一天师傅告诉福熙，自己打算全身而退，丝庄全部交给周敬庵管理，"嘱余仍要帮理一切"，即希望福熙能够全身心给予协助。

一般来说，一个普通的职员，学徒满师没几年，能够受到师傅如此的信任，是很值得高兴的事。但这对福熙来说，与其说是一桩喜事，倒不如说是一场人生当中最艰难的抉择。因为他对周敬庵师兄非常了解，当鸦片在我国泛滥以后，周敬庵染上了烟癖，并且"日以继夜"地吸食鸦片。在此前的工作中福熙早就对他反感，很多事情两人看法不一，"余素与庵兄意气相左"。所以福熙认为，这样的人，"试问能与合作否？"因为他认定如果敬庵不改弦易辙，重新做人，丝庄是经营不好的。而他作为"帮理一切"的助手，岂不一起背黑锅？既对不起师傅，又耽误自己的前途。

怎么办？在那个时候，"一日为师，终身为父"。师命难违啊！但如遵师命，前途肯定不妙，届时一定得罪师傅。与其那时不可收拾，不如现在就辞掉。所以他向师傅表示坚决推辞，然而师傅也坚决不允。由于福熙的长兄正在师傅女婿的中西大药房从业，无疑也是师傅手中的一个砝码，所以几天后周玉麟约福熙长兄作了一次长谈，希望能够通过长兄说服福熙好好与敬庵合作。据《福熙自述》记，师傅对福熙长兄焕溁说："如欲自立或与他人合伙均不允许，否则与汝亦有不利耳，祈细思之。"此话是相当严重的，不仅堵住了福熙的一切出路，而且威胁到焕溁的工作。言下之意，如不听师言，不仅福熙不能再在丝庄中工作，自己的工作也将不保。

长兄焕溁赶紧将师傅的意见转告福熙，福熙也确实进退维谷。而且我们可以看到，此时福熙与业师已无面对面沟通的可能，所以福熙只好再托长兄去找师傅面询，转达自己的想法：除了与敬庵师兄合作外，有没有其他路可走？谁知业师的态度非常坚决："如不与庵师兄合作，须离申改业，在申改业亦不允许。"福熙深知此话的分量，自己真要在上海改业，虽然师傅不能捆住自己的手脚，但"背叛师门"的行为一旦形成舆论，那么任何一家商店或行业也是不愿接纳自己的。

福熙面临前所未有的难处，他经过前思后想，含泪告诉长兄，如不尊师训，于兄不利，长兄的工作将不保。他知道长兄在中西大药房职司外账，年俸红利一年可得四百余两银，这在当时可是一笔不菲的收入啊。一旦失去，他这一家人生活怎么办？决不能影响长兄。如果离申改业，则意味着十余年所学的专业技能将付诸东流。两害相权取其轻。福熙经过深思以后觉得自己还年轻，改业亦非难事。但他认为，即便离申改业，还是不愿和师傅决绝。他想到了一个人，就是顾松泉。

顾松泉是中西大药房的经理，长兄焕溁就在他手下工作，他是福熙业师的第二个女婿，为人温和素重，深得业师信赖。福熙想在自己最困难的时候登门顾宅面聆教诲，希望他能给予指教。其实顾松泉早已知道此事，所以在花园里热情接待了福熙。当福熙详细说明情况后，顾松泉认为："师命不可违，况尔师生如同父子，而师已年高，嘱尔帮助师兄一臂，尔既不愿，只可依师训谕。"福熙说："如依师训，必须离申改业，余自进牲元学业将近十载，君所知耳，须无益于牲元，自觉亦无过失。今来拜谒，求指两全之策，有以教我。"显然，福熙认为自己在牲元丝庄是有贡献的，对师傅也是怀有感恩之心的。所谓"两全之策"，就是自己既能谋业，也不开罪业师。

其实，路已经铺就了。顾松泉说那就到开封中西药房支店就业。目前支店正好缺一外跑，你去顶此一缺。上海中西药房由于经营不错，乃又在开封办了一个支店，周玉麟将自己二子协卿和三子敏卿派去主持，协卿专司外缺，详查各埠支店事务；敏卿在中西营业部，其人忠厚。顾松泉当即就指出这条路，显然是事先已和岳父周玉麟商量好的。可见业师周玉麟对福熙还是心存仁厚，煞费一番苦心的。顾松泉还说，在那里年俸花红共二百余金，如营业进展尚不止此。

对福熙来说，这真是意想不到的好结果，他当即欣然应允。那时，协卿正好在申，一周后，福熙即与协卿兄同乘京汉火车经驻马店到郑州，换乘汴洛车到开封店中。

四、两次急流勇退

就这样，福熙来到了开封中西药房。学了十多年的丝庄业务现在毫无用处，必须改行药业，一切都要从头学起。好在福熙非常勤奋，事事虚心学习，新业务很快就上手了，而且干得不错。就这样一干就是四年，他请假回家探亲。先到上海，有关情况已经发生很大的变化，业师周玉麟已经作古，长兄在积累了一些资金后也离开中西药房，自己在沪南里咸瓜街创办了一家益元参店，总算有了自己的产业。很多徽州商人都是这样，先学徒，期满后如家中条件许可，就自主创业。如家中条件不许可，则继续充当伙计，帮人打工。有心人在这期间一方面积累资金，同时观察市场，寻找机会。一旦时机成熟，再自己创业，有的后来就成就了一番事业。本来福熙会晤长兄后即要回乡，因益元参店业务繁忙，受长兄之托，暂时留下在店中帮忙。

谁知中秋后传来噩耗，母亲在家去世。由于长兄店务无法脱身，福熙乃火速赶回婺源。到家后嫂氏已将丧事处理完毕，暂将灵柩浮厝村旁。福熙兄弟三人，外有一姐时娥。时娥幼由别人抱养，未成年即夭折。兄弟三人全靠母亲一手呕心沥血，孤苦抚养。如今未获报恩，却撒手西归，福熙感到无比哀痛。估计福熙此时已辞去开封中西药房的职务，于是在家为母守制。

年底，福熙接到长兄来信，告知开封中西药房的同事陆霭已经脱离中西职务，另有姚某出资，委托陆某创设华英药房，并嘱陆某必须诚邀福熙前去帮忙。这意味着一个新的工作又来了。由于陆某系福熙旧友，情面难却，于是复信允其请，当即束装启程，赶到上海。陆某已将上海未了之事托长兄转给福熙，福熙把这些事了却后就赶到开封，筹备开业。显然，福熙在华英药房里是个重要人物。药房的药材主要从上海和汉口两个地方进货，营业状况很不错。这当中离不开福熙的努力，他自己就说过："余之帮理华英营业日上者，余确费一番脑力，同乡友好大概知晓。"虽然我们不知其中的具体情况，但可以确信福熙所言不虚。

然而，就在华英药房经营尚好之时，福熙突然提出辞职。姚东十分不解："店中营（业）不恶，正好进展，何以言退？"福熙说："今日言退者趁此营业发达时，各方均有颜面，余可交代矣。况已二年余，余亦应回乡一行耳。"

福熙的急流勇退，正是他的明智之处。尽管华英药房营业状况似乎蒸蒸日上，但福熙已察觉到背后的危机。因为他感到陆某已变了，他了解到姚某投资就是陆某鼓动的。而且陆某不大管事，主要交给其子打理，而陆某与姚幼东打得火热，陆某从申汉进货，往往说发票丢了，福熙要求追究查补，陆幼东就说没必要，从而由陆某随意虚报。财务制度如此不严，福熙认为"日久岂有不失败者乎？"

从华英辞职后，开封的同乡好友挽留福熙暂时住下，以观华英药房之败。就在此时，开封五洲药房朱治成经理托友邀请福熙到店帮忙店务。福熙见其态度诚恳，于是答应试干两年，以后再说。谁知朱治成口是心非，并非益友，福熙感到难以与他共事，于是两年一满，毅然与朱某解约，抽身而退。

开封五洲药房只是分店，隶属于上海五洲总行领导。总经理项松茂得知福熙辞职后，来电邀请福熙到上海行服务。福熙想去上海一来可以见到长兄，二来也出于好奇不解，为什么项松茂要他到总行？也想探个究竟。

项松茂（1880—1932）是个经商奇才。他是浙江宁波人，父亲也是商人。松茂少年时家道衰落，14岁去苏州学徒。20岁时经人介绍，到上海中英药房做会计，在商界崭露头角。1904年，24岁的项松茂任中英药房汉口分店经理，经营得风生水起，远近闻名。1911年春，中法药房经理黄楚九赴汉口视察中法药房分店业务，发现项松茂的不凡才能，遂与夏瑞芳联合邀请项松茂来沪任五洲药房经理之职。时五洲药房是由商务印书馆创始人夏瑞芳、黄楚九、杭州广济医院药剂师谢瑞卿等人合资创办。项松茂任上海五洲药房经理时才31岁。他履新后推行改革、调整人事、迁移新址、创新产品，把五洲药房经营得红红火火，蒸蒸日上。①实践中他深深感到人才的重要，所以到处物色人才。

福熙来到总行时不到30岁，1914年前后项松茂大约35岁。谁知福熙南下服务年余，一切待遇反不如开封支店，正感纳闷时，总经理项松茂约其长谈，表示歉意，福熙不解，听了项君的解释才恍然大悟。原来，在福熙未到上海之前，开封支店朱经理已先抵达上海，当面向总经理说了福熙的种种不是，力劝总经理不要重用福熙。于是总经理就在暗中观察，薪俸也给的较低。但是经过一年多的考察，总经理认为福熙的能力、品行完全不像朱经理所说，甚至相反，所以深表歉意。从此，总经理对福熙着力栽培，几年中连升数级，并委托专任五洲药房分庄常务处主任。是金子总是要发光的，人才终于遇到了伯乐。

值得一提的是，开封华英药房已经失败，不久又遭回禄，按福熙的说法："可谓连根去矣。"而开封五洲药房的朱经理也由于不善经营，业务落后，已经不适合独当一面了，于是被调回总行，另行安排工作。这进一步证明了福熙的两次急流勇退是完全正确的。

---

① 参阅唐廷猷：《中国药业史》第3版，中国医药科技出版社2013年版，第181页。

五、国难中奋起

由于总经理对福熙的信任和重用，福熙如鱼得水，能力得到充分发挥。两人合作近十载，感情甚洽。我们虽然不知福熙在五洲药房分庄常务处主任任上，具体如何经营，但经营十分顺利，业务向好则是肯定的。当然其待遇也是不菲，这为他今后自己创业奠定了基础。

从时间上推算，福熙当初抵达上海总行应是清民鼎革之际。早在上海开埠后，外国人成批来到，不仅外国商品蜂拥而入，外国资本也紧随而来。他们在上海投资办企业，做买卖，开商店，这也给中国人带来很多商机。与此同时，外国人与中国人的联系也日益密切，有的还成了好友和合作关系。像鲁迅与内山书店的老板内山完造（1917年来到上海）关系就极为密切，甚至在鲁迅遭当局通缉时，还在内山书店避居一月之久（鲁迅自1927年起前后五百多次进出内山书店）。也许是平时工作的关系，福熙认识了日本商人下里弥吉，下里弥吉在上海办了一个千代洋行，专门经营照相材料。在长期的交往中，下里弥吉认为福熙人品、能力皆好，所以两人成了好友。下里因店中管理乏人，就找福熙商量，拜托福熙代为物色一管理人员。福熙答应缓缓代访适当人选，谁知下里迫不及待，天天来催，甚至想请福熙亲自去管。

此时福熙在五洲药房与总经理同事已将近十年，由于两人对很多问题的看法一致，所以感情甚好。但下里又催的很急，所以福熙就与项总商量，辞去五洲分庄主任一职，专门办理千代洋行照相材料。

福熙这一次跳槽，与前两次的急流勇退截然不同，他不是认为五洲药房没有前途，而是认为到了千代洋行对自己的发展更为有利。果然如此，下里的选择没错，福熙的选择也没错。虽然福熙对照相材料一窍不通，但商业与其他行业一样，隔行不隔理。福熙已在商界摸爬滚打了几十年，在待人接物、进货销售、人事调配、资金管理等方面积累了很多经验，这些经验在千代洋行完全适用。果然，在福熙的精心打理下，不到十年，千代洋行的经营业务已遍布全中国了。完全可以想象，在这近十年中，福熙不仅积累了不少财富，更重要的是积累了专业知识和营商经验，这是更重要的无形资产，为他今后的发展奠定了坚实的基础。

任何人的命运和发展都摆脱不了时代的影响。时代的变化往往给一部分人带来噩运，却给另一部分人带来了重要契机。1931年，九一八事变爆发，日军陆续侵占我国东三省。全国掀起了抗日高潮，各地也开展了抵制日货的运动。在这种情况下，福熙也不能再在千代洋行工作了，于是他退出千代，开始自己创业。

徽州人总是善于化危为机的。多年积累的资金和经验终于派上了用场，他独立创设华昌照相材料行，地址位于上海英租界劳合路白克路恒清里内，专做批发。1933年12月2日，迁移到南京路望平街大陆商场345号设立门市部。

应该说，福熙选择照相器材作为自己的经营范围是极具眼光的。我们知道，19世纪中叶照相技术传入我国以后，引起人们的极大兴趣。尤其是进入民国以后，随着照相馆、专业摄影人、业余爱好者的增加，在中国市场上的商品结构中，照相器材已经占有一定比例，并且销路很好。福熙在千代任经理近十年，市场遍全国，可以说都是他一手开辟的，他对市场行情了如指掌，如今自主经营，更是如鱼得水。尤其是全国抵制日货，更为他业务的发展提供了难得的机遇。在《福熙自述》中他只字未提他的经营效益，但从其他材料中我们可以略窥大概。据《詹励吾商旅生涯》载，詹励吾曾"在上海与族叔詹福熙合作经营照相材料业（华昌行），历两年，获利数万金。因与族叔在经营方略上出现歧见，故退出上海华昌行，到外埠发展"[1]。合作经营两年，就能获数万金，那福熙所得应比他更多，可见利润之丰厚了。又据《詹氏精英谱》"詹福熙"条记载：他在上海创业后，又在"成都、重庆开设华昌照相材料行，并开有三家当铺，以及在安徽屯溪、江西乐平所开的天元布行"。可见他已成为一位名副其实的富商

---

① 詹望梅：《詹氏精英谱》，湖南益阳文汇堂出品2010年版，第365页。

了。①据其子詹永年介绍，詹福熙一生积财无数，散财亦无数，且大多用于公益事业或救助他人。比如，1946年，他拿出一大笔钱，在安徽屯溪隆富创办了紫阳小学，并购买了三百多亩田地，所收之租作为学校开支，让当地穷苦孩子免费读书。②

福熙在华昌照相材料行一直干到1949年，他才将店务交给儿子永匡管理。福熙也功成身退，安度晚年了。

六、几点认识

《福熙自述》是一位徽商个体的成长史，它展示了一个普通的徽州人如何从一个学徒，一步一步通过自己的努力奋斗，最终成为一个著名富商。从福熙的经历中我们可以得出如下几点认识：

第一，徽商的发展离不开宗族、同乡的支持和帮助。福熙12岁到上海谋生，就是靠宗族、同乡的介绍，才能到牲元丝庄当学徒。后来在开封，当他从华英药房退出后，也是同乡好友留下他暂住，也才有了后来五洲药房的工作。可以说明清时期，尤其是晚清时期，在上海经商的婺源人几乎都是通过血缘、地缘关系介绍、引荐，像滚雪球一样越滚越大的。整个徽商发展史都是这样。

第二，徽商以诚信与勤奋著称。这一精神在福熙身上也得到很好的体现。他于学徒期间的良好表现，使他在满师后继续留店工作，甚至业师在自己退下后委托福熙协助其子管理丝庄，如果没有突出的品德和能力，怎能获得老板的如此信任？这种精神在徽商中是十分普遍的。学徒期间就不必说了，学徒满师后无论留下或到其他店当伙计，都能一如既往，保持诚信和勤奋的精神，从而深得老板信任。有的像福熙一样，积累了相当资金后独立创业，也有的留在原店，甚至荣膺经理。如歙县人方泽春（1869—1951），15岁到浙江兰溪县郑三阳布店当学徒，后来当上经理，一直干到

① 詹望梅：《詹氏精英谱》，湖南益阳文汇堂出品2010年版，第335页。
② 詹望梅：《詹氏精英谱》，湖南益阳文汇堂出品2010年版，第335页。

74岁，期间店东从祖父传到孙辈，历经三代，都聘方泽春任经理。他在店中一干就是六十年，如果没有良好的素质，这是绝不可能的。①历史上类似的例子不胜枚举。

第三，近代徽商在经营行业上的与时俱进。鸦片战争后，随着五口通商，外国资本和商品陆续涌入中国，尤其在上海，很多人们以前不知道的外国商品充斥市场，不仅大开了眼界，也改变了某些生活方式。但精明的徽商却从中捕捉到不少商机，他们不再钟情于盐、典、茶、木、粮、布、绸等过去的传统行业，而是大胆涉足不少新的行业，如西药、照相、油漆、地产、买办甚至银行等。这是由于历史的发展，近代徽商在经营行业上出现的重要变化之一，反映了徽商与时俱进的精神。如福熙在离开姓元丝庄后，就涉足中西药业，最后又在照相器材业中大获成功。

第四，徽商的成功绝不是偶然的。尽管在发展过程中遇到各种各样的困难，但他们大多能逆袭而上，取得成功。它究竟需要什么样的品格？明末一位成功歙商程致和认为："则究竟仁强智勇之守，孙吴伊间之谋也。"②也就是说必须有仁、强、智、勇、谋。他做到了，所以"凡廿年而业振……十年而素封"。可以说程致和的观点是有道理的。这些品格在福熙一生几个关键时刻的选择都有所体现。第一次，拒绝业师提出的协助儿子管理丝庄的要求，不得不违背师命，体现了"勇"；拒绝师命又不至于与师决裂，体现了"仁"和"智"。第二次，在开封华英药房，一旦发现其中财务有弊，立马抽身而退，避免两年后的同归没落。第三次，在开封五洲药房分店发现朱治成经理难与共事，两年契约期满，毅然辞职。这两次的选择实践证明是完全正确的，也充分体现了他的"勇""智""强"。第四次，进入上海五洲大药房总部，他看到项松茂是位正派可靠之人，所以能与项松茂合作近十年之久，并不断得到重用。第五次，跳槽到千代洋行，这一选择为后来自己的独立发展开了一条新路。第六次，九一八事变

---

① 参阅王世华、黄彩霞：《徽商在浙江兰溪的经营特色和管理创新》，《安徽师范大学学报》（人文社会科学版）2013年第5期。

② 《歙县褒嘉里程氏世谱·寿文·奉贺致和程老先生六十荣寿序》。

后，他及时抓住了当时国内外形势的变化所带来的契机，毅然自己独立创业，开办华昌照相器材行，以后不断拓展业务，影响越来越大。这几次的抉择尤其是独立创业后的发展，更是展示了他所具备的仁、勇、智、强、谋的品格。徽商之所以能够称雄商界数百年，无不具备了这样的品格。

总之，福熙的一生可以说是徽商发展史的一个缩影，福熙的意义正在于为我们进一步认识徽商提供了一个真实可靠的样本。

徽商的起点和终点：明清"第一商帮"传奇

古时，徽州府地处万山丛中，重峦叠嶂，林木葱茏，景色宜人，但这也意味着缺少耕地：人们只能在山坳处艰难垦辟零星薄田，或在山上修建梯田。山高难蓄水，山洪又发之频繁，眼看已是农业不兴，民生多艰，人口却还与日俱增。想要生存，只得另谋出路。"前世不修，生在徽州；十三四岁，往外一丢；包袱雨伞，夹着就走。"这句徽州古谚，正是当地人年纪轻轻外出从商的真实写照。

明代中叶，社会经济得到长足发展，手工业进步，贸易兴起，"都会"、城镇如雨后春笋般出现，远走他乡的徽商乘时而起，又凭借其团结质朴、好儒重文的特性，从众多商帮中脱颖而出，以至于无地不至、无货不居。

从贫苦中走出的徽州商人，在创业成功后同样保持着勤俭节约的习惯。明代文人嘲其吝啬，说有一位在苏州做生意的徽州人，炒了不少盐黄豆放在瓶中，吃饭时用筷子从瓶中夹之佐餐，每顿饭自限不得超过数粒。有人告诉他："你的儿子在外面大吃大喝。"此人听后大怒，将瓶中盐豆倒了一把在手中，全包在嘴里，叫嚷道："我今天也来败些家当了！"令人捧腹的笑话，却折射出徽州商人一路从无到有的经历与艰苦创业的精神。

一、"第一商帮"的发家史：从"两手空空"到"无货不居"

在晋、唐、北宋末三次移民浪潮中，中原大族举族南徙，到徽州落脚。面临人生地疏的生存环境，宗族团结尤显重要。日后，徽人走上从商之路，宗族更是成为不可缺少的"帮手"。

俗语云："在家千日好，出门时时难。"在外打拼，既要经受长途跋涉之苦，更有遭遇绿林抢劫之险，单枪匹马闯荡商海，总是险象环生。只有结成帮伙，才能借众人之力共克艰难。与谁结伙？同宗之人当然是最佳伙伴。所以徽人经商，往往发起于父子结伴、兄弟合伙，随着商业发展，才需扩大帮众。明中叶，休宁人程锁以血缘、地缘关系相邀，集同宗族精明能干者十人联合创业，合伙经商；汪福光同是休宁人，也"贾盐于江淮间，艘至千只，率子弟贸易往来，如履平地"，此番规模，所需至少二三千人，这些"子弟"决不限于直系亲属，还包括不少本宗族、本地人。徽商正是这样借助血缘和地缘关系而结成的大团伙。一个家庭或宗族世代经营某种行业，而此种行业也在宗族的经营下蒸蒸日上，使一地尽是此种商贸：歙县多盐商，婺源多茶商、木商，而典当商则大多是休宁人……

明清时，徽人从商者众。依托宗族团结，徽商走出丛山，筚路蓝缕，艰苦创业，在明中叶臻于鼎盛。明代史学家王世贞称"徽俗十三在邑，十七在天下"，经商风习已经形成。而徽商精于长途贩运，故而大江南北，随处可见徽商之身影。

明中叶以后，南北贸易日益加强："燕、赵、秦、晋、齐、梁、江、淮之货，日夜商贩而南；蛮海、闽、广、豫章、楚、瓯越、新安之货，日夜商贩而北。"东西贸易也更加频繁：西部的木材、米粮源源不断地沿水路运至长江中下游；江南一带的棉布、丝绸也日夜不绝地送往西部。在贯穿中国的条条商路上，几乎随处可见徽商的身影。各大都市如北京、南京、扬州，以及交通枢纽之地如山东临清等，都有大批徽商经营其间。

明万历《歙志》谈及歙商：只要市场有需求、经营有利润的行业，徽商都十分乐意涉足其中。就其大者，主要是盐、典、茶、木、粮、棉布、丝绸等业，其中又属盐商的资本最为雄厚。

明弘治五年（1492），盐法变革，只要"纳银运司"即可取得专卖权，奉行的是官督商销政策。而两淮、两浙盐运司分设扬州、杭州，故大批徽商齐驱两地经营盐业，尤以扬州为最，甚至形成垄断局面。高额利润下，盐商财富迅速增长。明中后期，徽州盐商作为世袭贸易集团，已经积累了大量财富，史载："新安大贾，鱼盐为业，藏镪有至百万者，其他二三十万，则中贾耳。"清代盐商累积的资本更是以千万计，连乾隆皇帝都有"富哉商乎，朕不及也"的慨叹。

此外，茶商也是徽商之重。明代茶商将徽州所产茶叶运到各大城市经营，到了清代，又送往广州出口贸易，五口通商后改为转运上海、武汉与洋商交易；木商则通过新安江，将徽州木材运往杭州中转，又深入川、贵、黔山区，伐木取材，顺江东下，集散南京；粮商则通过长江，以购于川鄂的粮食供应江浙一带，或从北方采购大豆、小麦，经大运河运至苏州枫桥，再转送江浙各地；绸布商则从江浙采购棉布、绸缎，溯江而上运往长江中上游各地，并通过大运河运往北方销售……纵横明清数百年，徽商"相机而行，随我活变"，从两手空空、背井离乡到"无货不居"、声名鹊起，书写了一代又一代营商传奇。

二、做慈善、修园林、建书院："贾而好儒"的商界传奇

徽州是朱子桑梓之邦，受程朱理学影响颇深，儒风独茂，"虽十家村落，亦有讽诵之声"，在此中崛起的徽商也颇有儒商之风。徽商致富后，或自身弃贾就仕，或命儿孙修读儒业，也修筑园林、扶持文艺，更甚者乐善好施，以"兼济天下"为己任。

棠樾鲍氏便是其中之一。鲍氏一族不仅因仕至显宦而著名，也因世代经商而资雄，贾而好儒，至于传奇。明洪武年间，鲍氏便有人经商，十二世祖鲍汪如率先业盐，运至云南以充军饷。他由此积累资本，终使其子得

以贩盐两淮。而真正大振家声的，则是二十四世盐商鲍志道。

鲍志道生于乾隆八年（1743），其父鲍宜瑗虽"长贾于外"，但家中并不宽裕。他 11 岁时经人介绍，到江西鄱阳的商铺作学徒，走出家门时，全身上下只余一枚铜钱。几经波折，鲍志道 20 岁时被歙县大盐商吴尊德聘为经理，整顿商务，革除弊习，吴家盐业获利颇丰。数年后，他便凭借此前的积累，在扬州独立业盐。

那时，清政府为了控制众多盐商，收缴课税，便会选择家道殷实、干练精明的盐商充当总商。总商是官府与众商的枢纽，官署通过总商传达政策法令，催收盐课；盐商则通过总商反映诉求，总商代表商人利益和官府进行交涉。这种角色很不好当，轻不得，重不得，否则上下都招怨。鲍志道因其才干被选为总商，处事公正果断，深受众商拥护，官府信任，一干就是 20 年。

乾隆末年，两淮盐商盛况不再。政府对盐商的盘剥造成食盐成本大大提高，盐价上涨，私盐则乘机而入：江西应是淮盐行销区域，由于淮盐价高，福建私盐便大量涌入，造成淮盐滞销、盐商大困。鲍志道代表盐商与官府反复交涉，经过两年的艰苦努力，终于解决了问题。不仅如此，鲍志道所创制度也促进了盐运事业的发展。如"津贴"制，便是他针对水运淮盐频频沉没的盐船，倡议众商帮一，共同资助沉溺舟船，弱化风险。此方案不仅维护了徽商的共同利益，也增强了商帮的内部凝聚力。自此，鲍志道成为扬州著名大盐商，棠樾鲍氏更是闻名两淮。

今日若要寻根溯源，瞻仰当年巨贾风采，则不能错过歙县棠樾村的鲍氏园林，巍峨高大的牌坊群足以说明其名望之盛。彼时，鲍氏扬名四海，宗族便翻筑花园、修立牌坊，以展家风。牌坊群矗在村东大道上，鱼贯而列，纹饰精美，气势轩昂。七座牌坊分别旌表鲍氏"忠、孝、节、义"和"贞节"人氏，尽显儒商风范。

徽商还多热心公益事业，凡修路架桥、赈灾济荒、济困扶穷、育婴办学等一切公益事业，商人们无不慷慨解囊，热心其事。鲍志道亦是如此，致富后谨遵儒教，去奢崇俭、好善乐施，被世人交口称誉。鲍志道见贫家子弟入学困难，学业荒废，便在扬州捐建十二门义学，教授经典；他还钟情于书院建设，歙县本有两座书院，紫阳书院在城内，山间书院在城外，年久失修，并垂废焉。他慨然与乡士大夫合力维修，使紫阳书院焕然一新，还捐银3000两作为该院生员膏火之资，又捐8000两银自置两淮生息，用以修复山间书院。另外修桥补路、捐建水榭等义行，不胜枚举。

三、"徽骆驼"的终点：留予后世的为商之道

作为明清时期驰骋商界的大商帮，徽商足迹遍布大江南北，势必与封建政治势力产生千丝万缕的联系。各级官员是封建政治势力的代表，首先成为徽商千方百计交结逢迎的对象。

交友联谊、联姻结亲、行媚巴结、跻身仕林，是徽商最常使用的四个手段。依附封建政治势力总不如自己成为封建政治势力中的一员，商人以富求贵，跻身仕林最便捷的办法就是捐资买官。此外，让子弟攻习儒业，博取功名，将来蟾宫折桂，一举成名，成为封建仕林中的一员，也是进取之法。官府鸠工征材、赍用不足时，徽商也大量捐资报效政府，佐解国家之急，以证明他们是依附、支持封建政府的。这都是保全之计，也是为寻求垄断经营许可所作出的努力。

从明中叶到清中叶，徽商度过了如日中天的辉煌时期。但在清道光以后，票盐法的推行使得徽商的中坚——盐商率先衰落。清末的兵火劫难又使徽商受到致命的打击，在洋货的冲击下，徽州茶商、布商也败下阵来。清政府提高典税、预征典税，典商又几乎败落。在一系列的打击后，叱咤风云的徽商如夕阳西下，无可挽回，"徽骆驼"们的商路走到了终点。

曾经"全国金融几可操纵"的盐商，最后一落千丈。究其原因，除却炫财斗富、奢侈无度，以及私盐盛、官盐引滞导致的贸易困难外，最重要的，还是来自官府的重税、盘剥、捐输。

歙县徽商江春任总商期间，替乾隆"借帑舒运"，甚至"以布衣上交天子"。但其施用特权，攫取财富，大造园林，广蓄名伶，以为消遣交游

之用。加之清末盐课重税，盐规名目繁多，时景不佳，经营不善，江春在清廷羽翼下发迹致富，同样也在清政府的盘剥下破产亡家。晚年的江春"贫无私蓄"，无力偿还帑银，病死时几乎身无遗产。

百年以后，回顾徽商旧事，商人们第一次走出穷乡僻壤时，摆在眼前的并不是铺满鲜花的康庄大道，而是一条布满荆棘、艰难曲折的险路。商场如海，深浅莫测，在轻商的封建社会里，商人面临官府盘剥、污吏勒索等困境，多少商舟在这"海"中触礁沉没。然而徽商却一度战胜险风恶浪，站在商界浪尖搅动风云。徽商鼎盛时，有人赴国救难、兼济天下，以效爱国之心；也有人同舟共济、以众帮众，以报同僚之情；更有不畏艰难、百折不挠的进取之人，审时度势、出奇制胜的有志之士；还有不辞劳苦、虽富犹朴的勤俭儒商。这些风骨精神植根于中国传统文化的土壤之中，被徽商发扬光大，尽管商帮没落于时代洪流中，但他们的为商之道却世代传承。

工匠精神铸就徽商老字号

历史上的徽商在数百年的发展中，曾涌现出一批老字号。有的延续了百余年，有的延续了二三百年、三四百年。如胡开文墨号乾隆三十年（1765）创立，直到1956年公私合营为止，存在192年。清中叶开设的曹素功墨号，延续到1956年也有近二百年，明代休宁人汪一龙在安徽芜湖创办的正田药店，也是"垂二百余年"。张小泉剪刀明末问世，至今有三四百年的历史。其他诸如杭州的胡庆余堂、汉口的汪玉霞糕饼店、上海的汪裕泰茶号、安庆的胡玉美酱园等都是驰名的老字号。

可以说，每一个老字号的产品质量都是令人赞不绝口的。例如明代制墨名家程君房所制的墨，当时著名书法家董其昌给他的评价是："百年之后无君房而有君房墨，千年之后无君房墨而有君房名。"明代芜湖的正田药店由于药品疗效好，"每外藩入贡者，多取道于芜湖，市药而归"。深得海外之人的信任。清代汉口叶开泰的中药一直在人们心中享有崇高的声誉，以至民间竟然流传这样的话："叶开泰的药吃死人都是好的。"言下之意，人死是因为病的原因而非药的原因。

无疑，商品质量的上乘是徽商老字号的生命线，而这些老字号又是如何守住这条生命线的呢？

首先，把好原材料关。原材料的质量直接关系到产品的质量，因此所有老字号对原材料的采购都是严格把关的。康熙年间胡天注接盘岳父倒闭的墨坊，创办"胡开文"墨坊时，就全部毁掉原来的制墨模具，另选上等材料、聘请高级刻工制作模具，并高薪聘请制墨技师。胡庆余堂要求职工对药材一定要"采办务真"，决不买伪劣药材。他们生产的局方紫雪丹是一味镇惊通窍的急救药，按古方制作，要求最后一道工序不宜用铜铁锅熬药，为了确保药效，胡雪岩毅然请来能工巧匠铸成一套金铲、银锅，专门制作紫雪丹。叶开泰药店也是如此，做参桂鹿茸丸一定要用一等高丽参，制八宝光明散的麝香和冰片要到著名药材行采买，制虎骨追风酒的虎骨必购买前有帮骨、后有凤眼的虎腿来熬制虎胶。张小泉剪刀一定选用浙江龙泉、云和之钢作为原料，甚至磨刀石也只采用镇江特产的质地极细的泥砖。

其次，工艺精益求精。胡开文墨坊就坚持按"易水法"制墨。该法制墨，"每松烟一斤之中，用珍珠三两，玉屑、龙脑各一两，再和以生漆，捣十万杵面成"，故其墨"坚如玉，纹如犀，色如漆"。正田药店是"慎选药材，虔制丸散"。胡庆余堂则对采买来的药材"修制务精"。据说，杭州城有个读书人金榜题名，却喜极而疯，重演了"范进中举"式的悲剧。名医开出"龙虎丸"配方，寻遍全城药号竟无人敢接此方。所谓"龙虎丸"，是一种含有砒霜剧毒的药，必须搅拌得极其均匀，使砒霜在药中的含量分布平均到极点才行，稍不均匀即出人命，而搅拌全凭人工操作。胡雪岩果断地答应了疯举人，半月内交药。他亲自指导药工搅拌配制，10天后宣布成功。疯举人吃了龙虎丸，疯病痊愈。原来他率领几个药工将掺有砒霜的药粉均匀地摊在篾上，再用拌药棍在药粉上反反复复地、颠来倒去地写着"龙"和"虎"二字，每人竟写了999遍！这样拌出来的药粉自然极其均匀了。张小泉的剪刀为什么好？因为在制作中运用了"嵌钢"（又叫镶钢）工艺，一改用生铁锻打剪刀的常规，同时在实践中摸索总结出72道工序，每道工序都认真完成。叶开泰药店在烘制丸药时，必须用各种烘箱将各个品种分别烘干，所用的木炭必须击碎，以灰覆盖，让丸药缓干，以保持药味经久不变。虎骨追风酒投料封缸后，夏季必须经过2个月、冬季必须经过4个月，然后方可启封，以确保质量。在叶开泰制药作坊的门首屏风上悬挂着八个大字："宁缺毋滥，不好再来"，时时警醒药工的质量意识。

最后，不断创新。徽商老字号无不在产品创新上狠下功夫。胡开文为了扩大市场，创造出集锦墨。如"棉花图"（全套16笏）、"十二生肖图"（全套12笏）、"御园图"（全套64笏）。"棉花图"以16幅画面反映了从棉花播种到纺纱织布的全部生产过程，图案逼真，雕镂精细。"十二生肖图"以十二生肖入画，配以历史故事，如苏武牧羊、伯乐相马、嫦娥奔月（兔）、李密拉角（牛）等，墨品一面画图，一面题赞，人物形象栩栩如生，堪称精品。"御园图"系仿制制墨高手汪节庵之"函璞斋"定制的贡品，全套64幅，将京师"圆明园"中64座楼、阁、堂、院、亭、轩、馆、斋、室等建筑依次绘形入画，雕刻而成，并依这些建筑的不同风格，采取相应不同的墨式，工艺精湛，令人叹为奇观。这些集锦墨成为"胡开文"的拳头产品，深受人们的喜爱，即使人们不是为了书写，也往往购买回去，作为一种绝妙的艺术品成为案头清玩，不时欣赏。胡庆余堂创制了龙虎丸、诸葛行军散、局方紫雪丹等传统名药，解决了很多大问题。"张小泉"也创制了各种各样的剪刀，适应各种人群和各种工作的需要。

徽商老字号的这些做法无不彰显了传统的工匠精神，换句话说，工匠精神铸就了徽商老字号，这是徽商留给我们的宝贵财富。在新时代里，我国要成为一个制造大国、制造强国，就是要不断发扬光大这种工匠精神。

文化商人程晋芳

他嗜书如命，一生竟藏有五万卷书；他又潜心学问，无所不究，袁枚赞其"平生绝学都探遍，第一诗功海样深"。由于他的学问让人折服，所以被荐与修《四库全书》。说他是个学者，完全名副其实，可他却是个商人。他就是清代徽州盐商程晋芳。

一、嗜书如命，悒悒好儒

清代到了乾隆年间，可谓如日中天，国力强盛，社会安定，人口增长，经济持续发展，一派升平气象。盐商尤其是扬州盐商，利用政府给予的垄断政策，一个个赚得盆满钵满。扬州盐商以徽商为主体。贾而好儒的徽商本来就钟情文化，这时更涌现出一批文化商人，程晋芳就是其中的杰出代表。

程晋芳，初名廷镖，字鱼门，生于康熙五十七年（1718）。少年读书时因仰慕明末蕺山刘念台先生的道德文章，自号蕺园，祖居徽州歙县岑山渡。自高祖时程氏由歙县迁到扬州，经营盐业并从此发家致富。他的父亲程迁益继续业盐并入籍江都。岑山渡程氏虽然多富商，可也出士人。程晋芳祖父辈程文正为康熙辛未（1691）进士，仕至工部都水司主事，工诗词古文，著有诗文稿，善书法。父辈程梦星为康熙壬辰（1712）进士，官编修，多才艺，有《今有堂集》问世。程晋芳弟侄亦多工诗文者。程晋芳弟兄三人，他排行第二。有文化传统的家族和资产富裕的家庭给予程晋芳很大的影响。呱呱坠地以后，他就生活在这样的环境中。他无须为衣食而奔波，从小就受到良好的教育，加上他自己的勤奋努力，因而"少以文名江南"。

父亲去世后，将偌大的家业传给了程晋芳兄弟。如果程晋芳一心归商，可能会在原有的基础上更上一个台阶，成为更大的富商。然而世上的事就这么奇怪，程晋芳偏偏不爱经商，却惜惜好儒，潜心向学。为了治学，他酷爱藏书，从十三四岁起就千方百计搜求异书，得一书则置楼中，自己或与好友加上题识，并精心装潢，真是怡然自得。他的好友李情田知其所好，往往将从乡下得到的善本书专程送来，程晋芳能买则买，不能买的则抄。后来他到了京师，十年间更是经常造访书坊、书肆，遇有奇书，不惜代价买下。有时钱不够，竟然典衣以购，真正是"嗜书藏若饥渴"。经过三十几年的日积月累，竟有书五万卷。他的藏书楼上下六间，摆满图书，琳琅满目。藏书楼庭前杂栽桂树，他把自己的藏书楼命名为"桂宧"。乾隆三十七年（1772），清高宗开四库全书馆，敕修《四库全书》，并号召天下百姓贡献珍本善本图书。程晋芳积极响应，所献图书种类在三百五十种以上，其中被《四库全书》著录的就有一百八十三种共三百三十二卷，另外收入《四库全书存目丛书》者也有一百六十七种，堪称名副其实的藏书家。

二、广交士人，名闻海内

藏书家历朝历代都有，但他们当中大多或附庸风雅，或炫耀于众，或囤积居奇，待价而沽。这些人藏书，自己既不研究，也不对外开放。而程晋芳与他们不同，"桂宧"之书，绝非秘不示人。程晋芳极其好客，经常延揽四方名流光临"桂宧"，让他们尽情阅读，并与他们觞咏其中，唱和不断，与他们结下了深厚的友谊。例如，他与袁枚、杭世骏、赵翼、毕沅、凌廷堪、沈初、商宝意、吴省钦、钱载、曹虎、王昶等都过从甚密，相交甚欢。"奇文共欣赏，疑义相与析。"在析义赏文的同时，他们互相切磋，共同探讨，享受到极大的乐趣。每逢重要节日，程晋芳都要做东，邀请一些学者、官员或来家中，或去郊外，作一日欢。文人在一起可不像有些人聚会，猜拳划令，非喝得酩酊大醉，他们聚会，当然无酒不精神，可酒是用来激发灵感的，所以每次聚会，或则每人作诗，或则众人联句。虽斗得不可开交，倒也其乐无穷。如今很多文人的文集中都留下了这样的记录，这也是文学史上宝贵的财富。程晋芳的诗写得很好，每逢这种场合，他绝不亚于其他任何人，因而也留下了大量的诗作。学者和官员也绝不因他是商人而有丝毫轻薄之意，反而是把他视为自己的挚友，亲密无间。

在这里特别值得一提的是他与吴敬梓的交往。吴敬梓与程晋芳的族祖程廷祚是至交，因而也结识了程晋芳。乾隆六年（1741），二十四岁的程晋芳与四十一岁的吴敬梓初次见面，两人就谈得非常投契，结为忘年之交。据史载，两人曾有四次会面，或研究学问，或赠答唱和，坐谈古今。此时的吴敬梓时运不济，命途多舛，虽学富五车，满腹经纶，却无意进取功名，可谓穷愁潦倒。受程晋芳的盛情邀请，吴敬梓在乾隆六年来到淮安程晋芳的府第，一住就是三个月，程晋芳当然给了他不少资助。过了几年，吴敬梓又去了淮安。乾隆十七年（1752）春，程晋芳来南京应乡试，期间他与吴敬梓等友人聚首畅游，相互酬唱。乾隆十九年（1754）十月初，吴敬梓客居扬州期间程晋芳自淮来扬，两人意外相逢，这是两人最后一次见面。时过境迁，程晋芳此时也债台高筑，穷困难支。吴敬梓执之手泣曰："子亦到我地位，此境不易处也。奈何？"此次见面后二十几天，吴敬梓就溘然长逝。在吴敬梓去世后，程晋芳为其撰写了迄今最为详尽的也是唯一的一篇传记《文木先生传》，从而保存了许多关于吴敬梓的珍贵史料。他还出资将吴敬梓的《儒林外史》刻印出版，使这部伟大的讽刺小说得以传世。

程晋芳一直对学问抱有极大的兴趣。"君性嗜学，见长几阔案辄心开，展卷其上，百事不理。"他覃研典籍，虚怀求益，故博闻宏览，而才情丰蔚。大学者袁枚评价他说："君学无所不窥，经史子集、天星地志、虫鱼考据俱宣究，而尤长于诗，古文醇洁，有欧、曾遗意。"袁枚对程晋芳的诗最为推崇，曾有诗赞之曰："平生绝学都探遍，第一诗功海样深。"程晋芳不仅刻苦钻研，而且虚心求教。自到京师后又从大学者朱筠、戴震问学。他笃信程朱之学，时人评价他"综核百家，出入贯串于汉宋诸儒之说，未始不以程朱为职志也"。他曾在《正学论》七篇中，反复讨论治学之道，可见他的治学宗旨。由于勤奋笃学，他一生著述甚丰。计有《周易知止编》三十余卷、《尚书今文释义》四十卷、《尚书古文解略》六卷、《诗毛郑异同考》十卷、《春秋左传翼疏》三十二卷、《礼记集释》若干卷、《诸经答问》十二卷、《群书题跋》六卷、《蕺园诗集》十卷、《勉行堂文集》二十四卷首一卷、《勉行堂文集》六卷、《勉行堂集》一卷等，真可谓著作等身。

三、屡踬科场，与修四库

程晋芳虽为商人，但他始终忘不了入仕求官。虽然他少已闻名，以及经过多年苦学，可谓"五百文撑肠，万卷书在眼"，学问颇有根柢，却屡踬于场屋。科举制度作为当时已延续了一千多年的选拔制度，虽然拔擢了不少人才，但也误遗了很多精英。程晋芳以及后来的大师戴震都是屡败科场。程晋芳屡屡名落孙山，不能不发出"也应有泪流知己，只觉无颜对俗人"的心酸慨叹！

乾隆二十八年（1763），乾隆帝南巡，程晋芳代表盐商呈献长赋。皇帝召试群士，程晋芳又赋《江汉朝宗》诗四章，受到乾隆帝的嘉奖，拔为第一，赐中书舍人。这虽只是内阁中的一个秘书，但毕竟是到了中央。程晋芳信心倍增，乃把生意交给他人打理，携家北上京师。乾隆三十六年（1771），终于考中进士，授吏部主事，而他此时已经五十多岁了。多年的愿望终于实现了，其间的酸甜苦辣程晋芳是难以忘怀的。袁枚有诗曰："束发惜惜便苦吟，白头才许入词林。"道出了其中的艰辛。不久，朝廷纂修《四库全书》，经众大臣力荐，程晋芳被授命为《四库全书》纂修官。

"称心竟领三清职，悦目还修《四库》书。"1777年，程晋芳又改授翰林院编修，这真是莫大的荣耀。因为翰林院远非普通的文职机构，它是国家重要的育才、储才之所，它在政治生活中具有举足轻重的地位。一般来说，进入翰林院期间，一面读书修学，一面获得许多政治知识，静待朝廷的大用，实在是个储才之所。许多大学问家、大政治家都是翰林出身，他们并不是只懂八股文章，其他方面也多有优长，而且多负有清望，是朝廷着意培植的人才。年逾六十的程晋芳当然并不指望自己将来还有大用，但晚年能够被"点翰林"，也是大喜过望了。

在四库全书馆期间，程晋芳以编修身份担任总目协勘官，为《四库全书总目提要》的最终完成尽心尽力，一丝不苟。

四、晚境凄凉，客殁他乡

程晋芳极其好客，史载："兄弟三人，接屋而居，食口百人，延接宾客，宴集无虚日。"他又乐于助人，经常周济戚里，求者应，不求或强施之。加上酷爱藏书，几乎是不惜代价，因此耗费了他的大量财产。

本来作为大盐商，只要经营有道，是可以"千金散尽还复来"的，可是程晋芳又是与众不同的，正如他自己的一首《书怀》诗所云："才难问生产，气不识金银。"由于一心向儒，对生意毫无兴趣，又不善经营，所以不断亏本。在此情况下他竟将财务交给家奴管理，家奴不断侵蚀，他又熟视无睹，所以越做越亏，由此"名日高，而家日替矣"，以致债台高筑，负卷山积，虽有俸禄、有伙助，只能沃雪填海，因此生活都成了问题。为了维持生计，他不得不卖书度日、还债，但这对他来说，也只是杯水车薪。有时甚至债主剥啄之声不绝于耳，而君伏案著书若无事者。"避债台高难恋阙"，终于在走投无路的情况下，1783年，他决定去投奔他的好友陕西巡抚毕沅。当时正值酷暑，讨债者又鼓噪着一起随行。在这种情况下，程晋芳到了陕西毕沅的官署就生病了，一个月后就去世了，这一年是乾隆四十九年（1784），程晋芳六十七岁。毕沅一手处理了他的丧事，并帮助他的儿子将灵柩运回南方。袁枚也笃于友谊，将程晋芳生前五千两银子的借券付之一炬，同时还抚恤他的孤子。

程晋芳的去世引起士人们的极大悲痛，他们纷纷写诗撰文纪念这位特殊的文化商人。大学者翁方纲在悼诗中写道："载书西笑尚游遨，半世身名苦太劳。白璧琢成功更粹，黄金散尽气仍豪。"大诗人袁枚也赋诗志恸："暂辞东观走西秦，幕府风高遽殒身。到耳忽惊肠欲断，痴心还想信非真。三吴屈指推名士，四海同声哭善人。料得中丞（指毕沅）骚雅主，不教遗稿付沉沦。"京师甚至流传这样的话："自竹君（指朱筠）先生死，士无谈处；鱼门先生死，士无走处。"可见他生前与士人结成多么深厚的友谊。

程晋芳一生积累的图书，生前就经过了两次散佚。第一次是程氏赴京以前，因"家益贫，不获已则以书偿宿负"。此次散出藏书计有一万余卷。第二次是乾隆三十九年（1774），因淮河水泛滥，殃及扬州，程氏藏书地也遭洪水所淹，他后来在诗文中曾痛惜地写道："自甲午秋水，故册沦于淮。凡十六钞橱，痛绝泥沙埋。随身插架者，缺鼎断碣碑。"此次为洪水所浸埋的典籍具体数量不详，诗中所提"十六钞橱"当不是小数。他死后一贫如洗，后人又将剩下的书籍卖尽。这真是莫大的悲剧！

程晋芳的一生给我们留下了很多宝贵文化遗产，但也给我们以深刻的启示，商人好儒，无可厚非，甚至要大力提倡，但必须要把主业经营好，好儒才有坚实的经济基础。如果好儒废商，只能是两败俱伤，一事无成，或者及身而败。这真是沉痛的教训。

从明清地方公共事务看徽商"士"意识的觉醒

  所谓地方公共事务，是指涉及众多民众利益的事务。任何地方、任何时候都会存在大量的公共事务。这些事务能否解决？由谁解决？不仅可以反映地方政府的治理能力，而且可以看到解决者的担当精神和社会意识。

  关于明清地方公共事务，此前学界已做了一些研究，郑振满认为，明代自正德、嘉靖年间以降，由于财政改革与财政危机的日益加深，福建地方政府的行政职能趋于萎缩，因而逐渐把各种地方公务移交给乡族集团，促成了基层社会的"自治化"倾向。①袁海燕以江西吉安府为例，认为明清时期，地方乡绅往往特别关注地方社会秩序的建设，热衷于参与各种地方公共事务。在办理各种地方公共事务的过程中，吉安府乡绅创建了形式多样的、以乡绅为主导的民间组织。各类地方教育组织往往演变成为地方公共事务管理中心。②翟岩在硕士学位论文中专门研究了清代江西建昌府的情况，也认为江西建昌府地方公共事务的修建模式，经历了由明末清初的官府修建，到清中叶的官绅合作修建，再到清末的士绅及家族独资修建或者合邑集体修建的演变过程。这一演变可以看出，建昌府公共事务修建的主导权经历了由官府向士绅阶层过渡的变化过程。③蒋威则着眼于清代

---

  ① 郑振满：《明后期福建地方行政的演变》，《中国史研究》1998年第1期。

  ② 袁海燕：《乡绅、地方教育组织与公共事务——以明清江西吉安府为中心》，《江西社会科学》2005年第4期。

  ③ 翟岩：《清代江西建昌府士绅与地方公共事务》，江西师范大学硕士学位论文，2011年。

的乡村塾师，认为他们是地方社会公共事务的积极参与者。①刘元则以清代湖北交通为例，探讨地方公共事务中的国家与社会，认为清前期是"官民合作"，官府处于强势地位。清中期以后，在地方事务中士绅力量强化，但同样要受到官府的监督和干预。②前贤的研究基本认为明清时期由于地方财政的匮乏，已无力解决地方公共事务，只能依靠地方士绅的力量。这一观点无可厚非，但并不全面，主要是忽视了商人的力量。明清时期，由于商品经济的空前繁荣，商人的力量日益壮大，他们往往成为解决地方公共事务的主要力量，徽商更是如此。

一、明清公共事务与地方政府的窘境

明清时期，随着经济的发展和人口的增加，地方尤其是州县级区域公共事务日渐增多，也日趋复杂。诸如征税、派役、治安、交通治理、水利兴修、人文教化、赈济灾荒等，这些地方公共事务都涉及众多民众的利益，理应得到重视和解决，更是作为"父母官"的州县官的重要职责。早在洪武九年（1376），当时的平遥县训导叶伯巨在一份奏疏中就明确指出："古之为郡守、县令，为民之师帅，则以正率下，导民善使，化成俗美者也。征赋、期会、狱讼、簿书，固其职也。"③清代县令的职责基本没有多少变化。"知县掌一县治理，决讼断辟，劝农赈贫，讨猾除奸，兴养立教。凡贡士、读法、养老、祀神，靡所不综。"④《清朝通典》也这样规定：县官"掌一县之政令，平赋役，听治讼，兴教化，厉风俗，凡养老、祀神、

---

① 蒋威：《论清代乡村塾师与地方公共事务》，《佳木斯大学社会科学学报》2019年第2期。

② 刘元：《清代地方公共事务中的国家与社会——以湖北省交通碑刻为中心的研究》，《兰州学刊》2014年第3期。

③ 叶伯巨：《万言书》，见任继愈主编：《中华传世文选·明文衡》，吉林人民出版社1998年版，第77页。

④ 赵尔巽：《清史稿》卷123《职官三》，中华书局1977年版，第3357页。

贡士、读法，皆躬亲厥职，而勤理之"①。但是，文本规定和实际践行还是有相当差距的。县官一般都把关注力投向考核的"硬指标"，而对那些"软指标"而言，则是能推则推、能糊则糊了。难怪叶伯巨在奏疏中指出："今之守令以户口、钱粮、簿书、狱讼为急务，至于农桑、学校，王政之本，乃视为虚文，而置之不问。"②地方官如果只以"户口、钱粮、簿书、狱讼为急务"，其他的公共事务必然置若罔闻了。这当然与地方官的修养、责任心有关，但也与地方财政有很大关系。

明清的地方财政尤其是州县级财政简直到了非常可怜、几等儿戏的程度。明清各县应缴纳的税粮和赋役加上其他杂项收入，构成地方财政总收入。一般分为两部分，一部分为"起运"，另一部分为"存留"。按乾隆《大清会典则例》卷36《户部》解释："州县经征钱粮运解布政司，候部拨，曰起运"，"州县经征钱粮扣留本地，支给经费，曰存留"。也就是说"起运"是缴给中央的部分，"存留"是留给地方的部分。两者的比例如何呢？无论是明代还是清代，"起运"在很多省都是大于"存留"。就明代而言，据梁方仲先生《中国历代户口、田地、田赋统计》书中乙表56《明万历六年分区起运存留米麦数及其百分比》，江西与南直隶起运比例最高，分别为86.15%和82.96%；浙江67.22%、山东60.70%、北直隶63.64%、河南63.81%；湖广、四川、福建、山西、广东为30%—40%；陕西、广西、云南、贵州则无起运，全部存留地方。陈支平也认为在明代嘉靖、万历年间，全国各地的存留数约占田赋总收入的40%。③到了清代，地方上的"存留"就更少了。据梁方仲统计，康熙二十四年（1685），各地平均存留占国家财政收入的22.18%，雍正二年（1724）为23.21%，乾隆十八年（1753）为21.23%，嘉庆年间为18.44%，光绪年间为14.35%。④

为了使大家有一个更直观的认识，我们以同治三年（1864）黟县为例。

---

① 《清朝通典》卷34《职官十二》，浙江古籍出版社1988年影印版，第2211页。

② 叶伯巨：《万言书》，见任继愈主编：《中华传世文选·明文衡》，吉林人民出版社1998年版，第77页。

③ 陈支平：《清代赋役制度演变新探》，厦门大学出版社1998年版，第94页。

④ 岁有生：《论清代州县的二元财政》，《兰台世界》2011年第7期。

这一年黟县的存留银只有不到2000两的银子，但是这些银子可不是县官能够任意开支的，可以说它是所有刚性支出的总和，且看下表：

同治三年黟县存留银额支各款明细表

存留/两	支出名目/地丁钱粮项下	金额/两	备　注
1984.306	刘猛将军两祭银	3	—
	句芒神祭银	1.6	—
	土地祠祭银	1.6	—
	文庙春秋二祭银	55.6	—
	武庙春秋诞三祭银	47.833	—
	文昌宫春秋祭银	30	—
	社稷神祇二坛祭银	12	—
	邑厉坛三祭银	4.5	—
	常雩狱神、赤帝神、旗纛神等祭银	4.8	—
	巡道员下门子工食银	12	未解
	轿伞夫工食银	31	未解
	本府经历员下俸银	40	未解
	马夫一名	6	未解
	门子工食	6	奉文以三年春季为始支给
	皂役	24	奉文以三年春季为始支给
	本县知县俸银	45	至今未支，奉文编俸解司
	门子二名工食	12	—
	皂役十六名	96	—
	马快八名	134.4	—
	捕役四名	32	—
	民壮十六名工械银	128	—
	库子四名工食	24	—
	禁卒八名工食	48	—
	奉臬司抽拨一名应解银	6	—
	斗级四名	24	禀奉停支，俟有仓储再给

存留/两	支出名目/地丁钱粮项下	金额/两	备 注
1984.306	轿伞夫七名	40	—
	修监银	10	—
	典史俸银	31.52	尚未开支
	门子一名	6	—
	皂役四名	24	—
	马夫一名	6	—
	儒学教谕、训导俸银	80	—
	文庙香烛	2.4	—
	门斗工食	14.4	—
	斋工	36	奉文署事斋夫一项不准支
	廪粮	82.667	
	额支时宪书银	5	抚院奏明停支
	乡饮酒银	8	抚院奏明停支
	廉惠项下留赈贫生	20.626	
	铺司兵工食	244.8	—
	又带闰	8.16	以上两项向有停六给四,及停八给六之例,本年抚院奏明全行停支
	驿站差夫工食	168.84	内实支差夫五十七两六钱,现亦奉文停支
	额内孤贫口粮柴布等项银	306.96	所发不敷,向在起运项下拨补
	额外孤贫口粮等	72	扣建向系按月垫给,岁底请销。奉文此项由司在于匣费项下动放,不由县径支
	总计	1996.706	—

资料来源:同治《黟县三志》卷9《政事志·赋役》,见《中国地方志集成》安徽府县志辑第57册,江苏古籍出版社1998年版,第393—394页。

从上表可知,黟县留存的银两中,如果全部按表开支,完全是入不敷出。幸好有几项开支奉命停支,但所剩也是寥寥无几。其他各县的财政状况与黟县也差不多。在这种情况下，地方上的一些公共事务，官员要么熟视无睹、置若罔闻，要么无可奈何、一推了之。

以徽州为例，徽州处于万山丛中，水利是极重要的大事。人们为了灌溉和航运之需，往往需要筑坝拦水。歙县渔梁坝就是这样："郡南三里丰乐、富资、布射、扬之诸水皆汇于此，又泻而不潴。宋嘉定中谓宜为梁以缓水势，郡守宋济始聚石立栅，顾遇霖潦辄败。太守袁甫议易以石，请于朝，役未及兴而迁。绍定三年（1230），袁复指挥江东乃檄催官赵希悫督其事，伐山取材，分眉石、算石、囊石为三等，坚致完固而渔梁报成。"[①]可知从宋代开始就筑坝拦水，给一方百姓带来极大利益。但随着时间的推移，渔梁坝"递倾递复，一郡之兴坏，亦往往随之"。到了明代，地方官可能由于经费问题，渔梁坝屡筑屡圮。清顺治十六年（1659），巡抚卫贞元深知此坝关乎四方百姓利益，于是向朝廷上疏，"称府南垒石阻流曰渔梁，宋明咸出官钱加筑，相传水厚则徽盛，水浅则徽耗，今已颓废，不可不议修筑"。"部议上，奉旨俞允。"既然皇帝已"俞允"出官钱筑坝，岂非好事？然而，"三十余年矣，而未果行"。[②]皇帝谕旨竟成一纸空文，最后不得不由商人捐资修坝。

筑城抗倭、赈灾救民这样刻不容缓的事，政府总应有所作为吧，遗憾的是地方政府也是无能为力，不得不依靠商人。万历二十三年（1595）仪真（今仪征）大饥，邑令募富室输济，多不应，徽商吴一澜正好售盐于楚，市米归来，看到灾情如此严重，立即找到县令说："今来米千石，得倍息，若以年饥居奇，诚不忍，愿留半完本，捐半供赈。"县令说："五百石不继，奈何？"答曰："真距楚虽远，乘风上下计月可达，苟得母钱广籴，而以子米赈贫，事亦易易。"[③]于是闻者咸集资，共得官民钱若干，周回籴粜，济活无算。嘉靖年间，倭寇经常自海上来犯，仪真的防卫自然非

---

① 民国《歙县志》卷15《重修渔梁坝记》，《中国地方志集成》安徽府县志辑第51册，江苏古籍出版社1998年版，第632页。

② 民国《歙县志》卷15《重修渔梁坝记》，《中国地方志集成》安徽府县志辑第51册，江苏古籍出版社1998年版，第632页。

③ 道光《重修仪征县志》卷38《人物志·义行》，清光绪十六年刻本。

常重要。县令担心东、西、南三面月城未备，一旦倭寇来犯，城将不保，但县政府根本没钱建造，朝廷更是漠然，又是徽商吴宗浩、汪灿共捐银4000两增筑之，仪真得以保聚。①

更令人不可思议的是，甚至地方军事设施的修建，朝廷也不拿钱，竟仍依靠商民捐助。据记载，明代崇祯年间，农民起义已经初露端倪，地方形势很不安宁。一些要害之地，非建敌台不足以资攻击，当时芜湖就是如此。

> 而芜湖尤最冲要者也，该县逼临大江，上接无为州，下接和州，对岸为巢湖口之裕溪，一苇之航，曾不崇朝，斗大一城，卑而难守。民居在城内者十之三，在城外者十之七。户工税关亦设城外，富商大贾之所辐辏，毂击肩摩，有小扬州之号。五方杂处，奸究易滋，郊圻广衍，无险可扼。而从此以抵宣歙常浙，路尤径捷，绝无重关大河之限，是五达之衢地也。②

当时巡抚张国维会同有关官员，勘察地形，认为这样的要害之地，应建七座敌台，以资进攻。于是上疏申报在案。按说这种关系到地方安危的大事，朝廷应该紧急拨款兴建吧，可朝廷却久久不予答复，一点不肯"放血"。时不我待，"惟苦庀材鸠工，畚锸无措"，万般无奈之下，巡抚只好号召官、商、民捐建。结果，清风楼敌台一座，系户部钞关主事雷应干捐资；王公祠前敌台一座，系本县九名乡官捐建；碛溪敌台一座，系举人、贡士、生员、监生等并富商店铺民人捐建；橹（鲁）港敌台一座，系生监、商民戴成、王尚礼各出资完造。而"河南江口敌台一座，高三丈六尺六寸；双港敌台一座，高三丈六尺；河北江口敌台一座，高三丈六尺，俱系徽商程国度捐助"。甚至敌台上的兵器也是靠商民捐输而购置的。③

清代也是如此。各地的公共事务，朝廷不愿管，地方无力管。如直隶

---

① 道光《重修仪征县志》卷38，清光绪十六年刻本。
② 张国维：《抚吴疏草·报完敌台疏》不分卷，明崇祯刻本。
③ 张国维：《抚吴疏草·报完敌台疏》不分卷，明崇祯刻本。

各州县的水利兴修是件关系千万百姓利益的大事，可乾隆却在一次上谕中说："御史帅方蔚奏直隶各州县每当夏秋之间大雨时行，田亩多被淹浸，道路亦且淤阻，或遇雨泽偶愆，又复难资灌溉，皆由沟渠不立所致。今南方民田陂塘渠堰多系民修，直隶水利事宜亦可令民间自行修建，势不能尽仰官办。……"①你看，"直隶水利事宜亦可令民间自行修建，势不能尽仰官办"。皇帝轻轻松松一句话，就把公共事务的责任推得干干净净。要知道，乾隆时期正是清王朝的鼎盛时期，朝廷并不缺银子，此时尚且如此，其他时期就更不必说了。

二、徽商的社会担当

地方公共事务涉及千家万户的利益，它不会因为地方政府不闻不问而自动解决。为了解决众多民众眼前的困难，在很多地方、很多时候往往是地方士绅出面，或首先捐款为倡，号召民众捐款、出力，或亲自组织民众，解决公共事务，从而忽多忽少地解决了一些燃眉之急。这在前人研究的文章中已经作过充分的论述。

但是，在另外一些地方，尤其是徽商较多的地方，我们却看到了另一种情景。徽商充当了解决公共事务的主角，甚至承担了解决公共事务的领导责任。虽然有时还要地方官出面组织，但起关键作用的已是徽商了。

徽州的惠济仓、惠济堂的建立就是这样。本来，地方上的惠济仓或养济仓是用来帮助贫民渡过难关的机构，是非常重要的地方公共事务，但是地方官对此是什么态度呢？明代人曾对此发出感慨："郡邑养济仓庾本以为民也，而诸封守大夫或持偏心，视民陷于危亡沟壑而莫之省忧，泽民之谓何？费不出己，而犹然视济院颓败，不辑仓粟，吝不忍与即召匠修替。遇凶发给，视为故事虚文，漠然无所关涉。郡史（吏）胥徒欣欣借以资

---

① 昆冈修，刘启瑞纂：《大清会典事例》卷925《工部》。

利，颠连无告，冒养济之名，而莫蒙实利。"①地方官是这样的态度，那养济仓只能依靠民众自己建立了。像在歙县瀹潭，徽商方起看到贫民缺食无房，就购买旷夷之地，建立义舍和义仓，"以庐族之无告者，舍东西庑面阳爽垲，足以贮义田子粒，子粒足以沾无告之口。舍之博达丈之十，深且倍之，庖厨蔬圃齐备，且仓廪锁钥，悉记簿籍。每月一日次第施布。复虞世守或玷，别立籍户输公，何以故？即支苗或替而恩泽无穷也"。②这样的例子很多。清代更是如此。乾隆十六年（1751）夏天徽州发生旱灾，商贩不通，米谷腾贵，饥民嗷嗷待哺。政府赈灾无能为力，郡守何达善无奈劝谕绅士出谷平粜，以抒一时之困，令郡守想不到的是，"一言甫出，而诸绅士皆环起援手，自数十百金至数千金，踊跃争集"。郡守又驰书淮扬各绅商，谋所以为积储经久之计。于是在扬州经营盐业的徽商程扬宗积极捐款为倡，众多徽商响应，此举据何达善撰的乾隆十七年《歙绅捐粜碑记》统计，共有283位商人捐款，"相率乐输银六万两"。③这是一笔不小的金额，何公"以三万两发典生息，以三万两买谷建仓贮之，视谷之贵贱而以时出入焉"。徽州的"惠济仓"就在商人的努力下建成了。在知府何达善的支持下，"其积贮米谷非实系商贩阻隔、市米缺乏之时，不许妄请开粜，亦不许出借，务期长贮备急。并酌议条规，勒石永遵在案"。就这样，"惠济仓""历十余年仓储既裕，而生息银两亦倍于前"。于是，商人方承绪等又建议用这笔钱建堂"以收恤茕独"，获得官员认可，上报朝廷，"并请即名惠济堂以无失各商原捐本意"，不花朝廷一分钱，朝廷何乐而不为？自然立马批准。花了一年的工夫，建成了"惠济堂"，"男妇各为一堂，共屋百六十余间，而虚其十之一以居疾病者。二堂收养男妇共二百四十人，其壮而无业者弗与，洁其井匽，供其器用，病则庀医药，死则给殡瘗。日有

①　方承训：《复初集》卷24《瀹潭义屋偕仓记》，《四库全书存目丛书》集部第188册，齐鲁书社1997年版，第112页。
②　方承训：《复初集》卷24《瀹潭义屋偕仓记》，《四库全书存目丛书》集部第188册，齐鲁书社1997年版，第112页。
③　民国《歙县志》卷3《恤政志·振济》，《中国地方志集成》安徽府县志辑第51册，江苏古籍出版社1998年版，第137页。

会，月有要，岁终则登其数，司事掌之，监堂稽之，老成绅士总核之。胥吏不得过问，计一岁之经费，需银四千二百七十两有零，而规地购材以及百工之需，用银五千三百两有零，金不外索，只取诸惠济仓之余息，以徽人之所输者还泽徽人"。^①这项重大的公共事务工程，勒议者为歙县知县张佩芳，但经营督率、身任其劳者为县丞祖恪铉、巡检韩复愈和徽商江国忠、黄世爵等，更重要的是所有款项均由徽商捐助。这充分反映了徽商对地方公共事务的担当精神。

道路交通是一个地方重要的基础设施，也是关系千万民众的重要公共事务。徽州处在万山丛中，很多道路更是崎岖难行。如箬岭山路就是如此，"箬岭界宣歙间，为歙、休宁、太平、旌德要道，其高径二十里，逶迤倍之，大约道险涩南北合百里。行其间者，蓁莽塞天地，藤蔓翳日月，涧水、荦石之碍路者，随地皆是。且不特此阴翳晦莽，则蛇虺穴之，狼虎窟之，盗贼奸宄窃发者，亦必于此焉。统计一岁中，颠而踣以迄遭援噬攫杀、利刃白棓殒毙者常接踵。两府皆视为畏途，然舍此则无别道"，"率计一岁中行是岭者不下十数万人"。徽人程光国年轻时为诸生，曾多次由歙县赴省城参加乡试，都必须走这条路。那时他很穷，"一囊一伞，恒自负戴。盖自上岭以至平地，凡数百休乃得至焉"。一个年轻人上下箬岭，要休息几百次，可见道路之难行。按说关系两府四县民众出行的大事，地方政府应出资修缮此路，但那时这是绝无可能的，地方财政没有钱，朝廷更是一毛不拔。在这种情况下，程光国挺身而出。他屡踬科场，五举不售，乃弃儒经商，在积累了一定资金后乃独资整修此条道路。洪亮吉的《新修箬岭道记》记载了程光国亲自修路的情况：

> 剃莽、凿石、铲峰、填堑，危者夷之，狭者阔之，几及百里。以歙石易沴不可用，本山石不足，复自新安江辇载浙石青白坚久者补之。长七八尺至四五尺不等，皆随道之广狭筑之，咸自履勘，不假手

---

① 张佩芳修，刘大櫆纂：乾隆《歙县志》卷18《艺文志下·惠济堂记》；卷16《艺文志上·惠济仓题疏（卫哲治）》，清乾隆三十六年刊本。

于人。盖畜（蓄）数十年心力，甫得就焉。卉莽去则搏噬者无所容，道路夷则奸宄亦无可托足。于是行者始不避昼夜，不虑霜霰霖雨，往反（返）百里，均若行庭宇间。又虑道渴力乏之无所憩也，岭半本有旧刹，狭陋过甚，复兴工庀材筑楼数楹，自此行者有所憩，渴者有所饮，暮夜者有所栖宿。

这条道路的整修，每年给四县十数万百姓带来多么大的便利啊！①

像程光国这样有担当的徽商是很多的。歙县西北有一个村名蜀源，是入灵金、通箬岭之要路，每天来往行人非常多，"其地逆大母堨之水而委折环之，始于蜀口，竟于白沙岭之巅，凡二千余丈。路整则堤固，堤固则流畅，亩浍町畦，灌输无碍，岁书大有而行者便之。但此路由于岁久失修，渐渐倾圮，砂砾填淤，壅遏堨流"。重要的水利设施大母堨也逐渐破坏，"路圮而堨隳，是既使行旅之多艰，而又病农人也"。同样地，这一地方的公共事务政府也是不管的。徽商鲍治南挺身而出，慨然拿出三千两银子，伐石于山，雇工整修数月而功成，从此，"长途坦坦，清流濊濊"，而且在大母堨上建亭栽树，行人在堨上少憩，可见"见其亭障参差，绿杨阴荫"，既修了路，又保了堨，真是"农夫、行者交庆焉"。②

有路就有桥。徽居万山中，"崖泉岩瀑夐涌腾溢，溪渎涧壑之属水流如织，凡康庄四达之地，非津梁无以济行旅"，所以徽州的桥特别多。路桥相连，必不可少。桥虽关乎千万路人，但在官府看来，同样只是"乡鄙之事"，自然"有司弗暇及"。甚至有的桥原是官府修建的，后来也不管了。如歙县昉溪，是东西交通要道，"向有官桥，每春夏雨涨则撤去，水平则复构，日久朽坏，则鸠工庀材而新之，经费皆给于官，而居民出力以营之。后为有司所裁省，而人始病涉"。官府既然不管，于是商人凌懋成

① 洪亮吉：《更生斋集·文甲集》卷4《新修箬岭道记》，清光绪三年洪氏授经堂增修本，第56—57页。

② 民国《歙县志》卷15《艺文志·记》，《中国地方志集成》安徽府县志辑第51册，江苏古籍出版社1998年版，第645页。

首先捐田捐资以为倡，重建木桥，而且以后宗族三世皆担起维修责任。[1]
可以说，徽州境内的桥大多是徽商修建的。如歙县东南与浙江接壤，自杭
州之昌化到徽州府，逾昱岭，径横山，而后达横山之麓，架石为梁曰关
桥。此桥是徽浙往来之要隘，非常重要。清代顺治、雍正、乾隆此桥三圮
三建，谁知道光三年（1823），特大山洪暴发，彻底冲垮关桥，"旧址湮没
于沙泥间，行者必迂道以济，咸患苦之"。官府又是不管，民众集议修复，
皆因费巨而罢，交通中断十余年。徽商胡祖裥见此毅然决定独立修建，他
委托好友主持此事，重新选址，"监工甃石，无间寒暑"，前后花了三年时
间，建成一座长一百六十尺、宽二十尺、高二十六尺，"有栏有级，砻石
莹洁，既朴且完"的新关桥，此举耗费五千余两银。且预留桥石于土中，
以待重修之用。[2]

　　在外地经营的徽商同样对地方公共事务表现出积极的担当精神。如徽
商吴耥，在上海经营丝业，是一位著名商人。光绪年间，他曾多次来往于
无锡，经常坐船过河，他看到不仅民众出行不方便，而且经常发生翻船覆
溺事故，于是决定在此建一座钢桥，当时与工程师订议时计价六万金。后
一战爆发，工料腾贵一倍有余，地方绅士劝其改造洋式木桥两座，还可赢
余四万金。但吴耥婉谢曰："议定而悔，如信用何？县造桥，善举也，于
善举中而自利焉，诉诸良心亦不之许，不敢闻命。"仍然坚持建造钢桥。
不仅如此，他了解到家乡黟县"挹秀桥"倾圮，认为重修不如重建，乃捐
一万二千银元建了一座壮观坚实的新桥。民国四年（1915）又遵照母亲意
愿，在故乡的一条交通要道上建了十二所路亭，供来往行人休憩，并捐田
数亩以为善后之费。[3]

　　明清时期，由于政府不重视水利建设，地方灾害经常发生。灾害发生
后，赈灾可谓迫在眉睫的公共事务了。由于地方财政的窘境，决定了地方

　　① 凌应秋：《沙溪集略》卷6《艺文·国朝》，清抄本。
　　② 民国《歙县志》卷15《艺文志·记》，《中国地方志集成》安徽府县志辑第51
册，江苏古籍出版社1998年版，第653页。
　　③ 民国《黟县四志》卷7《人物志·尚义》，《中国地方志集成》安徽府县志辑第
58册，江苏古籍出版社1998年版，第95—96页。

政府的无能为力。上报朝廷救济，手续极其繁琐，来往非常耗时，往往远水不解近渴，而且朝廷拨款极少，对灾民来说，无异杯水车薪。在这种情况下，又是徽商挺身而出，见义勇为。徽商许仁在芜湖经商，嘉庆十九年（1814），安徽发生旱灾，因芜湖灾情不重，外地大批饥民涌到芜湖索食，眼看就要酿成大乱。地方大吏束手无策，他知道许仁有才智，急忙前去请教许仁，许仁说："非先资流民出境，乱不解。"地方政府哪有这笔资金？许仁又拿出己资发给灾民，让灾民离开芜湖，一场大乱消于萌芽状态。许仁还拟了章程十条，大府称善，下本府其他各县仿行，终未发生灾民骚乱。道光十年（1830），芜湖又发生大水，凤林、麻浦二圩皆破，造成其他小圩相继被淹。许仁此时正从汉口回芜，他看到地方政府简直无所作为，立即谋划赈事，组织民众修固圩堤，以工代赈。第二年春天工竣，谁知大水又发，许仁"乃赁船，载老弱废疾，置高垲，设席棚，给饼馒，寒为之衣，病为之药。且为养耕牛，水落更给麦种，倡捐巨万，独任其劳，人忘其灾"。又议凤林、麻浦《二圩通力合作章程》十六条，令农民奉行。[①]在整个救灾过程中，我们看不到地方政府有多少作为，反而是徽商许仁扮演了主要角色，无论赈灾、弭乱、筑堤、善后，他都起到了领导和组织的作用。

在扬州的徽州盐商表现更为突出。雍正九年（1731），发生海啸，扬州府属不少盐场受灾，徽商汪应庚捐银煮粥赈伍佑、卞仓等场灾民三个月。十年、十一年，江潮迭泛，州民仳离，应庚先出橐金安定之，随运米数千石往给。时疫疠继作，更设药局疗治。十二年，复运谷数万石，使得哺以待麦稔。是举存活九万余人。乾隆三年（1738），岁饥，首捐万金备赈，及公厂煮赈。期竣，更独力展赈八个粥厂一月，所赈至九百六十四万一千余口。这次以徽商为主体的淮南盐商设扬州八厂，共赈过男妇大小一

---

① 许承尧：《歙事闲谭》卷7《许静夫示儿诗》，黄山书社2001年版，第222页。

千五百七十六万五千三百二十五口。①

　　明清时期，弃婴是个常见现象，也是重要的地方公共事务问题，但这更是在地方官的视野之外，长期得不到解决。又是徽商站了出来，担起育婴的重任。我们翻开徽州地方志，就可看到很多徽商都为育婴做出了贡献。他们或则捐资育婴堂，使其得以持续运转；或则联合同仁建立育婴堂，收养弃婴。这在扬州最为典型。因为"扬州南北之冲，女子号佳丽，四方游宦贵富者多买妾侨家，生息既繁，常倍直以佣乳，贫家利厚直，往往投其子女水中或其道周。故扬之弃婴视他方为甚"。清前期，蔡商玉看到路旁弃婴，激起恻隐之心，立马找到盐商闵象南，象南召集同仁，经过反复考虑，决定捐资建立育婴社，聘请乳妇哺乳婴儿，并"晓弃儿者置社旁，而令商玉主之，自是每会婴儿多至二百余人"。育婴社的婴儿在断乳后如有人愿意领养，可以领去。有一次风传南明残余势力要从海上进攻，扬州城人情汹汹，育婴社的同仁大都出走，资金大匮，乳妇咸欲弃婴去，商玉求助象南，象南曰："毋！我固在也"，遂独给数月。后来同仁陆续回扬，终于渡过了一场危机。育婴社制定了严密的制度，一切有条不紊。清初学者魏禧"偶同友人过其社，则妇人之褓乳婴儿以来者百数十，当日者持筹唱名给乳直与婴之絮衣，右介之室医之者处焉，婴疾及疮皆有药"，不禁大为感慨。同社之人，每人值班一月，如果收入不够支出，由值班者补贴，而象南独值两个月，故育婴得无缺，据魏禧记载，从1655年到1677年的二十三年间，所存活弃婴三四千人。②扬州徽商此举解决了多大的社会问题啊。类似的现象还有很多，如后于闵象南的歙县人江承瑜，"客维扬，倡建育婴堂，设医局，全活甚众"。③绩溪胡明琪"尝寓苏州，一时待

---

　　① 中国第一历史档案馆、扬州市档案馆编：《清宫扬州御档》第4册《题为遵旨会议，署理两淮盐政吉庆题乾隆三年分淮南汪应庚等员捐赈银米请议叙等事》，广陵书社2010年版，第1981—2002页。

　　② 林时益辑：《宁都三魏全集》卷10《善德纪闻录叙　为闵象南作》，清道光二十五年宁都谢庭绥绂园书塾重刻本，《四库禁毁书丛刊》集部第4册。

　　③ 道光《徽州府志》卷12《人物志·义行》，《中国地方志集成》安徽府县志辑第50册，江苏古籍出版社1998年版，第24页。

举火者数十家。倡建普济、育婴、广仁三堂，恤孤穷助殡殓"。① "乾隆二十年（1755），（苏）州人大饥且疫，死者枕藉于道，而郊野间尤甚。用里故有同仁堂，为施棺所，君（休宁商人汪士荣）大输金为助，得棺者以千计，即买地葬之，岁以为常。城中育婴堂，岁久人满，有来者，君别令乳母养之，尽三十余年，活儿以百数。其有残疾者，资之终身。"②清代婺源人汪焴在苏州经商，"父建吴门育婴堂，焴复输巨资，备费广父惠"。③清代婺源故大泂，"尝输数百金于苏州育婴堂，太守郡公奖以额曰'功存遂长'"。④

最令人不可思议的是，有时竟然连官署的维修都由商人出资进行。我们知道，"官之有署，国体所系，政令所出也"。⑤这官衙无论如何也是应由政府出资建造和维修，但实际情况并非如此。两淮盐运使司衙门作为两淮盐业最高管理机关，每年征收盐税在二百多万两，应是最重要的官署，但是到了康熙前期，渐次倾圮，由于没有维修经费，几任盐政官员也都无可奈何，把官署视为传舍（旅馆），能糊则糊了。康熙二十三年（1684），崔华从扬州知府任上迁两淮盐运使，看到此时的官署确实已是破败不堪，但还是没钱维修。由于崔华"忾然念商灶重困，为之体察幽隐，凡有呼吁，务使群议于庭，期于允协，疴痒疾痛，必为之处方，殚力兴革"，深得盐商拥护，所以盐商一再请求出资维修官署。"于是踊跃输资，子□趋事木石陶冶之匠，各专其技，属商员黄韶、项鼎玉掌其财，工吏梅斯盛董其役，门坊堂宇次第完整，高明爽皑，轮奂一新。"维修竣工后，"堂以西

---

① 道光《徽州府志》卷12《人物志·义行》，《中国地方志集成》安徽府县志辑第50册，江苏古籍出版社1998年版，第83页。

② 彭启丰：《芝庭诗文稿》卷6《封奉直大夫待次州同知汪君墓志铭》，清乾隆刻增修本，第81—82页。

③ 道光《徽州府志》卷12《人物志·义行》，《中国地方志集成》安徽府县志辑第50册，江苏古籍出版社1998年版，第47页。

④ 道光《徽州府志》卷12《人物志·义行》，《中国地方志集成》安徽府县志辑第50册，江苏古籍出版社1998年版，第60页。

⑤ 谢开宠总纂：康熙《两淮盐法志》卷26《艺文》，《扬州文库》第28册，广陵书社2015年版，第734页。

引库八楹、库大使宅六楹、卷房二十楹尚须葺，商人汪浚源目击倾圮，劝众轮资重缮一新，工费约计千金"。正是在盐商的全力参与下，两淮盐运司官署焕然一新，"规制之盛，前此未有也"。[①]

总之，在明清时期，在赈灾济贫、收养弃婴、建桥修路、掩埋枯骸、兴修水利等一系列地方社会公共事务中，徽商都积极参与，尽力而为，做出了突出的贡献。翻开徽州地方志中的"义行""质行"篇，这方面的记载俯拾皆是，不胜枚举。至于徽商侨寓地的方志中也有不少这方面的记载。徽商的这些行为减轻了地方政府不作为、难作为所留下的巨大隐患，在很大程度上稳定了地方社会秩序。

三、徽商"士"意识的觉醒

乾隆初期曾在徽州府任过六年知府的何达善，对徽商积极参与地方公共事务的情况非常了解，他曾拿徽州与其他地方相比较，写道：

> 新安山水清淑，士民多慕义强仁，素封之家尤好行其德，凡修举废坠，如桥梁、道路、学舍、公廨诸项，动糜金钱数万，有任无让。以予所观各省郡州邑，即不乏富室，未有若此之争先为善者，然未亲与从事，犹以为已然可信者，或不过千百一二也。

是什么原因造成这种风气呢？他认为：

> 风俗人心之美恶，各有所聚，往往有地相比而不相似者。风气所钟，先民流风遗俗所传，由来非一日也。[②]

[①] 谢开宠总纂：康熙《两淮盐法志》卷26《艺文》，《扬州文库》第28册，广陵书社2015年版，第734页。

[②] 民国《歙县志》卷3《恤政志·振济·附乾隆十七年〈歙绅捐枭碑记〉》，《中国地方志集成》安徽府县志辑第51册，江苏古籍出版社1998年版，第137页。

这种"先民流风遗俗",恐怕主要是指朱熹思想的陶冶,也就是儒家思想的灌输与影响,这是徽州迥异于其他地方的特色之处。

那么,徽商对公共事务的勇于担当说明了什么?我认为这充分表明了徽商"士"意识的觉醒。

自从先秦确立了士、农、工、商四民社会结构以来,"士"一直居于四民之首,是人们崇敬的对象。士是社会的精英,以修身、齐家为最低目标,以治国、平天下为最高理想。从而形成了重气节,轻名利,"穷则独善其身,达则兼济天下"的处世准则。"贾而好儒"的徽商何尝不是如此。在一向重教的徽州,徽人从小就受到传统儒家文化的熏陶,从商后很多人都是书不离手,"昼则与市人昂毕货殖,夜则焚膏翻书弗倦"。[1]而且所至各地,都乐与士大夫交,在他们的骨子里,"士"的基因已种下,"士"的意识也在不断萌芽觉醒。更何况徽商当中本来有不少人就是以读书入仕为目标,他们寒窗苦读多少年,不少人已成为生员,还想中举人、登进士,所以饱读经书,有的更是满腹经纶,只不过因每届科举录取人数太少,屡踬场屋,无奈投笔从商的,这些人说他们是"士"一点也不为过的。

徽商对自己更有一个清醒的认识。清初徽人汪仕兴,初业儒,既而弃儒就商,有人就嘲笑他:"汪氏儒族也,而子商焉,是舍本而趋末矣。"而他却反驳道:

> 是岂知道哉?吾闻胶鬲举于鱼盐,是商而士者也。陶朱弃相而致累万金,是仕而商者也。苟道存焉,曾何儒商之别哉?夫衣缝掖而冠章甫,儒之饰也,由义路而居仁宅,儒之真也。是故有拘儒焉,有通儒焉,君子之于道也,无人而不自得焉耳。曾何儒商之别哉?[2]

胶鬲是商周之际人,本是鱼盐商人,后被周朝委为重臣。陶朱即春秋时期

---

① 《休宁率东程氏家谱》卷11《明威将军程天庞甫小传》,明万历元年刊本。

② 《汪氏通宗世谱》,刘伯山编著:《徽州谱牒》第2辑第1册,广西师范大学出版社2018年版,第359页。

越国大夫范蠡，他在辅佐越王勾践灭吴后，竟然功成身退，隐居江湖，弃官经商，并取得极大成功。汪仕兴以此两人为例说明是儒是商，不在于你从事什么职业，而在于你的行为。"衣缝掖而冠章甫"，只是儒的外表，"由义路而居仁宅"，才是儒的本质。所以他认为，有"拘儒"和"通儒"之别。"拘儒"就是不知变通之儒，"通儒"就是"由义路而居仁宅"，即是说，你不管从事什么职业，只要坚持仁义就是儒。可以说，这是徽商对"士"的全新认识。而这种认识在徽商中很有代表性。明后期的歙县商人吴光裕（字肖甫），年轻时从父立庵公经商，"立庵公善权万货重轻，故市多倍得。肖甫间划一筹，巧出若翁上。父喜曰：'人谓汝胜我，果然。'"肖甫就说过这样的话：

> 岂必儒冠说书乃称儒耶？[①]

徽商的这些话无不充满了自信。虽然自己从事商的职业，但他们认为自己就是士。

正因为徽商有这样的认识，他们才按"士"的标准去行事。重气节，轻名利，重品行，讲操守，修身齐家，"穷则独善其身，达则兼济天下"，很多徽商就是这样干的。他们对地方公共事务倾注了那么大的热情，正是"士"意识觉醒的标志。

徽商是这样的认识，这样的实践，那么士呢，他们又是怎样看待徽商的呢？

明代徽商程君，年轻时就在吴地经商，"吴之士大夫皆喜与之游"，人称"白庵"。著名学者归有光在给他写的寿序中就说：

> 程氏由洛水而徙……并以诗书为业，君岂非所谓士而商者欤。然君为人恂恂，慕义无穷，所至乐与士大夫交，岂非所谓商而士

---

① 吴吉祜：《丰南志》第5册《光裕公行状》，民国稿本。

者欤。①

显然归有光这位著名的"士"认为程白庵"为人恂恂，慕义无穷"，就是"商而士"，既是商，也是士。

明中叶歙县人黄长寿，"少业儒，以独子当户，父老去之贾，以儒术饰贾事，远近慕悦，不数年资大起"。但他能积能散，见义勇为，"凡厄于饥者、寒者、疾者、殁者、贫未婚者、孤未字者，率倚办翁，翁辄酬之如其愿乃止"。"嘉靖庚寅，秦地旱蝗，边陲饥馑，流离载道，翁旅寓榆林，输粟五百石助赈。"朝廷赐其爵位四品，并授绥德卫指挥佥事。而他却说："缘阿堵而我爵，非初心也。"婉言谢绝。士人道中谨就认为他的所作所为，完全符合士的标准，他在给黄长寿写的传中就明确说他：

虽游于贾人乎，实贾服而儒行。②

清代黟县商人程桂锜，既经商又习武，并且中了武举人。咸丰年间，"粤贼之乱，君匄众保乡里，张文毅公奇之，欲授以官，不受"。平生特别喜爱读书，而且"好拯危济急，忍人所不能忍，为人所不敢为"。他的所言所行，学者俞樾就赞扬他：

业虽在商，其行则士。积德于躬，称善乡里。③

也认为他就是士。

明清时期的士人对有的徽商的评价，甚至认为他们即使置于士中也是难得的。如清代歙县商人方祈宣，继承先辈之业，贾于楚中，"无问智愚

---

① 归有光：《震川集》卷13《白庵程翁八十寿序》，《四部丛刊》景清康熙本，第166—167页。

② 《黄氏宗谱》卷3《望云翁传》，清刻本。

③ 俞樾：《春在堂杂文》补遗卷6《程芗滋像赞》，《续修四库全书》集部第1551册，上海古籍出版社2002年版，第317—318页。

贤否，一皆推诚相结"，虽然积累不少资本，但他处己简朴，"而周人之急常恐其不及。族姻之有丧而不能敛，有子女而不能婚嫁者，均受其庇荫"。尤其对地方公共事务积极热情，乾隆十六年（1751）地方大灾，饥民待哺，方祈宣"于乡里倡为赈恤，又捐惠济仓谷至白金三千两。郡邑劝输修城，亦且捐至千缗。伐石以平治凤山之道路，烦费弗惜也"。居家性既纯孝，又笃于友恭。正因如此，大学者刘大櫆感慨地写道：

> 世之儒者以诵说《诗》《书》自藩饰，而伦类之间孝友睦姻、任恤之行多内省而惭。至于方君者，既弃儒术而事机利矣，迹其平生所为，求之缙绅先生何可易得哉？呜呼，可谓淳笃君子矣！[1]

再如，明代休宁黄道德在扬州业盐，官员陈禹谟在为他作的《传》中就说：

> 若处士者其衷恬然，其行粹然，其品卓然，虽业贾而不竞锥刀之末，饶有儒者气象，是足以风世矣。[2]

明末湖广参政程策对徽州盐商黄大纪的评价也是很高：

> 财愈丰，而心愈下，提躬端饬，雅有儒者风。[3]

所谓"儒者气象""儒者风"，不正是"士"的基本特征吗？

确实，不少徽商无论从独善其身还是兼济天下来看，其表现都是非常突出的，是常人难以做到的，难怪不少名士对他们称赞有加。清代黟县人

---

① 刘大櫆：《海峰文集》卷6《封大夫方君传》，《续修四库全书》集部第1427册，上海古籍出版社2002年版，第478—479页。

② 黄治安纂修：《休宁古林黄氏重修族谱》卷9《仲纯道德公传》，清乾隆三十一年刻本。

③ 黄治安纂修：《休宁古林黄氏重修族谱》卷9《左泉大纪公传》，清乾隆三十一年刻本。

朱光宅，自幼读书，具有条贯，其对司马光的《资治通鉴》熟悉程度甚至超过了一些学士大夫。经商期间，"为人忼爽有大度，而处事则缜密无间。凡所纬画，洞中机要，由其智识迈伦，翕然为人望。故有不言而人信之，不动而人敬之者。"待人接物方面，"孝友恺弟，与人交，不设城府。又自逡巡退让，未尝以炫鬻为能。"对待地方公共事务争先恐后，"修黉序、建考棚、创书院诸义举，赴之若渴"。"其他施槥薶骼，甃衢以利行，出粟以拯饥，遇事急人之急皇皇焉，日夜惟恐不及，又难更仆数也。"经商再忙，也不忘学习，"尤重问学，一时根柢朴学之彦与夫词章胜流至者，皆乐数晨夕文酒相娱，或上下其议论则辄惊座，佥谓先生固硕士而隐于市者"。曾官黟县训导的清代文学家朱骏声了解了朱光宅的事迹后说：

> 经世之才也，醇儒之行也，通士之学也，先生兼之，岂与夫孳孳钱方仰取俯拾，至于卑琐龌龊而不顾者可同年语哉？①

这样的人难道不超过一般的"士"吗？

类似这样的例子绝非少数，如果我们翻检有关方志和明清学者文集，可以找到很多这方面的资料。这难道是偶然的吗？

余英时先生曾经指出，"明代中叶以后，士与商之间已不易清楚地划界线了"。②又说："十五世纪以来，'弃儒就贾'是中国社会史上普遍的新现象。不但商人多从士人中来，而且士人也往往出身商贾家庭。所以十九世纪的沈垚说：'天下之士多出于商。'"③余先生还是从身份上立论的。但我认为，这种"士商相混""士商相杂"的现象，不仅仅只表现在身份上的相通，即不少士人弃儒就贾，或者大批商人捐资纳仕，更重要的是表现在商人"士"意识的觉醒上。所以我更赞成余英时先生的下面说法：

---

① 朱骏声：《传经室文集》卷7《家莫亭先生传》，《续修四库全书》集部第1514册，上海古籍出版社2002年版，第626—627页。

② 余英时：《士与中国文化》，上海人民出版社2003年版，第458页。

③ 余英时：《士与中国文化》，上海人民出版社2003年版，第513页。

最近读到汉译本涩泽荣一《论语与算盘》，我十分欣赏他所创造的"士魂商才"的观念。明清的中国也可以说是一个"士魂商才"的时代，不过中国的"士"不是"武士"而是"儒士"罢了。①

明清时期，徽商正堪称"士魂商才"。"士魂"，不就是"士"的意识吗？

这种"士"意识的觉醒在徽商身上表现得特别明显，这是不奇怪的。徽商贾而好儒，长期受到士文化的熏陶，虽然自己身份上不是士，没能"衣缝掖而冠章甫"，但他们大多能自觉地用"士"的标准要求自己，贾名而儒行。"虽为贾者，咸近士风。"②他们首先从修身齐家做起，当积累了一定的资金后，就有条件"兼济天下"了。他们之所以对地方公共事务勇于担当，正反映了这种"兼济天下"的胸怀。这既是商人"士"意识的觉醒，也是商人自信心的提升。这正反映了时代的进步。在社会这个大舞台上，商人正在改变以往低人一等、猥琐不堪的形象，表现出勇于担当的气概和强烈的社会责任感。到了近代，商人的社会作用日益显现和提升，随着实业救国的思潮兴起，商人甚至以独立的社会阶层登上历史舞台，一度成为民间社会的主导力量，这一切都不是偶然的。

---

① 余英时：《士与中国文化》，上海人民出版社2003年版，第513页。
② 戴震：《戴震集》（上编）文集卷12《戴节妇家传》。

徽州文化使江南文化更精彩

在很长一段历史时期，安徽就是江南的一部分，明代与今江苏、上海同属于南直隶，清初同属于江南省，直到1667年清政府才将江南省一分为二，即分为江苏省和安徽省。即便如此，安徽与江苏乃至与今天江南的关系仍然十分密切。我想以安徽最具代表性的徽州文化为例，谈一谈徽州文化与江南文化的关系。在明清时期，徽州与今天的江南乃至长三角地区虽然各有不同的区域文化，但各区域文化一直是紧密联系、互融互通的。

一、徽州与江南山水相连，相互影响

新安江是浙江和徽州联系的纽带，徽人和浙人凭借新安江可以互通往来。徽州人借助青弋江又可到达长江，顺江东下就可以直达江苏和松江（上海）。明清江南是全国经济文化最发达的地区，也是徽商最重要、最活跃的舞台。可以说数百年来，常年有十几万到几十万徽州人在江南活动。早在16世纪中叶，万历《歙志》就指出：

> 今之所谓都会者，则大之而为两京，江、浙、闽、广诸省；次之而苏、松、淮、扬诸府；临清、济宁诸州；仪真、芜湖诸县；瓜洲、景德诸镇……故（歙）邑之贾，岂惟如上所称大都会皆有之，即山陬

海堧、孤村僻壤，亦不无吾邑之人，但云大贾则必据都会耳。①

这虽然说的是歙县的情况，休宁县何尝不是如此。如《海阳纪略》卷下记载："休宁巨族大姓，今多挈家存匿各省，如（江苏）上元、淮安、维扬、松江，浙江杭州、绍兴，江西饶州、浒湾等处。"②这里的"上元"就是南京的古称。文中所谓"存匿"实际上就是经商，《海阳纪略》的作者是康熙初年休宁县知县廖腾煃，他是站在政府的立场，认为这些人"挈家"到外地经商，赋税就收不到了。但不管怎么说，从中我们可以看出，长三角是休宁商人经营的主要地域。徽州其他各县商人也无不涉足长三角，所以康熙《徽州府志》就指出：

> 徽之富民，尽家于仪、扬、苏、松、淮安、芜湖、杭湖诸郡，以及江西之南昌、湖广之汉口，远如北京亦复挈其家属而去。甚且舆其祖父骸骨葬于他乡，不稍顾惜。③

可以说，明清时期长三角地区就是徽商的大本营。他们不仅带来了徽州文化，本身也在创造着文化。他们在融入江南文化的同时也影响着江南文化，两种文化你中有我，我中有你。正是在这个意义上，我们说，徽州文化使江南文化更精彩。

如扬州被称为徽商的"殖民地"，徽商文化（如徽州盐商的衣、食、住、行、休闲、娱乐）自然深深地影响着扬州的消费文化。清代扬州早就形成"早上皮包水、晚上水包皮"的风俗，即是说三五知己早上去茶楼喝茶、吃早点，晚上在澡堂休闲泡澡。当初，这不正是徽州盐商奢侈生活的写照吗？在他们潜移默化的影响下，这竟然慢慢成了扬州独特的风俗。再如徽州人将外地的木材运到江南，集散地就是南京，当时是大批徽州木商聚集在这里，每年四月初旬木商要举办"都天会"三天，届时制作各种

---

① 万历《歙志·货殖》。
② 转引自傅衣凌：《明清时代商人及商业资本》，人民出版社1956年版，第78页。
③ 康熙《徽州府志》卷2《风俗》。

"徽州灯","旗帜伞盖,人物、花卉、鳞毛之属,剪灯为之,五色十光,备极奇丽。合城士庶往观,车马填闉,灯火达旦"①。这种文化现象对当地不可能没有影响。尤其是扬州的清明节,正是有徽商、晋商的介入,使得扬州的清明文化变得更加绚丽多彩,清代文人张岱对此作了详细描述:

> 扬州清明,城中男女毕出,家家展墓。……是日四方流寓及徽商、西贾、曲中名妓,一切好事之徒,无不咸集。长塘丰草,走马放鹰。高阜平冈,斗鸡蹴鞠。茂林清樾,劈阮弹筝。浪子相扑,童稚纸鸢。老僧因果,瞽者说书。立者林林,蹲者蛰蛰。日暮霞生,车马纷沓。宦门淑秀,车幕尽开。婢媵倦归,山花斜插。臻臻簇簇,夺门而入。余所见者,惟西湖春、秦淮夏、虎丘秋,差足比拟。然彼皆团簇一块,如画家横披,此独鱼贯雁比,舒长且三十里焉,则画家之手卷矣。南宋张择端作《清明上河图》,追摹汴京景物,有西方美人之思,而余目盱时能无梦想?②

同样地,江南文化对徽州也有影响。明后期始于江南的消费风气尤其是奢侈之风也传到徽州,从而在徽州出现了很多富丽堂皇的徽派建筑。收藏也是如此,本来"画当重宋",可是嘉靖、万历年间忽重元人甚至明人之画,价骤增十倍。窑器当重宋代的"哥窑""汝窑"出产的瓷器,但后来忽然重明代宣德,以至永乐、成化的瓷器,价亦骤增十倍。为什么会这样呢?原来是"吴人滥觞,而徽人导之"③,可见这是苏州人发其源,徽州人助其澜。正是在江南文化的影响下,徽州收藏之风大炽,明末商人兼收藏家吴其贞在《书画记》中说:

> 昔我徽之盛,莫如休歙二县,而雅俗之分,在于古玩之有无,故

---

① 甘熙:《白下琐言》。
② 张岱:《陶庵梦忆》卷5,清乾隆五十九年王文诰刻本,第32页。
③ 王世贞:《觚不觚录》,见《中华野史》,泰山出版社2000年版。

不惜重值争而收入。时四方货玩者，闻风奔至；行商于外者，搜寻而归，因此所得甚多。其风始开于汪司马兄弟，行于溪南吴氏丛睦坊，汪氏继之。余乡商山吴氏、休邑朱氏、居安黄氏、榆村程氏，所得皆为海内名器。

文中所提到的汪司马兄弟，乃是指明嘉万年间的歙县人汪道昆、汪道贯兄弟，汪道昆曾任兵部左侍郎一职，故有"司马"之称。汪道昆特别喜爱收藏古玩字画，登门求观的文士络绎不绝。作为朝廷高官，又是徽商子弟，他的行为不能不给其他徽州商人以极大的影响。所以汪氏兄弟开其风，一大批徽商就继其后了。既然家中有无古玩，成了雅俗之分的标准，那么徽商为了趋雅去俗，自然不惜重金购买古玩了，从而促使徽州出现了不少著名的收藏家甚至宗族。如溪南吴氏、溪南汪氏、商山吴氏、休邑朱氏、居安黄氏、榆村程氏等，皆以收藏闻名于世。

二、徽商是长三角经济发展的加速机

明清时期，长三角的兴起基本上可以说是通过丝、棉商品的贸易发展起来的。自明中叶（15世纪）起，江南种桑、植棉业的发展带来了丝织业、棉织业的繁荣。一个很显然的道理是，棉布、丝绸这些商品的大量涌现，必须开辟广大的市场，使其能够迅速销售出去，才能促进当地的再生产。正是在这个销售环节上，徽商发挥了大作用，他们凭借敏锐的眼光，看到了长三角潜在的巨大商机，纷纷涌向江南，趋之若鹜。他们将大量的棉布、丝绸商品运到四面八方，推动形成了全国大市场。早在明中叶，当松江作为棉布生产中心崛起以后，徽商就乘时而进，他们把松江棉布运到全国各地销售，赚取了丰厚的利润，乃至出现了这样诙谐的笑话：

成化末，有显宦满载归，一老人踵门拜不已。宦骇问故，对曰："松民之财，多被徽商搬走，今赖君返之，敢不称谢。"宦惭不能答。①

这段话的主旨虽是讽刺官员的贪婪，却透露了一个重要信息：早在成化年间徽商已经活跃在松江了，他们当然是将松江之布长途贩运到外地。其实，何止是松江府，长三角的其他府县镇也有不少徽商，嘉定县《钱门塘乡志》卷1记载："明时，有徽商傀居里中，收买出贩，自是外冈各镇多仿为之，遂俱称钱门塘布。"还有宝山县：

> 大场（镇）……大小商铺三百余家，商业首推布匹，棉花次之。从前山陕布商、徽商等来此坐贾，市面极盛。②

此处的"从前"，结合上面史料判断，可以说就是指的明中叶。

到了清代，棉布交易中心转移到苏州，当时出现了不少棉布字号。史载："布坊各处俱有，惟阊门为盛，漂染俱精。"苏州阊门一带正是徽商棉布字号最为集中的地方。如阊门"益美"字号就是徽商汪氏所设，一年销布约百万匹。数百年来，滇南、漠北（泛指今天的蒙古高原一带）无地不以"益美"为美也。杭州的丝绸也是徽商青睐的对象，大批徽商在这里购买丝绸运销到各地，这在徽州家谱中多有记载。甚至明末小说《石点头》也记载：

> 却说那个徽州姓汪的富商，在苏杭收买了几千金绫罗绸缎前往川中去发卖，来到荆州，如例纳税。那班民壮，见货物盛多，要汪商发单银十两。……③

一次就买几千两银子的绫罗绸缎，显然是个不小的商人。虽是小说家言，

---

① 李绍文：《云间杂识》卷1，上海黄氏家藏旧本，民国二十四年上海瑞华印务局印。

② 《宝山县续志》卷6《镇市》，民国十年铅印本。

③ 天然痴叟：《石点头》第8回《贪婪汉六院卖风流》。

却是实际生活的反映。像汪商这样的商人在徽商中不在少数。他们中的不少人是将杭州丝绸贩运到西南诸省发卖，乃至出现了这样的现象："虽僻远万里，然苏杭新织种种文绮，吴中贵介未披而彼处先得。"①徽商开辟市场的能力真是不可小觑。

从上述情况来看，在长三角丝、棉织品的商品化过程中，徽商在其中是起了大作用的，说他们是长三角经济发展的加速机毫不为过。

徽商不仅将长三角商品转运出去，同时又将长三角所缺少的商品运进来。随着棉丝业的蓬勃发展，桑田、棉田挤占稻田的现象越来越突出，稻米的需求量也就越来越大。伴随着经济的发展繁荣，人口的增长，木材的需求也日益扩大。大批徽商就是将稻米、木材源源不断地从外地运到长三角，满足这里人们的需要。苏州枫桥就是当时最大的粮贸市场，江西、安徽、湖广、四川等省的外销粮食大多运集于此，然后分销江苏、浙江、福建等省缺粮地区。这里的粮食贸易商的主体又是徽商。木材的集散地主要在南京，那里聚集了大批徽州木商。江南丝、棉织品的输出以及粮食、木材的输入，都与徽商有重大关系。这一出一进，不仅极大地开拓了江南丝、棉织品的全国市场，促进了江南丝、棉织业的不断发展，而且解决了江南长期的缺粮、缺木问题。总之，数百年间，长三角城市群是徽商最集中、最活跃的地方，徽商经营的所有行业，在这些城市里都能找到。徽商的活动促进了长三角各大城市的繁荣，南京、上海、扬州、杭州、苏州、湖州等，都有大批"无货不居"的徽商在此经营，这些城市的商品经济的发展、基础设施的改善、社会秩序的稳定、市容面貌的美化等，徽商都做出了重要贡献。

尤其是徽商的活动深入江南的很多市镇，如嘉定县的南翔镇：

> （南翔镇）在县治南二十四里。……往多徽商侨寓，百货填集，甲于诸镇。②

---

① 王士性：《广志绎》卷5。
② 万历《嘉定县志》卷1《市镇·南翔镇》。

还有罗店镇：

> （罗店镇）在县治东一十八里……今徽商凑集，贸易之盛，几埒南翔矣。[①]

还有杭州府的塘栖镇：

> 镇（塘栖镇）去武林关（在杭州府城）四十五里，长河之水一环汇焉。东至崇德五十四里，俱一水直达。而镇居其中，官舫运艘商旅之舶，日夜联络不绝，冠然巨镇也。财货聚集，徽杭大贾，视为利之渊薮，开典、囤米、贸丝、开车者，骈臻辐辏。[②]

此段话乃引胡元敬《栖溪风土记》，但该志称："今去元敬时又三百年"，则可知元敬当为明末人。他所记乃是明代之事。再看嘉兴府的嘉善县：

> 昔之商贾，重去其乡，今亦间有远出者。……然负重资伴厚利者率多徽商。本土之人弗与焉。[③]

徽商在这些市镇不仅带走商品，更是带去了人气，带去了活力，又带动了其他行业的发展，诸如建筑、运输、牙行（中介）、典当、饮食、娱乐等，从而催生了一大批市镇，出现了"无徽不成镇"的佳话：

> （徽州）田少民稠，商贾居十之七，虽滇、黔、闽、粤、秦、燕、晋、豫，贸迁无不至焉，淮、浙、楚、汉又其迩焉者矣，沿江区域向

---

① 万历《嘉定县志》卷1《市镇·罗店镇》。
② 光绪《塘栖志》卷18《风俗》引胡元敬《栖溪风土记》。
③ 嘉庆《嘉善县志》卷6《风俗》。

有"无徽不成镇"之谚。①

完全可以说，明清徽商的活动加速了长三角小市镇的城市化进程，现在长三角很多县级市都是从当初的小乡村发展起来的。

三、徽州文化丰富了江南城市文化

徽商在长三角数百年的经营中，必然也创造了自己的文化。这种文化自然含有徽州文化的基因，它们不断丰富了江南文化，给江南文化添色加彩。

首先，徽人彰显了江南城市的特色。清人说："杭州以湖山胜，苏州以市肆胜，扬州以园亭胜。"②这说的就是城市的特色。杭州的湖山是自然景观，自不必说，但苏州的市肆、扬州的园林，却是人文景观，之所以能够形成这样的城市特色，不能不说徽人贡献最大。苏州市肆主要是徽商带动起来的，已如前述。而且由于棉布、丝绸商的发达，又带动了踹布业、浆染业、运输业、饮食业、建筑业、娱乐业等的发展，使苏州以市肆而称胜。扬州也是这样。从事两淮盐业的徽商都集中在扬州，正如时人所说：

> 扬州天下之冲，四方商贾之所辐凑而居。以及仕宦者既众，则争治为园林台沼亭馆之胜，以自娱而娱其宾。③

徽州盐商在获取巨额财富后，半为享乐，半为公关，建造了大批的园林。如江春的康山草堂、净香园，马曰琯、马曰璐兄弟的小玲珑山馆，程氏筱园，郑氏休园，以及歙县黄氏"四元宝"建筑的易园、十间房花园、容园、别圃等，都是扬州的著名园林，不仅吸引了全国各地的名流耆宿来此

---

① 民国《歙县志》卷1《舆地志·风土》。
② 《扬州画舫录》卷6引刘大观言。
③ 郑庆佑：《扬州休园志》卷1《三修休园记》，清乾隆三十八年察视堂自刻本，第5页。

雅集，赋诗联吟，更有康熙、乾隆南巡时在其中游乐憩息，接见盐商。据学者统计，明清时期扬州园林达到鼎盛，共有91座，其中盐商建了71座，盐商中主要就是徽商，从而使扬州以园林而闻名。无锡由于大批徽州布商的活跃而又被称为"布码头"。

其次，徽人推动了江南城市学术的进步。扬州学派是清代重要的学术流派，徽州人汪中、凌廷堪就长期生活在扬州，并成为扬州学派的中坚。徽州盐商如马曰琯、马曰璐兄弟家中藏有大量图书，他们建立园林后，欢迎各地士人前来阅读、研究，并且提供优越的物质条件。很多士人学者在这里成就了自己的事业。如学者厉鹗在乾隆时科举失利，马氏兄弟将其"延为上客"，一住就是几年，让他潜心研究。在这里厉鹗完成了皇皇巨著《宋诗纪事》100卷，以及《南宋画院录》《辽史拾遗》《东城杂记》等书，可以说，二马玉成了一位大学者。穷困潦倒的寒士姚世钰也是在二马的丛书楼里读书、校书，获益良多，最终成为一位著名学者。二马的小玲珑山馆、江春的康山草堂等盐商园林当时非常有名，一时全国名流如全祖望、符曾、厉鹗、金农等，纷纷来到扬州，结邗江吟社，觞咏无虚日。一个城市的文化品位如何，就是要看有没有著名学者来过，扬州当时有那么多的学者慕名而来，无疑极大提升了扬州的文化品位，推动了学术的进步。

江南的科举业绩在全国一直傲然领先，被视为人才渊薮，其中也有徽州人的贡献。明清时期，大批徽商在江南经商，不少人就寄籍经商地，他们的子弟就以寄籍的身份在江南考中进士。如著名作家高阳，谱名许儒鸿，据他回忆他家就是在明朝末年从徽州迁到杭州，寄籍于此。清代这支宗族出了6名进士。苏州有一支潘氏（"贵潘"）也是在明末从歙县迁来，在清代"贵潘"出了9名进士，其中一位探花，一位状元（潘世恩）。明清时期，江南出了不少状元，其中就有9名状元的原籍是徽州休宁县。

再次，徽商也强化了江南城市的文化氛围。例如，贾而好儒的徽商在自己的园林中经常举行文人雅集，也就是诗文之会。历史记载了当时的盛况：

扬州诗文之会，以马氏小玲珑山馆、程氏筱园及郑氏休园为最盛。至会期，于园中各设一案，上置笔二、墨一、端砚一、水注一、笺纸四、诗韵一、茶壶一、碗一、果盒茶食盒各一，诗成即发刻。三日内尚可改易重刻，出日遍送城中矣。①

当时全国不少著名学者都参加过这样的雅集，从而创作了大量的文学作品，不仅丰富了我国的文学宝库，而且在全国产生了很大的影响。

徽商也促进了城市的戏剧文化的发展。富起来的徽商蓄养了不少家班——徽班，如大盐商江春：

郡城自江鹤亭征本地乱弹名春台，为外江班，不能自立门户，乃征聘四方名旦，如苏州杨八官、安庆郝天秀之类。而杨郝复采长生之秦腔并京腔中之尤者，如滚楼抱孩子卖饽饽送枕头之类，于是春台班合京秦二腔矣。熊肥子演大夫，小妻打门吃醋，曲尽闺房儿女之态。②

为了吸引名角前来扬州，江春不惜重金聘请演员：

四川魏三儿，号长生，年四十，来郡城投江鹤亭演戏，一出赠以千金。③

他们让演员衣食无忧，供给服装道具，高价聘请编剧、导演和著名演员，提供演出市场，无疑，其花费是相当惊人的。史载：

最奇者，当时有春台、德音两戏班，仅供商人家宴，而岁需三

---

① 李斗：《扬州画舫录》卷8。
② 李斗：《扬州画舫录》卷5。
③ 李斗：《扬州画舫录》卷5。

万金。①

此所指的"商人"就是大盐商江春。我们要知道，三万两白银在当时是什么概念？可以买三万石优质白米，或者买一千二百亩良田啊！徽商甚至在金陵策划"对台戏"，使戏曲演员艺术水平不断提高，才有了后来的徽班进京，也才催生了京剧。

刻书也是城市文化所不可缺少的，随着徽商在江南的崛起，徽州刻书业也随之而来，徽州早在明代就是全国四大刻书中心之一，徽州书商和刻工来到江南后，在金陵、杭州、湖州、吴兴、苏州、扬州以及上海建立了很多书坊，刻印了大批书籍，活跃了文化市场。同时徽州书商在江南也创造了很多奇迹：第一个成功用"饾板""拱花"印书画的是南京的徽商胡正言的《十竹斋笺谱》《十竹斋书画谱》；第一个刊刻《聊斋志异》和《知不足斋丛书》的是杭州的徽商鲍廷博；第一个出资出版《儒林外史》的是扬州徽商程晋芳；第一个将历代书家法帖描摹刻石的是扬州徽商鲍漱芳的《安素轩石刻》，从而保存了祖国的旷世瑰宝；第一个用新式标点出版古典小说的是上海的徽商汪原放，他先后出版了新式标点本《红楼梦》《西游记》《三国演义》《镜花缘》《水浒续集》《儿女英雄传》《老残游记》等。

复次，江南城市的收藏市场也因徽商更活跃。当时江南出现了很多收藏家，其中就有不少徽州人。乾隆纂修《四库全书》时，曾号召各地献书，贡献最多并受到乾隆嘉奖的四家都在江南，即马裕、范懋柱、鲍士恭、汪启淑四家，其中除了范懋柱之外，其余三家竟然都是徽商。马裕是盐商马曰琯的儿子，马曰琯与弟马曰璐，时称"扬州二马"，他们喜爱读书、藏书，家有丛书楼，藏书十万卷，所藏书画碑版，甲于东南。乾隆三十八年（1773）朝廷修《四库全书》时，马曰琯响应朝廷号召，献珍贵图书776种，为全国私人献书之最。乾隆皇帝特赐《古今图书集成》一部，这在当时是莫大的荣耀。鲍士恭是徽商鲍廷博之子，鲍廷博也是藏书家，他和子孙三代接力刊刻《知不足斋丛书》30集，为修《四库全书》，他向

---

① 徐珂：《清稗类钞》第2册《度支类》，中华书局1984年版，第525页。

朝廷献了626种书，其中不少是宋元以来的孤本、善本书，因此也获赐《古今图书集成》一部。汪启淑是歙县人，徽商世家后代，居杭州，因家庭富有，遂捐官为工部都水司郎中，迁至兵部郎中。酷爱藏书，尤嗜古代印章，号称"印痴先生"，曾收藏周代以迄元明各朝印章数万枚，编著《集古印存》《汉铜印丛》《飞鸿堂印谱》等20多种书籍，乾隆年间献书524种，也获赐《古今图书集成》一部。汪启淑长期居住杭州，其家中"飞鸿堂"也是浙人雅聚之所，他们共同欣赏、研究古印篆刻，客观上促进了浙派篆刻的兴起。徽州还有一些收藏家活跃在江南各城市（如方用彬、吴其贞等），他们将徽人收藏的文物拿到江南市场上流通，或者将江南人手中的文物带到徽州交换，从而活跃了江南城市的文物市场。在书画领域，"扬州八怪"闻名于世，而徽州就贡献了两怪（汪士慎、罗聘），徽商也曾给过八怪中一些人以经济资助。

上述所有这些在中国文化史上都应浓墨重彩书写的文化现象，竟然都是徽商在长三角创造的，无疑使江南文化更加炯烂多彩。

四、徽商助推了长三角的社会转型

明代中后期，在经济文化最发达的长三角，已经初露社会转型的端倪，新的先进的社会因素开始出现。在这一过程中，活跃在长三角的徽商起到了积极的助推作用。例如，他们在踹布业和丝织业中采用了雇工生产，这是一种新型的生产关系。尤其是他们勇敢冲破几千年"士农工商"的等级观念，大胆发出"贾何负于儒"的呐喊，可谓石破天惊，并影响了人们的观念。他们大胆突破封建礼法的等级限制，穿华服、筑豪宅、建园林，享受他们原来所不能享受的生活，"不复知有明禁"。这股奢侈之风首先在经济发达的长三角刮起，徽商起了倡导的作用。徽商还广交高官、学者，从而出现了"士商合流"这一前所未有的新现象。明清士人文集中所保存的那么多为徽商撰写的寿序、传赞、墓表和墓志铭以及徽商的园林记，完全呈现出与传统迥然不同的对商人的另一种评价，从一个侧面反映了社会转型期商人地位的提高和士人观念形态的变化。如明代徽商程君，年轻时就在吴（苏州）地经商，"吴之士大夫皆喜与之游"，人称"白庵"。著名学者归有光在给他写的寿序中就说：

> 程氏由洛水而徙……并以诗书为业，君岂非所谓士而商者欤。然君为人恂恂，慕义无穷，所至乐与士大夫交，岂非所谓商而士者欤。①

再如，明代休宁黄道德在扬州业盐，官员陈禹谟在为他作的《传》中就说：

> 若处士者其衷恬然，其行粹然，其品卓然，虽业贾而不竞锥刀之末，饶有儒者气象，是足以风世矣。②

明末湖广参政程策对徽州盐商黄大纪的评价也是很高：

> 财愈丰，而心愈下，提躬端饬，雅有儒者风。③

士人对徽商的这种评价，可以说颠覆了几千年传统社会对商人的认识，反映了社会的巨大进步。而这一切都是徽商引起的，表明徽商确实是长三角社会转型的助推器。

我们更应看到，徽商在江南数百年一代一代的经营，不少徽商及其后代就定居在经商之地，逐渐与当地民众融为一体，成为江南居民的一部分。徽商的文化精神也随之传了下来，尤其是徽商长期形成的诚信经营的

---

① 归有光：《震川集》卷13《白庵程翁八十寿序》，《四部丛刊》景清康熙本，第166—167页。

② 黄治安纂修：《休宁古林黄氏重修族谱》卷9《仲纯道德公传》，清乾隆三十一年刻本。

③ 黄治安纂修：《休宁古林黄氏重修族谱》卷9《左泉大纪公传》，清乾隆三十一年刻本。

商业道德、贾而好儒的商人特点、百折不挠的创业品格、契约为重的经商传统、热心善举的社会责任等，经过一代一代的流传和继承，已经积淀为当地的一种商业精神而影响着更多的人，这才是真正的宝贵财富。在新时期，长三角的商人们所创造出来的种种奇迹，在他们的文化基因里应该有徽商文化的因子。

今天，作为长三角的一员，安徽人民有信心有能力在长三角高质量一体化发展进程中发挥积极作用；同样地，安徽学术界借助长三角江南文化研究学术共同体这一平台，应该也能够在新时代的江南文化研究中作出自己的贡献。